婚禮新編校注

【宋】丁昇之 輯　柳建鈺 校注

（修訂版）

上

上海古籍出版社

圖書在版編目(CIP)數據

婚禮新編校注 /（宋）丁昇之輯；柳建鈺校注. —修訂本. —上海：上海古籍出版社，2021.2
ISBN 978-7-5325-9869-4

Ⅰ.①婚… Ⅱ.①丁… ②柳… Ⅲ.①婚姻-風俗習慣-中國-古代 Ⅳ.①K892.22

中國版本圖書館CIP數據核字(2021)第031379號

婚禮新編校注（修訂版）
（全二冊）

［宋］丁昇之　輯
柳建鈺　校注
上海古籍出版社出版發行
（上海瑞金二路272號　郵政編碼200020）
（1）網址：www.guji.com.cn
（2）E-mail：guji1@guji.com.cn
（3）易文網網址：www.ewen.co
常熟新驊印刷有限公司印刷
開本890×1240　1/32　印張23.625　插頁11　字數600,000
2021年2月第1版　2021年2月第1次印刷
印數：1—1,500
ISBN 978-7-5325-9869-4
K·2957　定價：138.00元
如有質量問題，請與承印公司聯繫

2012 年度全國高校古委會項目
"《婚禮新編》校注"最終成果

2015 年度國家社科基金重大項目
"基於資料庫的古籍計算機輔助版本校勘和編撰系統研究"
（15ZDB104) 階段性成果

渤海大學 2016 年博士點籌建學科（中國語言文學）
專項經費資助出版

《婚禮新編》簡論

《婚禮新編》二十卷，南宋福建人丁昇之輯。[1]該書輯録宋代婚禮書儀和與婚姻有關的古代典故文獻，匯爲一編，分門別類纂輯而成。它與南宋末年刊印的《新編婚禮備用月老新書》一樣，都是爲了滿足當時婚禮的查檢需求而專門編纂成的日用生活型通俗類書。這種類書相當於現在的婚儀手册，想必在當時普通大衆眼中也可算作暢銷書。不過，由於通俗日用類書多不入藏書家及科舉士子法眼，故保存多有不善，留存者亦多殘缺，甚至是孤本傳世。作爲通俗類書的典型代表之一，《婚禮新編》能保存至今，實屬不易。在今天看來，《婚禮新編》作爲我國古代類書文獻中的精品之一，所引婚禮書儀及歷史典故具有一定的輯佚和校勘價值，對於研究類書編撰史和宋代駢文史也有重要的資料價值。

一、作者及版本簡況

（一）作者簡況

丁昇之，《宋史》無傳，其人在《武夷山志》《八閩通志》《宋人傳記資料索引》及《補編》等書中亦無記載。《婚禮新編》卷十二在"昇之"下又有"升伯"字，以古人"名字相應"的通例推測，"升伯"應該是丁昇之的字。丁昇之具體生卒年不詳。《婚禮新編》卷二至卷十輯録了180多篇（原書稱"首"）宋人所撰婚禮書儀，書儀作者如黃山谷、晁侍郎、孫尚書等，生平事跡大多可考。其中時代最晚者當屬卷二"丁潮州"，即丁允元。據《潮州府志·宦跡》及相關史料記載，淳熙十四年（1187），丁允元因懇請敕免"鹽鐵"等稅觸怒孝宗，被貶任潮州知州,直至紹熙二年(1191),人或稱作"丁潮州"。[2]另外,書中"慎""敦"二字缺末筆,係避宋孝宗趙昚及宋光宗趙惇嫌名。如卷十五有"高謹"條,《三國志・魏書・高柔傳》裴松之注所引《陳留耆舊傳》作"高慎",此處係避宋孝宗趙昚嫌名而改字。又如"高謹"條文中有"崇厚",《陳留耆舊傳》作"敦厚",又"胥茂諶"條有"端厚",所對應之《黃庭堅全集》作"敦厚",均係避宋光宗趙惇嫌名而改字。宋寧宗趙擴之"擴"字則不避諱。由此推斷,《婚禮新編》成書應該是在南宋光宗紹熙年間(1190—1195),則丁昇之大致應該生活在南宋高宗至寧宗時期。關於其里望,丁昇之在每卷卷端均自署爲"武夷"。除此之外,其他生平事跡均已不可考。而就其對書儀典故的注釋來看,丁昇之對經史子集都非常瞭解,其學識相當淵博。

(二)版本情況

國圖藏宋刻《婚禮新編》當爲閩地坊間刻本。這由書中避諱字的使用情況即可看出。宋版書中官刻本諱法較嚴,而坊間刻本諱法則不甚嚴謹,即使同一個字,有時缺筆避諱,有時改字避諱,有時甚至不避諱。國圖藏《婚禮新編》就存在這種現象。比如3.1.6"呂郎中伯恭"條"莫負盟書之約"句丁注中"桓"字作"威",係避宋欽宗趙桓諱而改字。同條"投瓜期衞報"句丁注中有兩個"桓"字,前一個未避諱,後一個則缺末筆避諱,諱法比較混亂。由此可見,國圖藏《婚禮新編》當出自坊間。

《婚禮新編》刊刻後,官修、私修書目均無記載,《四庫全書》《續修四庫全書》《四庫未收書輯刊》及《四庫存目叢書》等大型叢書亦未收錄。1998年出齊的《北京圖書館古籍珍本叢刊》據中國國家圖書館藏宋刻元修本影印,收入《子部・類書類》。《珍本叢刊》影印前,《婚禮新編》既無複本流傳,後世又未翻刻,現存于世的原本僅此一本,可見其版本價值之高。2003年,北京圖書館出版社《中華再造善本》一期工程將其選入出版。文化部2008年發佈的《第一批國家珍貴古籍名錄》"宋遼夏金元時期"部分也著錄了《婚禮新編》,說明《婚禮新編》已經受到了國家的重視和保護。[3]

今查國家圖書館所藏《婚禮新編》原書版框高十九點八釐米,寬十三點一釐米。全書共五冊,半葉十二行,行二十一字,小字雙行同。黑雙魚尾,細黑口,左右雙邊。上下魚尾間標有卷次及頁碼,無刻工名。

全書所鈐古人藏書印包括:"吳興沈氏卅公收藏書畫之印"(清沈寶錕,第一冊襯頁,篆文豎行)、"還讀我書之室"(清董恂,各冊襯頁)、"何克昌印"(未詳,第一冊兩襯頁、目錄首葉、目錄第二葉、卷一首葉及末葉,第二冊卷三首葉、卷八末葉,第三冊襯頁、卷九首葉、卷十二末葉,第四冊襯頁、卷十三首葉、卷十六末葉,第五冊卷十七首葉、卷二十末葉)、"西林雪居"(明譚元政,第一、二、四冊襯頁)、"安生"(未詳,第一、二、四冊襯頁)、"昭明洞天"(未詳,第一、三、五冊襯頁)、"句容曹氏"(清曹淇,第一冊目錄葉)、"石埭沈氏藏書"(清沈寶錕,第一冊目錄首葉、第二冊卷三首葉、第三冊卷九首葉、第四冊卷十三首葉、第五冊卷十七首葉、第五冊卷二十末葉)、"頵公鑒藏書畫印"及"紹庭"(清蕭應椿,均第一冊目錄首葉)、"香巖審定"(清周錫瓚,第一冊卷一首葉、第五冊卷二十末葉)、"枝山學"(明祝允明,第一冊卷一首葉、第二冊卷八首葉、第四冊卷十五首葉、第五冊卷二十末葉)、"祝允明印"(明祝允明,第五冊卷二十末葉)、"錫山安氏西林秘藏"(明安國,第一冊、第三冊、第五冊末襯頁)。

另外,第一、三、五冊襯頁還分別印有清曹淇牌記,文曰:"予性頗愛書,一書未有,必罄囊巾之,窘於厥志未伸,群書無由悉備,凡所有者,不過薄於自奉以致之耳。間有先世所遺,十不一二。凡我子孫,宜珍惜寶愛,以承厥志。苟不思得之之難,輕視泛借,以致狼籍散失,不孝之罪莫大焉。至於借匿陰盜之徒,又不仁不義之甚者矣。予故著之簡端,使借者守者惕然知警云。大冢宰從孫句容曹淇文漢謹識。"

　　國家圖書館所藏《婚禮新編》原刊刻於南宋,至元代時已有殘損,故元人或有抄補、抄配。以目錄言之,第一葉、第八葉、第十葉上下魚尾間均未標明卷次及頁碼,且字體與其他葉不同,當爲元人抄補。第一葉後半葉首列"求允",次列"答允",下注小字"丁潮州"。查正文卷二直接從第四葉開始,前三葉均闕。正文首列"丁潮州"條,"求允"全部及"答允"其他各條均佚。加之從目録第二至七葉格式可知,若所録書儀一人多篇,則在人名下用小字標明篇數,如江文卿六首、王狀元二首等等,與第一葉直接使用"又"來標明存在明顯差異,抄補痕跡更重。正文卷十九第九葉、第十葉、第十三葉字體也存在明顯不同,亦當爲元人抄補。

　　然而,即使經過元人抄補、抄配,現存《婚禮新編》亦非完帙。目録第一葉後半葉似完實殘,第八葉前半葉殘損近半,正文卷二前三葉、卷十一第一葉、卷二十第九頁均佚,這不能不說是一個無法彌補的遺憾。

二、《婚禮新編》內容結構

　　《婚禮新編》共五册二十卷。其中,第一册爲目録及卷一、卷二,第二册爲卷三至卷八,第三册爲卷九至卷十二,第四册爲卷十三至卷十六,第五册爲卷十七至卷二十。在類目體系上,《婚禮新編》屬於二級經目體,具有以類相從、事文並舉的特點。[4] 39,55-56 大致來講,《婚禮新編》可以分爲前十卷和後十卷兩大部分,下面分述之。

　　(一) 卷一至卷十

　　這部分是婚禮制度和婚禮書儀的分類彙編,尤以後者爲重。書儀作者多爲宋代名臣、道學及文苑中人,書儀採用四六駢體文,講求對偶、聲律和用典,辭藻華美。

　　卷一分爲婚禮和書儀兩部分,《婚禮》部分采摭司馬光《書儀》

卷三至卷四《婚儀》中有關納采、問名、納吉、納幣、請期、親迎、婦見舅姑及婿見婦之父母等方面的內容，對於司馬光《書儀》一書的校勘具有一定價值。書儀部分列出了古代婚儀帖子式，也即婚禮常用的表章書啓模版，包括普通格式、十二行啓式、可漏子式等，其中又有蘇軾(東坡)、楊時(龜山)、劉子翬(屏山)、陳應行(季陵)等名人所作者。卷二至卷十均爲婚禮書儀，即婚禮常用書信範文，共計39類181篇，涉及作者62人。所錄書儀，或一人一篇，或一人多篇，不一而足，最多有達25篇者。卷二分求允、答允、謝媒、媒答、求親、答未允、許親七類。因原書本卷殘缺三葉，"求允"類篇數及具體篇目已不可考。"答允"類尚存"丁潮州陳求張昏"一篇(以每葉二至三篇計算，所佚篇目當在六至九篇之間)。其他諸篇則完整無缺。本卷收錄丁潮州、張主簿(從道)、王狀元、黃山谷、孫尚書、程子山、張參政、彭公變、晁侍郎、危縣丞、馬子仁11人所撰20篇書儀。卷三專錄訂婚類書儀。本卷收錄王狀元、孫尚書、劉夷叔、程子山、呂郎中、歐陽知縣、江文卿、彭應期、葉仲洽、魏艮齋、陳簽判、陳伯温、黃知縣13人所撰23篇書儀。原目錄題呂郎中所撰爲"二首"，查正文實際上只錄一首，故本卷實錄書儀22篇。卷四與卷五合爲一卷，題爲"四之五"，專錄答定類書儀。本卷收錄孫尚書、熊舍人、黃山谷、呂郎中、劉聘君、江文卿、游子蒙、翁縣丞、彭應期、藍知軍、江清卿、張參政12人所撰28篇書儀。其中，孫尚書一人即有9首，江文卿亦有6首。卷六與卷七亦合爲一卷，題爲"六之七"，分姑舅和答兩類。本卷收錄孫尚書、呂郎中、王狀元、江文卿(教授)、歐陽知縣、高伯强、范澤民、張主簿、晁侍郎、丁潮州、陳舍人、江清卿、翁縣丞、葉子實、陳簽判、孫太冲16人所撰26篇書儀。卷八分世婚及答、契書及答、女先男及答三人類八小類。本卷收錄歐陽知縣、黃山谷、孫尚書、翁縣丞、王知錄、張主簿、楊唐叟、葉子實、鄭尚書、劉郎中、呂郎中、汪内翰、陸提舉、陳簽判、陳桂卿、王狀元、江文卿、毗陵公18人所撰29篇書儀。其中世婚類歐陽知縣所作二首分置。契書答類目錄題爲"歐陽知縣"，而正文則作"王狀元"。卷九分兩姨及答、弟妹及答、師友及答、幼婚及答、宗姻及答、農工及答等六大類十二小類。本卷收録陳桂卿、江文卿、王狀元、屏山先生、王參政、彭應期、劉觀文、韓徽猷、王秘讀、熊主簿、呂郎中、熊知縣、江元吉、藍魯望、歐陽知縣、毛澤民、趙將領、陳倅、吴子厚、馬子仁、彭君禮21人所撰27篇書儀。原書農工類馬子仁下録二篇，目録當漏"二首"字，故本卷實録書儀28篇。卷十分再娶及答、贅及答、娶妾及答、娶倡及答、請期及答等五大類十小類。本卷收録陳簽判、歐陽知縣、彭公變、連文舉、王狀元、陳縣尉、孫尚書、彭應期、黃元壽、吴叔才、翁丞、張全真、陳桂卿、彭君禮、江文卿、李知縣、江宗院、江清卿、丁潮州、熊知縣、詹景丹21人所撰30篇書儀。再娶及答類目録謂孫尚書及彭應期所撰者各三首，正文實際只各二首，故本卷實録書儀28篇。《婚禮新編》書儀作者有一個突出特點，即大多數作者都是閩浙贛當地學者，或者曾在三地爲官遊學，這與當時三地文化繁榮發達且地理交界有密切關聯。

值得一提的是，丁昇之對該書所録絕大部分書儀都進行了比較詳細的注釋，除了指明書儀所涉及典故的原初來源外，對書儀所關涉到的男女雙方人物情況也擇要進行了一些簡單介紹，其注釋風格與唐代李善的《文選注》有很多相似之處。這爲我們今天瞭解這些書儀的内容及其撰寫背景提供了非常重要的綫索。

（二）卷十一至卷二十

這部分是與婚禮相關典故的分類彙編，共分慎婚、雜儀、神話等44小類，因目録衍脱及原書殘損，今本實録典故411條。

卷十一分別採録有關慎婚、雜儀、禮制等方面的典故，共計44條（含兩"又"條）。據目録格式（一欄兩條）可知，本卷《慎婚》當有16條，但因第一葉已殘，其中5條亡佚，其條目在目録中也被删去，故本卷今存39條。卷十二分別採録有關前定、媒氏方面的典故，共計30條。其中，《媒氏》正文有"平章"條，目録中漏列。卷十三分別採錄有關自媒、擇婦、卜相擇婦、不暇擇、慕婚等方面的典故，共計 35 條。其中《擇婦》目錄有"晉元帝"條，而正文無，故本卷實錄 34 條。卷十四分別採錄有關擇婿、女自擇、卜相擇婿等方面的典故，共計 34 條。卷十五分別採錄有關名行、才學、及第後娶、娶後及第、門下士、容儀等方面的典故，共計 54 條。其中，《門下士》正文有"封德彝"、"駱統"兩條，目錄漏列。《容儀》目錄有"王慧龍"條，而正文實無，故本卷實錄 53 條。卷十六分別採錄有關師友、腹婚、幼婚、晚婚、詩婚、武勇等方面的典故，共計 54 條。卷十七分別採錄有關姑舅、舅甥、遊子、患難、寒素、有疾等方面的典故，共計 66 條。卷十八分別採錄有關報婚、財婚、棄華尚素、謙遜、連襟等方面的典故，共計 40 條。卷十九分別採錄有關繼婚、繼室、再醮、勢婚、誑婚、強婚、諫婚等方面的典故，共計 47 條。卷二十專錄有關婚禮的神仙故事，包括劉阮、裴航、柳毅、蕭史、三星下降、李生、盧杞、園客、楊敬真、封陟、任生、魏武帝、崔生、玉卮娘、盧充、文簫等 16 條。因原書缺一葉，玉卮娘、盧充全文及文簫少半內容已佚，故本卷實錄 14 條。

三、《婚禮新編》的文獻價值

《婚禮新編》的編纂，本來主要是供備辦婚禮時查檢之用。不過，隨着時間的流逝，《婚禮新編》原來的備查價值逐漸淡化，現今備辦婚禮時已基本不再需要撰寫問婚書、答定書等書劄。不過，我們不能據此認爲《婚禮新編》的價值已蕩然無存，且不說它所收錄的 410 則典故可資茶餘飯後之一二，即使從學術研究的角度來看，《婚禮新編》仍然具有較高的文獻價值。下面擇其大要，分而述之。

（一）《婚禮新編》是宋代類書文獻中的精品之一

所謂類書，就是采輯群書資料，採用"述而不作"的編製方法，分類排比，以便於查檢和徵引的一種資料性工具書。從第一部類書《皇覽》開始，近兩千年來，我國的類書編纂事業取得了輝煌的成就,對社會文化的發展進步產生了深遠的影響。宋代(尤其是南宋初中期)是我國古代類書發展史上的繁榮階段,目前可知的宋代類書約爲八十來部,[4]23數量衆多,品種齊全,品質上乘。除官修類書外,宋代還出現了私修類書;在綜合性類書之外,又產生了專門性類書。丁昇之編修的《婚禮新編》是我國目前可知的第一部專門輯錄婚姻禮俗資料而形成的日用生活型通俗類書。此前,婚俗資料都是作爲綜合性類書中的一個門類來編排的,比如唐虞世南《北堂書鈔·禮儀部五》有《婚姻類》,唐歐陽詢《藝文類聚·禮部下》有《婚類》,唐蔣王惲《兔園策府》有《婚姻部》《重妻部》《棄妻部》《棄夫部》等,唐徐堅《初學記·禮部下》有《婚姻類》,北宋李昉等《太平御覽·禮儀部》有《婚姻類》和《媒類》,《太平廣記·定數》有《婚姻類》,北宋王欽若、楊億等《册府元龜·列國君部》《總錄部》均有《姻好類》,南宋陳元靚《事林廣記·前集·家禮類》有《婚禮類》等等。單獨將婚姻禮俗資料作爲一部類書的唯一内容來搜輯,這一工作當始於《婚禮新編》。《婚禮新編》事文兼備,這種專題性的編纂方式,别樹一幟,主題鮮明,利於參閲和檢索,它和同類性質的《新編婚禮備用月老新書》、專收花果草木資料的《全芳備祖》以及專錄歲時節日資料的《歲時廣記》等都是宋代專門性類書的代表作品。另外,婚姻是社會生活中至關重要的内容,與民衆生活息息相關。《四庫全書總目》卷一百三十六《排韻增廣事類氏族大全》提要曰:"蓋宋元之間婚禮,必有四六書啓,故載之獨詳,亦以便於剽掇也。"[5]《婚禮新編》的編纂正是基於普通百姓的這種客觀需求。《婚禮新編》能夠緊扣社會文化主題,貼近民衆日常生活,在婚俗書儀及典故方面具有重要的參考價值,較好地滿足了民衆對婚俗類文化產品的需求。它的編纂,反映了宋代類書的民間化、通俗化傾向。"宋代類書取材範圍極廣……分别呈現出專類化、民俗化和應用性的特色。正是取材的多元性,導致了宋代類書爭奇鬥艷,以迎合不同社會階層及不同領域的需求。"[4]75《婚禮新編》開創了單行本婚俗類類書的先例，可謂是宋代類書百花園中一朵艷麗的奇葩，在中國類書編纂史上也具有相當重要的地位。

（二）在文獻學研究方面，有助於輯佚和校勘

范希曾《書目答問補正》說：「古類書不特所引佚文足資考證，即見存諸書，亦可訂正文字異同。」[6]《婚禮新編》在編纂過程中，採錄了大量原始文獻，比如《詩經》《論語》《禮記》《儀禮》《史記》《漢書》《南史》《北史》《唐書》《玄怪錄》《定命錄》《玉堂閒話》《邵氏聞見錄》《文選》以及司馬光《書儀》等。古籍在流傳和翻刻中容易發生衍脱訛倒等狀況，利用類書中保留的原始文獻，有助於輯佚和校勘。以《婚禮新編》所引司馬光《書儀》為例，卷一「納采」條下曰：

> 由主人之左進，東向，搢笏出辭，跪讀之，曰：「某婿父名之子某婿名，將婿於某氏婦名，敢告。」祝興……

今本《書儀》無「將婿於某氏婦名」句。此段下又曰：「女家主人亦告于祖禰，曰：『某之女某，將嫁於某氏。』如婿父之儀。」男方女方一婿一嫁，相互照應，今本《書儀》當據《婚禮新編》補。

又，「納幣」條下曰：

> 賓與主人揖讓升堂。賓曰：「吾子有嘉命，貺室某婿名也。某婿父名有先人之禮，儷皮束帛。使某使者名也請納幣。」

「婿名也。某婿父名有先人之禮，儷皮束帛。使某」句，今本《書儀》無。此條本自《儀禮·士昏禮》，《士昏禮》：「納徵，曰：吾子有嘉命，貺室某也，某有先人之禮，儷皮束帛，使某也請納徵。」「貺室」義為贈以妻室，文獻中多用「貺室某」或「貺室於某」格式，「某」為婿之稱呼，不能省略。如《新唐書·禮樂志八》：「國恩貺室於某公之子，某公有先人之禮，使某也請。」明王樵《方麓集·壽張虛庵序》：

"承公不棄，以愛女妃室吾子。"由此可見，今本《書儀》當據《婚禮新編》補。

另外，《婚禮新編》所引一些古籍今已殘缺或失傳，唯賴該書而略存梗概。通過輯録這些珍貴佚文，可以部分地恢復古籍原貌。比如《婚禮新編》卷十九"繼婚"類"馮左藏"條曰：

> 張顯壽，開封人，世爲閤門祗候。長女適左藏庫使馮公，不幸早世。方其疾甚，遺言："吾妹憨惠，可以撫諸孤。"又族黨荏聞其妹之德言同，卜良，遂以嗣之。

本條末明言乃"張舜民文"，舜民字芸叟，北宋文學家、畫家，《宋史》卷三四七有傳。《文獻通考》載張舜民著《奏議》十卷，《畫墁集》一百卷。《四庫全書總目提要》卷一五四《畫墁集》提要曰："周紫芝謂政和七八年間，京師鬻書者，忽印是集。售者至填塞衢巷，事喧復禁如初。而南渡後又有臨川雕本《浮休全集》。蓋其著作在當日極爲世重。而自明以來，久佚不傳。"[7]《畫墁集》明初抄入《永樂大典》，清代修《四庫全書》時，館臣自《永樂大典》中輯出《畫墁集》八卷，鮑廷博刊《知不足齋叢書》時又增《補遺》一卷，但這兩次輯補，檢討之功仍顯不足。查今本《畫墁集》及《補遺》均無馮左藏事，當爲佚文，可據輯佚。

又如卷十一"雜儀"類"結髮"條曰：

> 今世婚禮有結髮一事，取夫與婦髮合而結之，古無有也。伊川程氏曰："婚禮結髮，甚無意義，欲去久矣，不能。言結髮爲夫婦者，只是少小也。如結髮事君、結髮與匈奴戰，豈謂合髮？"然伊川既言非義，欲訂正之，而至未能革，豈非習俗之久未易遽革耶？蘇子卿詩"結髮爲夫婦，恩愛兩不疑"，曹子建詩"結髮辭嚴親，來爲君子仇"，杜子美詩"結髮爲妻子，席不暖君

床",梅聖俞詩"結髮事君子,衣袂未嘗分",皆謂結髮少小之時也。

本條明言出自《藝苑雌黃》。《藝苑雌黃》係宋建安人嚴有翼所撰,約成書於紹興年間。嚴有翼在紹興(1131—1162)間嘗爲泉、荆二郡教官。原書久佚,今本作十卷,已非其舊。《説郛》有節編本,僅8條。《苕溪漁隱叢話》後集、《詩話總龜》後集、《草堂詩話》《竹莊詩話》《詩人玉屑》《詩林廣記》《修辭鑑衡》皆有錄存。郭紹虞、羅根澤均曾輯其佚文,郭得84條,羅得81條,收入《宋詩話輯佚·附輯》。[8]但遍檢《宋詩話輯佚·藝苑雌黃》,並無此條内容,可見在郭、羅二人所輯之外,仍有佚文可補。

像這種情況全書還有不少,足可見《婚禮新編》在輯佚方面具有重要價值。

《婚禮新編》所徵引的材料對於同類類書也具有一定的參考價值。比如仝建平將《翰墨全書》乙集卷六所收往復聘定啓及卷七所收婚禮往復啓劄與《婚禮新編》對比後認爲,兩書所收部分條目内容相同。這兩卷中的啓劄,一多半都没有作者署名,其中幾篇可通過《婚禮新編》補録出作者名。[9]不難想象,如果《婚禮新編》未能傳世,要想考證清楚《翰墨全書》所收如上啓劄的作者姓名,必將大費周折。

(三) 有助於宋代駢文史的研究

駢文又稱"駢體文"或"駢偶文",因其多用四字、六字句,故也稱"四六文"或"駢四儷六"。駢文這種文體起源于漢魏,形成於南北朝,盛行于唐宋。它講究對仗和韻律,用詞注重藻飾和用典,被稱作"最具中國特色的文體"。[10]

《婚禮新編》所收181篇婚禮書儀全部都是駢體四六文。這是因爲駢文具有鋪陳的行文風格,而婚儀文書中要時刻體現出對對方家世地位及才貌品德的高度讚揚,多誇耀客套之辭,使用駢文來寫,不僅非常有利於這種應酬話語的表達,還能增強婚儀文書的典雅含蓄之美。這也是宋代民間婚禮書儀的一個主要特點。朱迎平認爲:"宋代民間婚儀中所用婚書,也都採用四六儷語。《五百家播芳大全文粹》收 1 卷 62 首,洪适《盤洲文集》則載所撰婚書 26 首,又分爲送禮書、送幣書、求親書、許親書、言定書、求婚書、回婚書等多種。"[11]《婚禮新編》所收婚禮書儀正是宋代婚書四六駢體化傾向的集中體現。

　　前人在駢文史研究方面已經取得了很大成就,但對婚禮書儀類駢文的關注卻少之又少,比如瞿兑之《駢文概論》(海南出版社,1994)、劉麟生《中國駢文史》(東方出版社,1996)以及于景祥《中國駢文通史》(吉林人民出版社,2002)等專著都没有涉及這類駢文。據統計,《四庫全書》中共有 400 篇左右的宋代婚儀文書,目前尚存世而未被《四庫全書》收錄的婚禮書儀應該也不會少於這個數量。《婚禮新編》所收婚禮書儀,體制短小,一般百字左右,用典恰當,取材博贍,文詞精煉,極富謙雅典麗之態。這些駢文是研究宋代駢文史,尤其是研究宋代駢文社會日用趨向的主要材料之一。吴承學、劉湘蘭就認爲,至宋代"啓的應用越來越生活化與平民化,主要體現在啓常用於民間求婚、議親、送定等場合,以示莊重之意,如蘇軾有《與邁求親啓》……又有《答求親啓》等啓文,王十朋有《代人送定啓》等。此類啓文都以四六行文,文辭典雅莊重,實用性强。由於'世俗施於尊者,多用儷語以爲恭',自宋以來,啓基本上全用駢文來書寫。"[12]《婚禮新編》爲我們保留了將近 200 篇原汁原味的宋代婚禮書儀文獻,這些材料在駢文史研究方面無疑是具有較高學術資料價值的。

　　當然,《婚禮新編》的文獻價值還不止以上這三點,它在婚俗學、類書編纂等方面也都具有一定的價值。這裏就不再逐一討論了。

　　需要指出的是,丁昇之所輯《婚禮新編》一書也並非盡善盡美。

首先，該書所引書儀，作者名多以"姓＋官職"的方式予以標注，如陳縣尉、黃知縣、江宗院、李知縣等，這些作者名在當時當地可能不難識別，但現在考證起來難度就比較大。其次，該書所引典故多不具出處。即使有出處，有些也存在非最早出處的問題。比如卷十八"劉凝之"條明言引自《南史》，但實際上《宋書》中已經出現，這樣的例子還有不少。再次，目錄及正文均有不少訛字，單就標題來看，卷十四"謝混"條"混"訛作"琨"、卷十五"柳談"條"柳"訛作"李"、卷十七"鉤弋夫人"條"鉤"訛作"釣"等，均屬不該有之失誤。最後，《婚禮新編》後十卷中有一小部分宣揚封建迷信的故事和傳說，比如卷十二的"前定"、卷二十的"神仙"等，我們應該批判地看待這些內容。

以上我們對《婚禮新編》的作者情況、版本情況、內容結構、文獻價值進行了初步介紹。作爲宋代閩地學者編就的一部日用生活型通俗類書，《婚禮新編》除了具有很高的版本價值外，在其他諸多方面也都有相當高的研究價值，亟待我們進一步整理和研究。

（本文內容已經分別在《蘭臺世界》2014年4月中旬及10月上旬發表，此處又做了一些修改）

參考文獻：
〔1〕（宋）丁昇之：《婚禮新編》，宋刊元修本，中國國家圖書館藏。
〔2〕（清）周碩勳：《潮州府志》，光緒十九年（1893）重刻乾隆四十年（1775）本，《中國方志叢書》，臺北：成文出版社，1967：786。
〔3〕中華人民共和國文化部《第一批國家珍貴古籍名錄》。
http://www.nlc.gov.cn/old2008/service/others/gujibhw/download/yjdt_yjxw_07.pdf, 2008.
〔4〕王利偉：《宋代類書研究》，成都：四川大學，2005。
〔5〕（清）永瑢等：《四庫全書總目提要》，《叢書集成初編》，上海：商務印書館，1931：第26冊，47。

〔6〕（清）張之洞撰,范希曾補正:《書目答問補正》,上海:上海古籍出版社,2001:189。
〔7〕同〔5〕:第 30 册,16-17。
〔8〕郭紹虞:《宋詩話輯佚》,北京:中華書局,1980:535-584。
〔9〕仝建平:《新編事文類聚翰墨全書研究》,西安:陝西師範大學,2010:126。
〔10〕于景祥:《中國駢文通史》引言,長春:吉林人民出版社,2002:1。
〔11〕朱迎平:《宋文文體演變論略》,中山大學學報（社會科學版）,2007,5:11。
〔12〕吳承學、劉湘蘭:《書牘類文體》,古典文學知識,2008.5:110。

校注説明

一、编次

1. 本書按照《婚禮新編》原書次序編次。

2. 爲方便索引查閱,分别在每篇書儀及典故之首用數字按序編號,編號格式爲"卷號.門目號.條目號",如《婚禮新編》卷二第五門《求親門》第一條"黄山谷"條編號爲:"2.5.1　黄山谷"。《婚禮新編》卷二十第一門《神仙門》第一條"劉阮"條編號爲:"20.1.1　劉阮"。

二、校勘

1. 《婚禮新編》爲類書,故此次對國圖藏孤本《婚禮新編》的校勘,以《婚禮新編》所引諸書今人校定本爲參校本。如無今人校定本,則參酌所引諸書善本或他書所引相關內容。

2. 凡出校處,在該句末尾用右上標數字標示,如[1][2][3]……如校語涉及整段文字,則在整段文字後加注右上標數字。

校記附於每條條末,力求簡明扼要。

凡底本有明顯訛、脱、衍、倒及殘泐,可據他本訂正者,則徑予改正並出校記。

義可兩通而不能判定是非者,在校記中備列他書内容,并加以説明。

底本不誤,他書反誤者,一般不出校記,個別有重要文獻價值者除外,如《全宋文》引録《婚禮新編》書儀而新出錯者,均予以指出。

底本正文有疑問而無法解决者,亦在校記中加以説明。

典故部分引文多有省改，只要不影響文意理解，一般不出校。

3. 原文中有大量通假字，今一仍其舊，擇要在校記中説明。

4. 凡異體字（包括異寫字與異構字），如"荅（答）""宝（寶）""圡（土）""竟（覺）"等，文中徑改爲通用的規範繁體字，不出校記。

5. 底本中的正文以大字排列，雙行注釋文字仍留行中，字號略小，以楷體單行連排其下。

6. 標點符號用法遵照 2012 年 6 月 1 日實施的《標點符號用法》(GBT 15834—2011)，務求妥帖。

7. 本書採用前賢時俊成説，一般均指明姓氏出處，以示不敢掠美。

三、注釋

《婚禮新編》引書廣博，時代差距較大，部分書儀典故文字古奥，人物關係複雜。爲使讀者減少一些翻檢古籍與字辭書之勞，在讀音、語詞、史地和名物等方面作了一些注釋，以大體上能夠説明問題爲度。具體説來：

1. 書儀部分（卷一至卷十），除注釋書儀正文外，另對丁昇之原注内容進行疏解。内容包括書儀出處、作者小傳、典故來源、疑難字詞等等。

2. 典故部分（卷十一至卷二十），逐條注明來源，包括書名、卷數、篇名，以便讀者查對原書，對文中所涉歷史人物的生卒、字號及主要生平事跡予以簡單介紹，對文中的疑難字詞進行疏解，個別字還進行了注音。

凡前面已經注釋過的詞（字）目，後面再出現時，不再重複注釋，只以"見前"、"參見前"的形式有選擇地酌情予以提示，指明首次出現時的編號題名，以便讀者查閲。

目　錄

上册

《婚禮新編》簡論 …………………………………… 1
校注説明 ……………………………………………… 1

婚禮新編　卷之一 ………………………………… 1
  1.1　婚禮 …………………………………………… 1
    1.1.1　文正公司馬氏 ………………………… 1
    1.1.2　納采 …………………………………… 2
    1.1.3　問名 …………………………………… 4
    1.1.4　納吉 …………………………………… 5
    1.1.5　納幣 …………………………………… 5
    1.1.6　請期 …………………………………… 6
    1.1.7　親迎 …………………………………… 7
    1.1.8　婦見舅姑 ……………………………… 15
    1.1.9　婿見婦之父母 ………………………… 18
  1.2　書儀 …………………………………………… 18
    1.2.1　帖子式 ………………………………… 18
    1.2.2　十二行啓式 …………………………… 19
    1.2.3　請媒　龜山楊先生作 ………………… 20

1.2.4　求親　　屏山劉先生作 …………………………… 22
　　1.2.5　答求親　　陳狀元作 ……………………………… 23
　　1.2.6　送定　　東坡先生作 ……………………………… 25
　　1.2.7　禮物狀 …………………………………………… 26
　　1.2.8　回答禮物狀 ……………………………………… 29

婚禮新編　卷之二 ……………………………………… 30
　2.1　求允 ………………………………………………… 30
　2.2　答允 ………………………………………………… 30
　　2.2.1　丁潮州 …………………………………………… 30
　2.3　謝媒 ………………………………………………… 32
　　2.3.1　張主簿 …………………………………………… 32
　2.4　媒答 ………………………………………………… 34
　　2.4.1　王狀元 …………………………………………… 34
　　2.4.2　王狀元 …………………………………………… 36
　2.5　求親 ………………………………………………… 37
　　2.5.1　黃山谷 …………………………………………… 37
　　2.5.2　又 ………………………………………………… 40
　　2.5.3　又 ………………………………………………… 42
　　2.5.4　孫尚書 …………………………………………… 43
　　2.5.5　又 ………………………………………………… 45
　　2.5.6　又 ………………………………………………… 47
　　2.5.7　程子山 …………………………………………… 48
　　2.5.8　又 ………………………………………………… 51
　　2.5.9　張參政 …………………………………………… 53
　　2.5.10　彭公夔 ………………………………………… 55
　2.6　答未允 ……………………………………………… 56

2.6.1　晁侍郎 …………………………………… 56
　　　2.6.2　危縣丞 …………………………………… 58
　2.7　許親 ………………………………………………… 60
　　　2.7.1　張從道 …………………………………… 60
　　　2.7.2　孫尚書 …………………………………… 61
　　　2.7.3　晁侍郎 …………………………………… 62
　　　2.7.4　馬子仁 …………………………………… 64

婚禮新編　卷之三 ……………………………………… 66
　3.1　定婚 ………………………………………………… 66
　　　3.1.1　王狀元 …………………………………… 66
　　　3.1.2　又 ………………………………………… 70
　　　3.1.3　孫尚書 …………………………………… 72
　　　3.1.4　劉夷叔 …………………………………… 74
　　　3.1.5　程子山 …………………………………… 77
　　　3.1.6　呂郎中 …………………………………… 78
　　　3.1.7　歐陽知縣 ………………………………… 81
　　　3.1.8　又 ………………………………………… 82
　　　3.1.9　江文卿 …………………………………… 84
　　　3.1.10　又 ……………………………………… 86
　　　3.1.11　彭應期 ………………………………… 88
　　　3.1.12　又 ……………………………………… 91
　　　3.1.13　又 ……………………………………… 92
　　　3.1.14　華仲洽 ………………………………… 94
　　　3.1.15　又 ……………………………………… 96
　　　3.1.16　魏良齋 ………………………………… 97
　　　3.1.17　又 ……………………………………… 99

- 3.1.18 陳簽判 …… 100
- 3.1.19 又 …… 101
- 3.1.20 又 …… 103
- 3.1.21 陳伯溫 …… 105
- 3.1.22 黃知縣 …… 106

婚禮新編　卷四之五 …… 109
- 4.1 答定 …… 109
  - 4.1.1 孫尚書 …… 109
  - 4.1.2 又 …… 111
  - 4.1.3 又 …… 113
  - 4.1.4 又 …… 115
  - 4.1.5 又 …… 117
  - 4.1.6 又 …… 118
  - 4.1.7 又 …… 119
  - 4.1.8 又 …… 121
  - 4.1.9 又 …… 122
  - 4.1.10 熊舍人 …… 123
  - 4.1.11 黃山谷 …… 125
  - 4.1.12 又 …… 127
  - 4.1.13 又 …… 129
  - 4.1.14 呂郎中 …… 130
  - 4.1.15 劉聘君 …… 132
  - 4.1.16 江文卿 …… 133
  - 4.1.17 又 …… 135
  - 4.1.18 又 …… 137
  - 4.1.19 又 …… 138

4.1.20	又	140
4.1.21	又	142
4.1.22	游子蒙	143
4.1.23	翁知丞	145
4.1.24	彭應期	146
4.1.25	又	148
4.1.26	藍知軍	149
4.1.27	江清卿	151
4.1.28	張參政	153

婚禮新編 卷六之七 155
6.1 姑舅 155
  6.1.1 孫尚書 155
  6.1.2 又 157
  6.1.3 又 159
  6.1.4 呂郎中 160
  6.1.5 王狀元 162
  6.1.6 王狀元 164
  6.1.7 王狀元 165
  6.1.8 江文卿 167
  6.1.9 江教授 170
  6.1.10 歐陽知縣 171
  6.1.11 高伯強 172
  6.1.12 范澤民 174
  6.1.13 張主簿 175
  6.1.14 又 176
  6.1.15 晁侍郎 178

6.2 答 179
　　　　6.2.1 江文卿 179
　　　　6.2.2 丁潮州 181
　　　　6.2.3 陳舍人 183
　　　　6.2.4 江清卿 184
　　　　6.2.5 翁知丞 185
　　　　6.2.6 又 186
　　　　6.2.7 葉子實 188
　　　　6.2.8 陳簽判 190
　　　　6.2.9 歐陽知縣 190
　　　　6.2.10 又 191
　　　　6.2.11 孫太沖 193

婚禮新編　卷之八 195
　　8.1 世婚 195
　　　　8.1.1 歐陽知縣 195
　　　　8.1.2 黃山谷 196
　　　　8.1.3 孫尚書 198
　　　　8.1.4 歐陽知縣 200
　　　　8.1.5 翁知丞 202
　　　　8.1.6 王知錄 203
　　　　8.1.7 張主簿 205
　　　　8.1.8 楊唐叟 207
　　　　8.1.9 葉子實 208
　　　　8.1.10 鄭尚書 209
　　8.2 答 211
　　　　8.2.1 孫尚書 211

- 8.2.2 又 ………………………………………… 213
- 8.2.3 黃山谷 …………………………………… 215
- 8.2.4 劉郎中 …………………………………… 216
- 8.2.5 張主簿 …………………………………… 218
- 8.2.6 翁縣丞 …………………………………… 219
- 8.3 契書 …………………………………………… 221
  - 8.3.1 呂郎中 …………………………………… 221
  - 8.3.2 汪內翰 …………………………………… 223
  - 8.3.3 陸提舉 …………………………………… 224
  - 8.3.4 陳簽判 …………………………………… 226
  - 8.3.5 陳桂卿 …………………………………… 227
- 8.4 答 ……………………………………………… 229
  - 8.4.1 王狀元 …………………………………… 229
  - 8.4.2 黃山谷 …………………………………… 230
  - 8.4.3 孫尚書 …………………………………… 232
  - 8.4.4 又 ………………………………………… 234
  - 8.4.5 又 ………………………………………… 236
  - 8.4.6 呂郎中 …………………………………… 238
- 8.5 女先男 ………………………………………… 239
  - 8.5.1 江文卿 …………………………………… 239
- 8.6 答 ……………………………………………… 240
  - 8.6.1 毗陵公 …………………………………… 240

婚禮新編　卷之九 …………………………………… 243
- 9.1 兩姨 …………………………………………… 243
  - 9.1.1 陳桂卿 …………………………………… 243
  - 9.1.2 又 ………………………………………… 244

9.2 答 ... 246
9.2.1 江文卿 ... 246
9.3 弟妹 ... 247
9.3.1 王狀元 ... 247
9.3.2 屏山先生 ... 248
9.3.3 王參政 ... 250
9.3.4 彭應期 ... 251
9.4 答 ... 253
9.4.1 劉觀文 ... 253
9.4.2 韓徽猷 ... 254
9.4.3 江文卿 ... 255
9.5 師友 ... 257
9.5.1 王狀元 ... 257
9.5.2 王秘讀 ... 259
9.5.3 熊主簿 ... 261
9.6 答 ... 262
9.6.1 呂郎中 ... 262
9.6.2 熊知縣 ... 264
9.6.3 陳桂卿 ... 265
9.7 幼婚 ... 266
9.7.1 江元吉 ... 266
9.8 答 ... 268
9.8.1 王狀元 ... 268
9.9 宗姻 ... 270
9.9.1 彭應期 ... 270
9.9.2 藍魯望 ... 273
9.10 答 ... 275

- 9.10.1 歐陽知縣 ················· 275
- 9.10.2 毛澤民 ··················· 276
- 9.10.3 趙將領 ··················· 278
- 9.10.4 陳倅 ····················· 279
- 9.11 農工 ························ 280
  - 9.11.1 吳子厚 ··················· 280
  - 9.11.2 馬子仁 ··················· 282
  - 9.11.3 又 ······················· 282
- 9.12 答 ·························· 283
  - 9.12.1 彭君禮 ··················· 283

婚禮新編 卷之十 ················· 285
- 10.1 再娶 ························ 285
  - 10.1.1 陳簽判 ··················· 285
  - 10.1.2 歐陽知縣 ················· 287
  - 10.1.3 彭公變 ··················· 288
  - 10.1.4 連文舉 ··················· 289
  - 10.1.5 王狀元 ··················· 291
  - 10.1.6 陳縣尉 ··················· 292
- 10.2 答 ·························· 295
  - 10.2.1 孫尚書 ··················· 295
  - 10.2.2 又 ······················· 297
  - 10.2.3 陳簽判 ··················· 299
  - 10.2.4 彭應期 ··················· 300
  - 10.2.5 又 ······················· 302
  - 10.2.6 黃元壽 ··················· 303
  - 10.2.7 吳叔才 ··················· 305
  - 10.2.8 翁丞 ····················· 307

- 10.3 贄 ………………………………………………… 309
  - 10.3.1 張全真 ………………………………… 309
  - 10.3.2 陳桂卿 ………………………………… 311
- 10.4 答 ………………………………………………… 312
  - 10.4.1 黃元壽 ………………………………… 312
  - 10.4.2 彭君禮 ………………………………… 313
- 10.5 娶妾 ……………………………………………… 314
  - 10.5.1 陳桂卿 ………………………………… 314
- 10.6 答 ………………………………………………… 317
  - 10.6.1 江文卿 ………………………………… 317
  - 10.6.2 李知縣 ………………………………… 319
- 10.7 娶娼 ……………………………………………… 320
  - 10.7.1 江宗院 ………………………………… 320
- 10.8 答 ………………………………………………… 324
  - 10.8.1 江清卿 ………………………………… 324
- 10.9 請期 ……………………………………………… 326
  - 10.9.1 陳桂卿 ………………………………… 326
  - 10.9.2 丁潮州 ………………………………… 327
- 10.10 答 ………………………………………………… 328
  - 10.10.1 陳簽判 ……………………………… 328
  - 10.10.2 熊知縣 ……………………………… 329
  - 10.10.3 詹景丹 ……………………………… 330

下册

婚禮新編　卷之十一 ……………………………… 331
- 11.1 慎婚 ……………………………………………… 331

- 11.1.1 杜欽 …… 331
- 11.1.2 管子 …… 331
- 11.1.3 郭后 …… 332
- 11.1.4 白氏詩 …… 332
- 11.1.5 程氏遺書 …… 333
- 11.1.6 邵康節詩 …… 333
- 11.1.7 又 …… 334
- 11.1.8 胡先生 …… 334
- 11.1.9 溫公 …… 335
- 11.1.10 又 …… 337
- 11.1.11 黃山谷 …… 338
- 11.2 雜儀 …… 338
  - 11.2.1 禮記婚義 …… 338
  - 11.2.2 郊特牲 …… 340
  - 11.2.3 哀公問 …… 342
  - 11.2.4 親迎 …… 343
  - 11.2.5 儀禮 …… 344
  - 11.2.6 鄭忽 …… 345
  - 11.2.7 豆䊆三殺 …… 346
  - 11.2.8 酉陽雜俎 …… 347
  - 11.2.9 入帳 …… 348
  - 11.2.10 女坐鞍 …… 349
  - 11.2.11 婿坐鞍 …… 349
  - 11.2.12 合歡鈴 …… 351
  - 11.2.13 九子墨 …… 351
  - 11.2.14 薦石榴 …… 352
  - 11.2.15 餪女 …… 353

11.2.16　結髮 ………………………………… 354
　　11.2.17　當梁年 ……………………………… 356
　　11.2.18　婚夜以合 …………………………… 356
　　11.2.19　白虎通 ……………………………… 357
　11.3　禮制 ………………………………………… 358
　　11.3.1　媒氏 …………………………………… 358
　　11.3.2　勾踐 …………………………………… 358
　　11.3.3　王吉 …………………………………… 359
　　11.3.4　杜欽 …………………………………… 359
　　11.3.5　宣帝 …………………………………… 360
　　11.3.6　任延 …………………………………… 361
　　11.3.7　晉武帝 ………………………………… 361
　　11.3.8　毛詩 …………………………………… 362
　　11.3.9　魏文成帝 ……………………………… 362

婚禮新編　卷之十二 ……………………………… 364
　12.1　前定門 ……………………………………… 364
　　12.1.1　月下老 ………………………………… 364
　　12.1.2　李仁鈞 ………………………………… 367
　　12.1.3　滑臺園女 ……………………………… 369
　　12.1.4　崔元綜 ………………………………… 371
　　12.1.5　武殷 …………………………………… 372
　　12.1.6　劉后 …………………………………… 374
　　12.1.7　李氏 …………………………………… 375
　　12.1.8　曾崇範 ………………………………… 377
　　12.1.9　流紅記 ………………………………… 378
　　12.1.10　秋葉飄詩 ……………………………… 379

12.2 媒氏門 ································ 380
12.2.1 謀合異類 ························ 380
12.2.2 夫妻判合 ························ 381
12.2.3 行媒 ······························ 381
12.2.4 媒幣 ······························ 381
12.2.5 伐柯 ······························ 382
12.2.6 析薪 ······························ 382
12.2.7 良媒 ······························ 383
12.2.8 招舟 ······························ 383
12.2.9 媒妁 ······························ 383
12.2.10 不自專 ·························· 384
12.2.11 因針 ···························· 384
12.2.12 塞脩 ···························· 385
12.2.13 又 ······························· 385
12.2.14 拙媒 ···························· 386
12.2.15 鳩媒 ···························· 386
12.2.16 接歡 ···························· 387
12.2.17 父不爲媒 ······················ 387
12.2.18 夢立冰上 ······················ 388
12.2.19 青鳥 ···························· 388
12.2.20 平章 ···························· 389

婚禮新編 卷之十三 ······················ 391
13.1 自媒門 ································ 391
13.1.1 黃承彥 ···························· 391
13.1.2 溫太真 ···························· 392
13.1.3 孫興公 ···························· 392

- 13.1.4 馮素弗 ………………………………… 393
- 13.1.5 無鹽 …………………………………… 394
- 13.2 擇婦 ………………………………………… 396
  - 13.2.1 光武 …………………………………… 396
  - 13.2.2 馮偃 …………………………………… 397
  - 13.2.3 晉武帝 ………………………………… 397
  - 13.2.4 王汝南 ………………………………… 398
  - 13.2.5 吕範 …………………………………… 399
  - 13.2.6 荀粲 …………………………………… 400
  - 13.2.7 馬司徒 ………………………………… 401
- 13.3 卜相擇婦門 …………………………………… 402
  - 13.3.1 黄霸 …………………………………… 402
  - 13.3.2 郭士 …………………………………… 403
  - 13.3.3 陳希夷 ………………………………… 404
  - 13.3.4 相里女 ………………………………… 405
  - 13.3.5 馬周 …………………………………… 406
- 13.4 不暇擇 ………………………………………… 408
  - 13.4.1 何必齊宋 ……………………………… 408
  - 13.4.2 爲養 …………………………………… 408
  - 13.4.3 重於救蝕 ……………………………… 409
  - 13.4.4 不在貴族 ……………………………… 409
  - 13.4.5 親探井臼 ……………………………… 411
  - 13.4.6 不必貴種 ……………………………… 411
- 13.5 慕婚 …………………………………………… 412
  - 13.5.1 叔梁紇 ………………………………… 412
  - 13.5.2 長孫熾 ………………………………… 412
  - 13.5.3 韋祐 …………………………………… 413

13.5.4　孫晷 …………………………………… 414
　　13.5.5　宗連 …………………………………… 415
　　13.5.6　張嘉貞 ………………………………… 416
　　13.5.7　李丞相 ………………………………… 417
　　13.5.8　盧李 …………………………………… 419
　　13.5.9　薛裕 …………………………………… 420
　　13.5.10　崔恬 ………………………………… 421
　　13.5.11　楊素 ………………………………… 421

婚禮新編　卷之十四 ………………………………… 423
 14.1 擇婿 …………………………………………… 423
　　14.1.1　郄鑒 …………………………………… 423
　　14.1.2　謝混 …………………………………… 424
　　14.1.3　王戎 …………………………………… 426
　　14.1.4　山簡 …………………………………… 426
　　14.1.5　段儀 …………………………………… 428
　　14.1.6　竇毅 …………………………………… 429
　　14.1.7　權德輿 ………………………………… 430
　　14.1.8　韋夏卿 ………………………………… 431
　　14.1.9　晏元獻 ………………………………… 432
　　14.1.10　陳秘 ………………………………… 434
　　14.1.11　擇婿車 ……………………………… 435
 14.2 女自擇 ………………………………………… 435
　　14.2.1　徐吾犯妹 ……………………………… 435
　　14.2.2　孟光 …………………………………… 437
　　14.2.3　徐女 …………………………………… 439
　　14.2.4　婁后 …………………………………… 439

        14.2.5　婁氏 …… 440
        14.2.6　齊女 …… 441
        14.2.7　陳女 …… 441
        14.2.8　李林甫 …… 442
        14.2.9　柴氏 …… 442
    14.3　卜相擇婿 …… 444
        14.3.1　呂公 …… 444
        14.3.2　周浚 …… 445
        14.3.3　鍾氏 …… 446
        14.3.4　甘公 …… 447
        14.3.5　韓滉 …… 447
        14.3.6　袁天綱 …… 448
        14.3.7　蘇氏 …… 449
        14.3.8　元懷景 …… 450
        14.3.9　盧承慶 …… 451
        14.3.10　苗夫人 …… 452
        14.3.11　魏太武 …… 456
        14.3.12　韋鼎 …… 457
        14.3.13　王青 …… 458
        14.3.14　馬亮 …… 460

婚禮新編　卷之十五 …… 461
    15.1　名行 …… 461
        15.1.1　南容 …… 461
        15.1.2　劉殷 …… 461
        15.1.3　裴寬 …… 463
        15.1.4　射援 …… 464

    15.1.5 高謹 …………………………………………… 464
    15.1.6 錢道戩 ………………………………………… 465
    15.1.7 魏悅 …………………………………………… 465
    15.1.8 殷景仁 ………………………………………… 466
15.2 才學 …………………………………………………… 466
    15.2.1 虞世基 ………………………………………… 466
    15.2.2 羊祜 …………………………………………… 467
    15.2.3 崔謙之 ………………………………………… 468
    15.2.4 鄧攸 …………………………………………… 468
    15.2.5 李頻 …………………………………………… 469
    15.2.6 柳談 …………………………………………… 470
    15.2.7 朱選之 ………………………………………… 470
    15.2.8 柳莊 …………………………………………… 470
    15.2.9 蘇舜欽 ………………………………………… 471
    15.2.10 胥茂諶 ………………………………………… 472
    15.2.11 鄭羲 …………………………………………… 473
    15.2.12 傅侯 …………………………………………… 473
    15.2.13 崔儦 …………………………………………… 474
    15.2.14 明道先生 ……………………………………… 475
    15.2.15 顧邵 …………………………………………… 475
15.3 及第後娶 ……………………………………………… 476
    15.3.1 陸暢 …………………………………………… 476
    15.3.2 李象 …………………………………………… 477
    15.3.3 劉燁 …………………………………………… 477
    15.3.4 白積 …………………………………………… 478
    15.3.5 李夔 …………………………………………… 480
    15.3.6 蔡君謨 ………………………………………… 481

15.3.7　王沂公 …… 482
　　　15.3.8　富文忠公 …… 483
　　　15.3.9　王定保 …… 484
　15.4　娶後及第 …… 486
　　　15.4.1　裴筠 …… 486
　　　15.4.2　盧儲 …… 488
　　　15.4.3　常脩 …… 489
　　　15.4.4　竇瑤 …… 490
　15.5　門下士 …… 491
　　　15.5.1　公孫瓚 …… 491
　　　15.5.2　韋孝寬 …… 492
　　　15.5.3　李若初 …… 493
　　　15.5.4　姜宇 …… 493
　　　15.5.5　杜廣 …… 494
　　　15.5.6　陸遜 …… 495
　　　15.5.7　王鍔 …… 496
　　　15.5.8　裴敞 …… 497
　　　15.5.9　太學士人 …… 497
　　　15.5.10　張延賞 …… 498
　　　15.5.11　封德彝 …… 499
　　　15.5.12　駱統 …… 500
　15.6　容儀 …… 500
　　　15.6.1　陳平 …… 500
　　　15.6.2　王凱 …… 501
　　　15.6.3　于顗 …… 502
　　　15.6.4　韋斌 …… 502
　　　15.6.5　柳亨 …… 503

婚禮新編　卷之十六 …………………………………… 504
- 16.1 師友 …………………………………………………… 504
  - 16.1.1 張博 ……………………………………………… 504
  - 16.1.2 馬融 ……………………………………………… 504
  - 16.1.3 鮑宣 ……………………………………………… 505
  - 16.1.4 郭瑀 ……………………………………………… 506
  - 16.1.5 張承 ……………………………………………… 507
  - 16.1.6 鮑玄 ……………………………………………… 508
  - 16.1.7 戴逵 ……………………………………………… 508
  - 16.1.8 張徹 ……………………………………………… 509
  - 16.1.9 李漢 ……………………………………………… 510
  - 16.1.10 范蜀公 …………………………………………… 510
- 16.2 腹婚 …………………………………………………… 511
  - 16.2.1 光武 ……………………………………………… 511
  - 16.2.2 韋放 ……………………………………………… 511
  - 16.2.3 崔浩 ……………………………………………… 512
- 16.3 幼婚 …………………………………………………… 513
  - 16.3.1 白氏詩 …………………………………………… 513
  - 16.3.2 文王 ……………………………………………… 513
  - 16.3.3 楊椿 ……………………………………………… 514
  - 16.3.4 謝瀹 ……………………………………………… 514
  - 16.3.5 周弘正 …………………………………………… 515
  - 16.3.6 王僧達 …………………………………………… 515
  - 16.3.7 柳偃 ……………………………………………… 516
  - 16.3.8 杜驥 ……………………………………………… 517
  - 16.3.9 江斅 ……………………………………………… 517
  - 16.3.10 長孫澄 …………………………………………… 518

- 16.3.11 徐儉 ⋯⋯⋯⋯⋯⋯⋯⋯⋯⋯⋯⋯⋯⋯⋯⋯⋯⋯⋯ 519
- 16.3.12 王吉 ⋯⋯⋯⋯⋯⋯⋯⋯⋯⋯⋯⋯⋯⋯⋯⋯⋯⋯⋯ 519
- 16.3.13 文中子 ⋯⋯⋯⋯⋯⋯⋯⋯⋯⋯⋯⋯⋯⋯⋯⋯⋯⋯ 520
- 16.3.14 傅咸 ⋯⋯⋯⋯⋯⋯⋯⋯⋯⋯⋯⋯⋯⋯⋯⋯⋯⋯⋯ 520

16.4 晚婚 ⋯⋯⋯⋯⋯⋯⋯⋯⋯⋯⋯⋯⋯⋯⋯⋯⋯⋯⋯⋯⋯⋯⋯ 521
- 16.4.1 大過 ⋯⋯⋯⋯⋯⋯⋯⋯⋯⋯⋯⋯⋯⋯⋯⋯⋯⋯⋯ 521
- 16.4.2 富文忠公 ⋯⋯⋯⋯⋯⋯⋯⋯⋯⋯⋯⋯⋯⋯⋯⋯⋯ 521
- 16.4.3 夏禹 ⋯⋯⋯⋯⋯⋯⋯⋯⋯⋯⋯⋯⋯⋯⋯⋯⋯⋯⋯ 522
- 16.4.4 陳留公 ⋯⋯⋯⋯⋯⋯⋯⋯⋯⋯⋯⋯⋯⋯⋯⋯⋯⋯ 522
- 16.4.5 鍾繇 ⋯⋯⋯⋯⋯⋯⋯⋯⋯⋯⋯⋯⋯⋯⋯⋯⋯⋯⋯ 523
- 16.4.6 甄琛 ⋯⋯⋯⋯⋯⋯⋯⋯⋯⋯⋯⋯⋯⋯⋯⋯⋯⋯⋯ 524
- 16.4.7 陳嶠 ⋯⋯⋯⋯⋯⋯⋯⋯⋯⋯⋯⋯⋯⋯⋯⋯⋯⋯⋯ 524
- 16.4.8 無名君 ⋯⋯⋯⋯⋯⋯⋯⋯⋯⋯⋯⋯⋯⋯⋯⋯⋯⋯ 525
- 16.4.9 盧校書 ⋯⋯⋯⋯⋯⋯⋯⋯⋯⋯⋯⋯⋯⋯⋯⋯⋯⋯ 525
- 16.4.10 何點 ⋯⋯⋯⋯⋯⋯⋯⋯⋯⋯⋯⋯⋯⋯⋯⋯⋯⋯ 526
- 16.4.11 陳昵 ⋯⋯⋯⋯⋯⋯⋯⋯⋯⋯⋯⋯⋯⋯⋯⋯⋯⋯ 527
- 16.4.12 錢氏 ⋯⋯⋯⋯⋯⋯⋯⋯⋯⋯⋯⋯⋯⋯⋯⋯⋯⋯ 528

16.5 詩婚 ⋯⋯⋯⋯⋯⋯⋯⋯⋯⋯⋯⋯⋯⋯⋯⋯⋯⋯⋯⋯⋯⋯⋯ 529
- 16.5.1 謝生 ⋯⋯⋯⋯⋯⋯⋯⋯⋯⋯⋯⋯⋯⋯⋯⋯⋯⋯⋯ 529
- 16.5.2 王氏 ⋯⋯⋯⋯⋯⋯⋯⋯⋯⋯⋯⋯⋯⋯⋯⋯⋯⋯⋯ 530
- 16.5.3 李清臣 ⋯⋯⋯⋯⋯⋯⋯⋯⋯⋯⋯⋯⋯⋯⋯⋯⋯⋯ 531
- 16.5.4 山谷 ⋯⋯⋯⋯⋯⋯⋯⋯⋯⋯⋯⋯⋯⋯⋯⋯⋯⋯⋯ 532
- 16.5.5 崔護 ⋯⋯⋯⋯⋯⋯⋯⋯⋯⋯⋯⋯⋯⋯⋯⋯⋯⋯⋯ 533
- 16.5.6 李頻 ⋯⋯⋯⋯⋯⋯⋯⋯⋯⋯⋯⋯⋯⋯⋯⋯⋯⋯⋯ 533
- 16.5.7 兵士 ⋯⋯⋯⋯⋯⋯⋯⋯⋯⋯⋯⋯⋯⋯⋯⋯⋯⋯⋯ 534

16.6 武勇 ⋯⋯⋯⋯⋯⋯⋯⋯⋯⋯⋯⋯⋯⋯⋯⋯⋯⋯⋯⋯⋯⋯⋯ 535
- 16.6.1 劉秀之 ⋯⋯⋯⋯⋯⋯⋯⋯⋯⋯⋯⋯⋯⋯⋯⋯⋯⋯ 535

- 16.6.2 郭默 ……………………………………… 535
  - 16.6.3 劉遐 ……………………………………… 536
  - 16.6.4 英布 ……………………………………… 536
  - 16.6.5 廳頭甲 …………………………………… 537
  - 16.6.6 雍氏 ……………………………………… 539
  - 16.6.7 李光顏 …………………………………… 540
  - 16.6.8 胡貴嬪 …………………………………… 540

婚禮新編 卷之十七 …………………………………… 542
- 17.1 姑舅 ……………………………………………… 542
  - 17.1.1 宋鄭 ……………………………………… 542
  - 17.1.2 季平子 …………………………………… 542
  - 17.1.3 顧協 ……………………………………… 543
  - 17.1.4 費觀 ……………………………………… 544
  - 17.1.5 陸稠 ……………………………………… 544
  - 17.1.6 王氏 ……………………………………… 545
  - 17.1.7 老蘇 ……………………………………… 546
- 17.2 舅甥 ……………………………………………… 547
  - 17.2.1 李君房 …………………………………… 547
  - 17.2.2 老杜 ……………………………………… 548
  - 17.2.3 李靖 ……………………………………… 549
  - 17.2.4 潘安仁 …………………………………… 550
  - 17.2.5 魏舒 ……………………………………… 550
  - 17.2.6 李繪 ……………………………………… 551
  - 17.2.7 衛玠 ……………………………………… 552
  - 17.2.8 王忱 ……………………………………… 552
  - 17.2.9 荀勖 ……………………………………… 553

17.2.10　謝絢 …… 554
17.2.11　和嶠 …… 555
17.2.12　家舅 …… 556
17.2.13　酷似 …… 556
17.2.14　徐湛之 …… 557
17.2.15　阮韜 …… 557
17.2.16　樂藹 …… 558
17.2.17　劉孝綽 …… 559
17.2.18　渭陽 …… 560
17.2.19　李白 …… 560
17.2.20　羊曇 …… 561
17.2.21　江總 …… 562
17.2.22　秦晉 …… 563
17.2.23　王褒 …… 563
17.2.24　《詩·頍弁》 …… 564
17.2.25　韓充 …… 565
17.2.26　韓伯 …… 565
17.2.27　劉璵 …… 566
17.2.28　孫甥 …… 567
17.2.29　彌甥 …… 567
17.2.30　祖舅 …… 568
17.2.31　從孫甥 …… 569
17.2.32　鍾瑾 …… 569
17.2.33　袁彖 …… 570
17.2.34　崔休 …… 572
17.2.35　袁湛 …… 573
17.2.36　孫權 …… 573

目　錄 | 23

- 17.3 遊子 574
  - 17.3.1 李白 574
  - 17.3.2 王陟 575
- 17.4 患難 576
  - 17.4.1 慶封 576
  - 17.4.2 公冶長 577
  - 17.4.3 李燮 577
  - 17.4.4 劉禪 578
  - 17.4.5 裴佃先 579
  - 17.4.6 杜祁公 580
- 17.5 寒素 582
  - 17.5.1 王育 582
  - 17.5.2 崔休 582
  - 17.5.3 呂諲 583
  - 17.5.4 酈氏 584
- 17.6 有疾 584
  - 17.6.1 鉤弋夫人 584
  - 17.6.2 杜后 585
  - 17.6.3 宿瘤 586
  - 17.6.4 丁儀 587
  - 17.6.5 崔氏 588
  - 17.6.6 孫泰 589
  - 17.6.7 盧柔 589
  - 17.6.8 劉庭式 590
  - 17.6.9 周恭叔 591
  - 17.6.10 姚顗 592
  - 17.6.11 呂君 593

婚禮新編　卷之十八 ⋯⋯⋯⋯⋯⋯ 594

18.1　報婚 ⋯⋯⋯⋯⋯⋯ 594

18.1.1　季羋 ⋯⋯⋯⋯⋯⋯ 594
18.1.2　長孫承業 ⋯⋯⋯⋯⋯⋯ 595
18.1.3　段氏 ⋯⋯⋯⋯⋯⋯ 595
18.1.4　太宗 ⋯⋯⋯⋯⋯⋯ 597
18.1.5　張孝忠 ⋯⋯⋯⋯⋯⋯ 597
18.1.6　賀瓌 ⋯⋯⋯⋯⋯⋯ 598
18.1.7　盧度世 ⋯⋯⋯⋯⋯⋯ 599

18.2　財婚 ⋯⋯⋯⋯⋯⋯ 600

18.2.1　陽雍伯 ⋯⋯⋯⋯⋯⋯ 600
18.2.2　張公 ⋯⋯⋯⋯⋯⋯ 601
18.2.3　屠牛吐 ⋯⋯⋯⋯⋯⋯ 603
18.2.4　秦伯 ⋯⋯⋯⋯⋯⋯ 604
18.2.5　鄒駱馳 ⋯⋯⋯⋯⋯⋯ 604
18.2.6　饒利用 ⋯⋯⋯⋯⋯⋯ 605
18.2.7　封述吝嗇 ⋯⋯⋯⋯⋯⋯ 606
18.2.8　蕭惠開 ⋯⋯⋯⋯⋯⋯ 607
18.2.9　衛人 ⋯⋯⋯⋯⋯⋯ 607

18.3　棄華尚素 ⋯⋯⋯⋯⋯⋯ 608

18.3.1　袁隗 ⋯⋯⋯⋯⋯⋯ 608
18.3.2　孔淳之 ⋯⋯⋯⋯⋯⋯ 609
18.3.3　裴坦 ⋯⋯⋯⋯⋯⋯ 609
18.3.4　劉凝之 ⋯⋯⋯⋯⋯⋯ 610
18.3.5　范文正公 ⋯⋯⋯⋯⋯⋯ 611

18.4　謙遜 ⋯⋯⋯⋯⋯⋯ 612

18.4.1　敝無存 ⋯⋯⋯⋯⋯⋯ 612

- 18.4.2 黃公 ……………………………… 612
- 18.4.3 蒼吾繞 …………………………… 613
- 18.4.4 韋孝寬 …………………………… 613
- 18.4.5 劉芳 ……………………………… 614
- 18.5 連襟 …………………………………… 614
  - 18.5.1 叔隗季隗 ………………………… 614
  - 18.5.2 蔡哀侯息侯 ……………………… 615
  - 18.5.3 彌子子路 ………………………… 615
  - 18.5.4 大橋小橋 ………………………… 616
  - 18.5.5 王庚 ……………………………… 617
  - 18.5.6 蕭陸 ……………………………… 617
  - 18.5.7 二崔 ……………………………… 618
  - 18.5.8 賈充二婿 ………………………… 619
  - 18.5.9 王歐 ……………………………… 620
  - 18.5.10 范鄭王滕 ……………………… 621
  - 18.5.11 亞婿 …………………………… 623
  - 18.5.12 友婿 …………………………… 623
  - 18.5.13 大虎小虎 ……………………… 623
  - 18.5.14 兩女乘龍 ……………………… 624

婚禮新編 卷之十九 ……………………… 625
- 19.1 繼婚 …………………………………… 625
  - 19.1.1 齊晉 ……………………………… 625
  - 19.1.2 聲子 ……………………………… 627
  - 19.1.3 崔浩 ……………………………… 628
  - 19.1.4 馮左藏 …………………………… 629
  - 19.1.5 劉燁 ……………………………… 630

19.1.6　歐公 ································ 631
19.1.7　李行修 ······························ 631
19.2　繼室 ··································· 633
19.2.1　鄭袤 ································ 633
19.2.2　劉原父 ······························ 634
19.2.3　傅玄 ································ 635
19.2.4　衛玠 ································ 636
19.2.5　李敬玄 ······························ 637
19.2.6　武士䂧 ······························ 637
19.2.7　陸希聲 ······························ 638
19.2.8　董義夫 ······························ 639
19.3　再醮 ··································· 640
19.3.1　七子母 ······························ 640
19.3.2　東郭偃妹 ···························· 641
19.3.3　尹氏 ································ 642
19.4　勢婚 ··································· 642
19.4.1　齊景公 ······························ 642
19.4.2　蜀先主 ······························ 643
19.4.3　孫堅 ································ 643
19.4.4　荀綽 ································ 644
19.4.5　茹皓 ································ 645
19.4.6　錢元瓘 ······························ 646
19.4.7　蕭穎冑 ······························ 647
19.4.8　吉恎 ································ 648
19.4.9　宇文翃 ······························ 649
19.4.10　絡秀 ································ 650
19.4.11　王渾 ································ 651

- 19.5 詍婚 …… 651
  - 19.5.1 王適 …… 651
  - 19.5.2 諸葛恢 …… 653
  - 19.5.3 祖無擇 …… 654
- 19.6 强婚 …… 656
  - 19.6.1 公孫黑 …… 656
  - 19.6.2 齊侯 …… 656
  - 19.6.3 來俊臣 …… 657
  - 19.6.4 于頔 …… 657
  - 19.6.5 李泌 …… 658
  - 19.6.6 裴兵曹 …… 659
  - 19.6.7 柳仲塗 …… 660
  - 19.6.8 高乾 …… 661
  - 19.6.9 周行逢 …… 662
- 19.7 諫婚 …… 663
  - 19.7.1 張安世 …… 663
  - 19.7.2 秋胡 …… 664
  - 19.7.3 王司封 …… 665
  - 19.7.4 盧氏 …… 666
  - 19.7.5 樊儵 …… 667
  - 19.7.6 幼卿 …… 668

婚禮新編 卷之二十 …… 670
- 20.1 神仙 …… 670
  - 20.1.1 劉阮 …… 670
  - 20.1.2 裴航 …… 672
  - 20.1.3 柳毅 …… 674

20.1.4　蕭史 …………………………………………… 675
20.1.5　三星下降 ……………………………………… 676
20.1.6　李生 …………………………………………… 680
20.1.7　盧杞 …………………………………………… 681
20.1.8　園客 …………………………………………… 682
20.1.9　楊敬真 ………………………………………… 683
20.1.10　封陟 ………………………………………… 684
20.1.11　任生 ………………………………………… 687
20.1.12　魏武帝 ……………………………………… 688
20.1.13　崔生 ………………………………………… 688
20.1.14　玉卮娘 ……………………………………… 689
20.1.15　盧充 ………………………………………… 690
20.1.16　文蕭 ………………………………………… 693

參校書目 ………………………………………………… 696
參考文獻 ………………………………………………… 701
附錄　書儀作者與篇目號索引 ………………………… 705
後記 ……………………………………………………… 708
修訂後記 ………………………………………………… 710

婚禮新編　卷之一

1.1　婚禮

1.1.1　文正公司馬氏[1]

男子年十六至三十，女子年十四至二十，[2]身及主婚者，無期以上喪，[3]皆可成婚。[4]必先使媒氏往來通言，俟女氏許之，然後遣使者納采。使者，擇家之子弟爲之。

校注：

〔1〕本條本自宋司馬光《書儀》卷三《婚儀上》。《書儀》凡十卷，是目前除敦煌遺書中所見外，流傳於世的唯一一部書儀類著作。該書卷一記表奏、公文、私書、家書；卷二爲冠儀；卷三及卷四爲婚儀；卷五至卷十則爲喪儀，設釋古禮甚爲詳明，《四庫全書總目》稱其爲"禮家之典型"。司馬光《書儀》是宋儒研究禮學的代表作之一，它與朱熹《儀禮經傳通解》及陳祥道《禮書》等共同代表了宋代禮學研究的最高水準，對研究我國古代禮儀制度的具體情況及發展演變等都具有重要的參考價值。

〔2〕年：今本《書儀》無。本句司馬光原注："古禮，男三十而娶，女二十而嫁。按，《家語》：孔子十九娶於宋之亓官氏，一歲而生伯魚。伯魚年五十，先孔子卒。然則古人之娶未必皆三十也。禮蓋言其極至者，謂男不過三十，女不過二十耳。過此則爲失時矣。今令

文,凡男年十五,女年十三以上,並聽婚嫁,蓋以世俗早婚之弊不可猝革,又或孤弱無人可依,故順人情,立此制,使不麗於刑耳。若欲參古今之道,酌禮令之中,順天地之理,合人情之宜,則若此之說當矣。"

〔3〕期:"期服"的省稱。期服,齊衰爲期一年的喪服。舊制,凡服喪爲長輩如祖父母、伯叔父母、未嫁的姑母等,平輩如兄弟、姐妹、妻,小輩如侄、嫡孫等,均服期服。又如子之喪,其父反服,已嫁女子爲祖父母、父母服喪,也服期服。

〔4〕本句司馬光原注:"《士昏禮》:請期之辭,惟是三族之不虞。三族,謂父、己、子之昆弟,是期服皆不可以婚也。《雜記》曰:大功之末,可以嫁子。然則大功未葬,亦不可以主昏也。今依律文,以從簡易。"

1.1.2 納采納其采擇之禮[1]

前一日,主人謂婿之祖父若父也。[2]如無,則以即日男家長爲之。[3]女家主人準此。具香酒脯醢,[4]無脯醢者,止用食一二味可也。先告於影堂。[5]主人北向立,焚香酹酒,[6]俛伏興立,[7]祝懷辭。祝,以家之子弟爲之。後祝準此。[8]辭爲寫祝文於紙。由主人之左進,東向,摺笏出辭,[9]跪讀之,曰:"某婿父名之子某婿名,將婿於某氏婦名,[10]敢告。"祝興,主人再拜出,撤,闔影堂門,乃命使者如女氏。女家主人亦告於祖禰,[11]曰:"某之女某,將嫁於某氏。"如婿父之儀。其日日出,日出時也。使者盛服,執生雁,[12]左首,飾以繢,[13]用雁爲贄者,取其順陰陽往來之義。若無生雁,則刻木爲之。飾以繢,謂以生色繒交絡縛之。止於女氏之門外。門者入告,女家主人盛服出迎,揖讓入門,揖讓升堂。主人立阼階上,西向;賓立西階上稍北,東向。賓曰:"吾子有惠,貺室某婿名也。[14]某婿父名有先人之禮,使某使者名請納采。"主人對曰："某女父名之子妹姪孫惟其所當。蠢愚，又弗能教。吾子命之，[15]某不敢辭。"北向再拜，賓避之[16]，不答拜。奉使不敢與尊者抗禮。[17]主人賓皆進，就兩楹間，並立，南向。賓授雁，主人受之，以授執事者，乃交授書，書者，別書納采、問名之辭於紙，後繫年月日，婚主官位姓名止。[18]賓主各懷之。既授雁，因交相授書，婿家書藏女家，女家書藏婿家。納於懷，退，各以授執事者。賓降，出門東向立。

校注：

〔1〕本條本自《書儀》卷三《婚儀上·納采》，司馬光注文不錄。納采是古代婚禮"六禮"中的第一禮，指男方向女方送求婚禮物。《儀禮·士昏禮》："昏禮：下達，納采用雁。"賈公彥疏："納采言納者，以其始相采擇，恐女家不許，故言納。"納采之後依次是問名、納吉、納徵、請期和親迎。

〔2〕若：或者。《儀禮·公食大夫禮》："魚、腸胃、倫膚，若九若十有一，下大夫則若七若九。"

〔3〕則：原漏刻，今據《書儀》補。

〔4〕具：今本《書儀》作"以"。脯醢：佐酒的菜肴。

〔5〕影堂：即家廟，因其中供奉祖先遺像，故名。

〔6〕酹(lèi)酒：以酒澆地，表示祭奠。

〔7〕俛：同"俯"。俛伏，趴在地上。興立：起身站立。

〔8〕祝：今本《書儀》無。

〔9〕之：原訛作"人"，今據《書儀》正。揎笏：插笏。笏，即竹木板。

〔10〕將婿於某氏婦名：此句今本《書儀》無。

〔11〕祖禰：祖廟與父廟，亦泛指祖先之廟。

〔12〕執生雁：古代訂婚、親迎時，男子須向女家獻雁為禮。其

所以用雁者,漢班固《白虎通義·德論下·嫁娶篇》曰:"取其隨時而南北,不失其節,明不奪女子之時也。又是隨陽之鳥,妻從夫之義也。又取飛成行,止成列也。明嫁娶之禮,長幼有序,不相踰越也。又昏禮贄不用死雉,故用雁也。"

〔13〕繢(huì):成匹布帛的頭尾,可用來繫物。

〔14〕貺(kuàng)室:贈以妻室。《儀禮·士昏禮》此句鄭玄注:"室猶妻也。"

〔15〕吾子:古代對對方的敬稱。一般用於男子之間。

〔16〕賓避之:今本《書儀》作"賓避席立"。

〔17〕尊者:今本《書儀》作"尊長"。

〔18〕止:原訛作"士",今據《書儀》正。止,表陳列截止之意。

1.1.3 問名 問名者,將歸卜其吉凶,與納采同時[1]

主人降階立,俟於門內之東,西向。使擯者出請事。擯者,主人擇子弟為之。[2] 賓曰:"請問名。"擯者入告,主人出延賓,賓執雁,復入門,與主人揖讓升堂,復前位。賓曰:"某使者名既受命,將加諸卜,敢請女為誰氏?"[3] 對曰:"吾子有命,且以備數而擇之,[4]某不敢辭。女子弟幾。"[5] 賓授雁,交授書,降出。主人立於門內如初。擯者出延賓,曰:"請禮從者。"[6] 對曰:"某既得將事矣,[7] 敢辭。"主人曰:"敢固以請。"賓曰:"某辭不得命,敢不從。"遂入,與主人揖讓拜起。使者舊拜主人於此,方敘私禮。飲酒三行,[8] 或設食而退,如常儀。

校注:

〔1〕本條本自《書儀》卷三《婚儀上·問名》。問名是古代婚禮"六禮"中的第二禮。男家具書托媒請問女子名字和出生年月日。

女家復書具告。今本《書儀·問名》後無注文。
〔2〕擯：通"儐"。接待賓客，字本又作"賓"。
〔3〕請：《書儀》作"問"。
〔4〕備數：充數。
〔5〕弟：《書儀》作"第"。
〔6〕禮：《書儀》作"醴"。
〔7〕將事：從事於某項任務或工作。
〔8〕飲酒三行：謂祝酒三次。

1.1.4 納吉 歸卜得吉兆，復使使者往告[1]

納吉：用雁。賓曰："吾子有貺，命某婿父名加諸筮卜，曰'吉'。[2]使某使者名也敢告。"主人對曰："某女父名之子不教，惟恐弗堪。子有吉，[3]我與在，某女父名不敢辭。"餘如納采禮。

校注：
〔1〕本條本自《書儀》卷三《婚儀上·納吉》條。納吉是古代婚禮"六禮"中的第三禮。納幣之前，男方卜得吉兆，備禮通知女方，決定締結婚姻。
〔2〕加諸筮卜，曰吉：《書儀》作"加諸卜，占曰吉"。
〔3〕子：《書儀》作"卜"。

1.1.5 納幣[1]

納幣：用雜色繒五匹爲束，五匹，卷其兩端，合爲一束而已。兩鹿皮。使者執束帛，執事者二人執皮，反之，令文在内，左手執前兩足，右手執後兩足，隨賓入門。及庭三分之一而止,北向西上。賓與主人揖讓升堂。賓曰:"吾子有嘉命,貺室某婿名也。某婿父名有先人之禮,儷皮束帛。使某使者名也請納幣。"主人對曰:"吾子順先典,貺某女父名重禮,某不敢辭,敢不承命。"於賓之致命也,[3]執皮者釋外足,復之,令文在外。於主人之受幣也,主人之執事者二人,自東來,[4]出於執皮者之後,受皮於執皮者之左,逆從東出,餘如納吉禮。

校注:

〔1〕本條本自《書儀》卷三《婚儀上·納幣》。納幣是古代婚禮"六禮"中的第四禮。納吉之後,擇日具書,送聘禮至女家,女家受物復書,婚姻乃定。《書儀》此處有司馬光注文,曰:"《士婚禮》:'納徵,玄纁,束帛,儷皮,如納吉禮。'注:'徵,成也。使者納幣以成婚禮。用玄纁者,象陰陽備也;束帛十端。儷,兩也。執束帛以致命,兩皮爲庭實。皮,鹿皮。'"

〔2〕婿名也。某婿父名有先人之禮,儷皮束帛。使某:此十八字《叢書集成》本《書儀》作"□□□□",四庫本無。

〔3〕致命:傳達言辭。《禮記·喪大記》:"使者升堂致命。"

〔4〕自:原訛作"日",今據《書儀》正。

1.1.6 請期夫家卜得吉日,使使者往告之[1]

請期:用雁。賓曰:"吾子有賜命,某婿父名既申受命矣,使某使者名也請吉日。"主人曰:"某既受命矣,[2]惟命是聽。"賓曰:"某婿父名命某使者名聽命於吾子。"主人曰:"某固惟命是聽。"賓曰:"某使某受命,吾子不許。某敢不告,期曰某日。"主人曰:"某敢不謹須。"餘如納幣禮。

校注：

〔1〕本條本自《書儀》卷三《婚儀上·請期》。請期是古代婚禮"六禮"中的第五禮。男家行聘之後，卜得吉日，使媒人赴女家告成婚日期。因形式上似由男家請示女家，故曰"請期"。卜：原訛作"下"，今據《書儀》正。

〔2〕某既受命矣：今本《書儀》作"某既前受命矣"。

1.1.7　親迎[1]

前期一日，女氏使人張陳其婿之室。俗謂之鋪房。古雖無之，然今世俗所用，不可廢也。牀榻、薦席、倚卓之類，[2]婿家當具之；氈褥、帳慢、衾綢之類，[3]女家當具之。所張陳者，但氈褥、帳慢、帷幕之類應用之物，其衣服、襪履等不用者，皆鎖之篋笥。世俗盡陳之，欲矜誇富侈，[4]此乃婢妾小人之態，[5]不足爲也。《文中子》曰：[6]"昏娶而論財，夷虜之道也。"[7]夫昏姻者，所以合二姓之好，[8]上以事宗廟，下以繼後世也。今世俗之貪鄙者，將娶婦，[9]先問資裝之厚薄；將嫁女，先問聘財之多少。至於立契約云"某物若干""某物若干"，以求售其女者。[10]亦有既嫁而後欺紿負約者，是乃駔儈鬻奴賣婢之法，豈得謂之士大夫昏姻哉？[11]其舅姑既被欺紿，則殘虐其婦，以攄其忿，[12]由是愛其女者，務厚資裝，以悅其舅姑。殊不知貪鄙之人，不可盈厭。[13]資裝既竭，則安用汝女哉？[14]於是貲其女以責貨於女氏，[15]貨有盡而責無窮，故婚姻之家往往終爲仇讎矣。是以世俗生男則喜，生女則戚，至有不舉其女者，用此故也。[16]然則議婚姻有及於財者，皆勿與爲昏姻可也。綢音陶。駔，祖朗切。儈，工外切。**及期，婿具盛饌，**[17]古者同牢而食，必殺牲。[18]《開元禮》：[19]"一品以下用少牢，六品以下用特牲。"恐非賓家所辨，[20]故止具盛饌而已。**設盥盆二於阼階東南，皆有臺。帨巾二，各在其東，皆有架。水甕盆一，盥盆中央有勺。設倚卓各二於室中，東西相向，各置盃匕筯蔬菓於卓子上，**[22]**罩之。**《士昏禮》："膝布席於奧，[23]夫入於室，即席，[24]婦尊西南面。"既設饌，御布對席，[25]今室堂之制異於古,故但東西相向而已。[26]古者命士以上,父子皆異宮,故各有堂室奧阼,今則不然。[27]子舍臨狹,或東西北向,皆不可知。今假設南向之室而言之,左爲東,右爲西,前爲南,後爲北。酒壺在東席之後牖下,置合巹一注於其南卓子上。巹,以匏剖而爲二,音謹。[28]又設酒壺於室外,亦一注,有盃。此所以飲從者也。室外隘,則於側近別室置之。其盃數臨時量人之多少。[29]又設酒壺盃注於堂上。初昏,婿盛服,世俗新婚,婿盛戴花勝,[30]擁蔽其首面,[31]殊失丈夫之容體,必不得已,且隨俗戴花一兩枝,勝一兩枚,可也。[32]或問伊川先生曰:"士未仕而昏,用命服,禮乎?"曰:"婚姻重禮。重其禮者,當盛其服。況古亦有是(士乘墨車之類),今律亦許假借。"曰:"無此服而服之,恐僞。"曰:"不然。今之命服,乃古之下士之服。古者有其德則仕,士未仕者也,服之其宜也。若農商則不可,非其類也。"或曰:"不必用,可否?"曰:"不得不可以爲悅,今得用而用之,何害?過期非也。"[33]主人亦盛服,坐於堂之東序,[34]西向。設婿席於西北,[35]南向。婿升自西階,立於席西,南向。贊者[36]兩家各擇親戚及婦人習於禮者爲之。[37]凡婿及婦行禮,皆贊者相導之。取盃斟酒,執之,詣婿席前,北向立。婿再拜,升席,南向,受盃,跪祭酒,興,就席末坐,啐酒。[38]興,降,西授贊者盃,又再拜。此所謂醮也。[39]進詣父坐前,[40]東向跪。父命之曰:"往迎爾相,承我宗事,勉率以謹,若則有常。"[41]祖父在,[42]則祖父命之。子曰:"諾。惟恐弗堪,不敢忘命。"俛伏興,再拜出。乘馬二人執燭馬前。伊川《婚禮》云:"當量屋之遠近。"[43]至於女氏之門外,下馬俟於次。[44]女家必要先設婿次於外。[45]女家亦設酒壺盃注於堂上。於婿之將至,女盛飾,姆相其禮,姆,音茂。以乳母或老女僕爲之。[46]奉女立於室戶外,南向。[47]姆在其右,從者在後。父坐於東序,西向。母坐於西序,東向。祖父母在,則祖父母醮而命之。設婦席於母之東北,南向。贊者醮以酒,如婿父醮子之儀。姆導女,出於母左。父少進,命之曰:"戒之謹之,夙夜無違爾舅姑之命。"母送女,至於西階上,爲之整冠斂帔,[48]命之曰:"勉之謹之,夙夜無違爾閨門之禮。"[49]庶母姑嫂姊送至於中門之内,[50]爲之整裙衫,申以父母之命曰:"謹聽爾父母之言,夙夜無愆。"父既醮女,即先出,迎婿於門外,伊川先生[51]《婚禮》:賓將至(賓,婿也),女氏之儐俟於大門之外,[52]主人俟於門内。賓降(下車),[53]儐進揖請事。賓對(今以介對)曰:[54]"父某命婿某以兹初婚,將請承命。"儐對曰:"主人固以恭俟。"儐揖入門,主人揖賓及階。主人揖升,介以賓升。介南面,贊賓就位。再拜,贊即席内告具。主人肅賓而先,[55]賓從之見於廟。至於中堂,見女之尊者,徧見女之黨於東序。贊者延賓出就位,[56]卒食,主人請入戒女,奉女辭於廟。揖讓以入。婿執雁以從,至於廳事。[57]主人升自阼階,立,西向。婿升自西階,北向跪,置雁於地,主人侍者受之,婿俛伏興,再拜。主人不答拜。姆奉女出於中門,婿揖之,降自西階以出。婦從後,主人不降送。婿至婦氊車後之右,舉簾以俟。姆辭曰:"未教,不足與爲禮也。"《士婚禮》:"婿御婦車,授綏,姆辭不受。"注:"婿御者,親而下之。綏,所以引升車者。僕人之禮,必授人綏。今車無綏,故舉簾以代之。"婿乃自車右,由車前過,立於左轅側。俟姆奉婦登車,[58]下簾,婿右執策,左撫轅,行。驅車輪三周,止車以俟。今婦人幸有氊車可乘,而世俗重檐子,[59]輕氊車,借使親迎時暫乘氊車,庸何傷哉?然人亦有性不能乘車,乘之即嘔吐者,如此,[60]則自乘檐子。其御輪三周之禮,更無所施,姆亦無所用矣。[61]婿乘馬在前,婦車在後,亦以二燭前導。男率女,女從男,夫婦剛柔之義自此始也。婿先至廳事,俟婦下車,[62]揖之,遂導以入。婦從之,執事先設香酒脯醢於影堂,無脯醢,量具殽羞一兩味。[63]舅姑盛服,立於影堂之上,舅在東,姑在西,相向。贊者導婿以婦,[64]至於階下,北向東上。無階,則立於影堂前。主人進,北向立,焚香,跪酹酒,俛伏興立。祝懷辭,由主人之左進,東面,搢笏,出辭,跪讀之,曰:"某壻名以令月吉日,[65]迎婦某婦姓氏來見祖禰。"[66]祝懷辭,出笏,興。主人再拜,退復位。壻與婦拜如常儀。出,撤,闔影堂門。古無此禮。今謂之拜先靈,亦不可廢也。贊者導,壻揖婦而先,婦從之,適其室。壻立於南盥之西,婦立於北盥之西,皆東向。婦從者沃壻盥於南,[67]壻從者沃婦盥於北。從者各以其家之女僕爲之,前準此。帨手畢,[68]揖而行,升自西階。《士昏禮》:"及寢門,揖入。升自西階,媵、御沃盥交。"[69]注:"媵,送也,謂女從者也。御音訝。御,迎也,謂壻從者也。媵沃壻盥於南洗,[70]御沃婦盥於北洗。夫婦始接,情有廉恥,媵、御交導其志。"按,洗在阼階東南,既升階,不容降階,[71]何由復至洗所?故今先盥而升階。婦從者布席於闑內東方。[72]壻從者布席於西方。壻婦踰闑,壻立於東席,婦立於西席,婦拜,壻答拜。古者,婦人與丈夫爲禮則俠拜。[73]鄉里舊俗,男女相拜,女子先一拜,男子拜,女一拜,女子又一拜。蓋由男子以再拜爲禮,女子以四拜爲禮故也。古無壻婦交拜之儀,今世俗始相見交拜,拜致恭,亦事理之宜,不可廢也。俠音夾。壻揖婦就坐,壻東,婦西。古者,同牢之禮,壻在西,東面;婦在東,西面。蓋古人尚右,故壻在西,尊之也。今人既尚左,且須從俗。壻從者徹羃置饌,[74]壻婦皆先祭後食。食畢,壻從者啓壺,入酒於注,斟酒。壻揖婦祭酒舉飲,置酒舉殽。殽者,乃今之下酒也。[75]又斟酒,舉飲不祭,無殽。又取巹分置壻婦之前,斟酒,舉飲不祭,無殽。壻出就他室,姆與婦留室中,乃徹饌置室外,設席,壻從者餕婦之餘,[76]婦從者餕壻之餘。壻復入室脫服,婦從者受之,婦脫服,壻從者受之。燭出。古詩云:"結髮爲夫婦。"言自羈齓始結髮以來即爲夫婦,猶李廣云"廣結髮與匈奴戰也"。[77]今世俗有結髮之儀,此尤可笑。於壻婦之適其室也,主人以酒饌禮男賓於外廳,主婦以酒饌禮女賓於中堂,如常儀，古禮：明日，舅姑乃饗送者，[78]今從俗。不用樂。《曾子問》曰："取婦之家，三日不舉樂，思嗣親也。"[79]今俗昏禮用樂，殊爲非禮。

校注：

〔1〕本條本自《書儀》卷三《婚儀上·親迎》。親迎是古代婚禮"六禮"中的最后一禮，謂夫婿親自到女家迎新娘入室，行交拜合卺之禮。

〔2〕倚卓：此段通篇同。叢書集成本《書儀》作"椅卓"，四庫本作"倚桌"。按，"桌椅"本作"卓倚"，取其高、可倚靠義。後換形從木作"桌椅"。

〔3〕氊褥：氊製的褥墊。氊：或作"氀"。帳幔：床帳。衾綯（táo）：被子和帳子，泛指卧具。綯，通"幬"。

〔4〕矜誇富侈：《書儀》作"矜誇富多"。

〔5〕態：原訛作"熊"，今據《書儀》正。

〔6〕《文中子》：隋王通（584—617）撰。通字仲淹，號文中子，河東龍門（今山西萬榮）人，著名教育家、思想家。父王隆曾爲國學博士。王通幼受家學熏陶，精通儒學。文帝時任蜀郡司户書佐、蜀王侍郎。後棄官歸鄉，專事著書講學。曾模仿孔子作《續六經》，有《中説》（一名《文中子説》）十篇傳世。詳見鄧小軍《王通生平事跡考》。

〔7〕娶：原脱，今據《書儀》補。

〔8〕姓之好：原殘泐，今據《書儀》補。

〔9〕將娶婦：原殘泐，今據《書儀》補。

〔10〕兩"干"字原分別訛作"千""十"，"求"原訛作"其"，今均據《書儀》正。

〔11〕後：今本《書儀》均作"復"。欺紿（dài）：欺騙。駔（zǎng）儈：本指説合牲畜交易的人，後泛指經紀人、市儈。鬻（yù）：賣。

〔12〕舅姑：妻稱夫之父母，俗稱公婆。"紿"字原訛作"約"，今

據《書儀》正。攄(shū)：抒發，表達。忿：四庫本《書儀》作"怒"。

〔13〕盈厭：滿足。

〔14〕女：《書儀》作"力"。

〔15〕責貨：索賄。

〔16〕用：《書儀》作"因"。二字義同，因爲。

〔17〕盛饌：豐盛的飯食。

〔18〕同牢：指古代婚禮中新婚夫婦共食一牲的儀式。《禮記·昏義》："婦至，婿揖婦以入，共牢而食，合卺而酯，所以合體同尊卑，以親之也。"

〔19〕《開元禮》：又名《大唐開元禮》，一百五十卷，是唐代開元年間由張說、蕭嵩、徐堅等人奉敕撰修的禮制專著。該書取貞觀、顯慶禮書，折衷異同，以爲定制，分吉、賓、嘉、軍、凶五禮，是唐代禮制的集大成者。杜佑曾采其部分載入《通典》，新舊《唐書·禮志》亦以其爲藍本。

〔20〕辨：通"辦"。

〔21〕皆有臺。帨巾二，各在其東，皆有架。水罍盆二。盥盆中央有勺：水罍盆二，原訛作"水罍在二"，今據《書儀》正。此句叢書集成本《書儀》作"皆有二盥盆，中央有勺。"四庫本作"皆有巾，盥盆中央有勺"，均有脫文。《書儀》卷二《冠儀》："執事者設盥盆，於廳事阼階下。東南有臺，帨巾在盆北，有架。"又卷八《虞祭》："執事者設盥盆、帨巾各二，于西階西南上。東盆有臺，帨巾有架，在盆北。"帨(shuì)巾：拭手的巾帕。

〔22〕菓：四庫本《書儀》同，叢書集成本作"果"。"菓"爲"果"分化字。

〔23〕媵(yìng)：古諸侯嫁女，以姪娣從嫁稱媵。奧：室內西南隅。古時祭祀設神主或尊長居坐之處。

〔24〕夫：叢書集成本同，四庫本作"夫婦"。

〔25〕御布對席：佐助的人開始使新郎、新婦相對。

〔26〕相：《書儀》無。

〔27〕命士：古代稱受有爵命的士。宮：古代對房屋、居室的通稱。堂：古人房屋内部，前叫堂，是行禮的地方，不住人；堂後以牆隔開，後部中央叫室，住人。室的東西兩側叫房。阼：堂前東面的臺階，乃主人之位。臨朝覲、接賓客、承祭祀，升降皆由此。

〔28〕合卺（jǐn）：古代婚禮中的一種儀式。剖一瓠爲兩瓢，新婚夫婦各執一瓢，斟酒以飲。後多以"合卺"代指成婚。注：用於斟酒的小壺。

〔29〕其盃數臨時量人之多少：《書儀》作"其盃數爲時量人之多少也"，誤。

〔30〕婚：《書儀》無。花勝：古代婦女的一種首飾，以剪綵爲之。因爲女用，故下文曰"殊失丈夫之容體"。

〔31〕面：《書儀》無。

〔32〕枝、枚：原皆訛作"牧"，於意不合，今據《書儀》正。

〔33〕"或問伊川先生曰"至"過期非也"《書儀》無。前有"○"作爲間隔標記，恐爲丁昇之增入。見今《二程全書》卷十八。命服：原指周代天子賜予元士至上公九種不同命爵的衣服，後泛指官員及其配偶按等級所穿的制服。

〔34〕序：堂的東、西牆。

〔35〕《書儀》"於"後有"其"字。

〔36〕贊者：舉行典禮時宣唱儀節，叫人行禮的人。

〔37〕及：《書儀》無。

〔38〕啐酒：古代酒禮。儀式完畢後飲主人福酒，以成主人之禮。

〔39〕醮（jiào）：古代婚禮中的一種簡單儀節。謂尊者給卑者酌酒，卑者接受敬酒後飲畢，不需回敬。

〔40〕坐：《書儀》作"座"。

〔41〕本句本自《儀禮·士昏禮》。"勉率以謹"，《儀禮》作"勖帥以敬，先妣之嗣"。勉率即勖帥。"謹"爲"敬"避諱字。相，指妻。

〔42〕祖父在：三字原殘泐，今據《書儀》補。

〔43〕"二人執燭馬前"至"當量居之遠近"：《書儀》無，亦當爲丁昇之所增。本自《二程文集》卷十一《婚禮》"成婚"條。

〔44〕次：本指駐紮，這裏指臨時居處的帳篷。

〔45〕要：《書儀》無。

〔46〕姆(mǔ)：古代以婦道教導女子的女師。

〔47〕向：叢書集成本《書儀》同，四庫本作"面"。

〔48〕帔(pèi)：古代婦女披在肩上的衣飾。

〔49〕違：原訛作"爲"，今據《書儀》正。

〔50〕至：《書儀》無。

〔51〕"伊川先生"至"至於中堂"：二本亦無，當爲丁昇之所增。本自《二程全書》卷十一《婚禮·成婚》。

〔52〕女氏之：三字原脱，今據《書儀》補。

〔53〕降：原脱，今據《書儀》補。

〔54〕賓對(今以介對)曰：原作"賓以价對曰"，誤合正文及注文，今正。

〔55〕肅：拜揖。《左傳·成公十六年》："敢告不寧，君命之辱。爲事之故，敢肅使者。"杜預注："肅，手至地，若今揖。"

〔56〕延：原作"迎"，今據《書儀》改。

〔57〕廳事：私人住宅的堂屋。

〔58〕俟：《書儀》無。

〔59〕檐：原作"擔"，今據《書儀》正。檐子，肩輿之類的代步工具。唐初盛行，用竿抬，無屏障。

〔60〕者，如此：三字原殘泐，今據《書儀》補。

〔61〕無所：二字原殘泐，今據《書儀》補。

〔62〕俟：《書儀》無。

〔63〕殽羞：美味佳餚。

〔64〕以：《書儀》作"與"，義同。《儀禮·鄉射禮》："主人以賓

揖,先入。"鄭玄注:"以,猶與也。"

〔65〕令:原訛作"今",令月,即吉月。《儀禮·士冠禮》:"令月吉日,始加元服。"鄭玄注:"令、吉,皆善也。"今據《書儀》正。

〔66〕氏來:《書儀》作"婚事"。

〔67〕沃:洗滌。

〔68〕手:《書儀》作"巾",誤。帨手謂以巾擦手。

〔69〕媵、御:古婚禮中男女雙方的侍從。

〔70〕洗:古代盥洗時接水用的金屬器皿,形似淺盆。

〔71〕容:《書儀》作"云"。

〔72〕閾:門檻。內:四庫本《書儀》同,叢書集成本作"向",誤。

〔73〕俠拜:古代婦女與男子爲禮,女先拜,男子答拜,女又拜,謂之俠拜。俠:通"夾"。男子一拜,婦人兩拜,夾男子拜。

〔74〕幂(mì):遮蓋食物的帕子。

〔75〕下酒:指佐酒的菜肴果品。

〔76〕餕(jùn):吃別人剩下的食物。

〔77〕詳見11.2.16"結髮"條。

〔78〕饗:《書儀》作"享"。

〔79〕此乃《禮記·曾子問》文:"孔子曰:'嫁女之家,三夜不息燭,思相離也。取婦之家,三日不舉樂,思嗣親也。'"舉樂:奏樂。

1.1.8 婦見舅姑[1]

婦明日夙興,盛服飾俟見舅姑。執事者設盥盆於堂阼階下,帨架在北。兄弟姊妹立於盆東,西向。[2]男女異列,男在北,女在南,[3]皆北上。平明,舅姑坐於堂上,東西相向,[4]各置卓子於前。贊者見婦於舅姑,婦北向拜舅於堂下。[5]古者拜於堂上,今拜堂下,[6]恭也,可從衆。執笲,[7]古笲制度,漢世已不能知,今但用小箱,[8]以帛衣之,[9]皂表緋裏,[10]以代笲可也。實以棗栗,升自西階,進至舅前,北向,奠於卓子上。舅撫之,侍者撤去。婦降,又拜舅,畢,乃拜姑,別受笲,實以腶脩。[11]腶脩,今之暴脯是也。升,進至姑前,[12]北向,奠於卓子上。姑舉之以授侍者。婦降,又拜。[13]執事者設席於姑之北,南向,設酒壺及注盃卓子於堂上。婦升,立於席西,南面。[14]贊者醴婦,[15]如父母醮女之儀。婦降自西階,[16]就兄弟姊妹之前。其長屬應受拜者,少進立,婦乃拜之,無贊。拜畢,長屬退。長屬雖多,共爲一列受拜,以從簡易。幼屬應相拜者,今世俗小郎小姑皆相拜。少進,相拜畢,退,無贊。若有尊屬,則婦往拜於其室。有卑屬,則來拜於婦室。婦退,休於其室。至食時,行盥饋之禮。[17]婦家具盛饌酒壺。[18]《士婚禮》:"婦盥饋,特豚合升側載,[19]"注:"側載者,右胖載之舅俎,左胖載之姑俎。"[20]今恐貧者不便殺牲,[21]故但具盛饌而已。婦從者設蔬果卓子於堂上舅姑之前,設盥盆於阼階東南,帨架在東,婦盥於阼階下,執饌自西階升。凡子婦升降,皆應自西階。惟冢婦受饗畢,[22]降自阼階。薦於舅姑。侍立於姑之後。饌有繼至者,侍者傳致於西階,不盡一級,婦往受之,薦於舅姑。侍者徹餘饌,[23]置於傍側別室。[24]舅姑侍者各置一卓子上,[25]食畢,婦降拜舅。升洗盃斟酒,置舅卓子上。降,俟舅舉酒飲畢,又拜。遂獻姑,姑受而飲之,餘如獻舅之儀。婦升徹飯,侍者徹其餘,皆置別室。婦就餕姑之饌畢,婦從者餕舅之餘,婿從者餕婦之餘。舅姑共饗婦於堂上,設席如朝來禮婦之位。婦升,立於席西,南向。贊者取盃斟酒授婦,皆如朝來禮婦之儀。舅姑先降自西階,婦降自阼階。此謂冢婦也。餘婦則舅姑不降,婦降自西階。古者庶婦不饋,然饋主供養,雖庶婦不可闕也。若舅姑已没,則古有三月廟見之禮。[26]今已拜先靈,更不行,若舅姑止一人,則舅坐於東序,姑坐於西序,席婦於姑坐之北。

校注:

〔1〕本條本自《書儀》卷四《婚儀下・婦見舅姑》。

〔2〕西向:《書儀》作"如冠禮"。

〔3〕男在北,女在南:叢書集成本《書儀》作"男在西,女在南",四庫本作"男在西,女在東"。男女如橫列則以《婚禮新編》爲是,豎列以則四庫本《書儀》爲是。

〔4〕相:原訛作"南",今據《書儀》正。

〔5〕向:四庫本《書儀》作"面"。

〔6〕拜堂下:《書儀》脱,當據《婚禮新編》補。

〔7〕筓(fán):古代一種形制似筥的竹製盛器。新婦向舅姑行贄禮時常用以盛乾果等。

〔8〕用:《書儀》作"取"。

〔9〕帛:原訛作"皂",今據《書儀》正。

〔10〕皂:黑色;緋:紅色。

〔11〕腶:原訛作"腶",今據《書儀》正。腶脩,搗碎加以薑桂的乾肉。

〔12〕進:原脱,今據《書儀》補。

〔13〕拜:四庫本《書儀》作"別",誤。

〔14〕面:原脱,今據《書儀》補。

〔15〕醴:原作"禮",下文言"醮女之儀",今據《書儀》改。

〔16〕自:《書儀》無。

〔17〕盥饋:謂侍奉尊者盥洗及進膳食。

〔18〕酒壺:原倒作"壺酒",今據《書儀》及文意正。

〔19〕特:原訛作"持",今據《書儀》正。側載,獨載。

〔20〕胖(pàn):古代祭祀用的半邊牲肉。

〔21〕便：原誤作"辨"，今據《書儀》正。
〔22〕饗：《書儀》作"享"。冢婦：嫡長子之妻。冢有大義，引指嫡長，首領。
〔23〕徹：原訛作"轍"，今據《書儀》正。
〔24〕傍：《書儀》作"旁"。
〔25〕侍：原脱，今據《書儀》補。
〔26〕月：原脱，今據《書儀》補。

1.1.9　婿見婦之父母[1]

明日，[2]婿往見婦之父母，皆有幣。婦父迎送揖讓，皆如客禮。拜，即跪而扶之，入見婦母。婦母闔門左扇，[3]立於門內。婿拜於門外。次見婦黨諸親，[4]拜起皆如俗儀，而無幣。見諸婦女，如見婦母之禮。婦家設酒饌婿，如常儀。親迎之夕，不當見婦母及諸親，亦不當行私禮設酒饌，以婦未見舅姑故也。

校注：
〔1〕本條本自《書儀》卷四《婚儀下‧婿見婦之父母》。
〔2〕明日：原殘泐，今據《書儀》補。
〔3〕扇：《書儀》作"扉"。
〔4〕婦：今本《書儀》作"妻"。婦黨，即妻子的親族。

1.2　書儀 凡啓狀並用牋紙楷書，不得用單行隻字

1.2.1　帖子式[1]

貫某州某縣 或云"寄居某州某處"。某官宅

一、三代

　　曾祖

　　　祖　　　　　各具仕與未仕

　　　父

一、本宅幾宣教_{有官具銜}年庚

一、母姓氏_{封號即具}

一、何人宅外甥_{須是名家}

右見議親次

　　　　　某月　　日草帖

女家回帖_{鄉貫三代與男家同。}

一、母何姓氏

一、本宅某官位第幾小娘年庚

一、奩田若干[2]

一、房卧若干數[3]

右見議親次_{定帖則云"今許議某官爲親"。}

　　　　　某月　　日草帖_{定帖則云"定帖"。}

校注：

〔1〕此爲婚禮名帖的格式。

〔2〕奩田：陪嫁的田產。

〔3〕房卧：本指卧房，這裏指嫁妝。

1.2.2　十二行啓式_{名曰人狀。往還通用}

　　1.2.2.1　第一幅_{請媒求親，稍尊則用之，平交不必也。}

某啓：時令恭惟

某官_{無官,即云某郡;如送定,云"某郡親家翁某官"}。台候,動止萬福。某即日蒙
恩,謹奉啟承問_{尊官,即云"謹具啟申候",或云"申問"}。
起居,不宣。謹啟。
　　　　　　月　　日具位姓某_{無官,即云某郡;送定,云"忝戚某郡官",後準此}。啟
某官_{台座}

1.2.2.2　第二幅

　　某啟:不審邇辰[1]
台用何似,_{無官履用}。[2]未由
參覲。伏乞
順時,倍加
崇重。某下情無任,[3]祈頌之至。
　　　　　　　具位姓某_{無官,即云某郡;送定,即云"忝戚某郡姓某"}。啟

校注:
〔1〕邇辰:近日。
〔2〕用:起居行動。何似:如何,怎樣。"官""履"二字間疑有脫文。
〔3〕下情:謙詞,指自己的心情。無任:敬詞,猶不勝。

第三幅

1.2.3　請媒　龜山楊先生作[1]

　　具位姓某_{如用單幅,應"啟"字並改作"狀"字。"右某"下除"啟"字,結}

尾除"不宣"字,"月"上忝"某年"。

右,某啓:言念聲猷沉寂,[2]族系單微。知自分於窮閻,[3]敢仰希於[4]

高援![5]某男行當弱冠,[6]未有室家。伏聞[7]

某官宅小娘,令德中純,婉容外淑,欲求

姻對,[8]莫有夤緣。[9]敢憑

君子之重言,使遂鄙心之至願。謹奉狀通

聞。伏惟[10]

照察,[11]不宣。謹啓。

　　　　月　日具位姓　某　　啓

可漏子式 某官用簽帖,尊之也。後準此。

某官　　台座　具位姓　某　　啓上　　謹封

校注:

〔1〕此爲請媒帖。作者龜山先生,即南宋著名理學家楊時(1053—1135)。時字中立,號龜山,南劍州將樂(今屬福建)人。熙寧九年(1076)進士,調官不赴,學於程顥、程頤。後歷官瀏陽、餘杭、蕭山知縣,荊州教授、工部侍郎,以龍圖閣直學士專事著述講學。他是北宋理學南傳的重要人物,創辦東林書院,被後世稱爲"道南先生""閩學鼻祖""龜山先生"。謚文靖。《宋史》卷四二八有傳。《全宋文》卷二六八三"請媒啓"條據《婚禮新編》錄之。

〔2〕聲猷:聲譽和業績。《周書·蕭詧傳論》:"朝宗上國,則聲猷遠振。"

〔3〕窮閻:陋巷,窮人住的里巷。《荀子·儒效篇》:"雖隱於窮閻漏屋,人莫不貴之,道誠存也。"王先謙集解引王念孫曰:"《廣雅》曰:'閻謂之衖。'窮閻即《論語》所云陋巷,非謂里門也。"

〔4〕希：通"睎"，望。仰希：仰望。

〔5〕援：《全宋文》作"媛"。

〔6〕弱冠：古時以男子二十歲爲成人，初加冠，因體猶未壯，故稱弱冠。《禮記·曲禮上》："二十曰弱，冠。"孔穎達疏："二十成人，初加冠，體猶未壯，故曰弱也。"後遂稱男子二十歲或二十幾歲的年齡爲弱冠。

〔7〕聞：《全宋文》作"唯"。

〔8〕姻：《全宋文》作"賢"。

〔9〕夤緣：攀附，拉上關係。

〔10〕惟：《全宋文》作"唯"。

〔11〕照察：明察，常用于書信。

1.2.4 求親 未嘗稱親家及忝戚　　屏山劉先生作[1]

具位姓　某

右，某啓：言念《詩》戒及時，尤重婚姻之道；[2]《禮》嚴必擇，常高行義之家。[3]古訓可稽，私懷竊慕。某學生某見聞未博，已及成人。共惟

某官小娘，淑惠有稱，實生慶緒。[4]輒藉夤緣之請，

伉儷之諧，

同氣相求，不疑何卜。謹奉狀通

聞，伏惟

照察，不宣。謹啓。

　　　月　日具位姓　某　　啓

校注：

〔1〕此爲求親帖。作者爲屏山劉先生，即南宋著名理學家劉子翬(1101—1147)。子翬字彥沖(一作彥仲)，號屏山，又號病翁，世稱屏山先生，建州崇安(今屬福建)人。以蔭補承務郎，通判興化軍，因疾辭歸武夷山，專事講學，朱熹爲其學生。《宋史》卷四百三十四有傳。本條《全宋文》未錄。

〔2〕《詩》戒及時：《詩·召南·摽有梅》毛亨序："摽有梅，男女及時也。召南之國，被文王之化，男女得以及時也。"這是一位待嫁女子的詩。她望見梅子落地，引起了青春將逝的傷感，希望馬上結婚。原詩作："摽有梅，其實七兮。求我庶士，迨其吉兮。摽有梅，其實三兮。求我庶士，迨其今兮。摽有梅，頃筐塈之。求我庶士，迨其謂之。"

〔3〕行義：品行，道義。

〔4〕慶緒：有聲望的家族。

1.2.5　答求親　陳狀元季陵作[1]

具位姓　某

右，某啓：言念丈夫願爲之有室，女子必欲其從人。[2]兹往訓之攸存，豈後人之敢忽。伏承

某官令似宣教，[3]正求佳偶，而某女粗習婦儀。[4]幸因

執斧之言，[5]肯

顧寒門之陋。荷

□□於封非，[6]喜有托於絲蘿。[7]亟歸

使人，已謹

明約。[8]謹奉啓陳

謝，伏惟

台察，不宣。[9]謹啓。

月　日具位姓　某　　啓

校注：

〔1〕本條爲答求親帖子，乃狀元陳季陸所作。陳季陸即陳應行，字季陸，南宋建州建安（今福建建甌）人，孝宗淳熙二年（1175）特科狀元，以迪功郎充泉州州學教授。有時人假托之《吟窗雜錄》五十卷傳世。該書是一部彙集從初唐到北宋有關詩格、吟譜、句圖以及詩論的總集，具有較重要的詩學文獻價值。本條《全宋文》未錄。

〔2〕有室：指男子娶妻。從人：指女子嫁人。

〔3〕令似：即令嗣，用爲稱對方兒子的敬詞。似，通"嗣"。

〔4〕婦儀：謂婦女的容德規範。

〔5〕執斧之言：《詩·豳風·伐柯》："伐柯如何，匪斧不克。取妻如何，匪媒不得。"又《齊風·南山》："析薪如之何？匪斧不克。取妻如之何？匪媒不得。"後因稱做媒爲執斧。

〔6〕□□：二字原殘泐，似作"不遺"。葑菲，《詩·邶風·谷風》："采葑采菲，無以下體。"鄭玄箋："此二菜者，蔓菁與葍之類也，皆上下可食，然而其根有美時有惡時，采之者不可以其根惡時並棄其葉。"葑：即蕪菁，俗名大頭菜。菲：又名菜菔，即今蘿蔔。葑與菲皆屬普通菜蔬。葉與根皆可食，但其根有時略帶苦味，人們有因其苦而棄之。後因以"葑菲"用爲鄙陋之人或有一德可取之謙辭。

〔7〕絲蘿：菟絲與女蘿。《詩·小雅·頍弁》"蔦與女蘿"毛傳："女蘿，菟絲，松蘿也。"菟絲、女蘿均爲蔓生，纏繞於草木，不易分開，故詩文中常用以比喻結爲婚姻。

〔8〕明約：這裏指結爲婚姻。

〔9〕台：敬辭。不宣：語出楊修《答臨淄侯箋》："反答造次，不能宣備。"後以"不宣"謂不一一細説，多用在書信末尾。陳子昂《爲

蘇令本與岑內史書》："謹奉啓不宣，某再拜。"

1.2.6 送定第一幅、第二幅準前　東坡先生作[1]

忝戚具位姓　某

右，某啓：伏承

親家翁某官小娘子與男某結親者，敢議

婚姻，蓋恃

鄉間之末，遂忘

閥閱，[2]亦緣聲氣之同。[3]龜筮既從，祖考咸喜。恭惟

令愛小娘，[4]慶闈擢秀，[5]豈獨衛公之五長；[6]而男某駑質少

文，[7]庶幾南容之三復，[8]恭馳不腆之禮，[9]永結無窮之

驩。[10]悚忭於懷，[11]敷宣罔既。[12]謹奉啓以

聞，伏惟

台察，不宣。謹啓。

　　月　日忝戚具位姓　某　　啓

可漏子式答書準此

親家翁某官台座忝戚具位姓　某　啓上　謹封

校注：

〔1〕本條爲送定帖子，乃蘇東坡蘇軾所作，見《蘇東坡全集》續集卷十《啓》"謝求婚啓"。《全宋文》卷一八八九《與過求婚啓》錄之。

〔2〕閥閱：門第、家世。《蘇東坡全集》《全宋文》均作"門閥"。宋秦觀《王儉論》："自晉以閥閱用人，王、謝二氏，最爲望族。"

〔3〕之同：二字殘泐，今據《蘇東坡全集》補。聲氣：指共同的

旨趣和愛好。

〔4〕恭惟令愛小娘：《蘇東坡全集》《全宋文》均作"伏承令子第二小娘子"。

〔5〕擢：《蘇東坡全集》作"濯"。濯秀，謂明淨秀麗。擢秀，形容人才之出衆。均可通。

〔6〕五長：即五種優點、長處。詳見13.2.3"晉武帝"條注〔4〕。

〔7〕質：原殘泐，今據《蘇東坡全集》補。男某：《蘇東坡全集》作"某第二子某"，《全宋文》改作"某第三子某"。

〔8〕南容之三復：典出《論語·先進篇》："南容三復白圭，孔子以其兄之子妻之。"南容經常誦讀白圭詩篇，告誡自己要慎言，所以孔子將姪女嫁給了他。

〔9〕禮：《蘇東坡全集》《全宋文》均作"幣"。不腆之禮：謙詞，不豐厚的禮物。

〔10〕之：原殘泐，今據《蘇東坡全集》補。又，驩：《蘇東坡全集》及《全宋文》均作"歡"。"驩"爲"歡"通假字。

〔11〕悚：歡愉。抃(biàn)：拍手表示歡欣。二字同義。

〔12〕宣：《蘇東坡全集》《全宋文》均作"述"。敷宣：傳播，宣揚。敷述，陳述。罔既：不盡。宋秦觀《代賀蔡相公啓》："繫頌實深，敷宣罔既。"

1.2.7 禮物狀[1]

忝戚具位姓　某[2]

　　某物若干逐一開具

右謹專人送

上，聊充男某孫云孫某，姪云姪某。聘定之儀。伏望台慈特賜無官即云尊慈。

容納。謹狀。
年　月　日忝戚具位姓　某　　狀

可漏子式答書準此
　禮物　忝戚具位姓　某　　啓上　　謹封

答書第一、第二幅用前式　　東坡先生作

忝戚具位姓　某
右,某啓：伏承
親家翁某官以第幾宣教與小女結親者,藐爾諸孤,[3]雖本
軒裳之後,[4]閔然衰緒,[5]莫閒纂組之功。[6]恭惟
令似宣教,[7]儒業飭修,[8]鄉評茂著。
許崇兄弟之好,[9]永諧琴瑟之驩。[10]瞻望
高門,又獲登
龍之峻;[11]恪勤中饋,[12]庶幾數馬之恭。[13]謹奉啓陳
謝,伏望
台慈特賜[14]
照察,不宣。謹啓。
　　　　月　日忝戚具位姓　某　　啓

校注：
〔1〕本條乃禮物狀及答書。答書爲蘇東坡蘇軾所作,見《蘇東坡全集》續集卷十《啓》"答求親啓"。《全宋文》卷一八八九"答求親啓"條録之。國家圖書館藏本"可漏子式"條"啓"字被硃筆改爲"狀"字,可從。

〔2〕忝戚具位姓某：原殘泐，今據《蘇東坡全集》補。

〔3〕藐爾：幼弱的樣子。《左傳·僖公九年》："以是藐諸孤，辱在大夫，其若之何？"孔穎達疏："藐諸孤者，言年既幼穉，縣藐於諸子之孤。"

〔4〕軒裳：本指車服，後引指官位爵禄，又用來代稱有高位的人。

〔5〕閔然：憂傷的樣子。衰緒：謙稱家世衰微。

〔6〕纂組：編織。纂組之功，謂女紅。

〔7〕恭惟令似宣教：《蘇東坡全集》《全宋文》均作"伏承某人"。

〔8〕業：《蘇東坡全集》《全宋文》均作"術"。飭修，謂思想言行謹嚴合禮。

〔9〕崇：《蘇東坡全集》《全宋文》均作"敦"。《婚禮新編》係避光宗趙惇諱而改字。敦好，和睦友好。

〔10〕諧：《蘇東坡全集》《全宋文》均作"結"。驩：《蘇東坡全集》《全宋文》均作"歡"。琴瑟之驩，謂友情融洽歡悦。

〔11〕又獲：《蘇東坡全集》《全宋文》均作"獲接"。登龍：同"登龍門"。龍門，即禹門口。在今山西河津西北和陝西韓城東北。黄河至此，兩岸峭壁對峙，形如門闕，故名。《藝文類聚》卷九十六引辛氏《三秦記》："河津一名龍門，大魚集龍門下數千，不得上，上者爲龍，不上者(爲魚)，故雲曝鰓龍門。"後借指封建時代的科舉會試。若會試中式，致身榮顯，則稱爲"登龍門"。

〔12〕中饋：指家中供膳諸事。《周易·家人》："無攸遂，在中饋。"孔穎達疏："婦人之道……其所職主，在於家中饋食供祭而已。"後又引指妻室。宋張齊賢《洛陽搢紳舊聞記·張相夫人始否終泰》："及爲中饋也，善治家，尤嚴整。"

〔13〕數馬：形容爲人處事忠誠謹慎的樣子。《史記·萬石張叔列傳》："建爲郎中令，書奏事，事下，建讀之，曰：'誤書！"馬"者與尾當五，今乃四，不足一。上譴死矣！'……萬石君少子慶爲太

僕，御出，上問車中幾馬，慶以策數馬畢，舉手曰：'六馬'。慶于諸子中最爲簡易矣，然猶如此。"

〔14〕台慈：對親家翁的敬稱。

1.2.8　回答禮物狀[1]

　　忝戚具位姓　某
　　　　　　某物若干
　　右謹專送
上，聊充回聘之儀。伏望
台慈特賜
容納。謹狀
　　　　年　月　日忝戚具位姓　某　　狀

校注：
〔1〕此爲回答禮物狀，未著撰人。

婚禮新編　卷之二

2.1　求允

校注：原書從第四葉開始，前三葉缺，此門内容亡佚。

2.2　答允

2.2.1　丁潮州_{陳求張昏}[1]

猥辱使臨，後漢張純曰："無功於時，猥蒙爵土。"《語·憲問》："子曰：'使乎！使乎！'"[2]恭拜漢護軍之牘；前漢陳遵與人尺牘，主人藏以爲榮。[3]即祗往役，謝靈運詩："祗役出皇邑。"《萬章》曰："庶人召之役，則往役。"[4]敬通田太守之言。晉太守田豹因令狐策爲子求昏鄉人張公微女。[5]何幸獨户牖之偉平，前漢户牖富人張負有女孫，獨視偉平，以妻之。[6]方欲效齊侯之妻忽。《詩·有女同車》："鄭太子忽嘗有功於齊，齊侯請妻之。"[7]信是夤緣運會，《文選·盧諶〈答劉琨啓〉》："嘗自思惟，因緣運會，得蒙接事。"[8]自然啐啄同時。出佛書。[9]幸早繁纓，智慧不如乘勢；《公孫丑上》："齊人有言：雖有智惠，不如乘勢。"[10]庶幾居室，《史記·儒林傳》序："昏姻者，居室之大倫。"男女得以及時。《詩·摽有梅》："男女得以及時也。"[11]

校注：

〔1〕本條乃丁潮州所作。丁潮州即丁允元，字叔中，生卒年不詳，南宋常州（今屬江蘇）人。爲官耿直，忠於職守，聲望昭著。官居太常寺卿。據《潮州府志·宦跡》及相關史料記載，孝宗淳熙十四年（1187）丁允元因懇請敕免"鹽鐵"等稅，貶任潮州知州。他撥田租興學養士，遷建韓文公祠，築橋利民，治潮多有建樹，深得民心，百姓立"名宦祠"祀之。本條《全宋文》未錄。

〔2〕猥辱：謙詞，猶言承蒙。丁注所引見《後漢書·張奮傳》及《論語·憲問篇》。

〔3〕漢護軍：即陳遵。陳遵字孟公，東漢杜陵（今陝西西安）人，工書，封嘉威侯。王莽拜爲河南太守，復爲九江及河內都尉。更始帝拜爲大司馬護軍，出使匈奴，爲賊兵所殺。丁注所引見《漢書·陳遵傳》。

〔4〕丁注所引見謝靈運《鄰里相送方山詩一首》及《孟子·萬章下》。祇（zhī）：敬也。祇役：敬奉朝命赴外地任職。

〔5〕丁注所引見《晉書·索統傳》。

〔6〕《漢書·陳平傳》："久之，户牖富人張負有女孫，五嫁夫輒死，人莫敢取，平欲得之……張負既見之喪所，獨視偉平，平亦以故後去……卒與女。"

〔7〕丁注所引見《詩·鄭風·有女同車》序。原文曰："《有女同車》，刺忽也。鄭人刺忽之不昏于齊。太子忽嘗有功于齊，齊侯請妻之，齊女賢而不取，卒以無大國之助，至於見逐，故國人刺之。"鄭忽，即鄭昭公姬忽（？—前695），鄭莊公長子，鄭國第五任君主。曾拒納齊僖公女兒文姜爲妻，而娶陳國公主。

〔8〕運會：時運際會。《文選·盧了諒〈贈劉琨一首並書〉》："嘗自思惟，因緣運會，得蒙接事，自奉清塵，於今五稔。"吕向注："得蒙接事，謂從事中郎也。"

〔9〕唐釋栖復《法華經玄贊要集》卷八："正是衆生根熟時，便

是如來說法時,如雞附卵,啐啄同時。若根未熟爲説法,即稱怨大喚。"卷九:"二爲利者速説爲疾,鈍者遲説,如雞附卵,啐啄同時也。"宋張君房《雲笈七籤》卷五十六:"體地法天,負陰抱陽,喻瓜熟蒂落,啐啄同時。"雞子孵化時,小雞將出,即在殼内吮吸,謂之"啐";母雞爲助其出而同時齧殼,稱爲"啄"。佛家因以"啐啄同時"比喻機緣相投或兩相吻合。

〔10〕惠:今本《孟子》作"慧"。《孟子·公孫丑上》:"齊人有言曰:'雖有知慧,不如乘勢;雖有鎡基,不如待時。'"

〔11〕摽:原訛作"標",今據《毛詩》正。及時:詳見1.2.4"求親"條注〔2〕。

2.3 謝媒

2.3.1 張主簿從道[1]

爲子訪婚,《晉》:"訪婚陋族。"[2]嘗屈蹇脩之重;前注。[3]得女爲配,《詩》:"樂得淑女,以配君子。"[4]獲攀齊大之高。鄭太子忽有功於齊,齊侯請妻之。忽曰:"齊大,非吾耦也。"[5]儻非掌判之當仁,晉贊:"孝爲德本,王祥所以當仁。"[6]曷致交孚於二姓?[7]無德不報,《詩·抑》:"無言不讎,無德不報。"[8]第慚菲禮之輕微;《詩·瓠葉》:"故思古之人,不以微薄廢禮焉。"《禮記》:"不以菲廢禮。"[9]自周有終,《書·太甲上》:"自周有終,相亦惟終。"[10]尚冀初誠之不替。[11]

校注:

〔1〕本條乃張主簿所撰。張主簿名革,字從道,大致生活在宋仁宗至徽宗朝。爲人好學,事親至孝,生活窘迫而不改其志。與石

介、韋驤、黄庭堅、孔武仲等人交好。石介《徂徠集》卷三有《送張革從道謁千乘縣田秘丞京》《又送從道》詩,卷四有《寄雷澤張從道》詩,讚其品格。曾任主簿,元符元年(1098)於涪州任職,黄庭堅《與七兄司理書》曰:"知命挈攜在涪陵,凡十月乃歸。才歸,又往涪見張從道。"其他生平事跡不詳。主簿:官名,爲仕子初事之官。張革之文,《全宋文》均未録。

〔2〕訪婚:求婚。丁注所引見《晉書·禮志下》。

〔3〕前注:蓋脱佚之2.1"求允"中亦用此典。蹇脩:亦作蹇修。《楚辭·離騷》:"解佩纕以結言兮,吾令蹇修以爲理。"王逸章句:"蹇修,伏羲氏之臣也。理,分理述禮意也。言己既見宓妃,則解我佩帶之玉結言語,使古賢蹇修而爲謀理也。"後多用蹇修代指媒妁。

〔4〕丁注所引見《詩·周南·關雎》序。原文曰:"是以《關雎》樂得淑女,以配君子,憂在進賢,不淫其色;哀窈窕,思賢才,而無傷善之心焉,是《關雎》之義也。"

〔5〕丁注所引見《左傳·桓公六年》。後有"齊大非偶"一語,指辭婚者表示自己門第或勢位卑微,不敢高攀。

〔6〕掌判:即媒人。語本《周禮·地官·媒氏》:"媒氏,掌萬民之判。"鄭玄注:"判,半也。得耦爲合,主合其半,成夫婦也。"當仁:猶言當之無愧。晉贊:晉即《晉書》,但丁注所引非贊文,乃《晉書·王祥等傳》史臣語。

〔7〕交孚:謂互相信任。《周易·睽》:"睽孤,遇元夫。交孚,厲,無咎。"王弼注:"同志相得而無疑焉,故曰'交孚'也。"

〔8〕丁注所引見《詩·大雅·抑》。

〔9〕第慚:只是慚愧。丁注見《詩·小雅·瓠葉》序及《禮記·孔子閒居》。

〔10〕周:忠信曰周。《論語·爲政篇》:"君子周而不比,小人比而不周。"丁注所引見《尚書·太甲上》。

〔11〕替:廢棄,改變。

2.4 媒答

2.4.1 王狀元[1]

　　二姓交歡,《文選》沈休文曰:"交二姓之和,辨伉合之義。"[2]實由月老,一言道合,浪忝冰人。[3]捷非喋喋之嗇夫,文帝欲拜嗇夫爲上林令,張釋之曰:"周勃、張相如稱爲長者,此兩人言事曾不能出口,豈效此嗇夫喋喋利口捷給哉!"[4]訥若期期之御史。高帝欲廢太子,御史周昌庭爭之。昌爲人口吃,又盛怒曰:"臣口不能言,然臣期期知其不可。欲廢太子,臣期期不奉詔。"[5]既獲因親之請,《語》:"因不失其親,亦可宗也。"[6]幸莫大焉;儻歌《匪斧》之章,豈所長也?[7]忽奉瓊瑤之雅意,[8]重頒筐篚之盛儀。《詩·鹿鳴》:"又實幣帛筐篚,以將其厚意。"[9]受之汗顏,韓愈文。[10]欲效兼金之遜;《公孫丑下》:陳臻問曰:"前日於齊,王餽兼金一百而不受;於宋,餽七十鎰而受;於薛,餽五十鎰而受。"[11]却之非禮,《孟子》:"却之爲不恭。"[12]姑將十襲之藏。《闕子》曰:"宋之愚人得燕石於梧臺之側,藏之以爲大寶。華櫃十重,緹巾十襲。"[13]

校注：

〔1〕本條乃王十朋(1112—1171)所撰。十朋字龜齡,號梅溪,南宋溫州樂清(今屬浙江)人。高宗朝狀元,累官侍御史。力主北伐,遭主和派排斥。歷知饒、夔、湖諸州。乾道四年(1168)起知泉州,冬十月到任,政績顯著。次年冬卸任,翌年春離泉。以龍圖閣學士致仕,卒諡忠文。《宋史》卷三百八十七有傳。《閩書》、《泉州府志》《晉江縣志》亦有傳。有《王忠文公集》(《梅溪集》)等行世。《全宋文》卷四六二七"媒答一"條據《婚禮新編》錄之。

〔2〕交歡:結好。姓:《文選》作"族"。丁注所引見《文選·沈

休文〈奏彈王源〉》。本句張銑注:"二族,夫妻二姓也;伉合,相敵而合也。"《禮記·冠義·昏義》:"昏禮者,將合二姓之好,上以事宗廟,而下以繼後世也,故君子重之。"

〔3〕月老、冰人:都是媒人的代稱。月老,典出《續玄怪錄》,詳見12.1.1"月下老"條。冰人,典出《晉書·索紞傳》,詳見12.2.18"夢立冰上"條。

〔4〕喋喋之嗇夫:典出《漢書·張釋之傳》。喋喋:又作諜諜,多言,嘮叨。利口捷給:謂口齒伶俐,言辭敏捷,善於應對。

〔5〕期期之御史:典出《漢書·周昌傳》。顏師古本句注:"以口吃故,每重言期期。"

〔6〕丁注所引見《論語·學而篇》。歷來對本句爭訟不斷,"因"可訓依靠、親屬、婚姻等,王十朋取"婚姻"義。

〔7〕《匪斧》之章:典出《詩·豳風·伐柯》,詳見12.2.5"伐柯"條。

〔8〕瓊瑤:美玉。語本《詩·衛風·木瓜》:"投我以木瓜,報之以瓊琚。匪報也,永以爲好也。投我以木桃,報之以瓊瑤。匪報也,永以爲好也。投我以木李,報之以瓊玖。匪報也,永以爲好也。"

〔9〕丁注所引見《詩·小雅·鹿鳴》序。"帛筐筐"及"將其"原殘泐,今據《毛詩》補。

〔10〕受之汗顏:丁注原謂出自《韓非子》,誤,實出自唐韓愈《祭柳子厚文》:"不善爲斲,血指汗顏。巧匠旁觀,縮手袖間。"今正。

〔11〕兼金:價值倍于常金的好金子,亦泛指多量的金銀錢帛。《孟子·公孫丑下》:"前日於齊,王餽兼金一百而不受。"趙岐注:"兼金,好金也,其價兼倍於常者。"

〔12〕丁注所引見《孟子·萬章下》。

〔13〕十襲之藏:典出《闕子》。闕子,戰國後期人,縱橫家人

物,生平事跡無考。《漢書·藝文志》縱橫家類著録《闕子》一篇,該書南朝梁時已佚。馬國翰《玉函山房輯佚書》從《水經注》《藝文類聚》《太平御覽》等書中輯録佚文凡六節。《後漢書·應劭傳》:"宋愚夫亦寶燕石,緹緼十重。"唐李賢注引《闕子》曰:"宋之愚人得燕石梧臺之東,歸而藏之,以爲大寶。周客聞而觀之。主人父齋七日,端冕之衣,釁以特牲,革匱十重,緹巾十襲。"其中,東,《婚禮新編》作"側";革,《婚禮新編》作"華",當以"革"爲是;匱,《婚禮新編》作"櫝(櫃)"。

2.4.2 王狀元[1]

掌判合好,素無媒氏之才;前注。[2]爲陽語陰,妄意令狐之夢。詳見《媒氏門》。[3]事實由於分定,《盡心上》:"分定故也。"[4]私竊愧於言輕。幸嘉耦之相宜,[5]致微辭而易達。卜云其吉,《定之方中》:"卜云其吉,終焉允臧。"[6]謀則允臧。顧惟鷹犬之勞,柳子厚《代裴行立謝移鎮表》:"展駑駘之效,申鷹犬之用。"[7]濫叨驅策;[8]豈謂瓊瑶之報,《木瓜》:"投我以木桃,報之以瓊瑶。"[9]重辱寵頒。[10]戴德不忘,拜嘉敢後。《左·襄四年》:"敢不拜嘉?"[11]

校注:

〔1〕此條爲王十朋所作。《全宋文》卷四六二七"媒答二"條據《婚禮新編》録之。

〔2〕前注:謂2.3.1"張主簿從道"條注〔6〕。

〔3〕詳見《媒氏門》:謂12.2.18"夢立冰上"條。令狐即令狐策。

〔4〕分定:命定。丁注所引見《孟子·盡心上》。篇名原訛作"《告子下》",今正。

〔5〕嘉耦：好配偶。《左傳·桓公二年》："嘉耦曰妃,怨耦曰仇,古之命也。"

〔6〕丁注所引見《詩·鄘風·定之方中》。允：誠信；臧：善；焉：語助詞。終焉允臧：謂自始至終誠信善良。

〔7〕犬：原訛作"大",今據柳文正。丁注所引見柳宗元《代裴行立謝移鎮表》。駑駘(tái)：劣馬,這裏喻才能低劣者。《楚辭·九辯》："却騏驥而不乘兮,策駑駘而取路。"駘：原訛作"治",今據柳文正。

〔8〕濫叨：謙詞,能力不足以勝任。叨：猶忝。驅策：本指駕御鞭策,引指驅使,役使,效勞。

〔9〕瓊瑤：見2.4.1"王狀元"條注〔8〕。

〔10〕頒：賞賜。重辱：謙詞,若言承蒙。

〔11〕戴：感戴。拜嘉：拜謝惠賜禮物。

2.5 求親

2.5.1 黃山谷[1]

管窺一斑,晉王獻之觀人弈棊,曰："南風不競。"人曰："此郎所謂'管中窺豹,時見一斑'。"[2]早欽宗黨之美；《選·鮑明遠〈擬古詩〉》："宗黨生光華。"[3]河潤九里,《莊子·列禦寇》："河潤九里,澤及三族。"[4]竊願婚姻之求。[5]顧惟單平,《後漢》："陣寔出於單微。"[6]實愧攀附。《揚子》："攀龍鱗,附鳳翼。"[7]某男早聞詩禮,《語》："陳亢曰：'問一得三。聞詩,聞禮。'"[8]逮及有家。《左·桓十八年》："女有家,男有室,無相瀆也。"[9]言采蘋蘩,《詩》："于以采蘋？南澗之濱。""于以采蘩,于沼于沚。"[10]尚虛中饋。《家人·六二》："無攸遂,在中饋,貞吉。"[11]伏承令愛小娘,令德成於保傅,宋伯姬曰:"婦人之義,保傅不俱,夜不下堂。"[12] 善聲發於幽閑。《選》顏延年詩:"婉彼幽閑女,作嬪君子室。"[13] 屬將有行,《詩》:"女子有行,遠父母兄弟。"[14] 敢議合好。《記》:"昏禮者,將合二姓之好。"[15] 雖泉水入於淇澳,《詩》:"毖彼泉水,亦流于淇。"[16] 不恥下流;《語》:"君子惡居下流。"[17] 而葛藟施于條枚,《詩·旱麓》:"莫莫葛藟,施于條枚。"[18] 終慚非對。王汝南少自求郝普女,普門孤陋,甚非其偶。[19] 謹因媒氏,恭聽嘉音。

校注:

〔1〕本條乃黄庭堅所撰,見《山谷外集》卷十《書雜文》"代求婚書"條。《全宋文》卷二三〇六"代求婚書"條亦錄之,該書謂此文出自《婚禮新編》卷八,誤。黄庭堅(1045—1105),北宋著名文學家、書法家。字魯直,號山谷道人、涪翁。洪州分寧(今江西修水)人。其詩書畫號稱"三絕",與秦觀、晁補之、張耒合稱"蘇門四學士",為江西詩派之宗。治平年間進士,歷官集賢校理、著作郎、秘書丞、涪州別駕、吏部員外郎等。《宋史》卷四百四十四有傳。

〔2〕丁注所引見《晉書·王獻之傳》。弈棋:今本《晉書》作"樗蒲",是古代一種博戲的名稱。南風不競:語出《左傳·襄公十八年》:"不害。吾驟歌北風,又歌南風。南風不競,多死聲。楚必無功。"南風,南方的音樂。不競,指樂音微弱。原指楚軍戰不能勝,後比喻競賽的對手力量不強。

〔3〕宗黨:宗族,鄉黨。

〔4〕河潤:謂恩澤及人,如河水之滋潤土地。

〔5〕竊:原殘泐,今據《山谷外集》補。

〔6〕顧:但是。單平:謂家世寒微。丁注所引見《後漢書·陳寔傳》。單平、單微同。

〔7〕丁注所引見揚雄《法言·淵騫篇》。後有成語攀龍附鳳,

比喻依附帝王或有聲望的人以成就功業或揚名立萬。

〔8〕丁注所引見《論語·季氏篇》。

〔9〕有家:謂女子出嫁。《孟子·滕文公下》:"丈夫生而願爲之有室,女子生而願爲之有家。父母之心,人皆有之。"丁注"桓"原作"威",係避宋欽宗趙桓諱,今正。又,原作"女有室,男有家",有室指男子娶妻,故今據《孟子》正作"女有家,男有室"。

〔10〕蘋蘩:即蘋和蘩,是兩種可供食用的水草,古代常用於祭祀。《采蘩》序:"《采蘩》,夫人不失職也。夫人可以奉祭祀,則不失職矣。"後以"蘋蘩"借指能遵祭祀之儀或婦職等。丁注所引見《詩·召南·采蘋》及《采蘩》。丁注首句"于"訛作"予",今據《毛詩》正。

〔11〕尚:《山谷外集》作"猶"。中饋:見1.2.7"禮物狀"條注〔12〕。"貞"字原脱,今據《周易》補。

〔12〕伏承令愛小娘:《山谷外集》作"賢第幾小娘子"。《穀梁傳·襄公三十年》:"伯姬曰:'婦人之義,傅母不在,宵不下堂。'左右又曰:'夫人少辟火乎?'伯姬曰:'婦人之義,保母不在,宵不下堂。'遂逮乎火而死。"司馬光《家範》卷八《妻上》:"宋共公夫人伯姬,魯人也。寡居三十五年。至景公時,伯姬之宫夜失火,左右曰:'夫人少避火。'伯姬曰:'婦人之義,保傅不具,夜不下堂。待保傅之來也。'"可見丁注實本自《家範》。

〔13〕丁注所引見《文選·顔延年〈秋胡詩〉》。嬪:原訛作"配",今據《文選》正。

〔14〕屬將:最近將要。有行:出嫁。丁注見《詩·邶風·泉水》。

〔15〕丁注所引見《禮記·冠義·昏義》:"昏禮者,將合二姓之好,上以事宗廟,而下以繼後世也,故君子重之。"

〔16〕丁注所引見《詩·邶風·泉水》。瑟:通"泌",水流貌。

〔17〕丁注所引見《論語·陽貨篇》:"子貢曰:'君子亦有惡乎?'子曰:'有惡:惡稱人之惡者,惡居下流而訕上者,惡勇而無禮

者,惡果敢而窒者。'"

〔18〕條枚：枝幹。丁注"枚"原訛作"杸",今據《毛詩》正。

〔19〕丁注本自《世說新語·賢媛篇》,詳見13.2.4"王汝南"條。又《古今事文類聚》後集卷十四《人倫部擇婿·見女求聘》："王汝南少無婚,自求郝普仲將之女。普門至孤陋,甚非其耦。君見其女,便求聘焉。"

2.5.2 又[1]

唐杜望族,《左·襄二十四年》："范宣子曰：昔匄之祖,自虞以上爲陶唐氏,在夏爲御龍氏,在商爲豕韋氏,在周爲唐杜氏,晉主夏盟爲范氏。"注："唐、杜,二國名。"[2]江湖世家。《史記》："范蠡既雪會稽之恥,乃乘舟遊於江湖。"[3]往昔接諸父之遊,老杜《壯遊》詩："往昔十四五,出遊翰墨場。"《詩》："諸父兄弟。"[4]雍容非一日之雅。谷永謝王鳳曰："斗筲之材,無一日之雅。"[5]惟風期之不淺,李白《梁甫吟》："八十西來釣渭濱……風期暗與文王親。"《穀梁·僖元年》："江熙曰：風味之所期,古猶今也。"[6]是婚對之敢求。[7]某小娘體二《南》之風,《詩》："《周南》《召南》,正始之道。"[8]敦四德之教。《周禮》："九嬪掌婦學之法,以教九御婦德、婦言、婦容、婦功。"[9]猶子屬當世子之重,《記》曰："國君之子曰世子。"[10]尚虛宗婦之宮。《左·莊公二十四年》："公使宗婦覿,用幣。"[11]輒因行媒,用薦嘉禮。青蠅附於驥尾,非吾偶之可譏；[12]女蘿施於長松,《詩·頍弁》："蔦與女蘿,施於松柏。"[13]亢衰宗之爲幸。《左》："太叔曰：'吉不能亢身,安能亢宗?'"[14]期於得請,冒貢至情。[15]

校注：

〔1〕本條亦黃庭堅撰,見《山谷外集》卷十《書雜文·問婚書》。《全宋文》卷二三〇六《問婚書》條亦錄。

〔2〕昔：原脱，今據《左傳》補。二國：原誤作"一國"，今據《左傳》杜預注正。范宣子：即士匄(？—前548)，祁姓，士氏，名匄，諡宣。春秋時代晉國中軍將、政治家。唐杜望族，謂其姓范。

〔3〕丁注所引見《史記·貨殖列傳》。

〔4〕丁注所引見杜甫《古詩·壯遊》及《詩·小雅·楚茨》。

〔5〕谷：原訛作"容"，今據《漢書》正。丁注所引見《漢書·谷永傳》。斗筲(shāo)：謙辭。斗與筲都是量小的容器，分別容十升和一斗二升，後喻指微小、卑賤、才識短淺之人。

〔6〕風期：猶友誼、情誼。唐駱賓王《夏日游德州贈高四》詩序："傾意氣於一言，締風期於千祀。"丁注所引《穀梁傳》見《穀梁傳·僖公元年》"棄師之道也"句范甯集解引江熙注。

〔7〕婚對：猶婚配。《晉書·衛瓘傳》："武帝敕瓘第四子宣尚繁昌公主。瓘自以諸生之冑，婚對微素，抗表固辭，不許。"

〔8〕某小娘：《山谷外集》作"伏承某人"。丁注所引見《詩·周南·關雎》序。

〔9〕丁注所引見《周禮·天官·九嬪》。該句鄭玄注："婦德謂貞順，婦言謂辭令，婦容謂婉娩，婦功謂絲枲。"是謂四德。

〔10〕猶子：《山谷外集》作"先兄息某"，即侄子。屬當：適逢，正當。丁注所謂《記》，按照體例，指《禮記》，但今本《禮記》無。《儀禮·聘禮》："世子之喪。"賈公彥疏："世子，惟據天子、諸侯之子。"

〔11〕尚：《山谷外集》作"顧"。幣：原訛作"弊"，今據《左傳》正。宗婦：古代宗法制度稱大宗嫡長子之妻。覿(dí)：相見。

〔12〕青蠅附於驥尾：典出《史記·伯夷列傳》："顏淵雖篤學，附驥尾而行益顯。"司馬貞索隱："蒼蠅附驥尾而致千里，以譬顏回因孔子而名彰也。"後用以喻追隨名人之後。

〔13〕長松：《山谷外集》作"松枝"。丁注所引見《詩·小雅·頍弁》。頍：原訛作"�"，今據《毛詩》正。

〔14〕左：下原衍"子"字，今據《左傳》刪。吉：原作"吾"；亢

宗：原作"伉宗"，今並據《左傳》正。丁注所引見《左傳·昭公元年》。吉即太叔游吉。亢宗：庇護宗族，光耀門庭。

〔15〕冒貢：冒昧進獻。

2.5.3　又[1]

敬仰風流，晉王獻之"風流爲一時之冠"。[2] 惟是婚姻之故；《詩·我行其野》："婚姻之故，言就爾居。"[3] 講脩世睦，《禮運》："講信脩睦。"[4] 敢伸嬿婉之求。《詩·新臺》。[5] 小子材不及中，李廣曰："諸校尉才能不及中人，取侯者數十。"[6] 學未聞道。《孟子》："雖然，未聞道也。"[7] 猥叨命士，方且異宮。《內則》："由命士以上，父子皆異宮。"[8] 惟節春秋，《左·傳十二年》："若節春秋，來承王命。"注："節，時也。"[9] 莫助蘋藻。[10] 小娘教有端緒，德成幽閑。[11] 妄聽行媒之傳，肯顧鄙宗之陋。《詩》："莫我肯顧。"[12] 謹差穀旦，《東門之枌》："穀旦于差。"注："差，擇也。穀，善也。"[13] 恭侯玉音。《選》王褒曰："囊從末路，望聽玉音。"[14]

校注：

〔1〕本條亦黃庭堅撰，見《山谷外集》卷十《書雜文·回魏氏書》。《全宋文》卷二三〇六《回魏氏書》條亦錄之。

〔2〕敬：《山谷外集》作"欽"。丁注所引見《晉書·王獻之傳》。

〔3〕言：句首語氣詞，無義。

〔4〕脩：《山谷外集》作"修"。"脩"爲"修"借字。丁注所引見《禮記》。講信脩睦：謂講求信用，調整關係使其和睦。

〔5〕伸：《山谷外集》作"申"，表明，表達。《詩·邶風·新臺》："新臺有泚，河水瀰瀰。嬿婉之求，籧篨不鮮。新臺有洒，河水浼浼。嬿婉之求，籧篨不殄。魚網之設，鴻則離之。嬿婉之求，得此

戚施。"燕婉：又作"嬿婉"。本謂儀態安詳溫順，後指夫婦和睦恩愛。舊題漢蘇武《詩》之二："結髮爲夫妻，恩愛兩不疑。歡娛在今夕，嬿婉及良時。"燕婉之求，謂婚配請求。

〔6〕小子：此兩字後《山谷外集》有"某"字。不及："不"字後原衍一"不"字，今據《史記》刪。丁注"才"原訛作"材"，"中"後脫"人"字，今並據《史記》補正。丁注所引本自《史記・李將軍列傳》。

〔7〕丁注所引見《孟子・滕文公上》。

〔8〕命士：古代稱受有爵命的士。方且：尚且。丁注所引見《禮記・內則》。

〔9〕節時也："節"字原脫，今據《左傳》杜注補。

〔10〕蘋藻：蘋與藻。《詩・召南・采蘋》序："《采蘋》，大夫妻能循法度也。能循法度，則可以承先祖，共祭祀矣。"後因以"蘋藻"借指婦女的美德。莫助蘋藻，謙詞。

〔11〕小娘：《山谷外集》作"伏承賢第三子九娘子"。端緒：淵源。幽閑：形容女子柔順嫻静。

〔12〕丁注所引見《詩・魏風・碩鼠》。顧：眷顧。

〔13〕丁注所引見《詩・陳風・東門之枌》及毛傳。

〔14〕恭：《山谷外集》作"躬"。末：原訛作"未"；玉：原訛作"王"，今均正。丁注所引見《文選・王子淵〈四子講德論〉》。謹差穀旦：謂謹慎選擇好日子。

2.5.4 孫尚書仲益[1]

了無半面，後漢應奉詣彭城相袁賀。賀時出行閉門，造車匠於內開扇出半面視奉，奉即委去。後數十年於路見車匠，識而呼之。[2]未諧窺管之私；《梁孝王世家》："褚先生曰：少見之人，如從管中窺天也。"[3]屬有片言，《文選・盧諶〈答劉琨詩〉》："由余片言，秦人是憚。"[4]遂契投膠之合。《選·古詩》:"以膠投漆中,誰能別離此?"[5]竊徼一時之幸,《伍被傳》:"不可以徼幸耶?"注:"徼,要也。幸,非望之福。"永諧二姓之歡。[6]小娘婉嬺有容,晉武悼皇后"婉嬺有婦德"。[7]德門之胄;韓愈:路甥秀才序,世稱德門,人不得並。[8]某姪幼孤,自立衰緒之餘,[9]方申下女之求,《咸卦》:"男下女,是以'亨,利貞,取女,吉'也。"[10]適際有家之願。自慚非偶,遽參謝庭玉樹之傍;謝安嘗戒約諸子姪曰:"子弟亦何預事,正欲使其佳?"謝玄曰:"譬如芝蘭玉樹,使其生於庭階耳。"[11]尤幸同聲,《易·乾卦》:"同聲相應,同氣相求。"[12]庶聞嬴氏鳳簫之應。蕭史鳳臺詳見《神仙門》。[13]

校注:

〔1〕本條乃孫覿所撰。孫覿(1081—1169)字仲益,號鴻慶居士,宋常州晉陵(今江蘇武進)人。五歲即爲蘇軾所器。徽宗大觀三年(1109)進士。官翰林學士。金兵破汴京,曾草降表。高宗即位,以降表事斥罷。後拜中書舍人、吏部侍郎,兼權直學士院。復出知溫州、平江、臨安府,以盜用軍錢除名。工詩文,但爲人依違無操,《宋史》無傳。《鴻慶居士集》卷二十八《四六雜文·壽宗求婚》、《全宋文》卷三四三九"壽宗求昏書"條均録之。

〔2〕了無:全無,毫無。半面:語出《後漢書·應奉傳》"奉少聰明"句李賢注引三國吳謝承《後漢書》。後因用以稱瞥見一面。了無半面,謂不曾相見。

〔3〕私:《鴻慶居士集》作"因"。丁注所引見《史記·梁孝王世家》。褚:原訛作"楮",今據《史記》正。窺:今本作"闚",同。

〔4〕余:《鴻慶居士集》作"餘"。由余,一作繇余,春秋時戎人。初仕于戎,後入秦,秦穆公拜爲上卿,謀伐西戎。爲戎臣時使秦,怪穆公宮室壯大,穆公爲西戎有這樣的賢人而憂懼。

〔5〕投膠:比喻情投意合,難以分離。丁注所引見《文選·古

詩十九首》其十八。

〔6〕此二句《鴻慶居士集》作"涓辰協吉,願締華姻"。涓辰:選擇吉利的時辰。協吉:和協吉祥。丁注所引見《漢書·伍被傳》及顏師古注文。徼幸:"徼"通"僥",希望獲得意外的好處。

〔7〕小娘:《鴻慶居士集》作"伏承令女"。婉嫕(yì):溫順嫻靜。嫕,原作"嬺",今據《鴻慶居士集》正。《全宋文》轉錄作"嬺",誤。丁注所引見《晉書·后妃傳上·武悼楊皇后》。

〔8〕胄:原訛作"胃",今據《鴻慶居士集》正。德門:有德之家。丁注明言乃韓愈文,但具體篇目未詳。宋佚名撰《翰苑新書》前集卷六十一《家世·世稱德門》曰:"韓文:潞氏得姓,歷二千年,凡二十三世,世稱德門"。或爲韓文逸文。

〔9〕某姪:《鴻慶居士集》作"而某小姪壽宗"。

〔10〕下女:語出《周易·咸卦》。古時重男輕女,唯婚禮上有"男下女"的禮式,比如男親至女家迎親,女子登車,男子授綏,女子乘車,男子御車等。

〔11〕傍:《鴻慶居士集》作"芳"。丁注所引見《晉書·謝玄傳》。預,關涉。謝玄所答之"譬如芝蘭玉樹,欲使其生於庭階耳",謂有出息的後代像馥郁的芝蘭和亭亭的玉樹一樣,既高潔又輝煌,長在自己家中,能使門庭生輝。

〔12〕尤:《鴻慶居士集》作"猶"。同聲:比喻志趣相同。丁注所引見《周易·乾卦》。

〔13〕嬴氏:即秦穆公女兒弄玉。鳳簫之應:詳見20.1.4"蕭史"條。

2.5.5 又代求楊氏[1]

一廛同井,《滕文公》:"鄉田同井。"又曰:"願受一廛而爲氓。"[2]密依桑梓之陰;《詩·小弁》:"維桑與梓,必恭敬止。"[3]百尺干霄,《文選・孔德璋詩》:"干青霄而直上。"[4]迥結絲羅之托。[5]某人汾隅鼻祖,揚雄《反騷》曰:"有周氏之嬋嫣兮,或鼻祖於汾隅。"[6]號略名家;號略縣屬洪農郡。[7]世緒相承,風流如在。[8]如某者窮鄉冷族,陋巷諸生,《南史》:"朱异雖出自諸生,甚閑軍國故實。"[9]敢懷河鯉之求,《詩·衡門》:"豈其食魚,必河之鯉。"式佇澗蘋之采。[10]望塵瞠若,晉潘岳諂事賈謐,每候其出,望塵而拜。《莊子》:"顏回問仲尼曰:'奔逸絶塵,而回瞠若乎後者。'"[11]雖同楚越千里之遥;王介甫《女詩》:"相看楚越常千里,不及朱陳似一家。"[12]傾蓋歡然,《家語》:"孔子之郯,遭程子於塗,傾蓋而語終日,甚相歡。"[13]遂結朱陳兩家之好。

校注:

〔1〕本條亦孫覿所撰。《鴻慶居士集》卷二十八《四六雜文·代楊氏求婚》、《全宋文》卷三四三九《代求楊氏昏書》均録之。二處標題不一致,必有一誤。

〔2〕廛(chán):古代平民一家在城邑中所佔的房地。丁注所引見《孟子·滕文公上》。"鄉田同井"是戰國時期國家授田、制土分民的通則。氓(méng):指外地遷來的百姓。

〔3〕丁注所引見《詩·小雅·小弁》。該句朱熹集傳曰:"古者五畝之宅,樹之墻下,以遺子孫,給蠶食、具器用者也……桑梓父母所植。"後以"桑梓"借指故鄉。二句謂兩家同在一鄉。

〔4〕干:原訛作"千",今據《鴻慶居士集》正。干霄:凌駕於雲霄之上,高入雲霄。丁注所引見《文選·孔德璋〈北山移文〉》。注內"霄"原作"雲",今據《文選》正。

〔5〕羅:《鴻慶居士集》作"蘿"。托:《鴻慶居士集》作"託"。

〔6〕嬋嫣:連續不斷。《漢書·揚雄傳上》此句顏師古注曰:"應劭曰:'嬋嫣,連也,言與周氏親連也。'劉德曰:'鼻,始也。'師古曰:'雄自言系出周氏而食采於揚,故云始祖於汾隅也。'"揚:原作

"楊",今據《漢書》正。

〔7〕略:常州先哲遺書本同,四庫本作"路",誤。丁注"洪農郡",實即"弘農郡",漢武帝初設,故址在今河南靈寶東北。唐時分爲陝州與虢州,號略縣屬於陝州。

〔8〕世緒:世上的功業。風流:猶遺風。

〔9〕族:常州先哲遺書本同,四庫本作"俗",誤。冷族:猶寒門。丁注所引見《南史·朱異傳》。諸生:衆儒生。故實:有參考或借鑒意義的舊事。

〔10〕河鯉:典出《詩·陳風·衡門》:"豈其食魚,必河之魴?豈其取妻,必齊之姜?豈其食魚,必河之鯉?豈其取妻,必宋之子?"式:語助詞。佇:企盼,期待。澗蘋之采:謂女子嫁人。《詩·召南·采蘋》:"于以采蘋?南澗之濱。于以采藻?于彼行潦。"毛亨序:"《采蘋》,大夫妻能循法度也,能循法度,則可以承先祖共祭祀矣。"

〔11〕瞠(chēng):瞠眼直視貌。丁注所引見《晉書·潘岳傳》及《莊子·田子方》。

〔12〕《女詩》:即宋王安石《和文淑溢浦見寄》。唐白居易《感傷二·朱陳村》:"徐州古豐縣,有村曰朱陳。……一村唯兩姓,世世爲婚姻。"

〔13〕郯:原訛作"知";終:原訛作"文",今均據《孔子家語》正。丁注所引見《孔子家語·致思》。傾蓋:停車。

2.5.6 又[1]

寒暄未接,王獻之兄操之、徽之俱詣謝安,二兄多言俗事,獻之寒溫而已。[2]輒妄意以求通;李元禮有盛名,詣門者皆雋才清譽及中表親戚,乃通。[3]聲氣所同,又何慚於共偶。[4]令女巨室慶裔,《孟子》:"得罪於巨室。"注:"大家也。"[5]選擇云初;[6]某男陋巷諸生,攀援豈敢?[7]惟是婚姻之故,殆不偶然;庶幾伉儷之諧,永爲好也。《木瓜》:"匪報也,永以爲好也。"[8]

校注:

〔1〕本條本自《鴻慶居士集》卷二十八《四六雜文·代答》。

〔2〕寒暄:指問候冷暖起居。丁注所引見《晉書·王獻之傳》。寒溫,義同"寒暄"。

〔3〕妄意以:《鴻慶居士集》作"有意於"。妄意,妄想。丁注"李"原訛作"季",今據《世說新語》正。丁注所引本自《世說新語·言語篇》。清聲:清美的聲譽。

〔4〕所:《鴻慶居士集》作"欣"。

〔5〕令女:此二字前《鴻慶居士集》有"伏承"二字。室:《鴻慶居士集》作"門"。巨室:本指大屋,轉指世家大族。慶裔:對他人後代的敬稱。唐于邵《送從叔南游序》:"叔父乃相國東海公猶子之慶裔,今少師郕國公外王父之介弟也。"丁注所引見《孟子·離婁》。

〔6〕擇:《鴻慶居士集》作"慎",《婚禮新編》係避孝宗趙昚嫌名諱而改字。

〔7〕某:該字前《鴻慶居士集》有"而"字。男:該字下《鴻慶居士集》尚有小字注文"云云"。

〔8〕幾:《鴻慶居士集》作"諧"。諧:《鴻慶居士集》作"求"。以句子結構審之,當以《婚禮新編》爲是。諧,商議確定。《木瓜》:詳見2.4.1"王狀元"條注〔8〕。

2.5.7 程子山[1]

□□平素,潘安仁《寡婦賦》:"耳傾想於疇昔兮,目髣髴乎平素。"[2]敢跂高華。《南史》:"世之高華者,以五姓爲首。"[3]蓋由聲氣之同,遂置等威之阻。《左·宣十二年》:"貴有常尊,賤有等威。"注:"威儀等差也。"[4] 人各有偶,《左·桓六年》:"齊侯欲以文姜妻鄭大子忽,忽辭。人問其故,曰:'人各有偶,齊大,非吾偶也。'"[5] 要惟少君之是求;後漢鮑宣妻,桓氏女,字少君。宣少就少君父學,父奇其清苦,以女妻之。[6] 智不足稱,《左傳》:"陽處父不沒其身,其智不足稱也。"[7] 已愧不疑之先見。漢大將軍霍光以女妻雋不疑,不疑畏遠權貴,固辭,不肯當。[8] 何期厚幸,韓文:"今者誠自幸,所懷無一欠。"[9] 式契初心。韓文:"邂逅得初心。"[10] 令女早競秀於閨房,《晉書》:"濟尼曰:'顧家婦清心玉映,自是閨房之秀。'"[11] 夙高四德;[12] 某男久婆娑於名宦,班固《叙傳》:"婆娑乎術藝之場。"[13] 粗守一經。《前漢·韋賢傳》:"遺子黃金滿嬴,不如一經。"[14] 既獲訂於盟言,實永隆於嘉好。[15]

校注:

〔1〕本條乃程敦厚所作。程敦厚(?—1156?),字子山,南宋眉州眉山(今四川眉山)人,世稱金華先生。善爲詩文,尤精四六,著有《義林》《金華文集》《外制集》(以上三種均已佚)《韓柳意釋餘》(存)。紹興五年(1135)賜同進士出身。因上書贊秦檜和議除秘書省校書郎,後官起居舍人兼權中書舍人兼崇政殿侍講。又因爭媚韓世忠、張俊等人而忤秦檜,謫知贛州安遠。後由左承議郎主管台州崇道觀,紹興二十四年(1154)移靖州居住。紹興二十六年(1156)官左朝奉郎,充夔州路安撫司參議官,未幾卒。正史無傳。《全宋文》卷四二八八"求親書一"録之。

〔2〕□□:文首二字殘泐。前一字不識,後　字似爲"望"字。丁注所引見《文選·潘安仁〈寡婦賦〉》文。疇昔,往日,從前。

〔3〕跂(qǐ):盼望,嚮往。高華:指門第、職位高貴者。丁注謂"世之"句出自《南史》,今查《南史》無。《資治通鑑·齊紀六·高宗明皇帝中》:"時趙郡諸李,人物尤多,各盛家風。故世之言高華

者,以五姓爲首。"胡三省注:"盧、崔、鄭、王並李爲五姓。趙郡諸李,北人謂之趙李。"

〔4〕等威:與一定的身份、地位相應的威儀。丁注所引見《左傳·宣公十二年》傳及杜預注。又《文公十五年》:"伐鼓于朝,以昭事神,訓民事君,示有等威,古之道也。"杜預注:"等威,威儀之等差。"

〔5〕鄭大子:原訛作"定大子",今據《左傳》正。丁注所引見《左傳·桓公六年》。後以成語"齊大非偶"(亦省作"齊耦"),指辭婚者表示自己門第或勢位卑微,不敢高攀。

〔6〕詳見 16.1.3 "鮑宣"條。

〔7〕丁注謂"陽處父"句出自《左傳》,今查實無。《禮記·檀弓下》:"文子曰:'行並植於晉國,不没其身,其知不足稱也。'"並植:謂專擅而剛强。

〔8〕先見:謂考見往昔的事跡。《漢書·雋不疑傳》:"大將軍光欲以女妻之,不疑固辭,不肯當。"

〔9〕厚幸:大幸。丁注所引見韓愈《喜侯喜至贈張籍張徹》。

〔10〕式:語助詞,無義。丁注所引見韓愈《縣齋讀書》。初心:本意。

〔11〕競秀:猶言争輝。玉映、閨房:原訛作"之映""閨居",今並據《晉書》正。《晉書·王凝之妻謝氏》:"有濟尼者,游於二家。或問之,濟尼答曰:'王夫人神情散朗,故有林下風氣;顧家婦清心玉映,自是閨房之秀。'"林下風氣,謂謝氏有竹林名士閑雅飄逸、恬淡自然的風度,能越名教而任自然,與顧家婦大家閨秀的風采正爲對比。

〔12〕四德:封建禮教指婦女應有的婦德、婦言、婦容、婦功等四種德行。

〔13〕婆娑:盤桓的樣子。名宦:名聲與官職。《漢書·叙傳上》:"婆娑虖術藝之場,休息虖篇籍之囿。"《文選·班孟堅〈答賓

戲〉》亦録此句。術藝:經學道藝。

〔14〕《漢書·韋賢傳》:"故鄒魯諺曰:'遺子黄金滿籯,不如一經。'"籯(yíng):箱籠等類的盛器,古人常用來存放貴重金銀財寶。丁注"籯"作"贏",二字可通。韋賢(前143—前62),字長孺,西漢魯國鄒(今山東鄒城東南)人。性質樸,善求學,精通《詩》、《禮》、《尚書》,學識淵博,號稱鄒魯大儒。徵爲博士,給事中,遷光禄大夫詹事、大鴻臚。宣帝時,賜爵關内侯,徙爲長信少府。後爲丞相,封扶陽侯。卒謚節侯。凡四子,少子玄成官亦至丞相。

〔15〕嘉好:親善友好者。《國語·楚語下》:"於是乎弭其百苛,殄其讒慝,合其嘉好,結其親暱,億其上下,以申固其姓。"

2.5.8 又[1]

脩好以崇宗緒,晉謝尚曰:"昏姻將以繼百世,崇宗緒。"[2]豈惟伉合之求;沈休文《彈文》云:"辨伉合之義。"[3]行成《左·哀八年》:"吴人行成。"注:"求成也。"而固道言,[4]猶深理弱之懼。《離騷》:"理弱而媒拙兮,恐導言之不固。"[5]令女秀傾華胄,《南史》:"何昌寓曰:'遥遥華胄。'"[6]高風寧減於大家;後漢班彪之女博學高才,和帝令皇后諸妃師事之,號曰"大家"。[7]某男名玷詞場,李白書:"掃塵詞場,振發文雅。"[8]薄伎偶先於餘子。杜詩:"文章一小伎。"後漢禰衡曰:"餘子碌碌不足數。"[9]何道徽乃知於逸少,晉郗鑒字道徽,王羲之字逸少,詳見《擇婿門》。[10]而茂弘不得於士瑶。晉王導字茂弘,陸玩字士瑶,詳見《辭婚嫁門》。[11]肆擇勝流,《北史》:"許季良不爲勝流所重。"[12]莫如佳對。晉元帝謂劉隗曰:"鄭氏二妹,卿可爲求佳對。"[13]敢徼方來之福,輒輸不腆之儀。《郊特牲》:"幣必誠,辭無不腆。"[14]往訂堅盟,佇聞嘉命。《選·楊德祖牋》:"損辱嘉命,蔚矣其文。"[15]

校注：

〔1〕本條乃程敦厚所撰。《全宋文》卷四二八八《求親書二》錄之。

〔2〕宗緒：祖先的緒業。丁注所引見《晉書·謝尚傳》。

〔3〕伉合：匹配結合。《文選·沈休文〈奏彈王源〉》："若乃交二族之和，辨伉合之義，升降窊隆，誠非一揆。"張銑注："二族，夫妻二姓也；伉合，相敵而合也。"

〔4〕行成：謂議親成功。丁注所引見《左傳·哀公八年》傳及杜預注。道：通"導"。道言，即媒人導達之言。

〔5〕理：媒人。《楚辭·離騷》："理弱而媒拙兮，恐導言之不固。"王逸章句："弱，劣也。拙，鈍也。"媒：原作"謀"；之：原作"而"，今據《楚辭章句》正。

〔6〕寓：原訛作"寓"，今據《南史》正。華胄：指顯貴者的後代。丁注原謂出自《北史》，誤。實為《南史·何昌寓傳》文，今正。

〔7〕大家：即大姑，古代對女子的尊稱。這裏特指班昭。丁注所引見《後漢書·列女傳·曹世叔妻》文。班彪之女：原作"班超之女"，誤，班固、班超、班昭乃兄妹關係。今據《漢書》正。

〔8〕詞場：猶文壇。丁注所引見李白《上安州李長史書》。

〔9〕薄伎：又作"薄技"，謙辭，淺薄的才能。丁注所引見杜甫《貽華陽柳少府》及《後漢書·禰衡傳》。禰衡：原誤作"張衡"，今據《後漢書》正。碌碌：平庸無能的樣子。

〔10〕詳見 14.1.1"郗鑒"條。

〔11〕王導、陸玩：原分別訛作"主導"、"阮玩"，今據《晉書》正。《晉書·陸玩傳》："玩字士瑤。……時王導初至江左，思結人情，請婚於玩。玩對曰：'培塿無松柏，薰蕕不同器。玩雖不才，義不能為亂倫之始。'導乃止。"陸玩（278—342）字士瑤，東晉吳郡吳縣（今江蘇蘇州）人。官至侍中、司空，封興平伯，謚康侯，追贈太尉。又，原注謂"詳見《辭婚嫁門》"，今本《婚禮新編》無此門名，亦無陸玩辭婚

事。《全宋文》卷四二八八《求親書二》"士瑶"作"士稱",大誤。培塿(pǒulǒu):本作"部婁",小土丘。

〔12〕勝流:猶名流。丁注所引見《北史·許惇傳》。

〔13〕丁注所引見《晉書·后妃下·簡文宣鄭太后傳》。鄭氏:原誤作"鄧氏",今據《晉書》正。佳對:好配偶。

〔14〕方來:將來。輸:獻納。不腆:不善,不豐厚,謙詞。丁注所引見《禮記·郊特牲》。

〔15〕佇聞:肅立恭聽,敬詞。丁注所引見《文選·楊德祖〈答臨淄侯牋〉》。楊德祖即楊修。楊:原誤作"揚",今據《文選》正。

2.5.9 張參政全真[1]

飽聽月評,許劭好論人物,每月輒更其品題,故汝南俗有"月旦評"焉。[2] 稔聞風範。陸士衡頌:"風軌德音,爲世作範。"[3] 忝在里仁之契,《語》:"里仁爲美。"[4] 宜先佳耦之求。《左·桓二年》:"嘉耦曰妃。"[5] 男某少習義方,《左·隱三年》:"石碏曰:'愛子,教之以義方。'"[6] 粗供子職;《萬章》:"舜竭力耕田,共爲子職而已矣。"[7] 令女幼閑内則,《禮記》。[8] 克著婦儀。[9] 敢因媒妁之言,欲締姻親之好。《左·襄二十五年》曰:"棄我姻親。"[10] 仰遵慈訓,欽佇好音。《詩·泮水》:"懷我好音。"[11]

校注:

〔1〕本條乃張守所撰。張守(1084—1145),字子固,一字全真,號東山居士。常州晉陵(今江蘇常州)人,徽宗崇寧二年(1103)進士。歷官監察御史、翰林學士、同簽書樞密院事、參知政事。罷知紹興府,改福州。紹興六年(1136),復參知政事兼權樞密院事。後歷知婺州、洪州、建康府。卒諡文靖。有《毗陵集》五十卷。《宋

史》卷三百七十五有傳。《全宋文》卷三七九二"張守"卷録兩篇婚禮書儀：《爲外甥定婚書》及《代答書》，而未載此條。宋魏齊賢、葉芬同輯《五百家播芳大全文粹》（以下簡稱《文粹》）卷八十六《婚書·定親書》條謂乃熊子復所撰。熊子復即熊克（1132—1204），南宋建寧建陽（今福建福州）人。著名文學家、史學家。好學善屬文，博聞强記，淹習當代典故。紹興二十一年（1151）進士，出任紹興府諸暨縣知縣，有惠政。被薦直學士院，累遷起居郎，兼直學士。受讒，出知台州，不赴。奉祠，卒。著有《四六類稿》《九朝通略》《諸子精華》及《中興小紀》等。《宋史》卷四百四十五有傳。但《全宋文》卷五〇〇七"熊克"卷下僅録兩篇婚禮書儀（《長女適練貢士書》與《答定書》），亦不載此條。未詳丁、魏二説孰是。

〔2〕此句《文粹》文首有"言念"二字。言：語助詞，無義。飽：《文粹》作"願"，誤。月評：即月旦評，謂品評人物。丁注所引見《後漢書·許劭傳》。品題：品評的話題、内容。

〔3〕稔聞：猶素聞。丁注原謂乃"陸士衡頌"，實誤。《文選·袁彦伯〈三國名臣序贊〉》："頌者，美盛德之形容，以其成功，告於神明者也。雖大旨同歸，所託或乖，若夫出處有道，名體不滯，風軌德音，爲世作範，不可廢也。"今據《文選》正作"袁彦伯贊"。

〔4〕里仁之契：《文粹》作"美仁之契"。丁注所引見《論語·里仁》。里，居處。里仁，與仁人爲鄰里。

〔5〕佳耦：《文粹》作"嘉耦"。丁注所引見《左傳·桓公二年》。桓：原訛作"僖"，今據《左傳》正。嘉、曰：二字原殘泐，今據《左傳》補。嘉耦，好配偶。

〔6〕男某：《文粹》作"某第幾男"。義方：行事應該遵守的規範和道理，後多指教子的正道，或曰家教。丁注所引見《左傳·隱公三年》。

〔7〕子職：兒子對父母應盡的職責。丁注所引見《孟子·萬章上》。

〔8〕内則：本爲《禮記》篇名，内容爲婦女在家裏必須遵守的規範和準則，後借指婦職、婦道。

〔9〕克著：顯著。

〔10〕媒妁之言：《文粹》作"媒妁之詞"；欲締姻親：《文粹》作"遂締婚姻"。此爲"求親書"，當以"欲"爲是。姻親：由婚姻關係而結成的親戚。丁注所引見《左傳·襄公二十五年》。襄二十五年：原作"宣十二年"，今據《左傳》正。

〔11〕慈訓：父母的教誨。欽佇：敬仰想望。好音：悦耳的聲音。

2.5.10 彭公變再醮[1]

婚以禮成，後漢秦嘉詩："六禮成婚。"[2]男必先於下女；[3]物無苟合，《序卦》："物不可苟合。"[4]制尤謹於問名。某男忱儷未諧，詩禮方勤於積習；[5]令愛容功素著，琴瑟遽解以更張。董仲舒《策》："琴瑟不調，甚者必解而更張之。"[6]似若或使然歟，《樂記》："人心之動，物使之然也。"[7]故得有以請也。《左·襄三年》："敢以爲請。"輒因良伐，冀諧二姓之歡；[8]竚俟嘉音，重賜千金之諾。唐《李大亮傳》："一言之重訂千金。"[9]

校注：

〔1〕本條爲彭公變所撰。公變未詳何人，《宋人傳記資料索引》及《補編》均未録。《全宋文》亦未録此文。再醮（jiào）：古代行婚禮時，父母給子女酌酒的儀式稱"醮"，因稱男子再娶或女了再嫁爲"再醮"。本條中特指女子再嫁。

〔2〕宋章樵注《古文苑·歌曲·秦嘉〈述婚詩〉》："群祥既集，二族交歡。敬兹新姻，六禮不愆。羔雁總備，玉帛戔戔。君子將

事,威儀孔閑。猗兮容兮,穆矣其言。"丁注作"六禮成婚",未詳。"成婚"恐爲"不愆"之誤。

〔3〕下女:見2.5.4"孫尚書"條注〔10〕。

〔4〕苟合:任意結合,湊合。丁注所引見《周易·序卦》。序卦:原作"繫辭",今據《周易》正。

〔5〕積習:經常學習,熟習。

〔6〕丁注所引見《漢書·董仲舒傳》,"者"字原脱,今據《漢書》補。琴瑟:本爲樂器名,此處喻指夫婦。該句謂夫妻之間極不和諧,就要立即中斷關係,然後再醮。

〔7〕似若:好像。丁注所引見《禮記·樂記》。

〔8〕伐:"伐柯"之省。典出《詩·豳風·伐柯》,這裏指媒人。

〔9〕竚:等待。《舊唐書·李大亮傳》:"古人稱:'一言之重,侔於千金。'卿之此言,深足貴矣。"又《新唐書·李大亮傳》:"古人以一言之重訂千金。"訂:議定。

2.6　答未允

2.6.1　晁侍郎[1]

近枉行媒,特聞嘉命。[2]高門絶企,實懷賈詡之私;魏賈詡男女嫁娶,不結高門。[3]見子良勤,願附王謙之義。魏王謙爲大將軍何進長史。進以名公之冑,欲與爲昏,見其二子,使擇焉。謙弗許。[4]仰慚眷厚,願布悃誠。[5]伏承某人早聞俊良,韓《進學解》:"登崇俊良。"[6]自立孝弟;《冠義》:"孝弟忠順之行立,而後可以爲人。"[7]無綺紈餘子之習,班固《叙傳》:"班伯與王、許子弟爲群,在綺襦紈絝之間,非其好也。"[8]有詩書寒士之風。陶淵明詩:"詩書敦夙好。"[9]某女方妙年齡，未閑警戒。《雞鳴》："故陳賢妃貞女夙夜警戒相成之道。"[10]采蘋南澗，雖法度之可追；《采蘋》："大夫妻能循法度也。""于以采蘋，南澗之濱。"[11]如舜同車，顧德音之未著。有女同車，顏如舜華。彼美孟姜，德音不忘。[12]永言感佩，難遽遵承。[13]

校注：

〔1〕本條乃晁補之撰。補之（1053—1110）字無咎，號濟北、歸來子，北宋濟州巨野（今屬山東）人。工書畫，能詩詞，善屬文，"蘇門四學士"之一。元豐二年（1079）進士，授澶州司户參軍、北京國子監教授。元祐間調京，歷任秘書省正字、校書郎。紹聖初，出知齊州，後因修《神宗實錄》失實罪名，連貶應天府、亳州、信州等地。徽宗立，召拜吏部員外郎、禮部郎中。黨論起，出知河中府，徙湖、密等州，後退閑故里。晚年起知泗州。死于任所。有《雞肋集》七十卷傳世。《宋史》卷四百四十四有傳。本條另見《雞肋集》卷五十九《啓》，名爲"代謝求親啓"，《全宋文》卷二七二〇"代謝求親啓"亦錄之。

〔2〕枉：謙詞。謂使對方受屈。聞：《雞肋集》作"傳"。嘉命：敬稱別人的告語。《儀禮·士昏禮》："吾子有嘉命。"

〔3〕丁注所引見《三國志·魏書·賈詡傳》。

〔4〕良：確實。丁注所引見《三國志·魏書·王粲傳》。

〔5〕仰：敬語。眷厚：器重。願：《雞肋集》作"敢"。布：表達。悃（kǔn）：誠懇，至誠。

〔6〕人早：《雞肋集》作"男蚤"。"蚤"爲"早"通假字。登崇俊良：舉用推尊賢能優良之士。

〔7〕弟：《雞肋集》作"悌"。"悌"爲"弟"分化字。丁注所引見《禮記·冠義》。

〔8〕綺紈：猶紈袴，指富貴子弟，含貶意。丁注所引見《漢書·

叙傳上》。王、許子弟：謂王太后、許皇后之宗族子弟。

〔9〕丁注所引見陶淵明《辛丑歲七月赴假還江陵夜行塗中》。宿好：素所嗜愛。

〔10〕丁注所引見《詩·齊風·雞鳴》序。後有成語"雞鳴戒旦"，指怕晚起而耽誤正事，雞沒叫就起身。相成：互相成全。

〔11〕丁注所引見《詩·召南·采蘋》序并詩。序曰："《采蘋》，大夫妻能循法度也。能循法度，則可以承先祖，共祭祀矣。"鄭玄箋："女子十年不出，姆教婉娩聽從，執麻枲，治絲繭，織紝組紃，學女事以共衣服。觀於祭祀，納酒漿籩豆菹醢，禮相助奠。十有五而笄，二十而嫁。"

〔12〕顧：但是。丁注所引見《詩·鄭風·有女同車》。舜華：木槿花。德音：猶令聞，好名聲。

〔13〕永：《雞肋集》作"承"。感佩：感動而永不忘懷。遵承：猶遵照，遵從。

2.6.2 危縣丞少劉 答劉德基[1]

樵水故鄉，祖居邵武，有樵溪。[2]蹤跡久慚於萍梗；韓："萍蓬風波急。"[3]金刀大姓，《王莽傳》："'劉'之爲字，'卯、金、刀'也。"[4]聲名夙著於門牆。前漢雋不疑聲名重於朝廷。《揚子》："倚門墻則麾之。"[5]緣執斧以伐柯，喜射屏而中目。[6]某女已笄而字，《曲禮》："女子許嫁，笄而字。"[7]敢謂衛公之五長；衛公女有五可，詳見《擇婦門》。[8]令嗣既嫡且賢，《晉·楊后傳》："立嫡以長不以賢。"[9]庶幾南容之三復。《先進》："南容三復白圭，孔子以其兄之子妻之。"[10]未遽灼龜之訊，《周禮》："卜師揚火以作龜。"注："謂灼龜也。"《詩·正月》："訊之占夢。"注："訊，問也。"[11]遽承繫臂之儀。[12]孫黑之強委禽，《左·昭元年》："公孫黑又使強委禽焉。"[13]姑受之可也；懿氏之卜鳴鳳，吾將其圖之。《左·莊二十二年》:"懿氏卜妻敬仲,占之曰:'吉。'是謂鳳凰于飛,和鳴鏘鏘。"危丞後悔昏事,到公,索此昏書,有司見"強委禽"之語,遂罷親。可笑![14]

校注:

〔1〕本條乃危縣丞所撰。危縣丞字少劉,祖居邵武,後任丁昇之所居建寧府崇安縣的縣丞。其他事跡不詳。《全宋文》未錄此文。依丁注,劉德基子欲求婚危縣丞之女,縣丞先不允,後又悔婚,訴至公堂,有司見此答書中"強委禽"語,乃解除婚約。

〔2〕邵武:即邵武軍。

〔3〕萍梗:浮萍斷梗。因漂泊流徙,故以喻人行止無定。漢王褒《九懷·尊嘉》:"竊哀兮浮萍,汎淫兮無根。"丁注所引見韓愈《孟生詩》。

〔4〕丁注所引見《漢書·王莽傳》。"劉"字可拆成卯、金、刀三字。

〔5〕門墻:師門。丁注所引見《漢書·雋不疑傳》及揚雄《法言·修身篇》。麾:驅離。

〔6〕射屏:即唐高祖射雀屏成婚之典,後以"射屏"喻擇佳婿。詳見14.1.6"竇毅"條。

〔7〕丁注所引見《禮記·曲禮上》。又《禮記·內則》:"女子十有五年而笄。"鄭玄注:"謂應年許嫁者。女子許嫁,笄而字之。其未許嫁,二十則笄。"

〔8〕衛公之五長:詳見13.2.3"晉武帝"條。

〔9〕令嗣:用爲稱對方兒子的敬詞。丁注所引見《晉書·武元楊皇后傳》。

〔10〕本句出自《論語·先進》,何晏集解引孔安國曰:"《詩》云:'白圭之玷,尚可磨也;斯言之玷,不可爲也。'南容讀詩至此,三反覆之,是其心慎言也。"詳見15.1.1"南容"條。

〔11〕丁注前半所引見《周禮‧春官‧卜師》。作龜：古代有大事，用火灼龜甲，視其裂紋，以卜吉凶。丁注所引之注非鄭玄文。後半所引見《詩‧小雅‧正月》及毛亨傳文。正：原作"七"，今據《毛詩》正。

〔12〕繫臂：《晉書‧后妃傳上‧胡貴嬪》："泰始九年，帝多簡良家子女以充內職，自擇其美者以絳紗繫臂。"後因以"繫臂"爲貌美人選內宮之典。這裏指定親。

〔13〕委禽：下聘禮。古代婚禮，納採用雁，故稱。丁注所引見《左傳‧昭公元年》。

〔14〕吾將其圖之：謂將尋求更好的女婿。《左傳‧莊公二十二年》："初，懿氏卜妻敬仲。其妻占之，曰：'吉！是謂"鳳皇于飛，和鳴鏘鏘。有媯之後，將育于姜。五世其昌，並于正卿。八世之後，莫之與京。"'陳厲公，蔡出也，故蔡人殺五父而立之，生敬仲。其少也，周史有以《周易》見陳侯者，陳侯使筮之，遇《觀》之《否》。曰：'是謂"觀國之光，利用賓于王"。此其代陳有國乎？不在此，其在異國；非此其身，在其子孫。光遠而自他有耀者也。'"杜預注："懿氏，陳大夫。龜曰卜。媯，陳姓。姜，齊姓。"

2.7　許親

2.7.1　張從道代婺州郭彥明答王唐卿[1]

載纘前規，應有一快之覓，《北史》："郭瑀覓一快女婿。"見《師友門》。[2] 仰瞻名閥，無如諸少之佳。王氏諸少並佳。見《擇婿門》。[3] 矧振家聲，晉傳："長虞不墜家聲。"[4] 復收科第。唐崔融擢八科，皆高第。[5] 屬行人之通問，《周禮‧大行人》："間問以諭諸侯之志。"[6] 知君子之好逑。《詩‧關雎》："窈窕淑女，君子好逑。"[7] 事豈偶然，幸連輝於桑梓;[8]卜云其吉,宜永締於絲蘿。

校注:

[1] 本條乃張從道所撰,《全宋文》未錄。婺州,古行政區劃名,隋置,治金華縣(今浙江金華)。北宋屬兩浙路,南宋屬兩浙東路。

[2] 載纘(zuǎn):語本《詩・豳風・七月》:"二之日其同,載纘武功。言私其豵,獻豜于公。"載,語助詞,無義。纘,繼承。快女婿:稱心如意的女婿。詳見16.1.4"郭瑀"條。

[3] 諸少之佳:詳見14.1.1"郗鑒"條。

[4] 矧:況且。家聲:家族世傳的聲名美譽。丁注"晉傳"未詳。《舊唐書・趙道興傳》:"趙道興者,甘州酒泉人,隋右武候大將軍才之子也……太宗嘗謂之曰:'卿父爲隋武候將軍,甚有當官之譽。卿今克傳弓冶,可謂不墜家聲。'因授右武候將軍,賜爵天水縣子。"

[5] 八科:封建時代科舉取士的八種科目。唐代取士科目甚多,有秀才、明經、開元禮、三傳、史、進士、明法、書學、算學及童子等科。《新唐書・崔融傳》:"崔融字安成,齊州全節人。擢八科高第。累補宮門丞、崇文館學士。"

[6] 行人:媒人。

[7] 述:配偶。

[8] 連輝:本指光輝相連,這裏指榮耀連接。《晉書・庾翼傳論》:"外戚之家,連輝椒掖;舅氏之族,同氣蘭閨。"桑梓:借指故鄉。

2.7.2 孫尚書[1]

眇然陋族,《晉志》:"訪昏陋族。"[2]介乃一隅。張衡《西京賦》:"未一隅能覘。"[3]本風馬之殊疆,《左・僖四年》:"楚子曰:'君處北海,寡人處南海,唯是風馬牛之不相及也。'"[4]辱葭莩之新締。鮑宣曰:"董賢本無葭莩之親。"[5] 雖慚非偶，良幸焉依；《左‧隱六年》："周之東遷，晉鄭焉依。"[6] 講好云初，向風以喜。韓文《答馮宿書》："委曲從順，向風承意。"[7]

校注：

〔1〕本條乃孫覿撰。《鴻慶居士集》未錄。《全宋文》卷三四三九據《婚禮新編》錄之。

〔2〕眇：弱小貌。陋族：門望低微的家族。丁注所引見《晉書‧禮志》。

〔3〕一隅：一個狹小的地區。丁注所引見《文選‧張平子〈西京賦〉》。

〔4〕風馬：典出《左傳‧僖公四年》："楚子使與師言曰：'君處北海，寡人處南海，唯是風馬牛不相及也。'"這裏喻指毫不相干。

〔5〕葭莩：蘆葦裏的薄膜。比喻親戚關係疏遠淡薄。丁注所引見《漢書‧鮑宣傳》。後用作新戚的代稱。《梁書‧武帝紀上》："蕭領軍葭莩之宗，志存柱石。"

〔6〕丁注所引見《左傳‧隱公六年》。周幽王死後，平王宜臼和攜王余臣各自稱王，二王並立，長達十年。公元前771年，晉文侯與鄭武公、秦襄公聯合勤王，保駕周平王東遷洛邑，穩定了東周初年的局勢。公元前760年，晉文侯又擒殺周攜王，周室歸一。《左傳》對此予以褒揚。焉依：依於是。

〔7〕講好：修好。向風：本指迎風，引指仰慕某人的品德或學問。南朝梁陸倕《石闕銘》："於是天下學士，靡然向風。"

2.7.3 晁侍郎[1]

比念鄙宗，難攀高援。[2] 輒布敢辭之義，重煩同好之言。[3] 詠魴鯉之詩，雖有慚於齊宋；《衡門》："豈其食魚，必河之魴？

豈其娶妻,必宋之姜?豈其食魚,必河之鯉?豈其取妻,必宋之子?"[4]思冠冕之胄,誠切慕於崔盧。《氏族志》:"太宗曰:'我與崔、盧、李、鄭無嫌,顧其世衰,不復冠冕。'"[5]矧繾綣之已勤,潘安仁《贈陸機詩》:"昔余與子,繾綣東朝。"[6]欲逡巡而安可?《前漢·趙后傳》:"耿育疏曰:'太伯知適,逡巡固讓'。"[7]願言託附,實有光榮。[8]

校注:

〔1〕本條乃晁補之撰,見《雞肋集》卷五十九《啓·許親啓》。《全宋文》卷二七二〇亦録。文末《雞肋集》尚有"感刻良深,敷陳莫究"八字,《婚禮新編》未録。

〔2〕比念:每每考慮。

〔3〕輒:反而,却。漢劉向《列女傳·梁節姑姊》:"因失火,兄子與己子在内中,欲取兄子,輒得其子,獨不見兄子。"布:陳述。同好:互相友好。《左傳·僖公四年》:"齊侯曰:'豈不穀是爲?先君之好是繼。與不穀同好,如何?'"

〔4〕詩:《婚禮新編》原涉上"魴鯉"字訛作"魚",今據《雞肋集》正。丁注所引見《詩·陳風·衡門》,詳見13.4.1"何必齊宋"條。

〔5〕切:《雞肋集》作"竊",均可通。丁注謂所引爲《氏族志》文,實乃斷章取義。《新唐書·高儉傳》:"由是詔士廉與韋挺、岑文本、令狐德棻責天下譜諜,參考史傳,檢正真偽,進忠賢,退悖惡,先宗室,後外戚,退新門,進舊望,右膏粱,左寒畯,合二百九十三姓,千六百五十一家,爲九等,號曰《氏族志》,而崔幹仍居第一。帝曰:'我於崔、盧、李、鄭無嫌,顧其世衰,不復冠冕,猶恃舊地以取賢,不肖子偃然自高,販鬻松檟,不解人間何爲貴之?……'"

〔6〕東:原訛作"來",今據《文選》正。繾綣:纏綿,形容感情深厚。丁注所引見《文選·潘安仁〈爲賈謐作贈陸機一首〉》。

〔7〕逡巡:遲疑猶豫的樣子。丁注所引見《漢書·外戚列傳·

孝成趙皇后》。

〔8〕願：思念。言：語助詞，無義。《詩·衛風·伯兮》："願言思伯，甘心首疾。"

2.7.4 馬子仁代吳回陳[1]

訊有嬀之吉卜，《莊公二十二年》："懿氏卜妻敬仲，云云。有嬀之後，將育于姜。"注："有嬀，陳姓。"[2]蓋累世于茲；展延陵之懿親，吳季札封於延陵，故號"延陵季子"。[3]復自今以始。《詩》："自今以始，歲其有。"[4]既申新好，陶淵明《停雲詩》："競用新好，以招余情。"[5]益重前盟。某人族系華腴，柳芳《姓系論》："三世有令僕曰華腴。"[6]早聞俊譽；《淮南子·泰族訓》："智過萬人謂之英，千人謂之俊。"韓文《送陳彤序》："同進之士交譽。"[7]某女德容婉孌，《詩·甫田》："婉兮孌兮，總角丱兮。"[8]殊乏令儀。《湛露》"令儀"、"令德"。[9]雖各主斷於閨門，隋宣華陳夫人專房擅寵，主斷內事。[10]而全藉周旋於柯斧。[11]得吾公瑾橋公，亦足爲榮；見《連襟門》。[12]有是伯鸞德曜，固宜見取。見《女自擇門》。[13]

校注：

〔1〕本條乃馬子仁所撰。其人生平事跡不詳。《全宋文》未錄。

〔2〕有嬀："有"爲詞頭，無義。古史記舜居嬀汭，其後因以爲氏。春秋時，陳國爲嬀氏。此處指明男方姓陳。

〔3〕延陵：古邑名，春秋吳邑，故址在今江蘇常州市。吳王壽夢有四子：諸樊（或稱謁）、餘祭、餘昧（一作夷昧）、季札。季札賢，壽夢欲廢長立少。季札讓不可。壽夢卒，諸樊立，與餘祭、餘昧相約，傳弟而不傳子，弟兄迭爲君，欲終致國於季札。季札離國赴延陵（一説封於延陵），終身不入吳國，故世稱"延陵季子"或"延陵

子”。詳見《公羊傳·襄公二十九年》與《史記·吳太伯世家》。此處指明女方姓吳。

〔4〕丁注所引見《詩·魯頌·有駜》。有：有年,豐收。

〔5〕丁注所引見陶淵明《停雲》詩其三。

〔6〕華腴：本指衣食豐美,後指世代做大官的人家。《新唐書·柳沖傳》載柳芳《姓系論》曰：“'郡姓'者,以中國士人差第閥閲爲之制,凡三世有三公者曰'膏粱',有令、僕者曰'華腴',尚書、領、護而上者爲'甲姓',九卿若方伯者爲'乙姓',散騎常侍、太中大夫者爲'丙姓',吏部正員郎爲'丁姓'。凡得入者,謂之'四姓'。”令、僕：謂尚書令、僕射,均宰相職。丁注原作“柳芳《氏族論》”,誤。唐太宗命諸儒撰《氏族志》,其後門冑興替不常,柳沖請改修其書,撰成《姓系録》,柳芳就此著論,即《姓系論》。今正之。

〔7〕俊譽：才智出衆的名聲。丁注所引見《淮南子·泰族訓》及韓愈《送陳彤秀才序》。彤：原誤作“宫”;同進之士：原誤作“聞進士之”。今均正。

〔8〕丁注所引見《詩·齊風·甫田》。毛亨傳：“婉孌,少好貌。”丱(guàn)：古時兒童束髮成兩角的樣子。

〔9〕殊乏令儀：謙詞。令儀：美好的品德和舉止,注文中“令德”與此意同。《詩·小雅·湛露》：“湛湛露斯,在彼杞棘。顯允君子,莫不令德。其桐其椅,其實離離。豈弟君子,莫不令儀。”

〔10〕主斷：決斷。丁注所引見《隋書·后妃傳·宣華夫人陳氏》。

〔11〕柯斧：代指媒人。

〔12〕公瑾橋公：詳見18.5.4“大橋小橋”條。

〔13〕伯鸞、德曜：分别爲梁鴻、孟光的字。詳見14.2.2“孟光”條。

婚禮新編　卷之三

3.1　定婚

3.1.1　王狀元集《毛詩》[1]

宋之子,齊之姜,《衡門》[2]《天立厥配》;《皇矣》:"天立厥配,受命既固。"[3]洽之陽,渭之涘,《大明》[4]"文王初載,天作之合。在洽之陽,在渭之涘。"[5]文定厥祥。《大明》:"文定厥祥,親迎于渭。"[6]男女必欲及時,前注。[6]夫婦莫先正始。《關雎》:"后妃之德也,風之始也,所以風天下而正夫婦也。"[7]某男菁莪微物,《菁菁者莪》:"樂育才也。"[8]械樸小才。《械樸》:"文王能官人也。"[9]既非髦士之攸宜,《械樸》:"奉璋峨峨,髦士攸宜。"[10]濫處成人之有德。《思齊》:"肆成人有德,小子有造。"[11]娶妻必告父母,《南山》:"娶妻如之何? 必告父母。"[12]曰予未有室家。《雨無正》:"謂爾遷於王都,曰予未有室家。"[13]寤寐求之,《關雎》:"窈窕淑女,寤寐求之。"[14]方念《伐柯》之匪斧,《伐柯》[15]卜筮偕止,《杕杜》:"卜筮偕止,會言近止。"[16]誰知有女如雲。《出其東門》:"有女如雲。"[17]小娘柔嘉維則,《烝民》:"仲山甫之德,柔嘉維則。"[18]洵美且都。《有女同車》:"彼美孟姜,洵美且都。"[19]舒窈窕兮,月出皎兮,佼人僚兮,舒窈糾兮。[20]咸謂彼姝者子,《東方之日》:"彼姝者子,在我室兮。"[21]懷婚姻也,《蠨蛸》:"乃如之人也,懷昏姻也。"[22]宜爲君子好述。《關雎》:"窈窕淑女,君子好逑。"豈期鈞下於絲緡,《何彼襛矣》:"其釣維何,惟絲伊緡。"[23] 遽獲采聞於莕菲。《谷風》:"采葑采菲,無以下體。"[24] 天作之合,前注。[25] 適我願兮;《野有蔓草》:"邂逅相遇,適我願兮。"[26] 親結其縭,《東山》:"親結其縭,九十其儀。"[27] 維其時矣。《魚麗》:"物其有矣,維其時矣。"[28] 未諧琴瑟在御,《女曰雞鳴》:"琴瑟在御,莫不靜好。"[29] 已協鳳凰于飛。《卷阿》:"鳳凰于飛,翽翽其羽。"[30] 終然允臧,《定之方中》:"卜云其吉,終然允臧。"[31] 云胡不喜!《風雨》:"既見君子,云胡不喜?"[32] 宜其家,宜其室,之子于歸;《桃夭》:"之子于歸,宜其家室。"[33] 投以李,投以桃,永以爲好。《木瓜》:"投我以木桃,報之以瓊瑤。匪報也,永以爲好也。投我以木李。"[34]

校注:

〔1〕本條乃王十朋所撰。《全宋文》卷四六二七《定婚一》據《婚禮新編》錄之。

〔2〕丁注所引見《詩·陳風·衡門》。詳見2.5.5"又代求楊氏"注〔10〕。

〔3〕配:配天的君主。這裏指婚配乃天定。丁注所引見《詩·大雅·皇矣》。

〔4〕洽(hé):古水名,現稱金水河。源出陝西省合陽縣北部,東南流入黃河。丁注所引見《詩·大雅·大明》。作,作成。合,配偶。

〔5〕丁注所引見《詩·大雅·大明》。該句毛亨傳:"言大姒之有文德也。祥,善也。"鄭玄箋:"問名之後,卜而得吉,則文王以禮定其吉祥,謂納幣也。"又:《詩經注析》謂指禮義,指"納幣"之禮。後世以"文定"爲定婚之代稱。

〔6〕前注,即2.2.1"丁潮州陳求張昏"條"男女得以及時"句注引《詩·摽有梅》。

〔7〕雎：原訛作"睢"，今據《毛詩》正。正始：正其始，使其合乎禮儀法則。丁注所引見《詩·周南·關雎》序。

〔8〕丁注所引見《詩·小雅·菁菁者莪》序。這裏"菁莪"即指育材。微物：自稱之謙詞。

〔9〕丁注所引見《詩·大雅·棫樸》序。官人：選取人才給以適當官職。小才：亦自稱之謙詞。

〔10〕攸宜：所適合。丁注所引見《詩·大雅·棫樸》。峨峨：盛服莊嚴貌。髦士：英俊之士。

〔11〕處：自居。丁注所引見《詩·大雅·思齊》。所引原脫"人"字，今據《毛詩》補。

〔12〕丁注所引見《詩·齊風·南山》。娶：今本作"取"。"娶"爲"取"分化字。

〔13〕室家：原指房屋家業，這裏指妻子。《後漢書·列女傳·皇甫規妻》："規初喪室家，後更娶之。"丁注所引見《詩·小雅·雨無正》。

〔14〕丁注所引見《詩·周南·關雎》。

〔15〕《全宋文》卷四六二七本條下注云："'方念'聯據文意疑脫或衍一字。"今按，"方念《伐柯》之匪斧"中"之"字或衍。

〔16〕卜筮偕止：謂卜筮都用了。止，句末語氣詞，無義。丁注所引見《詩·小雅·杕杜》。

〔17〕丁注所引見《詩·鄭風·出其東門》。如雲：比喻女子衆多。

〔18〕維：是。丁注所引見《詩·大雅·烝民》。該句孔穎達疏："言此仲山甫之德如何乎？柔和而美善，維可以爲法則。"

〔19〕洵：誠然，確實。都：通"奲"（duǒ），嫺雅大方貌。丁注所引見《詩·鄭風·有女同車》。

〔20〕舒：女子舉止嫺雅婀娜貌。丁注所引見《詩·陳風·月出》。窈糾（jiǎo），女子體態苗條貌。佼、僚：分別是"姣""嫽"的通

假字,女子美好貌。

〔21〕姝:美麗。丁注所引見《詩·齊風·東方之日》。

〔22〕丁注所引見《詩·鄘風·蝃蝀》。該句鄭玄箋:"懷,思也。乃如是之人,思昏姻之事乎?"王先謙《詩三家義集疏》認爲"懷"通"壞",敗壞婚姻之正道。

〔23〕丁注所引見《詩·召南·何彼襛矣》。伊:原作"惟",今據《毛詩》正。同"維",爲、做。釣:釣魚的工具。緍(mín):釣絲。朱熹《詩集傳》:"絲之合而爲緍,猶男女之合而爲昏也。"

〔24〕莩菲:詳見1.2.5"答求親"注〔6〕。

〔25〕天作之合:本指文王娶大姒爲上天所賜。後因用作稱頌婚姻美滿之詞。"前注":即本條"洽之陽,渭之涘"句下注文。

〔26〕適:符合,適合。丁注所引見《詩·鄭風·野有蔓草》。

〔27〕親:女之母。結縭(lí):古代嫁女的一種儀式。女子臨嫁,母爲之繫結佩巾,以示至男家後奉事舅姑,操持家務。丁注所引見《詩·豳風·東山》。九十:虛數,謂結婚禮節繁多。

〔28〕丁注所引見《詩·小雅·魚麗》。該句鄭玄箋:"魚既有,又得其時。"

〔29〕琴瑟:喻指夫妻。御:用,彈奏。丁注所引見《詩·鄭風·女曰雞鳴》。静:通"靖",善好。

〔30〕丁注所引見《詩·大雅·卷阿》。翽翽(huì):衆多貌。又見2.6.2"危縣丞"條"吾將圖之"句下注引《左傳·莊公二十二年》。

〔31〕允臧:詳見2.4.2"王狀元"條注〔6〕。

〔32〕云:句首語氣詞。胡:爲什麼。丁注所引見《詩·鄭風·風雨》。

〔33〕丁注所引見《詩·周南·桃夭》。

〔34〕見2.4.1"王狀元"條注〔8〕。木:原訛作"未",今據《毛詩》正。

3.1.2 又[1]

楚處南,齊處北,《左·僖四年》:"齊侵蔡,遂伐楚。楚子使與言曰:'君處北海,寡人處南海,唯是風馬牛之不相及也,不虞君之涉吾地也。'"[2]桑梓不同;國大富,向大貧,《列子·天瑞篇》:"齊之國氏大富,宋之向氏大貧。"門闌亦異。老杜《李監宅》詩:"門闌多喜色。"[3]偶緣臭味之合,《左·襄二十二年》:"譬諸草木,吾臭味也。"[4]輒興姻婭之求。《節南山》:"瑣瑣姻婭。"韓文《縣齋有懷》:"名聲荷朋友,援引乏姻婭。"[5]揣分非宜,捫心知愧。[6]某男天資椎魯,《周勃傳》:"其椎少文如此。"注:"樸鈍如椎也。"[7]學性倥侗。揚子《法言》:"倥侗顓蒙。"[8]素非韞玉之藏,《語·子罕》:"子貢曰:'有美玉於斯,韞匵而藏諸?'"[9]濫服贏金之訓。《前漢》:"韋玄成曰:'遺子黃金滿贏,不如一經。'"[10]犬馬之齒已及冠,息夫躬曰:"公孫祿欲以其犬馬齒保目所見。"[11]鳳凰之占猶未諧。[12]爰命伐柯之言,用求中饋之助。[13]小娘阮姜德著,《世說》:"許允妻,阮共女,奇醜。允因謂曰:'婦有四德,卿有其幾?'"[14]謝氏才高。晉王凝之妻,謝奕女也,聰識有才。詳見《賢女門》。[15]孟光擇婿於伯鸞,固其宜也;[16]鄭忽輒攀於齊女,前注。[17]不亦過乎?雖自夤緣,實深感概。[18]爝火敢親於夜月,《莊子·逍遙遊》:"日月出矣,而爝火不息;其於光也,不亦難乎!"[19]蹄涔切近於秋濤。《廣韻》注:"蹄涔不容尺鯉。"[20]非假盟縅,曷申卑悃。[21]

校注:

〔1〕本條乃王十朋所撰。《全宋文》卷四六二七《定婚二》條據《婚禮新編》錄之。

〔2〕風:放散。

〔3〕門闌:本指門框或闌柵欄,此處借指家門。杜甫《李監宅

二首》之一:"且食雙魚美,誰看異味重?門闌多喜色,女婿近乘龍。"乘龍:詳見18.5.14"兩女乘龍"條。

〔4〕臭(xiù)味:氣味。此處喻指志趣。譬諸:譬如。

〔5〕興:《全宋文》卷四二六七作"與",誤。姻婭:又作姻亞,"婭"爲"亞"類化字。姻婭本指親家和連襟,泛指有婚姻關係的親戚。丁注所引前半見《詩·小雅·節南山》。該句毛亨傳:"兩婿相謂曰亞。"鄭玄箋:"婿之父曰姻。"後半見韓愈《縣齋有懷》。韓文標題原作"復齋有感",今據韓詩正。

〔6〕揣分:揣度名分、位分。

〔7〕椎魯:樸直魯鈍。丁注所引見《漢書·周勃傳》。該句服虔注曰:"謂訥鈍也。"應劭注曰:"今俗名拙語爲椎儲。"顏師古注曰:"椎謂樸鈍如椎也。"少文:缺少文才。

〔8〕倥侗:蒙昧無知。顓蒙:愚昧。丁注所引見揚雄《法言·學行》。

〔9〕丁注所引見《論語·子罕篇》。韞(yùn):藏匿。

〔10〕贏:原訛作"嬴",今據《漢書》正。贏金:詳見2.5.7"程子山"條注〔14〕。

〔11〕犬馬齒:用爲位卑者對位尊者稱說自己的年齡。丁注所引見《漢書·息夫躬傳》。保目所見:擔保眼前所看到的(安寧)。

〔12〕詳見2.6.2"危縣丞"條注〔14〕。

〔13〕爰:連詞,於是。伐柯之言:媒妁之言。用:介詞,以。中饋:見1.2.7"禮物狀"條注〔12〕。這裏後借指妻室。宋張齊賢《洛陽搢紳舊聞記·張相夫人始否終泰》:"及爲中饋也,善治家,尤嚴整。"

〔14〕《世說新語·賢媛篇》:"許允婦是阮衛尉女,德如妹,奇醜……婦料其此出無復入理,便捉裾停之。許因謂曰:'婦有四德,卿有其幾?'婦曰:'新婦所乏惟容爾。然士有百行,君有幾?'許云:'皆備。'婦曰:'夫百行以德爲首,君好色不好德,何謂皆備?'允有慚色,遂相敬重。"阮衛尉,即阮共,字伯彥,在曹魏官至衛尉卿。

〔15〕《晉書·列女傳·王凝之妻謝氏》:"王凝之妻謝氏字道韞,安西將軍奕之女也。聰識有才辯。"丁注謂"詳見《賢女門》",今查《婚禮新編》實無此門,亦不載此事。王凝之(?—399),字叔平。東晉會稽(今浙江紹興)人,王羲之次子,王獻之兄。工草隸,歷任江州刺史、左將軍、會稽內史等職。娶謝安兄長謝奕之女謝道韞爲妻。深信五斗米道,後被孫恩所殺。謝奕(309—358),字無奕,東晉陳郡陽夏(今河南太康)人。謝安兄,謝玄父。曾爲桓溫幕府司馬,官至安西將軍、豫州刺史。《晉書》卷七十九有傳。凝:原訛作"疑";謝奕:丁注原作"謝弈"。今並據《晉書》正。

〔16〕孟光、伯鸞:詳見14.2.2"孟光"條。

〔17〕前注:見2.5.7"程子山"條"人各有偶"句下注。又,詳見11.2.6"鄭忽"條。

〔18〕感概:謂情感憤激而有志節氣概。宋蘇舜欽《寄富彥國》詩:"彥國感概請奉使,誓將摧折其鋒鋩。"亦可指感觸、感歎。宋王安石《舟夜即事》詩:"感概無窮事,遲回欲曉天。"

〔19〕爝(jué)火:炬火,小火。丁注所引見《莊子·逍遥遊》。唐杜牧《代裴相公謝告身鞍馬狀》:"螢光爝火,何裨日月之明;弱質孤根,但荷乾坤之德。"

〔20〕蹄涔:亦作"蹏涔",語本《淮南子·氾論訓》:"夫牛蹏之涔,不能生鱣鮪。"高誘注:"涔,雨水也,滿牛蹏跡中,言其小也。"《廣韻·侵韻》:"涔,涔陽,地名。又管涔,山名。又蹄涔不容尺鯉。蹄,牛馬跡。"後以"蹄涔"指容量、體積等微小。

〔21〕非假:若非借助。緘:書信。

3.1.3 孫尚書[1]

罄三請之勤,《法華》:"世尊告舍利弗:'汝已慇勤三請,豈得不説?'"《禮·司儀》曰:"及出,車送,三請三進,再拜。"[2]方慚率爾;《先進》:"子路率爾而對。"〔3〕敦一日之雅,前注。〔4〕何既如之?《襄十年》:"向戌曰:'若猶辱鎮撫宋國,而以偪陽光啓宋國宋君,群臣安矣,其何既如之!'"〔5〕令孫女方當擇對之年,前注。〔6〕小姪某適契有家之願。前注。〔7〕命龜獻卜,《國語·楚語》曰:"寶龜足以憲臧否。"〔8〕執雁告虔。《昏義》:"婿執雁入。"《左·莊公二十四年》:"以告虔也。"〔9〕薦食芹之甘,韓文公《歸彭城》詩:"食芹雖云美,獻御固已癡。"〔10〕靡虞於按劍;鄒陽《書》:"夜光之璧,以暗投人於道,衆莫不按劍相眄者。"〔11〕投斷金之利,《易·繫辭》:"二人同心,其利斷金。"〔12〕式佇於報瓊。〔13〕

校注:

〔1〕本條乃孫覿所作,見《鴻慶居士集》卷二十八《四六雜文·強宗求婚》,《全宋文》卷三四三九《強宗求昏書》亦錄之。

〔2〕罄:窮盡。三請:三次懇請。丁注所引見《妙法蓮華經·方便品》及《周禮·秋官司寇·司儀》。送:丁注原脱,今據《周禮》補。

〔3〕率爾:急遽貌。丁注所引見《論語·先進篇》。

〔4〕前注,見2.5.2"又"條"雍容非一日之雅"句下注文。

〔5〕戌:原訛作"戍",今據《左傳》正。丁注所引見《左傳·襄公十年》。該句杜預注:"言見賜之厚無過此。"光啓:廣啓,擴大疆土。

〔6〕令孫女:此三字前《鴻慶居士集》尚有"兹者伏承"四字。方:《鴻慶居士集》作"屬"。方當,猶將要,該當,含有將然的語氣。屬當,適逢,正當。恐以"屬"爲是。擇對:選擇婚姻對象。《後漢書·逸民傳·梁鴻》:"同縣孟氏有女,狀肥醜而黑,力舉石臼,擇對不嫁,至年三十。"前注:未詳。

〔7〕小姪:此二字前後《鴻慶居士集》分別有"而某""強宗"四字。前注:謂2.5.1"黃山谷""逮及有家"句下注文。

〔8〕命龜：古人占凶吉時將所卜之事告訴卜人以龜占之，稱爲命龜。亦泛指問卜。臧否：謂善惡。《國語·楚語下》："聖能制議百物，以輔相國家，則寶之；玉足以庇蔭嘉穀，使無水旱之災，則寶之；龜足以憲臧否，則寶之；珠足以禦火災，則寶之；金足以禦兵亂，則寶之；山林藪澤足以備財用，則寶之。"丁注"寶"字恐涉上而衍。

〔9〕執雁：即奠雁，詳見1.1.2"納采"條注〔12〕。《左傳·莊公二十四年》："御孫曰：'男贄，大者玉帛，小者禽鳥，以章物也。女贄，不過榛、栗、棗、脩，以告虔也。'"

〔10〕食芹：《列子·楊朱篇》："昔人有美戎菽，甘枲莖、芹萍子者，對鄉豪稱之。鄉豪取而嘗之，蜇於口，慘於腹。衆哂而怨之。"後以"食芹"爲謙詞，表示自己位卑識淺，雖效忠君上，但貢獻微薄，不足當意。丁注所引見韓愈《歸彭城》。

〔11〕虞：憂慮。按劍：以手撫劍，預示擊劍之勢。丁注所引見《史記·鄒陽列傳》中之《上梁王書》。眄：原訛作"盻"，今據《史記》正。斜視。

〔12〕投：《鴻慶居士集》作"交"。交利，謂謀利。《禮記·檀弓下》："所舉於晉國，管庫之士，七十有餘家，生不交利，死不屬其子焉。"孔穎達疏："'生不交利'者，謂文子生存之日不交涉爲利，是謂不與利交涉也。"斷金：語出《周易·繫辭上》："二人同心，其利斷金。"孔穎達疏："金是堅固之物，能斷而截之，盛言利之甚也。"後謂同心協力或情深義厚。繫：原訛作"係"，今正。

〔13〕報瓊：典出《詩·衛風·木瓜》，詳見2.4.1"王狀元"條注〔8〕。

3.1.4 劉夷叔定韓氏[1]

一行作吏，嵇康《與山濤書》："一行作吏，此事便廢。"[2] 曾不我知：《語·憲問》："莫我知也。"[3] 數面成親，陶淵明《答龐參軍》詩序："俗諺云：'數面成親舊。'"〔4〕莫如公樂。《韓奕》詩："爲韓姞相攸，莫如韓樂。"〔5〕竊觀臨事之無愧，韓文公《答竇存亮書》："臨事愧恥而不敢答也。"〔6〕謂可久要而不忘。《憲問》："久要不忘平生之言。"〔7〕乃緣志同，《語》注："同志曰友。"〔8〕遂以婚請。李晟爲子請昏於張延賞。〔9〕某男方脩子職，庶幾逃鄭國狡童之譏；《狡童》，刺忽也。〔10〕令愛久服婦功，《昏義》："教以婦德、婦言、婦容、婦功。"〔11〕固已知周南師氏之教。《周南》《召南》，正始之道。《葛覃》："言告師氏。"〔12〕儻矜一日之雅，〔13〕許合二姓之歡。豈惟人謀，《繫辭》："人謀鬼謀，百姓與能。"〔14〕抑亦天幸。《史記・穰侯傳》："此非兵之精也，天幸爲多矣。"〔15〕

校注：

〔1〕本條乃劉望之所作。劉望之（？—1159），字夷叔，一字叔儀，號觀堂，北宋瀘州合江（今屬四川）人。紹興年間進士，官南平軍教授，以左林郎、達州教授行國子正，復官左奉議郎、秘書省正字。有《觀堂集》，已佚。《全宋文》卷四八九五錄其文十一篇，此文未錄。

〔2〕一行作吏：只要擔任官職。丁注所引見《文選・嵇叔夜〈與山巨源絕交書〉》。

〔3〕曾不我知：猶曾不知我。莫我知也：猶莫知我也。

〔4〕數面成親舊：謂經常接觸就成了親戚故友。

〔5〕丁注所引見《詩・大雅・韓奕》。原文作："蹶父孔武，靡國不到。爲韓姞相攸，莫如韓樂。"蹶父：周卿士，姞姓，以封地蹶爲氏。韓姞：即蹶父之女，嫁與韓侯，故稱韓姞。相（xiàng）攸：觀察合適的地方。韓樂．丁注原作"公樂"，今據《毛詩》正。

〔6〕臨事：謂遇事或處事。丁注所引見韓愈《答竇存亮秀才書》。

〔7〕要：通"約"，貧困。或說約定、顯要。平生之言：謂舊時所言。丁注所引見《論語・憲問篇》。

〔8〕語：恐爲"禮"之訛字。《周禮·地官司徒·大司徒》："以本俗六安萬民：一曰媺宮室，二曰族墳墓，三曰聯兄弟，四曰聯師儒，五曰聯朋友，六曰同衣服。"鄭玄注："同師曰朋，同志曰友。"《論語·學而篇》："有朋自遠方來，不亦樂乎？"何晏集解引包咸曰："同門曰朋。"

〔9〕李晟（727—793）字良器，唐洮州臨潭（今屬甘肅）人。初召補列將，因擊羌、党項、吐蕃有功，累遷至開府儀同三司，以右金吾衛大將軍爲涇原、四鎮、北庭都知兵馬使，封合川郡王。朱泚反，晟收復京師，以功拜司徒兼中書令，改封西平郡王。謚忠武。張延賞，詳見14.3.10"苗夫人"條注〔2〕。張延賞與李晟結怨很深，爲冰釋前嫌，李晟欲將其女嫁給張延賞之子，但遭到拒絕。

〔10〕脩：通"修"。子職：兒子對父母應盡的職責。丁注所引見《詩·鄭風·狡童》序。原詩作："彼狡童兮，不與我言兮。維子之故，使我不能餐兮。彼狡童兮，不與我食兮。維子之故，使我不能息兮。"狡童：即姣童，俊美的少年。這裏借指壯狡昏亂。

〔11〕丁注所引見《禮記·昏義》。鄭玄注："婦功，絲麻也。"

〔12〕《文選·卜商〈毛詩序〉》："《周南》、《召南》，正始之道，王化之基。"劉良注："正始之道，謂正王道之始也。"《詩·周南·葛覃》："言告師氏，言告言歸。"毛亨傳："師，女師也。"孔穎達正義："女師者，教女之師，以婦人爲之……婦人五十無子，出而不復嫁，能以婦道教人者，若今時乳母矣。"

〔13〕矜：重視。一日之雅：《漢書·谷永傳》："永斗筲之才，質薄學朽，無一日之雅，左右之介。"雅，交情。謂一日的交情，即交情不深。

〔14〕人謀：聖人的智慧籌畫；鬼謀：卜筮的占斷謀慮。能：事功。丁注所引見《周易·繫辭下》。

〔15〕天幸：天賜之幸，僥倖。丁注所引見《史記·穰侯列傳》。

3.1.5　程子山[1]

肇繫芳纓,《曲禮》:"女子許嫁纓。"[2]蓋自三生之妙契;白樂天詩:"世説三生如不謬,共疑巢許是前身。"[3]爰差嘉耦,《左·桓二年》:"嘉耦曰妃。"[4]允惟一代之脩容。《宋·五行志》:"吴婦人之脩容者,急束其髮,而劇角過於耳。"[5]固陋袁、馬苟然,後漢袁隗娶馬融之女,少有才辨。初成禮,隗問曰:"弟先兄舉,世以爲笑。今處姊未適,先行可乎?"答曰:"妾姊高行殊邈,未遭良匹,不似鄙薄,苟然而已。"[6]豈潘、楊之有異;沈休文《彈王源》云:"潘楊之睦,有異於此。"[7]何必秦、晉匹也,《左·僖二十三年》:"晉公重耳至秦,秦伯納女五人,懷嬴與焉。奉匜沃盥,既而揮之。怒曰:'秦晉匹也,何以卑我?'"[8]寧曹、鄶而無譏。《左·襄二十九年》:"季札觀樂,至歌《陳》曰:'國無主,其能久乎?'自《鄶》以下,無譏焉。"注:"《詩·鄶》第十三,《曹》第十四。言季子聞此二國歌,不復譏論,以其微也。"[9]誠竊跂大家之賢風,非有求少君之資送。後漢鮑宣妻,桓氏女,字少君。裝送資賄甚盛,宣不悦。妻乃悉歸侍御服飾,更着布裳。[10]行即結縭之慶,敢輸納幣之儀。《禮記·雜記》:"納幣一束,束五兩,兩五尋。"[11]不腆爲慙,《記·郊特牲》曰:"幣必誠,辭無不腆。"[12]矜留是幸。

校注:

[1] 本條乃程敦厚所作,《全宋文》卷四二八八《定婚書》條録之。

[2] 肇:發語詞,無義。丁注所引見《禮記·曲禮上》。鄭玄注:"女子許嫁,繫纓,有從人之端也。"纓爲古代女子許嫁時所佩之彩帶。

[3] 妙契:神妙的契合。丁注所引見白居易《贈張處士山人》。三生:佛教語,指前生、今生、來生。巢許:巢父和許由的並稱,二人皆爲隱士。

〔4〕爰：發語詞，無義。見2.4.2"王狀元"條注〔5〕。桓：丁注原作"威"，係避宋欽宗趙桓諱而改字。

〔5〕脩容：修飾儀容。丁注所引見《宋書·五行志》。劘(mí)：分散下垂。

〔6〕詳見18.3.1"袁隗"條。辨：《後漢書》作"辯"。

〔7〕丁注所引見《文選·沈休文〈奏彈王源〉》。潘岳妻楊氏，爲楊綏（仲武）之姑，屬於世親聯姻。後因稱姻親關係爲"潘楊之睦"。源：丁注原作"滿"，今據《文選》正。

〔8〕丁注所引見《左傳·僖公二十三年》。女：原脱，今據《左傳》補。懷嬴：秦穆公之女。先爲晉懷公夫人，又嫁給晉文公重耳，又稱文嬴。

〔9〕丁注所引見《左傳·襄公二十九年》及杜預注。孔穎達正義："鄶、曹二國，皆國小政狹，季子不復譏之，以其微細故也。"

〔10〕跂(qǐ)：本指踮起脚跟，這裏指向往，企求。少君事詳見16.1.3"鮑宣"條。女：丁注原脱，今據《東觀漢記》補。

〔11〕丁注所引見《禮記·雜記》。鄭玄注："納幣，謂昏禮納徵也。十個爲束，貴成數。兩兩者合其卷，是謂五兩……今謂之匹。"一束：古以帛五匹爲"一束"。

〔12〕腆：豐厚。

3.1.6　吕郎中伯恭[1]

決疑以卜，《左·桓公十一年》："闘廉曰：卜以決疑。"[2]況曾占乃夢之祥；《詩·斯干》："乃占我夢，維熊維羆，男子之祥。"[3]惟斷乃成，韓文公《平淮頌》曰："凡此蔡功，惟斷乃成。"[4]又奚恤他人之議。《裴度傳贊》："憲宗討蔡，排群議，任度，遂平淮西。"[5]俯愧韓攸之川澤，《韓奕》："爲韓姞相攸，莫如韓樂。孔樂韓土，川澤訏訏。"[6]仰攀齊國之門墙。

重蒙黃金百斤之言，《前漢》："曹丘揖季布曰：'楚諺曰：得黃金百，不如得季布諾。足下何以得此聲梁、楚之間哉？'"[7] 輒貢雙魚尺素之請。李季蘭《贈友人》詩："尺素如殘雪，結爲雙鯉魚。欲知心裏事，看取腹中書。"[8] 投瓜期衛報，《木瓜》："美齊桓公也。衛國有狄人之敗，出處於漕，齊桓公救而封之，遺之車馬器服焉。衛人思之，欲厚報之。"[9] 既勤筐幣之將；《鹿鳴》："又實幣帛筐篚，以將其厚意。"[10] 以璧假許田，莫負盟書之約。《左·桓元年》："春，公即位，修好于鄭。鄭人請復祀周公，卒易祊田。公許之。三月，鄭伯以璧假許田，爲周公，祊故也。夏四月丁未，公及鄭伯盟于越，結祊成也。盟曰：'渝盟，無享國！'"公羊曰："假之何？易之也。許田者何？謂朝宿之邑，近許也。"[11]

校注：

〔1〕本條乃呂祖謙所撰。呂祖謙（1137—1181），字伯恭，南宋婺州金華（今屬浙江），人稱東萊先生。孝宗朝進士，歷官著作郎兼國史院編修官。著名理學家，與朱熹、張栻齊名，同被尊爲"東南三賢"。他所創立的"婺學"在當時頗具影響。謚忠亮。《東萊呂太史文集》卷四及《全宋文》卷五八八〇均無此篇，當爲佚文。

〔2〕桓，丁注原誤作"成"，今據《左傳》正。

〔3〕祥：吉兆。丁注係節引自《詩·小雅·斯干》。原詩作："下莞上簟，乃安斯寢。乃寢乃興，乃占我夢。吉夢維何？維熊維羆，維虺維蛇。大人占之：維熊維羆，男子之祥；維虺維蛇，女子之祥。"

〔4〕丁注所引見韓愈《平淮西碑奉敕撰》。唐憲宗元和十二年（817），裴度奉命平定淮西（今河南東南部）藩鎮吳元濟，度部將李愬雪夜奇襲蔡州，活捉吳元濟。韓愈因奉敕撰寫《平淮西碑》，以彰其功。

〔5〕恤：憂慮，顧慮。丁注係節引自《新唐書·裴度傳》。傳：丁注原脫，今據《新唐書》補。

〔6〕丁注所引見《詩·大雅·韓奕》。姞：原訛作"姻"，今據《毛詩》正。訏訏：廣大貌。

〔7〕丁注所引見《漢書·季布傳》。

〔8〕雙魚尺素：都代指書信。雙魚，一底一蓋，把書信夾在裏面的魚形木板。一說是結爲鯉魚形的書信。明楊慎《丹鉛總錄·雙鯉》："古樂府詩：'尺素如殘雪，結成雙鯉魚。要知心中事，看取腹中書。'據此詩，古人尺素結爲鯉魚形，即緘也，非如今人用蠟。《文選》'客從遠方來，遺我雙鯉魚'，即此事也。下云烹魚得書，亦譬況之言耳，非真烹也。"尺素：本指小幅的絹帛，因爲古人多用以寫信或文章，所以後又可指書信。《周書·王褒傳》："猶冀蒼雁頳鯉，時傳尺素；清風朗月，俱寄相思。"丁注所引見唐李冶《結素魚貽友人》詩。李冶（？—784），字季蘭，烏程（今浙江吳興）人，著名中唐女詩人。晚年被召入宮，因曾上詩叛將朱泚，被德宗下令棒殺。詩以五言爲長，多酬贈譴懷之作，劉長卿稱其爲"女中詩豪"。

〔9〕丁注所引見《詩·衛風·木瓜》序。

〔10〕將：傳達，表達。丁注所引見《詩·小雅·鹿鳴》序。原文作："《鹿鳴》，燕群臣嘉賓也。既飲食之，又實幣帛筐筐，以將其厚意，然後忠臣嘉賓得盡其心矣。"

〔11〕丁注所引見《左傳·桓公元年》和《公羊傳·桓公元年》。桓：原避宋欽宗趙桓諱改作"威"，今回改。所引《公羊傳·桓公元年》文係節錄，原文作："鄭伯以璧假許田。其言以璧假之何？易之也……許田者何？魯朝宿之邑也……此魯朝宿之邑也，則曷爲謂之許田？諱取周田也。諱取周田，則曷爲謂之許田？係之許也。曷爲係之許？近許也。"公元前722年，鄭莊公想用"湯沐之邑"祊田（今山東費城東南）交換魯"朝宿之邑"許田（今河南許昌許田村。因毗鄰許國，世稱許田），以便向南擴張，但魯隱公未允。公元前711年，桓公即位，莊公與之會盟，用玉璧換得許田，史稱"鄭伯以璧假許田"。

3.1.7 歐陽知縣代虞取吳[1]

奕世簪纓之家，後漢孔融對李元禮曰："僕與君奕世通家也。"李白："遮莫姻親連帝城，不如當身自簪纓。"[2]通國衣冠之望。《孟·告子上》："弈秋，通國之善弈者也。"後漢尹勳家世衣冠，不以地勢尚人。[3]觀樂於魯，《左·襄二十九年》："吴季札觀樂於魯。"[4]宛其風流；王儉曰："江左風流宰相，惟有謝安。"[5]作嬪于虞，《堯典》："釐降二女於媯汭，嬪於虞。"[6]有此賢淑。《詩》："窈窕淑女。"藐是孤姪，《左·僖九年》："獻公曰：以是藐諸孤。"[7]辱聯懿親。《僖二十四年》曰："兄弟雖有小忿，不廢懿親。"[8]初無坦腹之奇，乃辱齊眉之助。[9]女有齊而采蘋藻，預知奉祀之恭；《采蘋》，大夫妻能循法度也，則可以承先祖，奉祭祀矣。于以采蘋？于以采藻？誰其尸之？有齊季女。[10]子于歸宜室家，行著及時之詠。《詩·桃夭》："男女以正，婚姻以時。""之子于歸，宜其室家。"[11]

校注：

〔1〕本條乃歐陽光祖所撰。光祖字慶嗣，南宋建州崇安（今屬福建）人。九歲能文，人稱童瑞。師事劉子翬及朱熹。孝宗乾道八年(1172)登第，不赴。趙汝愚、張栻列薦於朝，方欲召用，而汝愚去國。後任侯官縣丞，以江西運幹致仕。定居松坡之上，湛然終老。詳見《八閩通志·建寧府·儒林》及《閩中理學淵源考》卷六《運幹歐陽慶嗣先生光祖》。《全宋文》未錄。

〔2〕奕世：即累世，世世代代。丁注所引前半見《後漢書·孔融傳》。通家：猶世交。李元禮即李膺。後半見李白《少年行》其三。連：丁注原作"聯"；城：丁注原作"戚"；身：丁注原作"日"，今均據李詩正。

〔3〕通國：全國。丁注所引見《孟子·告子上》及《後漢書·尹勳傳》。

〔4〕觀樂於魯：見 3.1.5"程子山"條注〔9〕。

〔5〕丁注所引見《南齊書·王儉傳》。《南史·王儉傳》亦錄。謝安：丁注原作"王謝"，今據《南齊書》正。

〔6〕釐降：本謂堯女嫁舜事。丁注所引見《尚書·堯典》。後多用以指王女下嫁。汭：丁注原作"妠"，今《尚書》正。

〔7〕詳見 1.2.7"禮物狀"條注〔3〕。

〔8〕懿親：至親。丁注所引見《左傳·僖公二十四年》。

〔9〕坦腹：詳見 14.1.1"郗鑒"條。齊眉：詳見 14.2.2"孟光"條。

〔10〕有齊：恭敬貌。見 2.5.3"又"條注〔10〕。丁注所引《采蘋》詩不全。季女：少女，淑女。有學者認爲，根據近出簡帛可以判斷，"女"是"如"的假借字，"季女"即"悸如"，用來描寫主祭者內心敬畏的情狀，與"有齊"義同。詳見張玖青《〈詩·采蘋〉"有齊季女"新解》。

〔11〕《詩·周南·桃夭》："桃之夭夭，灼灼其華。之子于歸，宜其室家。桃之夭夭，有蕡其實。之子于歸，宜其家室。桃之夭夭，其葉蓁蓁。之子于歸，宜其家人。"毛亨序："《桃夭》，后妃之所致也。不妒忌，則男女以正，婚姻以時，國無鰥民也。"依句式來看，"女有齊而采蘋藻""子于歸宜室家"不對稱，兩句必有衍文或脫文。

3.1.8　又代詹提舉宅娶章提舉[1]

觀風嶺嶠，夙欽望族之華；[2]持節閩山，久歎門庭之冷。[3]偶議姻於名閥，豈徼福於前人。《左·哀二十四年》："寡君欲徼福於周公，願乞靈於臧氏。"[4]令愛素聞令儀，《湛露》："豈弟君子，莫不令儀。"[5]蔚有淑德；《世說》："郝普之女，令姿淑德，高朗英邁。"[6]某男性難語上，《雍也》："中人以上，可以語上也。"[7]學未知方。《語·先進》："由也爲之，比及三年，可使有勇，且知方也。"[8]適當授室之期，《西京雜記》："梁孝王子賈從朝，帝曰：'兒堪室矣。'"[9]乃辱宜家之助。[10]念吾黨小子，正惟狂簡，不知所裁；子在陳，曰："歸歟！歸歟！吾黨之小子狂簡，不知所以裁之。"[11]如貞女賢妃，必有警戒，相承之道。《雞鳴》："哀公荒淫怠慢，故陳賢妃貞女夙夜警戒，相成之道焉。"[12]

校注：

[1] 本條亦歐陽光祖所撰。《全宋文》未錄。詹提舉、章提舉，均未詳。

[2] 嶺嶠(jiào)：泛指五嶺地區。

[3] 閩山：即今福建福州道教名山烏石山，相傳是何氏兄弟九人登高射烏處。唐玄宗天寶八年（749），烏石山改名爲閩山，宋代又改名爲道山。

[4] 名閥：名門豪族。徼福：祈福，求福。"徼"通"邀"。哀：丁注原作"宣"，今據《左傳》正。

[5] 令儀：本謂整肅威儀，這裏指美好的儀容風範。丁注所引見《詩·小雅·湛露》。豈弟(kǎitì)：同"愷悌"，和樂平易。

[6] 《世説新語·賢媛篇》："王汝南少無婚，自求郝普女。司空以其癡，會無婚處，任其意，便許之。既婚，果有令姿淑德。"劉孝標注引《汝南別傳》曰："襄城郝仲，將門，至孤陋，非其所偶也。君嘗見其女，便求聘焉。果高朗英邁，母儀冠族，其通識餘裕皆此類。"高朗英邁：才智超群。

[7] 丁注所引見《論語·雍也篇》。中人：資質或道德水準中等的人。語上：告知高深的學問或道理。

[8] 方：大道理。丁注所引見《論語·先進篇》。

[9] 授室：本謂把家事交給新婦。語本《禮記·郊特牲》："舅姑降自西階，婦降自阼階，授之室也。"後以"授室"指娶妻。丁注所

引見《西京雜記》卷四《年少未可冠婚》。從朝：跟從朝見皇上。

〔10〕宜家：《詩·周南·桃夭》："之子于歸，宜其室家。"朱熹集傳："宜者，和順之意。室者，夫婦所居；家，謂一門之內。"後因以稱家庭和睦。

〔11〕狂簡：志向遠大而疏於禮儀。裁之：裁製布料。丁注所引見《論語·公冶長》。

〔12〕丁注所引見《詩·齊風·雞鳴》序。

3.1.9　江文卿代王次仲娶建安葉尉女[1]

異縣他鄉，《文選·古樂府》："他鄉各異縣，展轉不相見。"[2]於君侯無一日之雅；《前漢》："李廣利曰：'願君侯早請昌邑王為太子。'"谷永書謝王鳳曰："斗筲之才，質薄學朽，無一日之雅，將軍擢之皂衣之吏。"[3]共牢合卺，《婚義》："共牢而食，合卺而酳，所以合體，同尊卑，以親之也。"[4]顧兒女合二姓之歡。上漬冰清，婦翁冰清。[5]輒馳鯉素。《古樂府》："客從遠方來，遺我雙鯉魚。呼兒烹鯉魚，中有尺素書。"[6]某男螢窗雪案，孫康映雪，車胤聚螢。[7]粗爾讀聖人之書；韓文公《上宰相書》曰："雞鳴而起，孜孜焉，亦不為利，其所讀皆聖人之書。"[8]令愛潤藻河蘋，于以采蘋？南澗之濱；于以采藻？于彼行潦。[9]固已服公宮之訓。《婚義》："婦人先嫁三月，教于公宮。"[10]偶知非鄭，取敢必齊。[11]適占飛鳳之和，妄意乘龍之喜。老杜《李監宅詩》："門闌多喜色，女婿近乘龍。"[12]得金不如諾，既逢梅仙之賢；《前漢》："梅福補南昌尉，一朝棄妻子，去九江，至今傳以為仙。"[13]伐柯如之何？抑荷文君之族。文君，蜀郡卓王孫女。謂伐者姓卓也。[14]

校注：

〔1〕本條乃江文卿所撰。江文卿名嗣，以字行，南宋建陽（今

屬福建)人。早年學詩,博識群書。紹熙、慶元年間,從朱熹學於考亭。清李清馥《閩中理學淵源考》卷二十載其事。王次仲、建安葉尉,均不詳。本條及下條《全宋文》均未録。

〔2〕丁注所引見《文選·樂府古辭·飲馬長城窟行》。

〔3〕君侯:秦漢時稱列侯而爲丞相者。漢以後,用爲對達官貴人的敬稱。李廣利事,本自《漢書·劉屈氂傳》。谷永事,詳見2.5.2"又"條注〔5〕。

〔4〕共牢:古婚禮時,夫婦共食一牲。牢乃祭祀用的犧牲。丁注所引見《禮記·昏義》。酳(yìn):食畢以酒漱口,是古代的一種禮節,《婚禮新編》原誤作"飲",今據《禮記》正。

〔5〕冰清:比喻德行高潔。婦翁冰清:詳見14.1.4"山簡"條。

〔6〕鯉素:即書信。丁注所引見《文選·樂府古辭·飲馬長城窟行》,原作"有客南方來,遺我雙鯉魚。呼童烹鯉魚,中有尺素書。"字句有異,今據《文選》正。後用"烹鯉"借指收到親友來信。

〔7〕螢窗雪案:《晉書·車胤傳》:"胤恭勤不倦,博學多通。家貧不常得油,夏月則練囊盛數十螢火以照書,以夜繼日焉。"《初學記》卷二引《宋齊語》:"孫康家貧,常映雪讀書。"後以"螢窗雪案"爲勤學苦讀之典。

〔8〕粗爾:粗略。聖人之書:儒家著作。丁注所引見韓愈《上宰相書》。

〔9〕丁注所引見《詩·召南·采蘋》。濱:丁注原訛作"賓",今據《毛詩》正。行潦:水流。

〔10〕《禮記·昏義》:"是以古者婦人先嫁三月,祖廟未毁,教于公宮。祖廟既毁,教于宗室。教以婦德、婦言、婦容、婦功。"

〔11〕鄭、齊:詳見2.5.7"程子山"條注〔5〕及11.2.6"鄭忽"條。

〔12〕占飛鳳之和:詳見2.6.2"危縣丞"條注〔14〕。乘龍之

喜：詳見18.5.14"兩女乘龍"條。

〔13〕得金不如諾：詳見3.1.6"呂郎中"條注〔7〕。梅仙：即梅福。福字子真，西漢九江壽春（今安徽壽縣）人。初爲郡文學，後補南昌尉，常上書言政。王莽專政，福即去官歸隱飛鴻山。《漢書》卷六十七有傳。

〔14〕文君：即卓文君，西漢臨邛人（今四川邛崍）人，因愛慕司馬相如，隨之私奔。詳見《史記·司馬相如列傳》。

3.1.10　又代江守孫娶浦城王氏[1]

世業相傳，曾荷銅符之寄；《漢文帝紀》："初與郡守爲銅虎符。"[2]家聲不墜，晉傅長虞風格凝峻，不墜家聲。[3]稔聞石塔之詩。唐王播《題揚州石塔寺》："上堂已了各西東，慚愧闍黎飯後鐘。"[4]偶因膝上之癡，王坦之爲桓溫長史。溫爲子求昏於坦，坦之許咨父述。既還，述愛念坦之，雖長大，猶置膝上。坦之因言溫意。述大怒，排坦之下膝，曰："汝竟癡耶？詎可以女妻兵也？"[5]敢議閨中之秀。《晉書》："濟尼曰：顧家婦清心玉映，自是閨房之秀。"[6]惟茲媒介，索統曰："爲陽語陰，媒介事也。"[7]皆我宗盟。《左傳》："周之宗盟，異姓爲後。"[8]遂令一薰一蕕，《左·僖四年》："一薰一蕕，十年尚猶有臭。"[9]可以載言載笑。《氓》詩："既見復關，載笑載言。"[10]天實爲此，《北門》："天實爲之，謂之何哉！"[11]予欲何言？子曰："予欲無言……天何言哉？"[12]必河之鯉，必河之魴，自嘆吾兒之豚犬；曹操曰："生子當如孫仲謀，劉景升兒子豚犬耳。"[13]正位乎內，正位乎外，《家人》："女正位乎內，男正位乎外。"[14]尚脩先祖之蘋蘩。《采蘋》："大夫妻能循法度，則可以承先祖，共祭祀。"[15]

校注：

〔1〕本條亦江文卿所撰。江守（江姓郡守）與王氏均未詳。浦

城,今屬福建南平。

〔2〕銅虎符:漢代發兵所用的銅製虎形兵符。《漢書·文帝紀》:"九月,初與郡守爲銅虎符、竹使符。"後亦借指官印。

〔3〕傅:原訛作"傳",今據《晉書》正。丁注所引見《晉書·傅玄傳論》。不:今本《晉書》作"弗"。傅長虞:即傅咸(239—294)。咸字長虞,西晉北地泥陽(今陝西耀縣東南)人,傅玄之子。初拜太子洗馬,後襲父爵,爲尚書右丞,遷御史中丞。後爲議郎,兼司隸校尉。謚貞。傅咸學識淵博,敢於直言。凝峻:莊重嚴峻。

〔4〕王播(759—830):字明揚,唐太原(今山西太原)人。貞元朝進士,歷進中書侍郎同中書門下平章事,拜左僕射,封太原郡公。謚敬。《舊唐書》卷一百六十四有傳。石塔之詩,典出《唐摭言》卷七"起自寒苦"條:"王播少孤貧,常客揚州惠昭寺木蘭院,隨僧齋餐,諸僧厭怠,播至,已飯矣。後二紀,播自重位出鎮是邦,因訪舊游,向之題已皆碧紗幕其上。播繼以二絕句曰:'二十年前此院遊,木蘭花發院新修。而今再到經行處,樹老無花僧白頭。''上堂已了各西東,慚愧闍黎飯後鐘。二十年來塵撲面,如今始得碧紗籠。'"闍(shé)黎:一作"闍梨",梵語 Ācārya "阿闍黎(梨)"之省譯,意爲高僧,也泛指僧人、和尚。

〔5〕膝上之癡:典出《晉書·王述傳》。

〔6〕閨中之秀:省稱閨秀,南朝宋劉義慶《世説新語·賢媛篇》:"顧家婦清心玉映,自是閨房之秀。"後以"閨秀"稱大户人家的有才德的女兒,多指未婚者。丁注所引見《晉書·列女傳·王凝之妻謝氏傳》。

〔7〕媒介:説合婚姻的人。丁注所引見《晉書·索紞傳》,詳見12.2.17"夢立冰上"條。爲:丁汪原作"以",今據《晉書》正。

〔8〕宗盟:本指天子與諸侯的盟會。這裏指同宗、同姓。丁注所引見《左傳·隱公十一年》。楊伯峻注:"宗盟者,猶言會盟也。"

〔9〕薰、蕕:香草和臭草。後喻指賢愚、好壞等。

〔10〕載言載笑：見《詩·衛風·氓》。鄭玄箋："則笑則言，喜之甚。"載，語助詞，無義。

〔11〕丁注所引見《詩·邶風·北門》。

〔12〕丁注節引自《論語·陽貨篇》，原文作："子曰：'予欲無言。'子貢曰：'子如不言，則小子何述焉？'子曰：'天何言哉？四時行焉，百物生焉，天何言哉？'"

〔13〕河之鯉、河之魴：詳見13.4.1"何必齊宋"條。豚犬：典出《三國志·吳書·吳主傳》"曹公望權軍"裴松之注引晉胡沖《吳曆》："公見舟船器仗軍伍整肅，喟然歎曰：'生子當如孫仲謀，劉景升兒子若豚犬耳！'"丁注"兒子"原誤作"吾兒"，今據《三國志》正。

〔14〕丁注所引見《周易·家人》象文。

〔15〕脩：通"修"，操持。蘋蘩：詳見2.5.1"黃山谷"條注〔10〕。

3.1.11 彭應期代林丞取江氏[1]

鄰邑聞家，《莊子·胠篋》："齊國鄰邑相望。"[2]久竊詹風之慕；柳宗元《賀趙宗儒啟》："詹望清風，若在天外。"[3]華門微宦，《左·襄十年》："若華門閫寶，其能來東底乎？"[4]奚堪擇對之求。孟光擇對不嫁。[5]屬行媒之踵門，《莊子·達生》："有孫休者，踵門而詫。"[6]誘寒宗而結好。魏薛懷吉餌誘勝己，共爲婚姻。[7]眷予冢息，《左·閔二年》："太子奉冢祀，社稷之粢盛，故曰冢子。"未有時名。[8]方令捧檄於江湖，《後漢》："毛義捧檄而入，喜動顏色。"[9]聊辦食貧之藿菽。《詩》："三歲食貧。"[10]棗脩闕贄，《左·莊二十四年》："女贄，不過榛、栗、棗、修，以告虔也。"[11]飲助無人。[12]不圖徼福於先君，許昂有齊之季女。[13]令娘婦容肅整，姆訓方嚴。[14]玉樹當階，外氏之風流未泯；[15]雪花比絮，內庭之才藻知傳。此女母乃謝氏，故用王謝雪花事。[16]正惟君子之好逑，胡取鄙人而伉儷。[17]敢具委禽之禮，庶諧鳴鳳之占。[18]隱芙蓉縟，開孔雀屏，側想門闌之盛；老杜《李監宅詩》："屏開金孔雀，褥蘊繡芙蓉。"云云。"門闌多喜色，女婿近乘龍。"[19]贈錦繡段，報青玉案，佇瞻聘使之華。《文選·張平子〈四愁〉》："美人贈我錦繡段，何以報之青玉案？"[20]

校注：

〔1〕本條乃彭應期所撰。彭應期即彭止，字應期，自號漫者，南宋建州崇安（今屬福建）人。詩筆甚高，所爲詩皆清麗典雅，有《刻鵠集》。與陳文蔚、辛棄疾等人交好。事見《萬姓統譜》卷五十四。《全宋文》卷六二一二收錄此文。林丞、江氏，均未詳。

〔2〕胈：原訛作"眃"，今據《莊子》正。聞家：顯達、有名望的家族。

〔3〕詹：通"瞻"。宋蘇洵《謝趙司諫書》："詹望君子，日以復日。"丁注所引見柳宗元《賀趙江陵宗儒辟符載啓》。柳宗元：原誤作"韓愈"，今正。詹望：同"瞻望"，引指仰慕。

〔4〕蓽(bì)門：亦作"篳門"，用竹荊編織的門，後借指房屋簡陋破舊。微宦，小官。《左傳·襄公十年》："蓽門閨竇之人，而皆陵其上，其難爲上矣。"杜預注："蓽門，柴門；閨竇，小户，穿壁爲户，上銳下方，狀如圭也。"這裏喻指窮人的住處。

〔5〕擇對：擇配，選擇婚姻對象。《後漢書·逸民傳·梁鴻》："同縣孟氏有女，狀肥醜而黑，力舉石臼，擇對不嫁，至年三十。父母問其故，女曰：'欲得賢如梁伯鸞者。'鴻聞而娉之。"

〔6〕屬(zhǔ)：委託，依託。踵門：登門。詑，告知。

〔7〕寒宗：寒門。丁注所引見《魏書·薛懷古傳》。餌誘：利誘。

〔8〕冢息：長子。丁注所引見《左傳·閔公二年》。冢祀：宗廟之祀。粢(zī)盛：古代盛在祭器内以供祭祀的穀物。時名：當時的聲名或聲望。

〔9〕捧檄：出仕爲官，典出《後漢書·毛義傳》。毛義有孝名。

張奉去拜訪他，"坐定而府檄適至，以義守令"，"家貧親老，不擇官而仕"，故"義奉檄而入，喜動顏色。"張奉因此看不起他。後來毛母死，毛義便不再出去做官。奉：通"捧"。

〔10〕食貧：過貧苦的生活。丁注所引見《詩・衛風・氓》。馬瑞辰通釋："食貧猶居貧。"藿菽：豆葉和大豆，泛指豆類植物。

〔11〕棗脩：棗子與肉脯，是古代婦女拜見長輩時攜帶的禮物，取其起早而虔敬之意。《左傳・莊公二十四年》："男贄，大者玉帛，小者禽鳥，以章物也。女贄，不過榛、栗、棗、脩，以告虔也。"孔穎達疏："棗，取其早起也；脩，取其自脩也。"

〔12〕佽(cì)助：幫助。《詩・唐風・杕杜》："人無兄弟，胡不佽焉。"毛傳："佽，助也。"

〔13〕徼福：祈福，求福。《左傳・成公十三年》："君亦悔禍之延，而欲徼福於先君獻穆。"許畀(bì)：應允賜與。有齊之季女，《詩・召南・采蘋》："誰其尸之？有齊季女。"齊(zhāi)：美好而恭敬貌。

〔14〕肅整：整飭。姆訓：女師的訓誡。

〔15〕玉樹當階：語出《世說新語・言語篇》："謝太傅問諸子姪：'子弟亦何預人事，而正欲使其佳？'諸人莫有言者。車騎答曰：'譬如芝蘭玉樹，欲使其生於階庭耳。'"後以"玉樹"稱美佳子弟。"階"：原作"堦"，二字異體。外氏：指外祖父母家。

〔16〕雪花比絮：語出《世說新語・言語篇》："謝太傅寒雪日內集，與兒女講論文義。俄而雪驟，公欣然曰：'白雪紛紛何所似？'兄子胡兒曰：'撒鹽空中差可擬。'兄女（謝道韞）曰：'未若柳絮因風起。'"後因以"詠雪"或"詠絮"為女子有詩才之典。

〔17〕君子之好逑：本自《詩・周南・關雎》"窈窕淑女，君子好逑"句。

〔18〕委禽之禮、鳴鳳之占：詳見2.6.2"危縣丞"條注〔13〕〔14〕。

〔19〕丁注所引見杜甫《李監宅二首》之一。縟：今本作"褥"，"縟"通"褥"。

〔20〕段、瞻：原分別訛作"叚""贍"，今據文意正。聘使：聘問之使。丁注所引見《文選·張平子〈四愁詩〉》之四。

3.1.12 又[1]

宦達久虛，杜詩："時來知宦達。"[2]愧門宗之衰冷；《世説》："顧和曰：'不意衰宗復生此寶。'"[3]風期不淺，《晉·習鑿齒傳》："風期俊邁。"[4]許姻婭以參聯。豈伊臭味之同，實自單平之幸。[5]眷予愛弟，《告子上》："吾弟則愛之，秦人之弟則不愛也。"[6]顧乃中材。司馬遷《書》："中才之人，事有關於宦豎，莫不傷氣。"[7]骨骼已成，《符讀書城南》云："三十骨骼成。"[8]每游心於百氏；《後漢·王充傳》："通衆流百家之言。"[9]田園可了，淵明："歸去來兮，田園將蕪。"[10]免糊口於四方。《左·隱公十一年》："許公曰：'寡人有弟，不能和協，而使糊其口於四方。'"[11]屬兹行媒，議攀高援。辱惠千金之諾，敢修五兩之綸。揚子："五兩之綸，半通之銅。"[12]自屨之外，加以束脩，《説苑》："大夫庶人以屨二兩加束脩二。"[13]既盟之後，言歸于好。《左·僖九年》："齊侯盟于葵丘曰：'凡我同盟之人，既盟之後，言歸于好。'"[14]千里共此明月，《選·謝希逸〈月賦〉》："隔千里兮共明月。"[15]已諧鳴鳳之占；雙魚中有素書，《選·古樂府》："客從遠方來，遺我雙鯉魚。呼童烹鯉魚，中有尺素書。"姑備委禽之禮。[16]

校注：

〔1〕本條亦彭應期所撰。《全宋文》卷六二一二收録。
〔2〕宦達：官位顯達，仕途亨通。丁注所引見杜甫《寄高三十五詹事》。
〔3〕丁注所引見《世説新語·夙惠篇》。
〔4〕風期：風度品格。俊邁：優異卓越，雄健豪邁。習鑿齒：

詳見17.2.12"家舅"條。

〔5〕臭味：喻指志趣。單平：謂家世寒微。

〔6〕丁注所引見《孟子》。

〔7〕中材：亦作中才，中等才能（的人）。丁注所引見司馬遷《報任安書》。宦豎：宦官。

〔8〕丁注所引見韓愈文。

〔9〕百氏：猶言諸子百家。丁注所引見《後漢書·王充傳》。衆流：指學術上的各個流派。

〔10〕丁注所引見陶淵明《歸去來兮辭》。

〔11〕糊口：亦作餬口，喻勉強維持生活。

〔12〕五兩：猶言五匹。《周禮·地官·媒氏》："凡嫁子娶妻，入幣純帛，無過五兩。"賈公彥疏："古者二端相向卷之，共爲一兩。"緺，青絲絞合而成的帶。古代低級官吏用以繫印。揚雄《法言·孝至篇》："由其德，舜禹受天下不爲泰；不由其德，五兩之緺、半通之銅亦泰矣。"李軌注："五兩之緺、半通之銅，皆有秩嗇夫之印、綬，印、綬之微者也。"半通，半印。彭揚二文"五兩之緺"所指不同。丁注所引原倒，今乙正。

〔13〕束脩：十條乾肉。丁注所引見《説苑·修文篇》。末"二"字丁注原脱，今據《説苑》補。

〔14〕言歸于好：謂相好如初。言：語助詞，無義。

〔15〕丁注所引見南朝宋謝莊《月賦》。

〔16〕鳴鳳之占、委禽之禮，詳見2.6.2"危縣丞"條注〔13〕〔14〕。丁注所引見《文選·樂府二首之一〈飲馬長城窟行〉》。客從遠方來：丁注原作"有客從南來"（乃曹丕《善哉行》文），今據《文選》正。

3.1.13　又[1]

地之相去，《孟子·離婁下》："地之相去，千有餘里。"[2] 雖殊齊楚之邦;《左·襄四年》:"楚子使與齊侯曰:'君處北海,寡人處南海,唯是風馬牛不相及也。'"[3]天或使然,《左傳》:"天其或者。"[4]爰締朱陳之好。白氏詩:"有村曰朱陳,世世爲婚姻。"[5]莫匪夤緣之自,尤欣臭味之同。[6]令女四德兼全,方迨承笄之齒;[7]某男五年以長,《曲禮》:"五年以長,則肩隨之。"[8]庶幾堪室之兒。《西京雜記》:"帝曰:'兒堪室矣。'"[9]幸緣柯斧之言,獲繫絲蘿之援。[10]禮愧無於雙璧,北平徐氏有女,楊雍伯求焉。戲媒人曰:"得白璧一雙,當與爲婚。"[11]諾過重於百金。曩嘗綴於知名,兹用陳於納采。[12]鏘鏘其吉,預期五世之昌;[13]灼灼于歸,永諧二姓之好。[14]

校注:

[1] 本條亦彭應期所撰。《全宋文》卷六二一二收錄。

[2] 去:距離。

[3] 殊:超過。

[4] 天其或者:《左傳》凡三見。《僖公十九年》:"今邢方無道,諸侯無伯,天其或者欲使衛討邢乎?"《僖公二十三年》:"晉公子有三焉,天其或者將建諸,君其禮焉!"正義曰:"天意不可必知,故言或者,謂天意或當然也。"楊伯峻注:"'其'與'或者'皆表示不肯定之副詞,此處强調其語氣,故連用。"《哀公元年》:"天其或者正訓楚也,禍之適吳,其何日之有?"

[5] 曰:原訛作"號",白居易《感傷二·朱陳村》:"徐州古豐縣,有村曰朱陳……一村唯兩姓,世世爲婚姻。"今據改。

[6] 夤緣:攀附,拉關係。自:緣由。臭味:氣味。這裏喻指志趣。

[7] 四德:封建禮教指婦女應有的四種德行。《周禮·天官·九嬪》:"掌婦學之法,以教九御婦德、婦言、婦容、婦功。"鄭玄注:"婦德謂貞順,婦言謂辭令,婦容謂婉娩,婦功謂絲枲。"迨(dài):

到,趕上。承笄之齒:即女子十五歲。《禮記·內則》:"女子十有五年而笄。"鄭玄注:"謂應年許嫁者。女子許嫁,笄而字之。其未許嫁,二十則笄。"

〔8〕五年以長:謂男二十歲。丁注所引見《禮記·曲禮上》。鄭玄注:"肩隨者,與之並行差退。"

〔9〕堪室:詳見 3.1.8 "又代詹提舉宅娶章提舉"條注〔9〕。

〔10〕柯斧:喻指媒妁。絲蘿:喻指結爲婚姻。

〔11〕丁注所引詳見 18.2.1 "陽雍伯"條。楊:當作"陽"。

〔12〕綴:聯繫。

〔13〕鏘鏘:詳見 2.6.2 "危縣丞少劉 答劉德基"條注〔14〕。

〔14〕灼灼于歸:見《詩·周南·桃夭》:"桃之夭夭,灼灼其華。之子于歸,宜其室家。"毛傳:"灼灼,華之盛也。"

3.1.14 葉仲洽[1]

自飲瓊漿,搗就玄霜之劑;裴航遇樊夫人,曰:"與郎君有小因緣,他日必爲姻懿。"答詩曰:"一飲瓊漿百感生,玄霜搗就見雲英。"詳見《神仙門》。[2]有來玉斧,脩成寶月之團。《雜》詩曰:"有來雝雝。"《酉陽雜俎》云:"太和中,有二人遊嵩山,迷路,覺叢中鼾睡聲,見一布衣枕一襆物,二人問之,答曰:'君知月乃七寶合成乎?月勢如丸,其影,日爍其凸處也。常有八萬二千戶修之,予即一數。'因開襆,有斧鑿數事,玉屑飯兩裹,分食二人曰:'此雖不足長生,可一生無疾。'言已不見。"故王荆公《扇》詩云:"玉斧脩成寶月團。"[3]雖生長之殊方,老杜《寄韋氏妹》:"郎伯殊方鎮。"[4]喜因緣之幸會。令女神清散朗,濟尼曰:"王夫人神清散朗,有林下之風。"[5]容德幽閑,方擇對之甚,豈惟求賢而是與。山簡曰:"戴叔鸞嫁女,唯賢是與,不問貴賤。"[6]眷予長息,正爾倦遊,《司馬相如傳》:"長卿故倦遊。"[7]偶逃碧鵲之呼,唐韋詵有女妻裴寬,人呼爲"碧鵲雀"。[8]竟許采鸞之跨。文簫抵山西,睹一姝,歌曰:"若能相伴陟仙壇,應得文簫駕采鸞。自有繡襦並甲帳，瓊臺不怕雪霜寒。"[9]載陳贄幣，往締姻盟。舉案齊眉，願無違夫子之志；孟光事梁鴻，每進食，不敢仰視，舉案齊眉。[10]求田問舍，許汜謂劉備曰："昔過下邳，見陳元龍。元龍無客主禮，久不相與語，自上大牀臥，使客臥下床。"備曰："君求田問舍，言無可采，是元龍所諱也。"[11]其敢忘丈人之真。老杜《贈韋左丞》詩："甚愧丈人厚，甚知丈人真。"[12]迨其吉兮，《摽有梅》："求我庶士，迨其吉兮。"[13]永爲好也。[14]

校注：

〔1〕本條乃葉仲洽所作。葉仲洽，南宋信州人（今江西上饒信州區），餘不詳。詩畫兩絕，並善飲酒。與辛棄疾、陳文蔚等交好。

〔2〕詳見20.1.2"裴航"條。就：或作"盡"。玄霜：神話中的一種仙藥。《初學記》卷二引《漢武帝內傳》："仙家上藥有玄霜、絳雪。"

〔3〕《雝》詩：《詩·大雅·周頌·雝》："有來雝雝，至止肅肅。"有：詞頭，無義。來：來助祭的諸侯。丁注所引又見《酉陽雜俎》卷一。月乃七寶："乃"字原脫，今據《酉陽雜俎》補。凸：原訛作"凹"，今亦據正。王荊公《扇》詩：宋阮閱《詩話總龜》卷九《評論門》所引王安石《扇子》詩云："玉斧脩成寶月團，月邊仍有女乘鸞。青冥風露非人世，鬢亂釵橫特地寒。"

〔4〕雖生長之殊方："殊"原訛作"珠"，今據注文正。殊方：遠方，異域。唐杜甫《元日寄韋氏妹》："郎伯殊方鎮，京華舊國移。"

〔5〕見2.5.7"程子山"條注〔11〕。丁注引文今本《晉書》作"王大人神情散朗，故有林下風氣"。

〔6〕幽閑：形容女子柔順閑靜。戴叔鸞：詳見14.1.4"山簡"條注〔13〕。

〔7〕長息：長子。倦遊：厭倦遊宦生涯。丁注所引見《史記·

司馬相如列傳》。該句裴駰《集解》引郭璞曰："厭遊宦也。"

〔8〕碧鶴：詳見 15.1.3"裴寬"條。

〔9〕采鸞：當作"彩鸞"。事見《類説》卷三十二《傳奇》"文簫"條。

〔10〕詳見 14.2.2"孟光"條。案：正文及注文中二"案"字原均訛作"按"，今據《後漢書》正。

〔11〕求田問舍：謂專營家產而無遠大志向。丁注所引見《三國志·魏書·陳登傳》。

〔12〕丁注所引見杜甫《奉贈韋左丞丈二十二韻》。

〔13〕丁注所引見《詩·召南·摽有梅》。庶士：衆多未婚男子。

〔14〕永爲好也：化用《詩·衛風·木瓜》"匪報也，永以爲好也"句。

3.1.15　又[1]

人各有偶，敢望韋平之門；《平當傳》云："漢興，唯韋平父子至宰相。"注："韋賢也。"[2] 義不相忘，許申秦晉之好。秦晉匹也。《左傳》[3] 遂令冷族，獲固姻盟。在摽梅，尤貴於及時；《摽有梅》："男女及時也。"[4] 故行李，敢辭於請命。《左·僖公三十年》："行李之往來，共其乏困。"[5] 一女不嫁，凡子已無啣袖之嫌；唐處士侯高曰："一女憐之，必嫁官人，不與凡子。"王適謂媒曰："吾明經及第，即官人。"因以文書一卷，粗若告身，袖見侯翁。翁望見文書，曰："足矣。"以女妻之。[6] 累世永爲通家，豈止快登龍之願！李膺獨持風裁，以聲名自高，不妄接士，非當世名人及通家者，皆不得白。士有被其容接者，名爲"登龍門"。[7]

校注：

〔1〕本條亦葉仲洽所作。

〔2〕韋平：西漢韋賢、韋玄成與平當、平晏父子的並稱。韋平父子相繼爲相，世所推重。《漢書·平當傳》："漢興，唯韋平父子至宰相。"顏師古注："韋謂韋賢也。"

〔3〕秦晉之好：春秋時秦晉兩國世爲婚姻，後因稱兩姓聯姻爲"秦晉之好"。丁注所引見《左傳·僖公二十三年》。

〔4〕丁注所引見《詩·召南·摽有梅》序。

〔5〕行李：即使者。清郝懿行《證俗文》卷六："古者行人謂之'行李'，本當作'行理'，理，治也。作'李'者，古字假借通用。"

〔6〕卿袖：揣在袖子里。詳見19.5.1"王適"條。

〔7〕通家：姻親。丁注所引本自《後漢書·黨錮傳·李膺》。李賢注："以魚爲喻也。龍門，河水所下之口，在今絳州龍門縣。辛氏《三秦記》曰：'河津一名龍門，水險不通，魚鱉之屬莫能上，江海大魚薄集龍門下數千，不得上，上則爲龍也。'"後以登龍門比喻得到有名望者的接待和援引而提高身價。風裁：風紀法度。

3.1.16 魏艮齋元履[1]

汾榆相接，《前漢·郊祀志》："汾榆社。"[2]初無一舍之遙；《左傳》注："一舍三十里。"[3]龜筮協從，《書·大禹謨》："龜筮協從，卜不習吉。"[4]偶結二家之好。《左·文十二年》："結二國之好。"[5]令愛素閑姆訓，某男粗讀父書。趙王以趙括爲將，其母曰："括徒能讀父書，不知合變也。"[6]幸因媒妁之言，獲遂姻親之托。《左傳》："棄我姻親。"[7]嘉偶曰配，已諧鳴鳳之占；[8]其幣維何，聊贊委禽之奉。《書·召誥》："惟恭奉幣。"[9]

校注：

〔1〕本條乃魏艮齋（元履）所撰，目錄作"魏直閣"。魏艮齋，即

魏掞之(1116—1173)，舊名挺之，字子實，建州建陽(今屬福建)人，初字元履。自幼有大志，與朱熹同師胡憲。以鄉舉試禮部不第，築室讀書，榜以"艮齋"，人稱艮齋先生。後詔舉遺逸，賜同進士出身，守太學録，親授課程，注重德育，反對以空言取人，多所建明。復罷爲台州教授。卒贈直秘閣。《宋史》卷四百五十九有傳。《全宋文》卷四六七八《定婚一》條收録。此條可與 4.1.15 "劉聘君致中 答魏艮齋"條呼應。

〔2〕《漢書·郊祀志》："高祖禱豐枌榆社。"鄭氏注曰："枌榆，鄉名也。社在枌榆。"晉灼曰："枌，白榆也。社在豐東北十五里。"顏師古曰："以此樹爲社神，因立名也。枌，符云反。"

〔3〕丁注所引見《左傳·僖公二十三年》。春秋晉公子重耳出亡至楚，楚成王禮遇重耳，並問："公子若反晉國，則何以報不穀？"重耳對曰："若以君之靈，得反晉國，晉、楚治兵，遇於中原，其辟君三舍。"杜預注："一舍三十里。"

〔4〕協從：和合，順從。習吉：謂再卜重得吉兆。習：通"襲"，重複。《尚書·大禹謨》："朕志先定，詢謀僉同，鬼神其依，龜筮協從，卜不習吉。"孔穎達疏："鬼神其依我矣，龜筮復合從矣。"

〔5〕《左傳·文公十二年》："所以藉寡君之命，結二國之好，是以敢致之。"

〔6〕丁注所引見《史記·廉頗藺相如列傳》。且言者非"其母"，而是"藺相如"。合變：謂隨機應變。

〔7〕丁注所引見《左傳·襄公二十五年》。

〔8〕《左傳·桓公二年》："嘉耦曰妃，怨耦曰仇，古之命也。"楊伯峻注："美好姻緣謂之妃。"

〔9〕《尚書·召誥》："我非敢勤，惟恭奉幣，用供王能祈天永命。"

3.1.17 又[1]

謀以筮龜,《洪範》:"謀及卜筮,則龜從,筮從。"[2] 敢自紐於閭閻之陋;《前漢·循吏傳》:"孝宣由仄陋而登至尊,興於閭閻。"[3] 卜之臭味,《左·襄二十二年》:"譬諸草木,吾臭味也。"[4] 蓋相求於道義之中。《荀子·脩身》:"道義重則輕王公矣。"實惟聲氣之同,僭有姻親之議。[5] 令女婦能綽著,姆訓夙閑;[6] 男某方茲伉儷之求,得此閨門之助。[7] 雖人各有偶,固不可以苟成;然事播未形,又似成於素定。[8] 庸將純帛,以展微誠。[9]

校注:

〔1〕本條亦魏艮齋所撰,《全宋文》卷四六七八收錄。

〔2〕丁注所引見《尚書·洪範》,原文作:"汝則有大疑,謀及乃心,謀及卿士,謀及庶人,謀及卜筮。汝則從,龜從,筮從,卿士從,庶民從,是之謂大同。"

〔3〕吏:原殘泐,今據《漢書》補。紐:根本,出身。《莊子·人間世》:"是萬物之化也,禹舜之所紐也。"陸德明釋文引簡文曰:"紐,本也。"閭閻:里巷內外的門,後多借指里巷,又泛指民間。顏師古注:"仄,古側字。仄陋,言非正統而身經微賤也。"

〔4〕臭味:本指氣味,這裏喻指同類。本句杜預注:"晉、鄭同姓故。"又《左傳·襄公八年》:"季武子曰:'誰敢哉!今譬於草木,寡君在君,君之臭味也。'"杜預注:"言同類。"

〔5〕聲氣:本指聲音氣息,引指共同的旨趣和愛好。《鬼谷子·中經》:"聞聲和音,謂聲氣不同,則恩愛不接。"僭:用爲謙詞。

〔6〕綽著:猶卓著。

〔7〕方茲:方今,現在。

〔8〕播:顯露。《國語·晉語三》:"夫人美於中,必播於外。"韋

昭注:"播,布也。"素定:猶宿定,預先確定。

〔9〕純帛:《周禮·地官·媒氏》:"凡嫁子娶妻,入幣純帛,無過五兩。"古制,帛長二丈,幅二尺四寸,謂之純帛。

3.1.18 陳簽判季陸 代劉娶王[1]

天台逸跡,曾逢澗上之胡麻;劉晨、阮肇入天台山採藥,迷失道路。糧盡,下澗飲水,見一杯流出,中有胡麻飯屑。[2]緱縣遺蹤,來化人間之白鶴。劉向《列仙傳》:"王子喬告家人:'七夕侍我於緱山頭。'果乘白鶴而至。"[3]繄仙籍俱緘於姓氏,而塵緣當契於姻婕。[4]令愛有林下風,正標華於桃李何彼穠矣?華如桃李。[5]男某非禁中臠,袁山松欲以女妻謝混,王珣曰:"卿莫近禁臠。"詳見《擇婿門》。[6]屈相采於蘋蘩。諸既許於季金,重遂成於周鼎;平原君曰:"毛先生一至楚,而使趙重於九鼎大呂。"[7]吉欲符於七實,摽有梅,其實七兮。求我庶士,迨其吉兮。[8]候爰正於三星。綢繆束薪,三星在天。[9]綠幕綵絲,已締大來之慶;[10]嘉禾雙石,《酉陽雜俎》:"納采九物,義皆可見。嘉禾分福也,雙石兩固也。"[11]謹輸不腆之誠。[12]

校注:

〔1〕本條乃陳應行所撰。詳見1.2.5"答求親"條注〔1〕。本條《全宋文》未錄。

〔2〕詳見20.1.1"劉阮"條。逸跡:猶遺蹤。

〔3〕丁注所引本自劉向《列仙傳》卷上《王子喬》。

〔4〕塵:原殘泐,今據文意補。繄:惟。仙籍:仙人的名籍。緘:封閉。塵緣:與塵世的因緣。姻婕:本作"姻連""媾連",(結成)姻親。

〔5〕林下風:詳見2.5.7"程子山"條注〔11〕。標:顯揚。丁注

所引見《詩·召南·何彼襛矣》。襛：通"禮"，花木繁盛貌。

〔6〕禁中讌：詳見14.1.2"謝混"條。山松：原誤合作"崧"，今據《晉書》正。混、珣：原分別誤作"昆""詢"，今據《晉書》正。

〔7〕季金：詳見3.1.6"呂郎中伯恭"注〔7〕。丁注所引見《史記·平原君虞卿列傳》。司馬貞《索隱》："九鼎大呂，國之寶器。言毛遂至楚，使趙重於九鼎大呂，謂天子所重也。"

〔8〕丁注所引見《詩·召南·摽有梅》，詳見1.2.4"求親"條注〔2〕。

〔9〕丁注所引見《詩·唐風·綢繆》。這是一首祝賀新婚的詩。綢繆：緊密纏繞的樣子。魏源《詩古微》："三百篇言取妻者，皆以析薪取興。蓋古者嫁娶必以燎炬爲燭，故《南山》之析薪，《車舝》之析柞，《綢繆》之束薪，《豳風》之伐柯，皆與此錯薪、刈楚同興。"據近人研究，《綢繆》三章中的"三星"分別指參宿三星、心宿三星及河鼓三星。在天：指星星出現的黃昏，這正是古代新人結婚、賀客鬧房的時候。書儀用三星借指結婚。

〔10〕綠幕：綠色帷幕。韓愈《短燈檠歌》詩："黃簾綠幕朱户閉，風露氣入秋堂涼。"綵絲：彩色絲線。白居易《紅線毯》詩："綵絲茸茸香拂拂，線軟花虛不勝物。"大來：《周易·泰》："小往大來，吉，亨。"本指陰暗面逐漸消逝，光明面逐漸增長，後用來表示吉祥亨通。《樂府詩集·郊廟歌辭·唐太清宮樂章》："大來之慶，降福穰穰。"

〔11〕詳見11.2.8"酉陽雜俎"條。

〔12〕輸誠：獻納誠心。

3.1.19 又[1]

門墻相望，《語·子張》："夫子之墻數仞，不得其門而入。"[2]信一葦之可杭；誰謂河廣？一葦杭之。[3]婚姻以時，《桃夭》："男女以正，婚姻以時。"[4]適三星之在户。前注。[5]既遂牽絲之幸，唐張嘉貞五女各將一絲於幔後，使郭元振牽之。元振牽一紅絲綫，乃第三女，大有姿色。[6]乃叨倚玉之榮。《世説》："蒹葭倚玉樹。"[7]某男甫迨冠年，《曲禮》："二十曰弱冠。"[8]早勤典册；《西京雜記》："廊廟之下，朝廷之中，高文典册用相如。"[9]令女方踰笄歲，《内則》："女子十有五而笄。"謹佩箴規。[10]屬冰語之纔通，果月書之默契。[11]宜其家，宜其室，克諧占鳳之祥；[12]投以李，投以桃，庸效委禽之禮。[13]

校注：

〔1〕本條亦陳應行所撰。《全宋文》未録。

〔2〕門牆：連接大門處的院牆。指兩家相隔很近。丁注所引見《論語·子張》，後因稱師門爲"門牆"。

〔3〕丁注所引見《詩·衛風·河廣》。河：原訛作"漢"，今據《毛詩》正。葦：用蘆葦編成的筏子。杭：通"航"，本義是方舟，渡河。

〔4〕正：原訛作"止"，今據《毛詩》正。丁注所引詳見 3.1.7"歐陽知縣代虞取吴"條注〔11〕。

〔5〕前注，謂 3.1.18"陳簽判季陵 代劉娶王"條"候爰正於三星"句下注。

〔6〕詳見 13.5.6"張嘉貞"條。"乃"字原脱，今據《天寶遺事》補。後以"牽絲""牽紅""牽紅綫""牽紅絲"爲選婿或擇妻的典故。

〔7〕倚玉：《世説新語·容止篇》："魏明帝使后弟毛曾與夏侯玄共坐，時人謂'蒹葭倚玉樹'。"這裏是説二人品貌極不相稱。後以"倚玉"謂高攀或親附賢者。

〔8〕甫迨：剛到。冠年：指男子二十歲。

〔9〕丁注所引見《西京雜記》卷三。高文典册：本指朝廷的重要文書、詔令，引指經典著作。

〔10〕佩：銘記，遵循。箴規：勸戒規諫。

〔11〕冰語：媒人的話。詳見12.2.17"夢立冰上"條。月書：姻緣簿。詳見12.1.1"月下老"條。

〔12〕宜其家，宜其室：係化用《詩·周南·桃夭》"宜其室家"文。占鳳：或作卜鳳，擇婿，典出《左傳·莊公二十二年》《史記·田敬仲完世家》。

〔13〕投以李，投以桃：係化用《詩·衛風·木瓜》"投我以木李"及"投我以木桃"文。效：進獻。

3.1.20　又陳送蔡[1]

交遊有日，山谷詩："交遊二十年，義等親骨肉。"[2]挹玉昆金友之聲猷；梁王銓雖學業不及第錫，而孝行齊焉，時人以謂"銓錫二王，玉昆金友"。[3]夤緣自天，締雪柏烟蘿之偶對。《詩·頍弁》："蔦與女蘿，施于松柏。"[4]顧兹攀附，《文選》："皆可攀附。"實愧單平。[5]惟嫁娶豈在於多資，韓文公《寄崔立之》詩曰："老婦願嫁女，約不論財資。"[6]而男女實先於擇德。《文中子》："男女之族，各擇德焉。"[7]歷三年而議始定，佩一言而久不渝。[8]幸分棣萼之輝，棠棣之華，鄂不韡韡。凡今之人，莫如兄弟。[9]益佩葭莩之托。鮑宣曰："董賢本無葭莩之親。"注："葭，蘆也。莩者，其莖中白皮至薄者也。""輕薄而附著也。"[10]何以卑我，匹爰重於晉秦；前注。[11]莫之與京，占預諧於陳蔡。《莊·二十二年》。[12]"懿氏卜妻敬仲云云。八世之後，莫之與京。陳屬公，蔡出也。"注："姊妹之子曰出。"[13]

校注：

〔1〕本條亦陳應行所撰。《全宋文》未録。

〔2〕交遊：結交朋友。丁注所引見黄庭堅《寄裴仲謨綸》。

〔3〕挹：通"揖"，推崇。玉昆金友：亦作"玉友金昆"，是兄弟的美稱，典出《南史·王銓傳》。聲猷：聲譽和業績。

〔4〕雪柏：蘇軾《用前韻作雪詩留景文》："交遊雖似雪柏堅，聚散行作風花瞥。"烟蘿：語出《詩·小雅·頍弁》。頍：丁注原訛作"鴟"，今據《毛詩》正。偶對：泛指婚姻配偶。

〔5〕攀附：攀援依附。《文選·陳孔璋〈爲曹洪與魏文書〉》："設守無巧拙，皆可攀附，則公輸已陵宋城，樂毅已拔即墨矣。"單平：詳見2.5.1"黄山谷"條注〔6〕。

〔6〕丁注所引見韓愈《寄崔二十六立之》。約不：或作"不約"。資：或作"貲"。

〔7〕丁注所引見《中説·事君篇》。

〔8〕佩：銘記。《文心雕龍·銘箴》："銘實表器，箴惟德軌。有佩於言，無鑒於水。"

〔9〕棣萼：亦作"棣蕚""棣華"，語出《詩·小雅·常棣》。常棣，又作"棠棣""唐棣"，灌木名。鄂：盛貌。不：助語詞，無義。韡：通"煒"，鮮明貌。常棣花每兩三朵彼此相依，故該詩以常棣花喻指兄弟。如：丁注原訛作"必"，今據《毛詩》正。

〔10〕葭莩：指蘆葦裏的薄膜，用來比喻親戚關係疏遠淡薄。丁注所引見《漢書·鮑宣傳》。顏師古注："葭音工遐反，莩音孚。葭莩，喻輕薄而附著也。"丁注所引之注之前半部分乃《漢書·中山靖王劉勝傳》"今群臣非有葭莩之親"句注。

〔11〕前注：詳見3.1.5"程子山"條"何必秦晉匹也"句下注文。爰：句中語氣助詞，無義。

〔12〕二年：原訛作"一年"，今據《左傳》正。

〔13〕莫之與京：謂大得無法相比。京，猶大。出：外甥。陳厲公（？—前700？），春秋時期陳國國君。本名嬀躍，陳桓公之子。其母乃蔡女，爲蔡人所立。其次子即田完，後奔齊，最終奪取姜齊政權。

3.1.21 陳伯溫[1]

蓬蓽偎居,《儒行》:"蓽門圭窬,蓬戶甕牖。"[2]切愧原貧之甚;《莊子·讓王篇》:"原憲居魯,環堵之室,蓬戶甕牖,上漏下濕,匡坐而弦。子貢見之曰:'先生何病?'憲曰:'無財謂之貧,學而不能行謂之病。今憲,貧也,非病也。'"[3]芝蘭俱化,《家語·六本》:"與善人居,如入芝蘭之室,久而不聞其香,即與之化矣。"遽忘齊偶之非。[4]儻匪夤緣,固難苟合。魏文帝詔:"故因緣私好,在於苟合。"[5]某男曩捧書於鶚表,孔融《薦禰衡疏》曰:"鷙鳥累百,不如一鶚。"[6]繼點額於龍門,《三秦記》:"龍門,魚登者化龍,不登者點額。"[7]惟壯志之未衰,馬援曰:"大丈夫為志,老當益壯。"[8]然青春之漸遠。杜《寄章侍御》:"金章紫綬照青春。"[9]所可同菽水之奉,《檀弓下》:"啜菽飲水盡其驩,斯謂之孝。"[10]必有賴琴瑟之和。《詩》:"妻子好合,如鼓瑟琴。"[11]素聞玉女之賢,《詩》:"有女如玉。"未諧伉儷;[12]屢辱冰人之請,許締姻婕。[13]合二姓以交驩,卜三龜而習吉,《金縢》:"乃卜三龜,一習吉。"[14]敬陳聘幣,略效贄儀。

校注:

〔1〕本條乃陳伯溫所撰。伯溫生卒年不詳,《八閩通志·漳州府·文苑》:"陳伯溫,龍溪人。元豐間以詞賦稱,伯溫賦《仁者靜》為監元。同邑王補,字肩甫,詞賦與伯溫並稱,不就特科。或謂:'伯溫肩甫,賦中之虎。'"

〔2〕蓬蓽:"蓬門蓽戶"的省語,指用蓬草、荊條做成的門戶,形容窮苦人家所住的簡陋房屋。偎,通"猥",鄙陋,卑劣。丁注所引見《禮記·儒行》。今本《禮記》"蓽"作"篳"。圭窬,猶圭竇,牆上的圭形小門,借指窮人家的門戶。甕牖:以破甕為窗,均可借指貧寒之家。

〔3〕環堵:四周環着每面一方丈的土牆,形容狹小簡陋的居室。匡坐:正坐。

〔4〕齊偶之非：詳見 2.3.1"張主簿從道"條注〔5〕。

〔5〕丁注乃《魏書·高宗紀》文，亦見《北史·高宗文成皇帝紀》。"私"字原脱，今據《魏書》補。

〔6〕鶚表：推薦人才的表章。鶚，鷙鳥名，俗稱魚鷹。

〔7〕點額：謂跳龍門的鯉魚頭額觸撞石壁。北魏酈道元《水經注·河水四》："鱣，鮪也。出鞏穴，三月則上渡龍門，得渡爲龍矣。否則，點額而還。"後因以"點額"指仕途失意或應試落第。《三秦記》，漢辛氏撰，原書已佚，有輯本傳世，是我國陝西早期的地方誌著作。

〔8〕丁注所引見《後漢書·馬援傳》。原文曰："丈夫爲志，窮當益堅，老當益壯。"

〔9〕丁注所引見杜甫《奉寄章十待御》。照：原訛作"聯"，今據杜詩正。青春：年紀。

〔10〕菽水：豆與水。菽水之奉，謂晚輩對長輩的供養。語出《禮記·檀弓下》："子路曰：'傷哉！貧也！生無以爲養，死無以爲禮也。'孔子曰：'啜菽飲水，盡其歡，斯之謂孝。'"

〔11〕丁注所引見《詩·小雅·常棣》。好合：情投意合。

〔12〕丁注所引見《詩·召南·野有死麕》。毛亨傳："德如玉也。"鄭玄箋："如玉者，取其堅而潔白。"諧：商議確定。

〔13〕冰人，詳見 12.2.17"夢立冰上"條。

〔14〕交驩：同"交歡"，指男女成婚。三龜：古代卜筮之法。《尚書·金縢》："乃卜三龜，一習吉。"孔傳："以三王之龜卜。"孔穎達疏："《周禮》：'太卜掌三兆之法：一曰玉兆，二曰瓦兆，三曰原兆。'三兆各別，必三代之法也。"習吉：謂再卜重得吉兆。

3.1.22　黃知縣[1]

男女以正，婚姻以時，《桃夭》。[2]顧在人而寔重；《昏義》。[3]媒妁之言，父母之命，《孟子》。[4]宜擇德以爲先。《文中子》。[5]事雖出於人爲,邵康節詩:"男女天所生,夫妻人所成。"[6]幸實由於天與。《前漢·霍去病傳》:"亦有天幸。"[7]令女夙閑七戒,秀獨擅於閨中;[8]某男粗習一經,珍愧非於席上。《儒行》。[9]偶借立冰之語,適諧種玉之姻。[10]卜云其吉然允臧,《定之方中》。已叶鳳鳴之兆;[11]禮與其奢也寧儉,《八佾》。敬伸雁奠之儀。[12]

校注:

[1] 本條乃黃知縣所撰,其人未詳。《全宋文》未錄。

[2]《桃夭》:謂《詩·周南·桃夭》序。

[3] 寔:通"是",此,這。寔重,猶重視這個。《禮記·昏義》:"昏禮者,將合二姓之好,上以事宗廟,而下以繼後世也。故君子重之。"

[4]《孟子·滕文公下》:"丈夫生而願爲之有室,女子生而願爲之有家。父母之心,人皆有之。不待父母之命、媒妁之言,鑽穴隙相窺,逾牆相從,則父母國人皆賤之。"

[5] 詳見3.1.20"又陳送蔡"條注[7]。

[6] 丁注所引見邵雍《擊壤集》卷十二《接花吟》。

[7]《漢書·霍去病傳》:"軍亦有天幸,未嘗困絕也。"

[8] 閑:原殘泐,今據文意補。七戒:東漢班昭作《女誡》,教導女子爲人處世的道理,包括卑弱、夫婦、敬慎、婦行、專心、曲從和叔妹七章,是爲"七戒"。該書位居中國古代"女四書"之首(《女誡》、《內訓》、《女論語》、《女範捷錄》),是封建社會女子的啓蒙讀物。

[9]《禮記·儒行》:"儒有席上之珍以待聘,夙夜強學以待問,懷忠信以待舉,力行以待取。"席上之珍:本指筵席上的珍品,喻指至美的人才。

[10] 立冰之語:詳見12.2.17"夢立冰上"條。種玉之姻:詳

見18.2.1"陽雍伯"條。

〔11〕吉然允臧：鳳鳴之兆，見2.6.2"危縣丞少劉 答劉德基"條注〔14〕。

〔12〕雁奠：指聘儀。古代訂婚、親迎時，男子須向女家獻雁爲禮。

婚禮新編　卷四之五

4.1　答定

4.1.1　孫尚書仲益[1]

　　枌榆同社，《前漢·郊祀志》："高祖禱豐枌榆社。"注："枌，符云反，白榆也。以此樹爲社神，因立名也。"[2]藐然雞犬之聞；《老子》："鄰國相望，雞犬之聲相聞。"[3]羔雁旅陳，後漢陳寔父子並著高名，每宰府辟召，同時旌命，羔雁成群，當世榮之。[4]端若駏蛩之應。韓文《留東野詩》："低頭拜東野，願得終始如駏蛩。"音巨邛。[5]遂徼一時之幸，永諧二姓之歡。[6]某官襲父祖之箕裘，而家法具存；唐柳公綽妻韓氏，家法嚴肅，儉約爲搢紳家楷範。[7]某女奉尊章之鞶悅，《前漢·廣川王傳》："歌曰：'背尊章，嫖以忽。'"注："尊章猶言舅姑也。今關中俗婦呼舅爲鍾。鍾者，章聲之轉也。"《士婚禮》曰："母施衿結帨，曰：'勉之敬之，夙夜無違宮事。'庶母及門內施鞶，申之以父母之命。"鞶，囊也。悅，佩巾也。[8]而婦儀已著。後漢周郁妻趙氏少習儀訓，閑於婦道。[9]榛栗棗脩之贄，以辨男女，不敢過焉；《左·莊二十四年》："女贄不過榛、栗、棗、脩，以告虔也。今男女同贄，是無別也。"[10]蘋蘩蘊藻之菜，可羞王公，《左·隱三年》："蘋蘩蘊藻之菜，筐筥錡釜之器，潢汙行潦之水，可薦於鬼神，可羞於王公。"[11]永爲好也。

校注：

〔1〕本條乃孫覿所撰。《鴻慶居士集》卷二十八《代答婚》、《全宋文》卷三四三九《參政姪女回虞守子親書》均録之。

〔2〕詳見 3.1.16"魏艮齋元履"條注〔2〕。

〔3〕藐然：距離遠貌。丁注所引見《老子》下篇第八十一章文。

〔4〕羔雁：小羊和雁，古代用作徵召、婚聘、晉謁的禮物。旅：陳列。《詩·小雅·賓之初筵》："籩豆有楚，殽核維旅。"毛傳："旅，陳也。"旅陳：《鴻慶居士集》作"旅庭"，誤。丁注所引見《後漢書·陳紀傳》。父：原留白，今據《後漢書》補。宰府：原倒作"府宰"，今亦據乙正。

〔5〕端若：正如。駏（jù）蛩（qióng）：傳說中兩種異獸蛩蛩（或作邛邛）與駏驉（或作巨虛、距虛、鉅虛）的合稱，二獸相類似而形影不離。《淮南子·道應訓》："北方有獸，其名曰蟨，鼠前而兔後，趨則頓，走則顛，當爲蛩蛩駏驉取甘草以與之，蟨有患害，蛩蛩駏驉必負而走。"後因以"駏蛩"形容關係密切。丁注所引見韓愈《醉留東野》。

〔6〕徼幸：通"僥倖"，幸運。永：《鴻慶居士集》作"求"，誤。二：《鴻慶居士集》及《全宋文》均作"兩"。

〔7〕某官：此二字前《鴻慶居士集》及《全宋文》均有"伏承令嗣"諸字。箕裘：《禮記·學記》："良冶之子，必學爲裘，良弓之子，必學爲箕。"孔穎達疏："積世善冶之家，其子弟見其父兄世業鈞鑄金鐵，使之柔合以補治破器，皆令全好，故此子弟仍能學爲袍裘，補續獸皮，片片相合，以至完全也……善爲弓之家，使幹角撓屈調和成其弓，故其子弟亦睹其父兄世業，仍學取柳和軟撓之成箕也。"意謂子弟由於耳濡目染，往往繼承父兄之業。後因以"箕裘"比喻祖上的事業。家法：治家的禮法。丁注所引見宋劉清之《戒子通録》卷二《唐柳玼序訓》。

〔8〕某女：《鴻慶居士集》及《全宋文》均作"以某登仕兄幼女"。

尊章：亦作"尊嫜"，即舅姑，是對丈夫父母或對人公婆的敬稱。鞶帨(shuì)：腰帶和佩巾。《鴻慶居士集》及《全宋文》"鞶"作"槃"，爲通假字。丁注所引見《漢書·廣川惠王越傳》及《儀禮·士昏禮》。"呼舅姑"之"姑"原脱，今據《漢書》補。

〔9〕已著：《鴻慶居士集》及《全宋文》均作"是習"。丁注所引見《後漢書·列女傳·周郁妻》。

〔10〕詳見3.1.3"孫尚書"注〔9〕。

〔11〕蘋：水生植物名，也稱四葉菜。蘩：植物名，即白蒿。蕴藻：聚集之水藻草。菜：《鴻慶居士集》作"采"，誤。羞：《鴻慶居士集》及《全宋文》均作"薦"，恐非。《左傳·隱公三年》正作"羞王公"，杜預注："羞，進也。"即進獻。筥(jǔ)：圓形的盛物竹器。釜：圓底無足炊。錡(qí)：古代有足的釜。潢：積水池。汙：通"洿"。停積不流的小水。行潦：溝中的流水。

4.1.2 又[1]

闞夫子之墙，子貢曰："夫子之墙數仞。"[2]竊有執鞭之慕；《史記·晏平仲贊》曰："假令晏子而在，余雖爲之執鞭，所欣慕焉。"[3]掃相君之舍，前漢魏勃欲見齊相曹參，家貧無以自通，常獨早掃舍人門外。舍人以爲物而伺之，得勃。勃曰："欲見相君，無因，故爲子掃。"[4]尚懷按劍之疑。鄒陽《上梁王書》曰："明月之珠，夜光之璧，以暗投人於道，眾莫不按劍相眄者，何哉？無因而至前也。"[5]豈謂諸郎擇對之初，宋王僧虔曰："此是烏衣諸郎坐處。"孟氏擇對不嫁。[6]不問下走抗塵之賤。《文選·北山移文》："抗塵容而走俗狀。"[7]某官議論獨守家法，文章綽有父風。山間性温雅，有父風。[8]遇郗鑒之客若無，郗鑒使門生求女婿於王導。門生歸，謂鑒曰："王諸少並佳，然聞信至，咸自矜持。惟一人在東牀坦腹食，獨若不聞。"[9]視絡秀之家何有。晉周浚出獵，遇雨，止絡秀之家。會其父兄不在,絡秀與一婢宰豬羊,具饌,甚精辨而不聞人聲。浚怪,使人覘之,獨見一女。浚因求爲妾。[10]敢圖賤息,見謂好逑。[11]馳一乘之使以俯臨,前漢廣武君對韓信曰:"發一乘之使,奉咫尺之書。"[12]罄三命之恭而下拜。《左·昭七年》:"正考父三命,茲益恭。"[13]代匱可也,《左·成九年》:"凡百君子,莫不代匱。"奚爲食鯉之求,[14]何覥如之,《左·襄十年》:"向戌曰:'君若猶辱以倡陽光啓寡君,群臣安矣,何覥如之!'"[15]遂竊乘龍之喜。[16]

校注:

〔1〕本條乃孫覿所撰。《鴻慶居士集》卷二十八《代答》、《全宋文》卷三四三九《代答》均錄之。

〔2〕丁注所引見《論語·子張篇》,本指學問道德高深莫測,後喻指高不可攀,令人嚮往。

〔3〕執鞭:持鞭駕車,借指效勞,盡力。

〔4〕相君:舊時對宰相的尊稱。丁注所引見《史記·齊哀王世家》。以爲物:以爲是怪物。因:憑藉。

〔5〕按劍:詳見3.1.3"孫尚書"條注〔11〕。"至前"之"至"字原脱,今據《文選》補。

〔6〕諸郎:諸公子。丁注所引見《南齊書·王僧虔傳》。烏衣:烏衣巷。孟光事詳見14.2.2"孟光"條。

〔7〕間:參與。下走:供奔走役使的人。抗塵:"抗"字原殘泐,今據《文選》補。語本南朝齊孔稚珪《北山移文》:"焚芰製而裂荷衣,抗塵容而走俗狀。"謂熱衷名利而奔走於塵俗之中。

〔8〕某官:此二字前《鴻慶居士集》有"伏承令嗣學士"諸字。議論:對人或事物所發表的評論性意見或言論。綽:《鴻慶居士集》及《全宋文》均作"已"。丁注所引見《晉書·山簡傳》。

〔9〕丁注所引本自《晉書·王羲之傳》,詳見14.1.1"郗鑒"條。

〔10〕丁注所引本自《晉書·列女傳·周顗母李氏》,詳見19.4.10"絡秀"條。辨:原作"辨",今據《晉書》正。

〔11〕從"敢圖"至"下拜"二十四字,《鴻慶居士集》闕,當據補。賤息:謙稱自己的女兒。見:被。

〔12〕一乘之使:猶一介之使,一個媒人。俯臨:屈尊下臨。丁注所引見《漢書·韓信傳》。

〔13〕罄:竭盡,《全宋文》作"整",誤。三命:周代分官爵爲九等,稱作九命。三命爲公侯伯之卿。杜預注:"三命,公卿也。言位高益恭。"今本《左傳》"恭"作"共"。

〔14〕代匱:謂匱乏時取以代用。"凡":原作"几",今據《左傳》正。食鯉:詳見2.5.5"又代求楊氏"條注〔10〕。

〔15〕戌:原訛作"戍",今據《左傳》補正。貺:賜贈之物。

〔16〕乘龍:比喻得佳婿。詳見18.5.14"兩女乘龍"條。

4.1.3 又答董氏[1]

北際南垂,《公孫瓚傳》:"童謠曰:'燕南垂,趙北際,中央不合大如礪,唯有此中可避世。'"[2]迥若參辰之次;《左·昭元年》:"子產曰:'高辛有二子,伯曰閼伯,季曰實沈。居不相能,日尋干戈,以相征討。后帝不臧,遷閼伯於商丘,主辰。商人是因,故辰爲商星。遷實沈于大夏,主參。唐人是因。及成王滅唐,而封大叔,故參爲晉星。'"[3]西傾東應,《南史》:"江祿先爲武寧郡,頗有資產。積錢於壁,壁爲之倒。迨銅物,皆鳴。人戲之曰:'所謂銅山西傾,洛鐘東應者也。'"[4]自同針芥之投。磁石引針,琥珀拾芥。[5]夫豈偶然,適有天幸。某官英妙,無窺園之好;齊虞通之《貽傅昭詩》:"英妙擅山東,才子傾洛陽。"董仲舒三年不窺園,其精如此。[6]某女素風,猶映雪之餘。孫康映雪[7]蓋緣草木臭味之同,不改風雨晦冥之度。《詩》:"風雨如晦,雞鳴不已。"[8]佩至言於三復,固無磨玷之尤;《語》:"南容三復白圭。"《詩·抑》:"白圭之玷,尚可磨也。斯言之玷,不可爲也。"[9]出妙句於五噫,共有相舂之樂。梁鴻過京師,作五噫之歌,曰:"陟彼北芒兮,噫!顧覽帝京兮,噫!宫室崔嵬兮,噫!人之劬勞兮,噫!遼遼未央兮,噫!"至吴,依皋伯通爲賃舂。《記·曲禮》:"鄰有喪,舂不相。"[10]

校注:

〔1〕本條乃孫覿所撰。《鴻慶居士集》卷二十八《答董舍人問親》、《全宋文》卷三四三九《答董舍人問親書》均録之。

〔2〕北際南垂:猶北疆與南疆,這裏指兩家相距甚遠。丁注所引見《後漢書·公孫瓚傳》。

〔3〕參:《鴻慶居士集》作"星",誤。丁注節引自《左傳·昭公元年》。主:原訛作"生",今據《左傳》正。相能:謂和睦。后帝:堯也。臧:善。

〔4〕丁注所引見《南史·江禄傳》。迮(zé):倒壓,砸。

〔5〕同:原作"然",據《鴻慶居士集》及《全宋文》改。丁注所引本自《三國志·吴書·虞翻傳》"虞翻字仲翔,會稽餘姚人也"句裴松之注引三國吴韋昭《吴書》:"虎魄不取腐芥,磁石不受曲鍼。"又《周易·乾》:"同聲相應,同氣相求。"孔穎達正義:"亦有異類相感者,若磁石引針,琥珀拾芥。"謂人或事物之間相互感應和投契。

〔6〕某官:此二字前《鴻慶居士集》及《全宋文》均有"伏承"二字。英妙:年少而才華出衆。窺園:觀賞園圃風景。《漢書·董仲舒傳》:"(仲舒)少治《春秋》,孝景時爲博士。下帷講誦,弟子傳以久次相授業,或莫見其面。蓋三年不窺園,其精如此。"後以"目不窺園"形容學習專心刻苦。丁注所引見《梁書·傅昭傳》。傅:原訛作"傳",今據《梁書》正。

〔7〕某女:《鴻慶居士集》及《全宋文》均作"而某舍弟縣丞長女"。素風:純樸清高的風格。映雪之餘:謂該女亦甚勤學。孫康

映雪：詳見3.1.9"江文卿代王次仲娶建安葉尉女"條注〔7〕。

〔8〕蚤：通"早"。草木臭味：詳見3.1.2"又"條注〔4〕。晦冥：昏暗，陰沉。丁注所引見《詩·鄭風·風雨》。毛亨序："《風雨》，思君子也。亂世則思君子，不改其度焉。"謂身逢亂世，則更加思念品德高尚的君子。

〔9〕佩：銘記。三復：本自《論語·先進篇》："南容三復白圭，孔子以其兄之子妻之。"何晏集解引孔安國曰："《詩》云：'白圭之玷，尚可磨也；斯言之玷，不可爲也。'南容讀詩至此，三反覆之，是其心慎言也。"後因以"三復白圭"謂慎于言行。尤：過失。

〔10〕五噫：即東漢梁鴻所作之《五噫歌》。相舂：同樂。丁注所引見《後漢書·逸民傳·梁鴻》及《禮記·曲禮上》。舂不相：謂舂米時候不唱送杵的號子，以示同哀之心。

4.1.4 又答李氏[1]

高門《前漢》："于公高門。"列戟，唐崔琳與弟珪、瑤俱列棨戟，世號"三戟崔家"。[2]久已伏膺；《中庸》："回也得一善，則拳拳服膺而不失。"[3]陋巷《語》："在陋巷，人不堪其憂。"編茅，東方朔《論》："積土爲室，編蓬爲戶。"[4]重慚非偶。龜筮叶吉，羔雁旅陳。[5]某官大丞相之家，李士美丞相[6]典刑故在；《詩》："雖無老成人，尚有典刑。"[7]而某女孫老書生之女，杜《秋雨歎》："堂上書生空白頭。"[8]蠶織粗更。《前漢》："女修蠶織。"[9]異日相望，風馬不交於齊楚；[10]餘生何幸，門墻遂接於朱陳。[11]

校注：

〔1〕本條乃孫覿所撰。《鴻慶居士集》卷二十八《代答婚》、《全宋文》卷三四三九"代答昏書"條均錄之。此爲孫覿代某氏答李邦

彦家求婚書。

〔2〕高門：借指富貴之家。丁注所引見《漢書·霍諝傳》。于公高門：指爲官賢明而子孫顯貴的人。列戟：宮廟、官府及顯貴之府第陳列戟於門前，以爲儀仗。丁注所引見《舊唐書·崔義玄傳》。棨（qǐ）戟：原倒作"戟棨"，據《舊唐書·崔義玄傳》正。義爲有繒衣或油漆的木戟。《舊唐書·張儉傳》："唐制三品以上，門列棨戟。"

〔3〕伏膺：《鴻慶居士集》及《全宋文》作"服"，伏，通"服"，謂傾心，欽慕。丁注本自《中庸》，原文作："子曰：'回之爲人也，擇乎中庸，得一善，則拳拳服膺而弗失之矣。'"拳拳：誠摯貌。

〔4〕陋巷：簡陋的巷子。一説指狹小簡陋的居室。丁注所引見《論語·雍也篇》。編茅：即編蓬。丁注所引見《漢書·東方朔傳》之《非有先生論》。

〔5〕詳見 3.1.16"魏艮齋元履"條注〔4〕及 4.1.1"孫尚書仲益"條注〔4〕。叶：《鴻慶居士集》及《全宋文》作"協"。叶吉：和協吉祥。

〔6〕某官：《鴻慶居士集》及《全宋文》作"伏承某人"。李士美，即李邦彥（？—1130），北宋懷州（今河南沁陽）人，善阿諛奉承，自號李浪子。太學上舍及第，欽宗宣和五年（1123）官至尚書左丞，"靖康之難"時力主割地議和，致使北宋滅亡。高宗即位後貶死桂州（今廣西桂林）。丞：原譌作"承"，今據上下文正。

〔7〕典刑：常刑。丁注所引見《詩·大雅·蕩》。老成人：年高有德的人，此處特指舊臣。

〔8〕某：該字《鴻慶居士集》及《全宋文》後有"從"字，之女：原作"之子"。從孫女，兄弟的孫女。丁注所引見杜甫《秋雨歎三首》之一。

〔9〕更：善。《周禮·考工記·函人》："眡其裏而易，則材更也。眡其朕而直，則制善也。"鄭玄注引鄭司農云："更，善也。"粗更：略微善好。丁注原謂"女修蠶織"爲《國語》文，今查無。《漢

書·食貨志》："雞、豚、狗、彘毋失其時，女修蠶織，則五十可以衣帛，七十可以食肉。"今依《婚禮新編》體例正作"《前漢》"。

〔10〕異日：往日，從前。風馬不交於齊楚：詳見2.7.2"孫尚書"條注〔4〕。

〔11〕朱陳：詳見2.5.5"又代求楊氏"條注〔12〕。

4.1.5　又答曾氏[1]

菅蒯代匱，奚俟齊姜之求；《左·成九年》："古詩曰：'雖有絲麻，無棄菅蒯。雖有姬姜，無棄憔悴。凡百君子，莫不代匱。'"[2]芹藻可羞，宜效野人之獻。嵇康："野人有快炙背而美芹子者，欲獻之至尊，雖有區區之意，亦已疏矣。"[3]某人世胄，實江左衣冠之表，家聲猶魯國洙泗之餘。曾子。[4]某姪女固嘗襲荊布而素賤貧，《中庸》："素貧賤，行乎貧賤。"[5]可以執箕箒而奉灑掃。袁隗謂其妻馬氏曰："婦奉箕箒而已。"《曲禮》曰："納女於大夫曰備掃灑。"[6]屬室家之有願，式諧鳴鳳之占；[7]繄棗栗以告虔，遂獲乘龍之喜。[8]

校注：

〔1〕本條乃孫覿所撰。《鴻慶居士集》卷二十八《答曾氏問親》、《全宋文》卷三四三九《答曾氏問親書》均錄之。

〔2〕菅(jiān)蒯(kuǎi)：茅草之類，可編繩索，又喻指微賤的人或物。代匱：謂匱乏時取以代用。俟：等待，原作"事"，據《鴻慶居士集》改。齊姜之求：詳見2.5.5"又代求楊氏"注〔10〕。憔悴：今本《左傳》作"蕉萃"，面容枯槁貌。古人多以姜、姬代美女，詩中"姜姬"與"憔悴"對文。

〔3〕芹藻：水芹和水藻，莖葉可食。丁注所引見嵇康《與山巨源絕交書》。野人：後原衍"人"字，今據嵇康文刪。快炙背而美芹

子,謂以太陽曬背爲快事且以水芹爲美味。至尊:君主。

〔4〕某人:《鴻慶居士集》作"伏承某官"。世胄:世家子弟,貴族後裔。江左:長江下游以東地區。衣冠:代稱縉紳、士大夫。丁注"曾子",謂《禮記·檀弓上》曾子怒責子夏之事。原文作:"曾子怒曰:'商,女何無罪也?吾與女事夫子於洙泗之間,退而老於西河之上,使西河之民,疑女於夫子,爾罪一也。'"洙泗:洙水和泗水的合稱。孔子曾在魯國洙泗之間聚徒講學,後因以"洙泗"代稱孔子及儒家。

〔5〕某姪女:此三字前《鴻慶居士集》有"以"字。荆布:"荆釵布裙"之省,形容婦女裝束樸素。丁注所引見《禮記·中庸》。乎:原脱,今據《禮記》補。

〔6〕袁隗事:詳見18.3.1"袁隗"條。馬:原殘泐,今據《後漢書》補。

〔7〕屬:正好,適逢。願:願望。

〔8〕繄:句首語氣詞,相當於"惟"。栗:《鴻慶居士集》及《全宋文》作"脩"。獲:《鴻慶居士集》作"賀"。《左傳·莊公二十四年》:"女贄,不過榛栗棗脩,以告虔也。"又《國語·魯語上》:"夫婦贄不過棗栗,以告虔也。"

4.1.6 又[1]

三星照户之光,已屆婚姻之候;[2]九里漸河之潤,實繄閥閲之高。唐楊汝士兄弟俱歷要仕,時稱盛閥。[3]某官一鄉之月旦所推,大父之風流未遠。鄭當時知友皆大父行。注:"祖父也。"[4]某姪女遂依名族,《前漢》:"陳嬰曰:'我倚名族,亡秦必矣。'"[5]以亢衰宗。《左·昭元年》:"焉能亢宗?"[6]坦腹踞床,已見出諸郎之右;齊眉舉案,庶幾事君子之恭。[7]

校注：

〔1〕本條乃孫覿所撰。《鴻慶居士集》卷二十八《答余氏問親》、《全宋文》卷三四三九《答余氏問親書》均録之。《文粹》題作"季益弟女回定包中大書"。

〔2〕三星照户：猶三星在天，借指嫁娶之時。語本《詩·唐風·綢繆》："綢繆束薪，三星在天。"毛傳："三星在天，可以嫁娶矣。"鄭箋："三星，謂心星也。心有尊卑，夫婦父子之象，又爲二月之合宿，故嫁娶者以爲候焉。昏而火星不見，嫁娶之時也。"

〔3〕河潤：謂恩澤及人，如河水之滋潤土地。典出《莊子·列御寇》："河潤九里，澤及三族。"丁注所引見《海録碎事·聖賢人事部上·世家門》。要仕：要職。盛閥：指世代貴顯之家。

〔4〕某官：此二字《鴻慶居士集》前有"伏承"二字。未遠：《鴻慶居士集》作"靡遠"。月旦：詳見2.5.9"張參政全真"條注〔2〕。父：原訛作"人"，今據《漢書·鄭當時傳》正。大父：祖父。

〔5〕某姪女：此三字《鴻慶居士集》前有"而"字。名族：原作"右族"，今據《鴻慶居士集》正。丁注所引見《史記·項羽本紀》。

〔6〕冗宗：庇護宗族，光耀門庭。丁注所引見《左傳·昭公元年》。元：原作"九"，今據《左傳》正。

〔7〕坦腹：詳見14.1.1"郗鑒"條。齊眉：詳見14.2.2"孟光"條。案：原訛作"按"，今據《後漢書》正。

4.1.7　又[1]

內閣紬書，《魏志·王肅傳》注："薛夏曰：蘭臺爲外臺，秘書爲內閣。"司馬遷爲太史，紬史記石室金匱之書。[2] 榮參步武；韓退之《和席八十二韻》："綸綍謀猷盛，丹青步武親。"[3] 窮閣掃軌，《杜密傳》："劉勝告歸鄉里，閉門掃軌，無所干及。"[4] 絶望光塵。陸遜《與關羽書》："延慕光塵，思稟良規。"[5]猥勤緹騎之臨,漢制:執金吾,緹騎二百人。[6]叵奉緘封之寵。韓文:"母附書至妻寄衣,開緘發封淚痕晞。"[7]令弟一經志學,《韋賢傳》:"遺子黃金滿籯,不如一經。"[8]萬卷傳家;杜詩:"讀書破萬卷。"[9]某女方擇所從,重慚非偶。勞謙過矣,謙卦:"九三:勞謙,君子有終,吉。"[10]陳義藹然。《莊子》:"屠羊説居處卑賤,而陳義甚高。"[11]謂圖全有魴鯉之求,而代匱無蓻菅之棄。[12]踞床不顧,獨得王逸少於座中;舉案而前,請從梁伯鸞於廡下。[13]

校注:

〔1〕本條乃孫覿所撰。《鴻慶居士集》未錄,《全宋文》卷三四三九《答婚書》據《婚禮新編》錄之。

〔2〕內閣:古代中央官署名,主要收藏御書、御制文集及典籍圖錄等。紬(chōu):綴緝。丁注所引見《三國志·魏書·王肅傳》裴松之注及《漢書·司馬遷傳》。

〔3〕步武:腳步。丁注所引見韓愈《和席八十二韻》。席:原訛作"韋",今據韓詩正。綸綍:《禮記·緇衣》:"王言如絲,其出如綸;王言如綸,其出如綍。"鄭玄注:"言,言出彌大也。"孔穎達疏:"'王言如綸,其出如綍'者,亦言漸大出如綍也。綍,又大於綸。"後因稱皇帝的詔令爲"綸綍"。謀猷(yóu):計謀,謀略。《尚書·文侯之命》:"亦惟先正克左右昭事厥辟,越小大謀猷,罔不率從,肆先祖懷在位。"

〔4〕窮閻:猶陋巷,窮人住的里巷。掃軌:掃除車輪痕跡,比喻隔絕人事。丁注所引見《後漢書·黨錮傳·杜密》,《婚禮新編》原誤作"李膺傳",今據《後漢書》正。

〔5〕絶望:極目遠望,猶仰慕。光塵:敬詞,稱言對方的風采。《文選·繁欽〈與魏文帝箋〉》:"冀事速訖,旋侍光塵,寓目階庭,與聽斯調。"張銑注:"光塵,美言之。"丁注所引見《三國志·吳書·陸遜傳》。延:原訛作"廷",今據《三國志》正。

〔6〕緹騎：穿紅色軍服的騎士，亦泛稱貴官的隨從衛隊。丁注所引見《後漢書·百官志四》。

〔7〕緘封：指書信。丁注所引見韓愈《送區弘南歸》。晞：干。原訛作"稀"，今據韓詩正。

〔8〕一經：詳見2.5.7"程子山"條注〔14〕。志學：專心求學。語本《論語·爲政篇》："吾十有五而志於學。"

〔9〕丁注所引見杜甫《奉贈韋左丞丈二十二韻》。

〔10〕勞謙：勤勞謙恭。吉：原殘泐，今據《周易》補。

〔11〕陳義：陳說的道理。藹然：溫和、和善貌。丁注所引見《莊子·讓王篇》。

〔12〕魴鯉、蒯蕢：分別見2.5.5"又代求楊氏"條注〔10〕、4.1.5"又答曾氏"條注〔2〕。

〔13〕踞床、舉案：分別見14.1.1"郗鑒"條。齊眉，詳見14.2.2"孟光"條。案：原作"按"，今據《後漢書》正。

4.1.8 又[1]

井疆綺錯，《文選·兩都賦》："隄封五萬，疆場綺紛。"又"周廬千列，徼道綺錯。"[2]聲聞颷流。《離婁下》："聲聞過情，君子恥之。"《宋書》："颷流所始，莫不同祖風騷。"[3]仰居室之方隆，《孟子》："男女居室，人之大倫也。"[4]諒衰宗之非偶。肆惟息女，《高帝紀》："呂公曰：'臣有息女。'"[5]厥有童心。《左·襄三十一年》："昭公十九年矣，猶有童心。"[6]令似聞詩無違，志學匪懈。[7]夙謹蘋蘩之助，奚先菲之求？[8]睠焉拜嘉，敢不祗命。[9]

校注：

〔1〕本條乃孫覿所撰。《鴻慶居士集》未錄，《全宋文》卷三四

三九《答婚書》錄之。

〔2〕井疆：井邑的疆界。《尚書·畢命》："弗率訓典，殊厥井疆，俾克畏慕。"綺錯：謂如綺紋之交錯。丁注所引見《文選·班孟堅〈兩都賦〉》之《西都賦》（五臣注本）文。

〔3〕聲聞（wèn）：名聲。過情：超過實際才德。飈流：亦作飇流、飆流，風流。丁注所引見《孟子·離婁下》及《宋書·謝靈運傳論》（《文選》亦錄之）。下：丁注原作"上"；宋書：丁注原作"離騷"，今並正。風騷：二字原闕，據《宋書》補。

〔4〕居室：本指住房，又指結婚。丁注所引見《孟子·萬章上》。

〔5〕肆：及至，至於。息女：親生女兒。丁注所引見《漢書·高帝紀》。

〔6〕童心：孩子氣，不成熟。

〔7〕無違：沒有違背。匪懈：不懈怠。

〔8〕蘋蘩：詳見2.5.1"黃山谷"條注〔10〕。蔚菲：詳見1.2.5"答求親"條注〔6〕。

〔9〕睠焉：猶睠然，即眷然，顧念依戀貌。拜嘉：拜謝讚美。《左傳·襄公四年》："《鹿鳴》，君所以嘉寡君也，敢不拜嘉。"祗命：猶奉命。唐韓愈《早赴街西行香贈盧李二中舍人》詩："天街東西異，祗命遂成遊。"

4.1.9 又[1]

人品甚高，黃山谷《濂溪詩序》云："舂陵周茂叔人品甚高。"[2]食河魴之可必；門地非稱，《晉·楊佺期》："有以其門地比王恂者，猶志恨。"近禁臠以奚宜。[3]適緣鳴鳳之叶占，猥辱委禽而勤請。[4]張負之慕孺子，知不長貧；[5]阿承之擇孔明，謂堪相配。見《自媒門》。[6]豈持託孤之慰,《語》:"可以托六尺之孤。"實祈倚玉之榮。[7]對將命以拜嘉,《少儀》:"某固願聞名於將命者。"撫懦衷而增感。[8]

校注:

〔1〕本條乃孫覿所撰。《鴻慶居士集》未録,《全宋文》卷三四三九《答婚書》録之。

〔2〕丁注所引見黃庭堅《濂溪詩序》。周茂叔:即周敦頤。

〔3〕門地:猶門第。丁注所引見《晉書·楊佺期傳》。以其:原脱,今據《晉書》補。禁臠:詳見14.1.2"謝混"條。

〔4〕委禽、鳴鳳:詳見2.6.2"危縣丞"條注〔13〕〔14〕。

〔5〕詳見15.6.1"陳平"條。

〔6〕詳見13.1.1"黃承彥"條。

〔7〕託孤:謂以遺孤相託。丁注所引見《論語·泰伯篇》。倚玉:詳見3.1.19"又"條注〔7〕。

〔8〕將命:奉命。懦衷:謙詞,無大志的胸懷,多用爲自謙之詞。蘇軾《賀提刑馬宣德啓》:"恭承榮問,有激懦衷。"丁注所引見《禮記·少儀》。

4.1.10 熊舍人子復 答王秘讀[1]

續大家之訓,顧息女之未能;曹大家作《女誡》七章。[2]讀東觀之書,羨名郎之有立。李邕既冠,見李嶠,自言讀書未徧,願一見秘書。嶠曰:"秘閣萬卷,豈時日能習耶?"邕固請,乃假直秘書。未幾,辭去。嶠驚試問奧篇隱帙,了辯如響。嶠歎曰:"子且名家。"[3]會集一言而作戲,《語》:"前言戲之爾。"偶諧二姓以成驪。[4]某女弱質幽閑,淵明《和劉柴桑》詩:"弱女雖非男,慰情良勝無。"[5]第守蓽門之陋;《儒行》:"蓽門主實。"[6]令似秘讀妙齡秀發,《文選》:"弱冠秀發。"[7]早參蓬閣之華。《後漢》:"竇章少好學。是時,學者稱東觀爲道家蓬萊山。"[8]猥承致於雁儀,豈待規於龜卜![9]寮同三館,《詩·板》:"及爾同寮。"《紀原》云:"國朝以昭文、集賢、史館同爲三館。"[10]雖序齒之絕殊;《記》:"燕毛,所以序齒。"[11]酒共一樽,尚論文而相益。老杜《與李白詩》:"何時一樽酒,重與細論文。"[12]

校注:

〔1〕本條乃熊克所撰。熊克(1132—1204),字子復,南宋建寧建陽(今屬福建)人。博聞強記,淹習歷代典故。紹興二十一年(1151)進士,出知紹興府諸暨縣,有惠政。薦直學士院,累遷起居郎兼直學士。受讒,出知台州,後奉祠,卒。著有《四六類稿》《九朝通略》《諸子精華》及《中興小紀》等。《宋史》卷四百四十五有傳。舍人:官名,宋有起居舍人,掌修記言之史。本條《全宋文》卷五〇〇七《答定書》録之。(另有《長女適練貢士書》一篇,《婚禮新編》無。)《文粹》卷八十六題作《次女適王秘讀書》。熊克次女妙恭將嫁與王秘讀(未詳何人),故作此書。

〔2〕大家:謂曹大家,即漢班昭。家,通"姑"。嫁曹世叔,早寡,屢受召入宮,爲皇后及諸貴人教師,號曰"大家"。作《女誡》七章,見《後漢書·列女傳·曹世叔妻》。

〔3〕東觀:東漢洛陽南宮內觀名。章和二帝時爲皇宮藏書之府。後泛指宮中藏書之所。名郎:宋代禮部郎中謂之名表郎官,故稱。丁注所引見《新唐書·文藝中·李邕傳》。奧篇隱帙:深奧冷僻的書籍。了辯如響:形容對答清楚敏捷,就像回聲之相應和一樣。辯:原作"辨",今據《新唐書》正。

〔4〕本句《文粹》作"緣會集一言之作戲,偶諧和二姓以成歡。"丁注所引見《論語·陽貨篇》。

〔5〕某女：《文粹》作"某次女妙恭"。弱質：體質柔弱。

〔6〕第：但是。丁注所引見《禮記·儒行》。蓽門圭竇：同"篳門閨竇"，柴門小戶，喻指窮人的住處。

〔7〕令似：《文粹》作"伏承令嗣"。秀發：原指植物生長繁茂，花朵盛開。語出《詩·大雅·生民》："實發實秀。"喻指人神采煥發，才華出眾。丁注所引見《文選·陸士衡〈辯亡論上〉》。

〔8〕參華：猶獲得榮華。蓬閣：即蓬萊閣，藏經籍圖書之處。丁注所引見《後漢書·竇章傳》。李賢注："老子爲守藏史，復爲柱下史，四方所記文書皆歸柱下，事見《史記》。言東觀經籍多也。蓬萊，海中神山，爲仙府，幽經秘錄並皆在焉。"

〔9〕雁儀：《文粹》同，《全宋文》作"雁牋"，誤。雁儀即聘娶雁奠之儀，詳見1.1.2"納采納其采擇之禮"條注〔12〕。"豈待規於龜卜"，《文粹》作"豈特稽於鳳卜"。

〔10〕寮：官吏。後多作"僚"。同寮，指同朝或同官署做官的人。三館：唐有弘文（亦稱昭文）、集賢、史館三館，負責藏書、校書、修史等事宜。宋並于崇文院中。丁注所引見《詩·大雅·板》及宋高承《事物紀原·京邑館閣部·昭文館》。

〔11〕序齒：按年齡長幼排定先後次序。丁注所引見《禮記·中庸》。燕毛：古代祭祀後宴飲時，以鬚髮顏色別長幼坐次，鬚髮白年長者居上位。燕，通"宴"。毛，鬚髮。

〔12〕丁注所引見杜甫《春日憶李白》。論文：談論文章。

4.1.11 黃山谷[1]

門單地薄，後漢高彪家本單寒。[2]實淺聲浮。昔馮紞曰："齊王名過於實。"[3]所通婚姻，多出平素。賢郎行義修於鄉黨，後漢竇融事母兄，養弱弟，內修行義。《曲禮上》："鄉黨稱其孝也。"[4]才華秀於士林。杜《寄裴施州》詩："後來況接才華盛。"柳子厚《表》："早以文律，參於士林。"〔5〕枝葉從仙李而來,劉向曰:"公族者,國之枝葉。"唐李陽冰曰:"指木李而生伯陽。"老子姓李,名耳,字伯陽。〔6〕閥閱有英公之舊。唐李勣封英國公。〔7〕某姪女未閑於教,《左·莊二十二年》:"赦其不閑於教訓。"〔8〕僅若而人。靈王求后於齊,齊侯問對於晏桓子。桓子對曰:"天子求后於諸侯,諸侯對曰:'夫婦所生若而人。'"〔9〕豈徒蘋藻之求,乃及菲葑之陋。〔10〕委以書幣,告之話言。《詩》:"告之話言,順德之行。"〔11〕泉水流於淇間,雖容比義;〔12〕女蘿施于松上,實愧攀高。〔13〕不獲終辭,靦然拜辱。〔14〕

校注:

〔1〕本條乃黃庭堅所撰,《文粹》卷八十六、《全宋文》卷二三〇六均錄之。黃庭堅爲其弟之女兒撰寫此文。黃庭堅有一兄(大臨)和四弟(叔獻、叔達、蒼舒、仲熊),未詳此處是哪位弟弟。婿姓李。

〔2〕丁注所引見《後漢書·文苑傳下·高彪》。單寒:謂出身寒微。

〔3〕實淺聲浮:即名不副實。丁注所引見《晉書·馮紞傳》。

〔4〕賢郎:《文粹》後有"七先輩"三字。行義:品行,道義。修:美好。丁注所引見《後漢書·竇融傳》及《禮記·曲禮上》。

〔5〕丁注所引分別爲杜甫《寄裴施州》、柳宗元《謝除柳州刺史表》。裴:原訛作"韋",今據杜詩正。參:並立。

〔6〕枝葉:枝條和樹葉。這裏喻指同宗的旁支。《左傳·文公七年》:"公族,公室之枝葉也;若去之,則本根無所庇蔭矣。"丁注所引見《漢書·劉向傳》及李陽冰《草堂集序》。"李樹"原作"木李",今據李文正。枝葉從仙李而來,謂其人姓李。

〔7〕閥閱:本指功績和經歷,這裏泛指門第家世。

〔8〕某姪女:《文粹》作"家弟之女"。未閑於教:疏於管教。閑:通"嫻",熟習。《戰國策·燕策二》:"閑於兵甲,習於戰攻。"

〔9〕若而：若干。丁注所引見《左傳·襄公十二年》。侯：原殘泐，今據《左傳》補。問：原作"求"；桓：原作"栢"。今並據《左傳》正。

〔10〕徒蘋藻：《文粹》作"圖蘋蘩"。"蘋藻"與"蘋蘩"，均可取其婦德（婦職）之義，以高雅之"蘋藻／蘋蘩"對舉淺俗之"菲葑"，更與下文"女蘿施於松上"相照應，切情切境。《文粹》之"圖"，似勝一籌。

〔11〕書幣：通聘問的書劄和禮品。話言：美善之言，有道理的話。丁注所引見《詩·大雅·抑》。

〔12〕間：《文粹》作"門"。"泉水流於淇間"句，詳見2.5.1"黃山谷"條注〔16〕。比義：效法。

〔13〕女蘿句，詳見1.2.5"答求親"條注〔7〕。

〔14〕終辭：《禮記·曲禮上》"客至於寢門，則主人請入爲席，然後出迎客，客固辭"句孔穎達疏："固，如故也。禮有三辭：初曰禮辭，再曰固辭，三曰終辭。"靦（tiǎn）然：慚愧貌。拜辱：古代賓主相見的一種禮儀，謂拜謝對方的辱臨。《周禮·秋官·司儀》："主君郊勞，交擯三辭，車逆拜辱。"

4.1.12 又[1]

行媒薦至，《易·坎》："象曰：水薦至，習坎。"《爾雅》曰："薦，再也。"[2]合姓見求。《左·昭五年》："求昏而薦女。"[3]顧弱女之焉依，《左·隱六年》："晉鄭焉依。"[4]非令人而何俟。《詩·凱風》："我無令人。"[5]某人中庠序之成式，《禮·學記》："古之教者，家有塾，黨有庠，術有序，國有學。比年入學，中年考校。一年視離經辨志，三年視敬業樂群，五年視博習親師，七年視論學取友，謂之小成；九年視知類通達，強立而不反，謂之大成。"[6]從師友而學文。《荀子·修身》："君子隆師而親友。"《語》："行有餘力則以學文。"[7]蓋將起家，哀帝時，丁傅用事，附離之者，或起家至二千石。[8]已見立志。《萬章下》:"懦夫有立志。"[9]巾櫛侍於慶閥,《左·僖二十二年》:"寡君使婢子侍巾櫛。"[10]逮及有行;《泉水》:"女子有行。"[11]蘿蔓附於喬松,不爲無託。《古詩》:"君爲女蘿草,妾作菟絲花。""百丈託遠松,纏綿成一家。"[12]當承嘉命,《左·襄八年》:"范宣子曰:'敢不承命。'"[13]寧復異辭。袁彦伯曰:"百姓信之,無異辭。"[14]

校注:

〔1〕本條乃黄庭堅所撰,《山谷集》外集卷十《代許姻書》、《文粹》卷八十六《許婚姻書》、《全宋文》卷二三〇六《代許姻書》條均録之。

〔2〕薦至:接連而來。薦,通"洊",一次又一次。丁注所引分别見《周易·坎卦》象辭及《爾雅·釋言》。習:重也。坎:險也。習坎即多重險阻。

〔3〕合姓:合二姓爲婚姻。《國語·晉語四》:"故異德合姓,同德合義。"韋昭注:"合姓,合二姓爲婚姻。"丁注所引見《左傳·昭公五年》。五:原作"六",今據《左傳》正。

〔4〕弱女:猶女孩兒,姑娘。焉依:詳見2.7.2"孫尚書"條注〔6〕。

〔5〕令人:品德美好的人。丁注所引見《詩·邶風·凱風》。鄭玄箋:"令,善也。"

〔6〕庠序:古代的地方學校,後亦泛稱學校。成式:舊有的法規。《尚書·畢命》:"子孫訓其成式,惟乂。"孔傳:"言後世子孫順公之成法,惟以治。"術:《管子·度地篇》:"故百家爲里,里十爲術。"比年:每年。中年:猶隔年。考校:考查比較。離經辨志:讀斷經書文句,明察聖賢志向。敬業樂群:專心學習,和同學融洽相處。博習親師:廣泛學習,親近老師。論學取友:論説學問,選擇朋友。知類通達:懂得按照事物間的類比關係進行推理,達到通曉洞達的境界。強立不反:遇事能明辨不疑,不違背師教之道。

〔7〕丁注所引見《荀子·修身》及《論語·學而篇》。隆：尊重。

〔8〕起家：謂從家中徵召出來，授以官職。丁注所引見《漢書·揚雄傳下》。時：原脱，今據《漢書》補。附離：依附。

〔9〕立志：堅强獨立的意志。丁注所引見《孟子·萬章下》。下：原訛作"上"，今正。

〔10〕慶閥：光榮的家世。《左傳·僖公二十二年》原文作"寡君之使婢子侍執巾櫛"。

〔11〕有行：指女子出嫁。丁注所引見《詩·邶風·泉水》。

〔12〕喬松：三書均作"喬枝"。丁注所引見李白《古意》。纏綿：纏繞。

〔13〕嘉命：三書均作"嘉諭"。嘉命：敬稱别人的告語。《儀禮·士昏禮》："吾子有嘉命。"承命：受命。《左傳·僖公十五年》："苟列定矣，敢不承命。"

〔14〕異辭：《文粹》作"異詞"。丁注所引見《晉書·袁宏傳》。

4.1.13 又[1]

耕壠相依，《後漢》："龐公釋耕壠上。"[2]仕塗借助。唐《盧藏用傳》曰："終南山乃仕塗之捷徑。"《左·襄四年》："寡君是以願借助焉。"[3]方欽門第之美，遽辱婚姻之求。某女甫及縰笄，《禮記·内則》："櫛縰笄總。"[4]未閑蘋藻；令似克家能子，《易·蒙卦》："子克家。"注："克，能也。"聞禮與詩。[5]葛藟施於條枚，尚慚非對；泉水入於淇奥，今則有行。[6]不獲固辭，《曲禮》："主人固辭。"注："再辭曰固。"[7]勉承嘉命。楊德祖《牋》："損辱嘉命。"[8]

校注：

〔1〕本條乃黄庭堅所撰，《山谷集》外集卷十《許蕭氏書》、《文粹》

卷八十六《許蕭氏書》、《全宋文》卷二三〇六《許蕭氏書》均録之。

〔2〕耕壠：田壟。壠，《山谷集》《文粹》《全宋文》均作"隴"，"隴"爲"壠"借字。丁注所引見《後漢書・逸民傳・龐公》。

〔3〕仕塗：謂仕進之路。塗：《文粹》作"途"。"塗"爲"途"借字。丁注所引本自《新唐書・盧藏用傳》，原文作："藏用指終南曰：'此中大有嘉處。'承禎徐曰：'以僕視之，仕宦之捷徑耳。'"又《新唐書・隱逸列傳》："然放利之徒，假隱自名，以詭祿仕，肩相摩於道，至號終南、嵩少爲仕途捷徑，高尚之節喪焉。"所引《左傳・襄公四年》之"願"字原脱，今補。

〔4〕某女甫及縰笄：《山谷集》及《全宋文》作"第幾女能及縰笄"，《文粹》作"第幾女能櫛縰笄"。櫛：梳髮。縰（xǐ）：用繒束髮髻。笄：用簪子固定頭髮。總：束髮。這裏借指成年。

〔5〕令似：《山谷集》前有"伏承賢第幾齋郎"諸字。克家：能承擔家事。也：原訛作"子"，今據《周易》正。丁注所引見《周易・蒙卦》，該句孔穎達疏："子孫能克荷家事，故云子克家也。"與：《山谷集》《文粹》《全宋文》均作"興"。

〔6〕葛藟、尚慚：《山谷集》《文粹》《全宋文》均分别作"葛藟""尚疑"。淇奥：《山谷集》《文粹》均作"淇澳"。"澳"爲"奥"涉"淇"的類化字。條枚：枝幹。

〔7〕固辭：古禮稱再辭爲"固辭"。丁注所引見《禮記・曲禮上》。

〔8〕丁注所引見《文選・楊德祖〈答臨淄侯牋〉》。損辱：對别人來信的敬辭，意謂對方不惜貶抑身份。

4.1.14　吕郎中伯恭[1]

北望中原，《詩・吉日》："瞻彼中原。"[2] 慨想故家之律度；陳無已詩："故家文物尚嫖姚。"[3] 南來江國，老杜《泊岳陽城下》詩："江國踰千里，山城僅百層。"[4] 獲依名勝之風流。《北史》："刁整交結名勝。"[5] 苟可以合二姓之歡,又何必有一日之雅?[6]令嗣文章議論,固已不凡;[7]某女婉娩聽從,《內則》。粗謹所職。[8]有來玉帛之禮,式陳棗栗之儀,[9]師友淵源之功,董仲舒師友淵源。知有自矣;[10]夫婦倡隨之義,將有賴焉。《丰》,刺亂也。婚姻之道,缺陽倡而陰不和,男行而女不隨。[11]

校注:

[1] 本條乃呂祖謙所撰。《東萊呂太史文集》卷四《代汀州叔父答李氏定婚啓》、《文粹》卷八十六《代叔知府回李主簿定婚書》、《全宋文》卷五八八〇《代汀州叔父答李氏定婚書》錄之。汀州叔父、叔知府,即呂大猷。大猷於淳熙八年(1181)知汀州(今福建長汀)。

[2] 丁注所引見《詩·小雅·吉日》。

[3] 故家:世家大族,世代仕宦之家。《孟子·公孫丑上》:"其故家遺俗,流風善政,猶有存者。"律度:猶規矩,法度。丁注所引見宋陳師道《贈歐陽叔弼》。嫖姚:勁疾貌。

[4] 江國:江南。丁注所引見杜甫《泊岳陽城下》。

[5] 名勝:有名望的才俊之士。丁注所引見《北史·刁整傳》。

[6] 以、又:此二字《東萊呂太史文集》《文粹》《全宋文》均無。一日之雅,詳見2.5.2"又"條注[5]。

[7] 令嗣:《東萊呂太史文集》《全宋文》均作"伏承某人"。

[8] 職:原殘泐,今據文意補。婉娩:柔順貌。《禮記·內則》:"女子十年不出,姆教婉娩聽從。"謹,通"勤"。

[9] 棗栗:《東萊呂太史文集》《文粹》《全宋文》均作"榛栗"。有、式:均爲語助詞,無實義。玉帛:圭璋和束帛,古代祭祀、會盟、朝聘時使用。

[10] 有自:《東萊呂太史文集》《文粹》《全宋文》均作"所自"。丁注所引本自《漢書·董仲舒傳贊》。

〔11〕倡隨：夫唱婦隨的略語。語出《關尹子·三極》："夫者倡，婦者隨。"後用以形容夫婦關係融洽和美。丁注所引見《詩·鄭風·丰》序。丰：原訛作"手"，今據《毛詩》正。

4.1.15 劉聘君致中 答魏艮齋[1]

宗譜雖微，術業敢忘於世學；[2]門牆伊邇，聲華夙嚮於里仁。[3]念合志以同方，《儒行》："儒有合志同方，營道同術。"[4]宜講信以脩陸。《禮運》："選賢與能，講信脩睦。"[5]某女德容匪著，方結蕙以紉蘭；《離騷》："紉秋蘭以爲佩。"[6]令似志行克修，早依仁而抱義。《儒行》："儒者依仁而行，抱義而處。"[7]薦奉行媒之請，特承合姓之求。禮幣及門，畀以情文之腆；[8]英才作配，蔚爲蓬蓽之光。[9]

校注：

〔1〕本條乃劉勉之（1091—1149）所撰。勉之字致中，號草堂，世稱白水先生，南宋建州崇安（今屬福建武夷山）人，朱熹岳父。少以鄉舉入太學，後厭科舉，一生不仕。喜程氏學，師事譙定、劉安世、楊時等。築草堂於故鄉，耕耘自給，淡泊功名，與胡憲、劉子翬研習理學於武夷山中。紹興中曾蒙高宗召見，以病辭歸。主要弟子有朱熹、呂祖謙等。卒諡簡肅。有《草堂文集》傳世。魏艮齋娶劉勉之兄劉致端之女，此答書乃勉之代兄所作。可參3.1.16"魏艮齋元履"條。

〔2〕術業：學業。世學：猶家學。

〔3〕伊邇：不遠。《詩·邶風·谷風》："不遠伊邇，薄送我畿。"聲華：猶言聲譽榮耀。里仁：謂居住在仁者所居之里，和仁人爲鄰。《論語·里仁》："里仁爲美。"

〔4〕合志同方：志向相同。丁注所引見《禮記·儒行》。營道：研習道藝。

〔5〕丁注所引見《禮記·禮運》。與能：推薦有才能的人。與，通"舉"。講信：講求信用。脩睦：調整人際關係，使其和睦。脩，通"修"。

〔6〕結蕙紉蘭：紉，原作"紐"，據《楚辭》正。典出《楚辭·離騷》："扈江離與辟芷兮，紉秋蘭以爲佩。"這裏喻指人品高潔。

〔7〕依仁：把仁作爲言行依循的標準。語出《論語·述而篇》："子曰：'志於道，據於德。依於仁，遊於藝。'"抱義：時刻謹守仁義道德。丁注所引本自《禮記·儒行》，原文作："儒有忠信以爲甲冑，禮義以爲幹櫓；戴仁而行，抱義而處。"

〔8〕情文：質與文，這裏指情意與禮物。

〔9〕作配：謂與某人相配合。《尚書·呂刑》："今天相民，作配在下。"

4.1.16 江文卿代華謝丁[1]

他鄉異縣，宋遠，跂予望之；[2]男室女家，齊大，非吾偶也。並前注。[3]比者伐柯之議，方茲按劍之疑。[4]偶吉卜於飛凰，竟長鬚而致鯉。韓詩《寄盧仝》："更遣長鬚致雙鯉。"[5]三薰三沐，韓退之《答呂毉山人書》："方將坐，足下三浴而三薰之。"[6]華姻幸媲於鶴仙；遼東華表，有鶴集其上，曰："有鳥有鳥丁令威，去家千載今始歸。城郭如故人民非，何不學仙冢纍纍？"[7]一富一貧，《前漢·鄭當時傳》："一貧一富，乃知交態。"[8]斷譜敢云於龍友。《魏志》："華歆、邴原、管寧三人相善，號爲一龍。歆爲龍頭，原爲龍腹，寧爲龍尾。"[9]何辭而對，《左傳》："其將何辭以對？"[10]聞命若驚。《文選》："奉命震驚。"[11]然問名所以重婚，惟既盟言歸于好。《左·僖九年》："既盟之後，言歸于好。"[12]得此聲於梁楚,曹丘揖季布曰:"楚諺曰:'得黃金百,不如得季布諾。'足下何以得此聲於梁、楚之間哉?"[13]雖我非宜;《世說》:"蒹葭倚玉。"人謂非宜。[14]恃舊地於崔盧,唐修《氏族志》,太宗曰:"我與崔、盧、李、鄭無嫌,顧其世衰,不復冠冕,猶恃舊地以取貲。"[15]知公不爾。李白《上裴長史書》:"想君侯通人,必不儞也。"[16]

校注:

〔1〕本條乃江嗣所撰,《全宋文》未錄。

〔2〕他鄉異縣:見3.1.9"江文卿代王次仲娶建安葉尉女"條注〔2〕。宋遠:語出《詩·衛風·河廣》:"誰謂河廣?一葦杭之。誰謂宋遠?跂予望之。"跂:踮起腳跟。

〔3〕前注:謂"齊大"條可參2.3.1"張主簿從道"條下"獲攀齊之大高"句下注文。

〔4〕比者:近來。伐柯:作媒,典出《詩·豳風·伐柯》。方茲:現在。按劍:詳見3.1.3"孫尚書"條注〔11〕。

〔5〕吉卜於飛鳳:詳見2.6.2"危縣丞少劉 答劉德基"條注〔14〕。丁注所引見韓愈《寄盧仝》。寄、更:原分別訛作"與""專",今均正。

〔6〕三薰三沐:再三薰香和沐浴,表示待以優禮,對人尊重。《國語·齊語》:"(管仲)比至,三釁三浴之。桓公親迎之於郊。"丁注所引見韓愈《答呂毉山人書》。

〔7〕鶴仙:典出舊題晉陶潛撰《搜神後記》卷一《丁令威》,這裏指婚姻天長地久。

〔8〕丁注所引非原始出處。《史記·汲鄭列傳》太史公曰:"一死一生,乃知交情;一貧一富,乃知交態;一貴一賤,交情乃見。"

〔9〕斷譜:譜系中斷。丁注所引見《三國志·魏書·華歆傳》裴松之注引《魏略》。邴:原訛作"丙",今據《三國志》裴注正。

〔10〕丁注所引見《左傳·隱公三年》。

〔11〕丁注所引見《文選·任彥昇〈爲范尚書讓吏部封侯第一表〉》。

〔12〕言歸于好：謂相好如初。言，語助詞，無義。

〔13〕丁注所引詳見 3.1.6 "呂郎中伯恭"條注〔7〕。

〔14〕丁注所引詳見 3.1.19 "又"條注〔7〕。

〔15〕舊地：昔日的門第。崔盧：自魏晉至唐代，山東士族大姓有崔氏、盧氏，長期居高顯之位。後因以"崔盧"借指豪門大姓。丁注所引太宗語出自《新唐書·高儉傳》，而非《氏族志》文。《氏族志》由唐太宗詔令高儉、韋挺、岑文本、令狐德棻等編修而成。今依文意補"修"字。

〔16〕不爾：不如此，不然。《管子·海王篇》："不爾而成事者，天下無有。"丁注所引見李白《上安州裴長史書》。

4.1.17　又代族人答翁宅[1]

開國之論，徙戎空承斷譜；晉江統論曰："江統徙戎之論，乃開國遠圖。"[2] 販脂而富，傾邑每愧大門。《前漢·貨殖傳》："翁伯以販脂而傾縣邑。"[3] 幸里社之相聞，顧姻盟之可合。[4] 書傳雁足，《蘇武傳》："漢使者謂單于，言天子射上林中，得雁，足有係帛書，言武在某澤中。"[5] 將令藻澡以蘋賓；《詩·采蘋》注："蘋之言賓也，藻之言澡也。婦人之行尚柔順潔清，故以爲戒。"[6] 卜吉鳳鳴，敢議龜長而筮短。《左·傳四年》："晉獻公欲以驪姬爲夫人。卜之，不吉；筮之，吉。公曰：'從筮。'卜人曰：'筮短龜長，不如從長。'"[7] 玉潤得孫枝之秀，冰人況宗派之英。《前漢》："爲漢宗英。"媒氏，翁之族也。[8] 適我賴分，命拜嘉於今日；爲其少也，庾亮《答諸葛書》："賢女尚少。"[9] 嫁姑待於他年。《左·成十三年》："晉人曰：請俟他年。"[10]

校注：

〔1〕本條乃江嗣所撰，《全宋文》未録。

〔2〕徙戎：外遷戎狄等少數民族。丁注所引本自《晉書·江統傳》史臣論。原文作："徙戎之論，實是經國遠圖。"經國：治理國家。江文作"開"者，或爲誤記。丁注因之亦改"經"作"開"。

〔3〕販：正文"販"原殘泐，今據《漢書》補。丁注所引見《漢書·貨殖傳》。貨殖傳：原作"食貨志"，今據《漢書》正。

〔4〕里社：本指祭祀土地神的處所，這裏指鄉里。

〔5〕雁足：指繫於雁足的書信。南朝梁王僧孺《詠擣衣》："尺素在魚腸，寸心憑雁足。"丁注所引見《漢書·蘇武傳》。

〔6〕丁注所引本自《詩·召南·采蘋》鄭玄箋文。原文作："婦人之行尚柔順，自潔清，故取名以爲戒。"

〔7〕筮短龜長：謂筮占不如龜卜靈驗。春秋時期，卜筮往往同時進行，占卜者按照卜和筮的情况再作決定。《禮記·曲禮》："卜筮不過三。"又"卜筮不相襲。"鄭玄注："卜不吉則又筮，筮不吉則又卜，是瀆龜策也。"晉獻公卜後再筮，不尊重龜策，不忠於卜筮結果，是對卜筮的褻瀆。

〔8〕玉潤：女婿之代稱，詳見14.1.4"山簡"條。孫枝：從樹幹上長出的新枝。《太平御覽》卷九百五十六引漢應劭《風俗通》："梧桐生於嶧山陽巖石之上，採東南孫枝爲琴，聲甚清雅。"求婚者乃翁氏孫子。冰人：媒人之代稱，詳見12.2.17"夢立冰上"條。宗派：宗族內部嫡庶與大小宗支。丁注所引見《漢書·叙傳下》。前漢：原訛作"文選"，今正。媒氏：爲翁氏族人。

〔9〕丁注所引見《世說新語·傷逝篇》。

〔10〕他年：猶言將來，以後。《左傳·成公十三年》："曹人使公子負芻守……負芻殺其大子而自立也，諸侯乃請討之。晉人以其役之勞，請俟他年。"

4.1.18　又代姑嫁姪答順昌陳宅[1]

　　犬牙接壤，《前漢·文帝紀》："犬牙相制，所謂盤石之宗。"又《武帝紀》："兩國接壤。"[2]幸然建劍之鄰；建寧府、南劍州也。[3]雁足傳書，愧匪姬姜之匹。[4]念予弟之往歲，托息女於此間。[5]問我諸姑，固願賦摽梅之吉；[6]將合二姓，初不勞以李之投。[7]況其母命而媒言，何慮龜長而筮短？[8]七星冠冕之地，唐高宗朝以太原王、范陽盧、滎陽鄭、清河博陵二崔、趙郡隴西二李等七姓恥與諸姓爲昏。[9]永歎故家；《詩·常棣》："況也永歎。"[10]一村嫁娶之圖，東坡詩："何年顧陸丹青手，畫作朱陳嫁娶圖。聞道一村唯兩姓，不將門戶買崔盧。"[11]今依名族。《項籍傳》："我倚名族，亡秦必矣。"[12]

校注：

〔1〕本條乃江嗣所撰，《全宋文》未録。順昌：宋南劍州轄地，今屬福建南平。

〔2〕犬牙：地形地勢像犬牙般交錯。丁注所引分别爲《漢書·文帝紀》和《武帝紀》。漢：原脱，今據全書稱引體例補。宗：原訛作"固"，今據《漢書》正。

〔3〕建寧府：地處福建省北部。高宗紹興三十二年（1162）升建州爲建寧府，與南劍州相鄰。南宋福建路轄一府（建寧府）、五州（福州、泉州、南劍州、汀州、漳州）、二軍（邵武軍、興化軍）、四十八縣。其中，建寧府七縣（建安、甌寧、建陽、崇安、浦城、松溪、關隸）、福州十二縣（閩縣、侯官、懷安、福清、長樂、永福、閩清、連江、羅源、古田、長溪、寧德）、泉州七縣（晉江、南安、惠安、同安、清溪、永春、德化）、南劍州五縣（劍浦、順昌、將樂、沙縣、尤溪）、汀州六縣（長汀、上杭、武平、寧化、清流）、漳州四縣（龍溪、漳浦、長泰、龍岩）、邵武軍四縣（邵武、光澤、泰寧、建寧）、興化軍三縣（莆田、仙游、興

化)。福建路治所設在福州。

〔4〕雁足傳書：詳見4.1.17"又代族人答翁宅"條注〔5〕。姬姜之匹：詳見2.3.1"張主簿從道"條注〔5〕。

〔5〕弟：似當作"姑"。

〔6〕諸姑：父之衆姊妹。摽梅：詳見1.2.4"求親"條注〔2〕。

〔7〕以李之投：典出《詩·大雅·抑》，喻指相互贈答。

〔8〕母命而媒言：典出《孟子·滕文公下》："不待父母之命、媒妁之言，鑽穴隙相窺，踰牆相從，則父母國人皆賤之。"龜長而筮短：見4.1.17"又代族人答翁宅"條注〔7〕。

〔9〕丁注所引見《太平廣記》卷一百八十四《氏族·七姓》。原出自《國史纂異》。

〔10〕永歎：長久歎息。故家：世家大族。丁注所引見《詩·小雅·常棣》。況：更加。

〔11〕一村嫁娶：詳見2.5.5"又代求楊氏"條注〔12〕。丁注所引見蘇軾《陳季常所畜朱陳村嫁娶圖》。顧陸：東晉畫家顧愷之與南朝宋畫家陸探微的並稱，代指丹青高手。

〔12〕名族：名門望族。丁注所引見《漢書·項籍傳》。

4.1.19　又代劉曾仲答翁朝賓[1]

先友之記，柳子厚《先君石表陰先友記》。[2]常懷半刺史之賢；庾亮《與郭遜書》曰："別駕與刺史，同流王化於萬里，任居刺史之半，安可非其人？"言朝賓祖曾作倅。[3]婿父爲姻，《爾雅》。[4]今借鄉貢郎之重。孟郊《送淡公》詩："儂是清浪兒，每踏清浪遊。笑伊鄉貢郎，踏土稱風流。"言朝賓得舉薦。[5]訊傳素鯉，縣協飛凰。[6]雖晏晏總角之章，《氓》："總角之宴，言笑晏晏。"爲其少也；[7]然盈盈一水之近，《選·古詩》："盈盈一水間，脈脈不得語。"適我願兮。[8]既已問名，是將偕老。[9]采蘋南澗以承祖，固須姆訓之預閑；[10]坦腹東床此正佳，亦幾父書之善讀。趙括。[11]

校注：

〔1〕本條乃江嗣所撰，《全宋文》未録。劉曾仲、翁朝賓：均未詳。

〔2〕先友：亡父的友人。宋邵博《聞見後録》卷十四：「柳子厚記其先友于父墓碑，意欲著其父雖不顯，其交游皆天下偉人善士。」

〔3〕半刺史：即別駕從事（簡稱「別駕」）。別駕爲州刺史的佐官，負責總理州府中衆務。因其地位較高，出巡時不與刺史同車，而別乘一車，且規格近似刺史座車，故名。丁注所引見《太平御覽·職官部·別駕》引《庾亮集·答郭遊書》。原文作：「別駕舊與刺史別乘，同流宣化於萬里者，其任居刺史之半，安可任非其人？」按，《晉書·郭舒傳》：「郭舒，字稚行……王澄聞其名，引爲別駕。」「遊」恐爲「舒」訛字。倅（cuì）：州郡長官的副職官員。

〔4〕婿父爲姻：夫之父稱作「姻」。本自《爾雅·釋親·妻黨》。

〔5〕鄉貢郎：不經學館考試而由州縣推薦應科舉的士子。丁注所引見孟郊《送淡公十二首》之五。淡：原訛作「閤」，今據孟詩正。儂：你。清浪兒：水手。

〔6〕素鯉：漢蔡邕《飲馬長城窟行》：「客從遠方來，遺我雙鯉魚。呼兒烹鯉魚，中有尺素書。」後因稱書信爲素鯉。繇，通「籀」。占卜的文辭。《左傳·閔公二年》：「成風聞成季之繇，乃事之，而屬僖公焉。」杜預注：「繇，卦兆之占辭。」飛凰：詳見2.6.2「危縣丞少劉答劉德基」條注〔14〕。

〔7〕晏晏：歡樂和悦貌。總角：古時兒童束髮爲兩結，向上分開，形狀如角，故稱總角。章：樣了。丁注所引見《詩·衛風·氓》。宴：快樂。言：語助詞，無義。

〔8〕盈盈：水清澈貌。脈脈：同「眽眽」，凝視貌。丁注所引見《文選·古詩十九首·迢迢牽牛星》。適願，猶言符合心願。

〔9〕偕老：語出《詩・邶風・擊鼓》："執子之手，與子偕老。"指（夫妻）共同生活到老。

〔10〕采蘩南澗：詳見2.5.1"黃山谷"條注〔10〕。姆訓：女師的訓誡。預閑：預先約束。

〔11〕坦腹東床：詳見14.1.1"郗鑒"條。丁注所引見《史記・廉頗藺相如列傳》文，詳見3.1.16"魏艮齋元履"條注〔6〕。

4.1.20　又代李答連[1]

里社舊遊，《陳平傳》："里中社。"淵明《答龐參軍》詩："忽成舊遊。"[2]相去一牛之吼；《華嚴經》："一牛吼地。"[3]姻家新好，《左・襄二十六年》："子木曰：'夫獨無姻、族乎？'"劉琨詩："嬿婉新昏。"薦勤雙鯉之書。[4]載念舌耕，後漢賈逵門徒來學，皆口授經。贈獻者積粟盈倉，世謂"舌耕"。[5]嘗叨齒錄。沈佺期罪責遇恩，未復朱紱，作《迴波詞》云："身名已蒙齒錄，袍笏未復牙緋。"[6]王渾共語談，不似於阿戎；王渾子戎字濬沖。阮籍與王渾為友。戎年十五，隨渾在郎舍，而籍與之交，謂渾曰："濬沖清賞，非卿倫也。與卿言，不如共阿戎談。"[7]張負嫁孫繾，獨觀於孺子。陳平。[8]不待紅絲之挽，相知黃卷之中。褚陶謂所親曰："聖賢備在黃卷中，捨此何求？"[9]非受幣不交不親，《曲禮》："男女非受幣不交不親。"以將厚意；[10]往之家必敬必戒，《滕文公》："女子之嫁也，母命之，往送之門，戒之曰：'往之女家，必敬必戒。'"樂得及時。[11]

校注：

〔1〕本條乃江嗣所撰，《全宋文》未錄。李、連二人均未詳。

〔2〕舊遊：昔日交遊的友人。丁注所引見《史記・陳平傳》及陶淵明《答龐參軍》。

〔3〕一牛之吼：謂牛鳴聲可及之地，比喻距離較近。丁注謂出

自《華嚴經》,今查《大方廣佛華嚴經》中無。唐李通玄《新華嚴經論》卷九:"去人間五里一牛吼地也。"南宋釋法雲編《翻譯名義集·數量篇》:"拘盧舍,此云五百弓,亦云一牛吼地,謂大牛鳴聲所極聞。或云一鼓聲。《俱舍》云二里,《雜寶藏》云五里。"

〔4〕姻家:亦作"婣家",聯姻的家族或其成員。新好:新結交的好友。雙鯉之書:詳見3.1.9"江文卿代王次仲娶建安葉尉女"條注〔6〕。丁注所引分別爲《左傳·襄公二十六年》及《文選·劉越石〈答盧諶〉》。曰:原訛作"白",今據《左傳》正。

〔5〕載:句首語助詞,無義。舌耕:舊時稱以授徒講學謀生。丁注所引見晉王嘉《拾遺記·後漢》。逴:原訛作"達",今據《拾遺記》正。

〔6〕叨:謙詞,猶忝。齒錄:科舉時代彙刻同榜者姓名、年齡、籍貫、三代等的册籍。丁注所引見唐孟棨《本事詩·嘲戲》。《本事詩》,筆記小説集,唐孟棨撰,凡一卷。孟棨,名一作启,字初中。生卒年、籍貫均不詳。開成中曾在梧州任職,後爲司勳郎中。該書所記皆詩歌本事,以詩繫事,分情感、事感、高逸、怨憤、徵異、徵咎、嘲戲等七類,其中唯宋武帝、樂昌公主二條爲六朝事,餘皆唐人事。其創作本旨是爲了提供有關詩歌作品的寫作背景,以便瞭解作品含義。書中有些記載富有傳奇色彩,對於瞭解唐代詩人生活和作品,有一定參考價值。佺:原訛作"佳",今據《本事詩》正。牙:象笏;緋:大紅色,借指官服。宋制五品以上服緋服,用象笏。

〔7〕阿戎:即西晉王渾子王戎,早慧,竹林七賢之一,官至司徒。丁注所引見《晉書·王戎傳》。郎舍:王渾曾任中郎將,其公署稱郎舍。清賞:謂清標可賞。

〔8〕張負嫁孫纚事出自《史記·陳丞相世家》,詳見2.2.1"丁潮州陳求張昏"條注〔6〕。

〔9〕紅絲之挽:詳見13.5.6"張嘉貞"條。黃卷:書籍。晉葛

洪《抱朴子·疾謬》：“雜碎故事，蓋是窮巷諸生，章句之士，吟詠而向枯簡，匍匐以守黃卷者所宜識。”楊明照校箋：“古人寫書用紙，以黃蘗汁染之防蠹，故稱書爲黃卷。”丁注所引見《晉書·文苑傳·褚陶》。

〔10〕受幣：接受聘禮，指女子訂婚。將：表達。丁注所引見《禮記·曲禮上》。

〔11〕丁注所引見《孟子·滕文公下》。

4.1.21　又[1]

系本春秋，曾忝齊威侯之與國；《左·僖二年》：“盟于貫，服江、黃也。”注：“江、黃，楚與國也。始來服齊，故爲合諸侯。”[2] 學傳伊洛，敢望文定公之盛門。胡文定公有《春秋傳》。[3] 邐勤烹鯉之書，乃不必魴之食。[4] 仰惟謙遜，第劇主臣。陳平曰：“陛下即問決獄，責廷尉；問錢穀，責治粟內史。”上曰：“苟各有主者，而君所主何事也？”平謝曰：“主臣！”文穎注曰：“主臣，皇恐之辭也。猶今言死罪也。”晉灼曰：“主，擊也。臣，服也。言其繫服皇恐之辭。”[5] 應念母家，遠自鄩宗之出；《漢·五行志》：“子暈，楚之出也。”注：“姊妹之子曰出。”[6] 遂令兒輩，有茲可妻之人。雅聞兄子之仲容，南容三復白圭，以其兄之子妻之。[7] 愧匪婦翁之樂廣。晉衛玠妻父樂廣有海內重名，議者以爲“婦公冰清，女婿玉潤。”[8] 疏裳竹笥，弗嫌叔鸞之貧；後漢戴良字叔鸞，五女並賢。每有求姻，輒便許嫁，疏裳布被，竹笥木屐以遣之。五女能遵其訓，皆有隱者之風。[9] 澡藻蘋蘩，當謹召南之教。[10]

校注：

〔1〕本條乃江嗣所撰，《全宋文》未錄。

〔2〕系：族系。齊威侯，即齊威王田因齊（約前378—前320）。

與國：盟國，友邦。《管子·八觀篇》："與國不恃其親，而敵國不畏其彊。"齊威侯之與國，即魏國（姬姓）。公元前334年，魏惠王與齊威王在徐州（今山東微山東北）互相承認對方爲王，史稱"徐州相王"。丁注所引見《左傳·僖公二年》。江、黃均爲嬴姓小國。

〔3〕伊洛：伊川和洛陽的合稱。北宋程顥、程頤兄弟長期在伊河洛水之間講學，因稱其所創理學學派爲"伊洛之學"。文定公：即胡安國（1074—1138）。安國字康侯，號青山，諡文定，後世稱胡文定公、武夷先生。南宋建州崇安（今屬福建）人。先後拜楊時、朱長文等人爲師，得程學真傳。紹聖四年（1097）進士，爲太學博士，旋提舉湖南學事。後遷居衡陽南嶽，從事學術研究，創辦碧泉、文定書院講學。著有《春秋傳》。《宋史》卷四百三十五有傳。男方爲胡安國弟子。

〔4〕烹鯉之書：詳見3.1.9"江文卿代王次仲娶建安葉尉女"條注〔6〕。必魴之食：詳見2.5.5"又代求楊氏"條注〔10〕。

〔5〕第：只是。劇：極其。主臣：猶言惶恐、昧死等。丁注所引見《漢書·王陵傳》及注文。

〔6〕母家：娘家。丁注所引見《漢書·五行志》及注文。

〔7〕仲容：即南宮适，字子容。丁注所引見《論語·先進篇》。

〔8〕婦翁：詳見14.1.4"山簡"條。

〔9〕叔鸞：亦見14.1.4"山簡"條。戴良以粗布衣被、竹箱木鞋作爲女兒嫁妝。

〔10〕召南之教：《詩·召南·采蘋》序："《采蘋》，大夫妻能循法度也。能循法度，則可以承先祖，共祭祀矣。"

4.1.22 游子蒙[1]

方嘆中郎之後，無以傳家；<small>韓文公少受蕭存吏部知賞，後遇吏部舊居，諸子凋謝，惟二女在焉。題詩云："中郎有女能傳業，伯道無兒可主</small>

家。"[2]不圖諸葛之賢,誤於擇婦。[3]何幸轉蓬之久,遽承采菲之求。[4]辭幣之來,情文俱腆,某人早聞詩禮,某女僅了組紃。[5]荷厚意之不遺,信夙緣之已定。[6]殘年無幾,未能忘愛兒女之心;漢張禹病,上親拜床下。禹曰:"臣有四男一女,愛女甚於男。遠嫁爲張掖太守蕭咸妻,不勝父子私情,思與相近。"上即徙咸爲弘農太守。[7]他日有行,當戒以事舅姑之禮。[8]

校注:

[1] 本條乃游子蒙所撰。游子蒙即游開,號塘林,南宋建寧府建陽(今屬福建)人,理學家游酢(定夫)從孫,禮部侍郎游操季子。同上舍出身。朱熹考亭滄洲的門人,議論文學皆優。《全宋詞》錄其詞二首。詳參《閩中理學淵源考》卷二《上舍游子蒙先生開》條。

[2] 丁注所引見宋阮閱《詩話總龜·傷悼門》。韓詩題名《遊西林寺題蕭二兄郎中舊堂》。中郎:即蔡邕。其女即蔡琰,字文姬,著名文學家。伯道:即鄧攸。石勒之亂時棄兒保侄,卒以無嗣。主家:主持家事。《昌黎先生集》作"保家"。

[3] 諸葛之賢:詳見13.1.1"黃承彥"條。

[4] 轉蓬:隨風飄轉的蓬草。《文選·曹子建〈雜詩〉》:"轉蓬離本根,飄颻隨長風。"這裏指四處飄零。采菲:詳見1.2.5"答求親陳狀元季陸作"條注[6]。

[5] 組紃(xún):本指絲繩繩帶,又指婦女從事的女紅。《禮記·內則》:"女子十年不出,姆教婉、娩、聽從。執麻枲,治絲繭、織紝、組、紃,學女事以共衣服。"

[6] 夙緣:前生的因緣。

[7] 丁注所引見《漢書·張禹傳》。

[8] 有行:出嫁。

4.1.23　翁知丞元老 代答丁宅[1]

詩傳槐詠,謾誇諫議之宗;《談苑》:"翁承贊唐末爲諫議大夫。"詩見前注。[2]夢感松生,久仰司徒之裔。《吳錄》:"丁固爲尚書,夢松生其腹上,謂人曰:'松字,十八公也。後十八歲,吾其爲公乎?'卒如夢焉。"[3]豈謂不遺於荇菲,遽蒙獲締於絲蘿。[4]媒氏傳音,嘗辱尺書之貺;行人修好,復勤雙璧之貽。[5]勉輒拜嘉,對越將命。[6]培塿本無松柏,晉王導請婚於陸玩,玩曰:"培塿無松柏,薰蕕不同器。玩雖不才,義不爲亂倫之始。"自視欿然;[7]澗溪共采蘋蘩,固所願也。[8]

校注:

〔1〕本條乃翁元老所撰。其人事跡未詳。宋韓駒《陵陽集》卷四有《送翁縣丞赴部》詩。知丞,宋官職名,"知大宗正丞事"之簡稱。

〔2〕槐詠:宋阮閱《詩話總龜・書事門》:"俗云'槐花黃,舉子忙',謂槐之方花,乃進士赴舉之時。而唐詩人翁承贊詩云:'雨中妝點望中黃,勾引蟬聲送夕陽。憶得當年隨計吏,馬蹄終日爲君忙。'乃知俗語亦有所自也。"謾誇:空自誇讚。謾,通"漫"。諫議之宗:謂女方姓翁。翁承贊字文堯,唐福清(今屬福建)人,乾寧三年(896)進士,累官右拾遺户部員外郎。後爲梁諫議大夫,自號狎鷗。丁注謂出自《談苑》,今本無翁承贊事。又謂"詩見前注",今查《婚禮新編》亦無,或即本書卷二所缺書儀之注。

〔3〕松生:典出《三國志・吳書》"二年春二月,以左右御史人夫丁固、孟仁爲司徒、司空"句裴松之注引晉張勃《吳書》文。司徒之裔,謂男方姓丁。吾:原訛作"吉",今據《三國志》裴注正。

〔4〕荇菲、絲蘿:分別見 1.2.5"答求親陳狀元季陸作"條注〔6〕

與〔7〕。

〔5〕尺書：書信。行人：媒人。雙璧：見18.2.1"陽雍伯"條。

〔6〕勉輒：立即，馬上。《呂氏春秋·具備篇》："子之書甚不善，子勉歸矣。"高誘注："勉猶趣也。"對越：猶對揚，答謝頌揚。《詩·周頌·清廟》："對越在天，駿奔走在廟。"王引之《經義述聞·毛詩下》："'對越'猶對揚……揚、越一聲之轉。"將命：奉命。《儀禮·聘禮》："將命於朝。"

〔7〕丁注所引見《晉書·陸玩傳》。欿（kǎn）然：不自滿貌。《孟子·盡心上》："附之以韓魏之家，如其自視欿然，則過人遠矣。"朱熹集注："欿然，不自滿之意。"

〔8〕蘋蘩：詳見2.5.1"黃山谷"條注〔10〕。

4.1.24　彭應期[1]

昔年嘗接於俊遊，枚乘久爲大國上賓，與英俊並遊。[2]已親契好；老杜《送程錄事》："千載得鮑叔，未契有所及。"[3]高義不嫌於貧素，老杜《彭衙行》："故人有孫宰，高義薄曾雲。"[4]申講姻盟。《吴志》："孫權遣是儀使蜀，申固盟好。"[5]襄賤墨之餘光，杜《寄高適》詩："巴牋染翰光。"增門闌之喜色。[6]某人天才秀發，陸機天才秀逸。[7]風物清高。桓彝見謝安曰："此兒風神秀徹。"[8]時流僉語於難兄，《世説》："陳元方、季方共論其父，定曰：'元方難爲兄，季方難爲弟。'"力學獨傾於晚進。[9]繄予息女，迨此笄年。方求佳婿以相當，所賴故人而不棄。[10]王郎逸少子不惡，顧伊何恨於平生；謝道韞既往王氏，大薄凝之。謝弈慰釋之曰："王郎逸少之子，人身亦不惡，爾何恨乃爾？"[11]敬仲有嬀後其昌，幸前占於叶吉[12]。猥承贄帛之及，切拜多儀之嘉。欣愧交並，裁答奚稱。[13]

校注：

〔1〕本條乃彭止所撰。《全宋文》卷六二一二《答定書》條收錄。

〔2〕俊遊：快意的遊賞。丁注所引見《漢書・枚乘傳》。

〔3〕契好：友好。丁注所引見杜甫《送率府程錄事還鄉》。

〔4〕高義薄雲：形容人很講道義。丁注所引見杜甫《彭衙行》。彭：原訛作"新"，今據杜詩正。曾：通"層"。

〔5〕丁注所引見《三國志・吳書・是儀傳》。申固：猶鞏固。

〔6〕裛（yì）：本指書帙，這裏指熏染侵襲。牋墨：書信。餘光：多餘之光。《史記・樗里子甘茂列傳》："我無以買燭，而子之燭光幸有餘，子可分我餘光，無損子明而得一斯便焉。"後遂用爲美稱他人給予的恩惠福澤。丁注所引見杜甫《寄彭州高三十五使君適、虢州岑二十七長史參三十韻》。門闌：本指門框或闌栅欄，這裏借指家門，門庭。

〔7〕丁注所引見《晉書・陸璣傳》。秀發：喻指人神采煥發，才華出衆。

〔8〕丁注所引見《晉書・謝安傳》。風神：風采神態。秀徹：清秀明徹。

〔9〕時流：世俗之輩。僉：都，皆。丁注所引見《世說新語・德行篇》，寔爲元方、季方父名。意謂元方卓爾不群，他人難爲其兄；季方也俊異出衆，他人難爲其弟。後遂以"難兄難弟"指兄弟兩人才德俱佳，難分高下。又喻指兩物並美，各有千秋。力學：努力學習。傾：壓倒，勝過。晚進：後進，後輩。

〔10〕相當：相宜。

〔11〕逸少：王羲之。丁注所引見《世說新語・賢媛篇》。謝道韞：謝安侄女，謝奕之女。謝弈：《世說新語》作"太傅"，即謝安，丁注有誤。人身：原作"人才"，今據《世說新語》正。

〔12〕幸前占於叶吉：此句當脫一字。敬仲：詳見2.6.2"危縣

丞少劉 答劉德基"條注〔14〕。

〔13〕贄帛：聘禮。裁答：作書答覆。

4.1.25 又代嫁繼女[1]

雞犬相聞，久蓄依仁之願；[2]蕙蘭同族，坡詩："蕙本蘭之族。"曲蒙求類之廑。[3]屬因行妁之通，旋發及時之議。[4]寵頒賤幣，增爛門闌。[5]某繼女匍匐在孤，《詩·生民》："誕實匍匐，克岐克嶷。"[6]伊啞可笑，杜牧《杜秋娘詩》："武帳弄啞咿。"[7]追母懷之既免，《語》："子生三年，然後免於父母之懷。"[8]與父贅以相親。加撫愛者，蓋十六年，視猶已子；自笄佩後，以日月計，當配夫家。[9]飽聞令姪之賢，已預成人之列。詩禮方學，純謹見稱。[10]載惟擇對之良，段儀曰："吾女志行不凡，故且踟躕以擇良配。"[11]無出其人之右。《漢·高紀》："漢廷臣無能出其右者。"師古曰："古者以右為尊。"[12]念女蘿之施柏，所貫高攀；得夫婿之乘龍，實為厚幸。[13]

校注：

〔1〕本條乃彭止所撰。《全宋文》卷六二一二《答定書》條收錄。

〔2〕雞犬相聞：詳見4.1.1"孫尚書仲益"條注〔3〕。依仁：詳見4.1.15"劉聘君致中 答魏良齋"條注〔7〕。

〔3〕丁注所引見蘇軾《題楊次公蕙》。曲：表敬之詞。廑(qín)：勤勞，殷勤。《漢書·揚雄傳下》："其廑至矣，而功不圖。"顏師古注："廑，古勤字。"

〔4〕屬：恰好。行妁(shuò)：媒人。《孟子·滕文公下》："不待父母之命，媒妁之言。"其中，媒指謀合二姓者，妁指斟酌二姓者。

一説男方曰媒，女方曰妁。

〔5〕寵：表敬之詞。頒：賞賜。

〔6〕匍匐：爬行。丁注所引見《詩·大雅·生民》。誕：語助詞，無義。實：通"是"，代指后稷。克：能夠。岐、嶷(nì)：都是有知識、懂事的意思。

〔7〕伊啞：小兒語聲。丁注所引見杜牧《杜秋娘詩》。娘：原脱，今補。啞咿：原作"伊啞"，今據杜詩正，本指小兒語聲，杜詩借指小兒。

〔8〕免：離開。丁注所引見《論語·陽貨》。

〔9〕笄佩：女子年滿十五而加簪。唐沈亞之《祭故室姚氏文》："既笄佩之有儀，俟嘉人以爲仇。"《全宋文》作"笄而"，誤。此句謂繼女已經十六歲，應該出嫁。

〔10〕飽聞：猶多聞。純謹：純正謹慎。見稱：受人稱譽。

〔11〕載：發語詞，無義。丁注所引見《太平御覽·皇親部八·後燕慕容垂段后》。志行：志向和操行。詳見14.1.5"段儀"條。

〔12〕丁注所引見《漢書·高帝紀下》及顏師古注文。

〔13〕念女蘿之施柏：詳見1.2.5"答求親"條注〔7〕。乘龍：詳見18.5.14"兩女乘龍"條。

4.1.26 藍知軍永年 先議不成與人後再合[1]

有緣終合，前注。[2] 畫蛇須奪於後成，《史記·楚世家》："陳軫曰：'人有遺其舍人一卮酒者，舍人相謂曰："數人飲此，不足以遍。請畫地爲蛇，蛇先成者獨飲之。"一人曰："吾蛇先成。"舉酒而起，曰："吾能爲之足。"及其爲之足而後成之，人奪其酒而飲之，曰："蛇固無足，今爲之足，是非蛇也。"'"[3] 未遂何虞，失馬要知其爲福。《淮南子》曰：塞上翁馬亡入胡中，人皆弔之。翁曰："何知非福？"居數日，其馬引胡駿馬而歸，人皆賀之。翁曰："何知非禍？"及家富良馬，其子好騎，墮而折髀，人皆弔之。翁曰："何知非福？"居一年，胡夷大入，丁壯戰死者十九，其子以足跛之故，父子相保。〔4〕天作之合，人豈能爲？《萬章上》曰："其子之賢不肖，皆天也，非人力之所能爲也。"〔5〕令似將相業傳，范蠡。〔6〕更佩城南之訓；韓文《符讀書城南》。〔7〕小女神仙派遠，藍橋神仙窟。敢矜林下之風。〔8〕奚待閱人之多，韓滉有愛女，方擇佳婿，謂其妻曰："吾閱人多矣，後貴且壽，無如楊生者。"自喜聞名之久。〔9〕數因月老失之東隅，收之桑榆；〔10〕獻效野人投以木李，報以瓊玖。〔11〕

校注：

〔1〕本條乃藍永年所撰。知軍：宋代官名，"知某軍事"的省稱。"軍"是宋代行政區劃名，相當於州、府，居於縣以上的行政區域，一般設在衝要之地。南宋福建地區有邵武、興化二軍，未詳藍永年爲何軍長官。

〔2〕丁注所言"前注"，未詳。

〔3〕丁注所引即"畫蛇添足"之典故，又見《戰國策・齊策二》。舍人：戰國及漢初王公貴人私門之官。

〔4〕丁注所引即"塞翁失馬"之典故，乃宋馬永易《實賓錄》卷十一《北叟》條引《淮南子・人間訓》文，喻指禍福相倚，壞事變成好事。富：多。良馬：原作"馬良"，今據《淮南子》乙正。髀（bì）：大腿骨。原訛作"體"，今據《淮南子》正。

〔5〕天作之合：語出《詩・大雅・大明》，本謂婚姻爲上天所賜，後用作稱頌婚姻美滿之詞。丁注所引見《孟子・萬章上》，原訛作"離婁下"，今正。今本《孟子》無"力"字。

〔6〕范蠡（前536—前448）：字少伯，春秋時期楚國宛地（今河南南陽）人。出身貧賤而博學多才，離楚入越，輔佐勾踐。在興越滅吳後歸隱，化名鴟夷子皮，商以致富。齊王拜其爲相國，三年後歸還相印，遷徙至陶經商，又成巨富，自號陶朱公。詳見《史記・貨

殖列傳・范蠡》。

〔7〕丁注所引見韓愈《符讀書城南》。這是韓愈教育兒子韓昶（字有之，小名曰符）讀書的詩歌。城南：指長安近郊樊川（今陝西西安長安區南），其地有韓愈別墅。

〔8〕派遠：猶遠派，遠親。唐白居易《唐故湖州長城縣令博陵崔府君神道碑銘》："長源遠派，大族清門。"藍橋神仙窟：詳見20.1.2"裴航"條。女方恐姓樊。林下之風：詳見2.5.7"程子山"條注〔11〕。

〔9〕閱人：與人結交。丁注所引詳見14.3.5"韓滉"條。

〔10〕東隅、桑榆：《後漢書・馮異傳》："赤眉破平，士吏勞苦，始雖垂翅回溪，終能奮翼黽池，可謂失之東隅，收之桑榆。"因日出東方，故以東隅指早晨，日落時光照桑榆樹端，故以桑榆指日暮，引申指事情的前後兩個階段，或者幼時和晚年。

〔11〕野人：泛指村野之人。嵇康《與山巨源絕交書》："野人有快炙背而美芹子者，欲獻之至尊，雖有區區之意，亦已疏矣。"木李、瓊玖：《詩・衛風・木瓜》："投我以木李，報之以瓊玖。"後借指互相投贈酬答之物。

4.1.27　江清卿_{代答林丞}[1]

夤緣未契，薦勤三請之恭；[2]時數既符，敢靳一言之諾。前注。[3]惟擇對固求勝已，胡先生遺訓曰："嫁女必須勝吾家者，娶婦必須不若吾家者。"[4]而細思莫若當仁。《晉》贊："孝為德本，王祥所以當仁。"[5]唯幼女實為夢錦之孫，江淹嘗夢一人自稱張景陽，曰："前以一匹錦相寄，今可見還。"淹探懷得數尺與之，自爾才思微退。粗傳簡素；[6]而賢郎暫試哦松之任，韓文《藍田縣丞廳壁記》："對樹二松，日吟哦其間。"行踐清華。[7]馳七年夢想之懷，退之《贈別元十八協律》

詩:"癙寐想風采,於今已三年。"合二姓姻婭之好。[8]萬事悉由於前定,敢云今是而昨非?淵明《歸去來詞》曰:"覺今是而昨非。"[9]一見殆過所聞,孫權《賜顧雍書》曰:"貴孫子直,令聞休休。至與相見,過於所聞。"顧承字子直。[10]始信先難而後獲。《語》:"仁者先難而後獲。"[11]

校注:

〔1〕江清卿,即江文叔(1128—1194)。文叔初名登,字清卿。南宋福建侯官(今福建福州)人。與呂祖謙同拜秘書省校書郎林之奇門下,與朱熹、張孝祥、李呂等人交好。高宗朝紹興二十七年(1157)進士,歷官南雄州教授、靖江府教授、左從事郎、建寧府通判、泉州通判兼南外宗正丞、廣南東路提舉市舶。以疾求主管建寧府武夷山沖佑觀。卒於官。著有《桂林文集》二十卷及《桂林志》一卷。又,據《全宋文》卷五〇一三,南宋建州建陽人江明(1126—1187)亦字清卿,未詳孰是此文作者。

〔2〕薦:通"洊"。屢次。

〔3〕蘄:通"祈"。祈求。前注:謂2.5.10"彭公變再醮"條"重賜千金之諾"句下注。

〔4〕丁注所引詳見11.1.8"胡先生"條。胡先生即胡瑗。

〔5〕當仁:猶言當之無愧。丁注所引見《晉書・王祥傳》史臣論,而非丁注所謂"贊"。"晉"字原作"書",今依《婚禮新編》體例正。

〔6〕夢錦之孫:謂女方姓江。《全宋文》作"夢綿",誤。丁注所引見《南史・江淹傳》。張景陽(?—307)名協,西晉安平(今屬河北)人,官至中書侍郎。與其兄張載、其弟張亢合稱"三張",是西晉文學的代表人物。簡素:《文選・張協〈雜詩〉之九》"寄辭翰墨林"李善注引漢應劭《風俗通》:"劉向為孝成皇帝典校書籍,皆先書竹,為易刊定,可繕寫者以上素也。今東觀書,竹素也。"後因以"簡素"

稱書籍。

〔7〕哦松：唐博陵崔斯立爲藍田縣丞，官署内庭中有松、竹、老槐，斯立常在二松間吟哦詩文。後因以"哦松"謂擔任縣丞或代指縣丞，事見韓愈《藍田縣丞廳壁記》。廳：原訛作"聽"，今據韓文正。行踐：行走。清華：謂清高顯貴的門第或職位。

〔8〕丁注所引見韓愈《贈别元十八協律六首》之三，丁注原作"《寄柳子厚》"，蓋因涉該詩首句"吾友柳子厚，其人藝且賢"而誤，今正。寤寐：原作"夢寐"，今據韓詩正。想風采：《漢書·霍光傳》："天下想聞其風采。"

〔9〕前定：謂凡事均爲命中注定。今是而昨非：現在對過去錯了，含有悔悟之意。丁注所引見陶淵明《歸去來兮辭》。

〔10〕殆過：《全宋文》作"殆遇"，誤。又，上句"萬事悉由於前定"爲七字句，此句亦當爲七字句，"過"後或脱"於"字。丁注所引見《三國志·吴書·顧承傳》。顧雍：顧承祖父。直：原訛作"真"，今據《三國志》正。令聞：今本《顧承傳》作"令問"，"問"通"聞"。令聞休休，美名遠揚。

〔11〕先難後獲：先勞苦而後有收穫，語出《論語·雍也》。

4.1.28 張參政全真[1]

世傳鼎軸，韓退之《和山南鄭相公詩》："滎公鼎軸老，烹斡力健倔。"[2]夙仰韋平之門；《平當傳》曰："漢興，惟韋平父子至宰相。"[3]好結絲蘿，慚非秦晉之匹。屢勤敦諭，其敢固辭。[4]某人秀發天資，美由世濟；《左·文十八年》："八元八凱，以濟其美。"[5]某女雖遵姆訓，未習婦功。[6]辱嘉幣以相先，《莊子·讓王》："使人以幣先焉。"揆寒宗之有靦。[7]玉臺下聘，獲窺溫嶠之風流；[8]竹筍送行，第愧叔鸞之清素。並前注。[9]

校注：

〔1〕本條丁昇之謂乃張守所撰，《文粹》卷八十六《回禮書》條謂乃熊子復熊克所撰，《全宋文》卷三七九二"張守"及卷五〇〇七"熊克"卷下均未錄此條。未詳丁、魏二説孰是。

〔2〕世傳：此二字前《文粹》有"伏以"二字。鼎軸：宰輔、宰相。丁注所引見韓愈《山南鄭相公樊員外酬答爲詩其末咸有見及語樊封以示愈依賦十四韻以獻》。

〔3〕韋平：詳見 3.1.15 "又"條注〔2〕。平當傳：原作"韋賢傳"；宰，原訛作"幸"，今並據《漢書》正。

〔4〕敦諭：勸勉曉喻。其：《文粹》作"不"。

〔5〕某人：此二字前《文粹》有"伏惟"二字。美由世濟：謂世代繼承他們的美德。八元八凱：上古傳説中，高辛氏和高陽氏均有八個才子，分別稱作"八元""八凱"，後用以稱頌有才德的人。

〔6〕某女雖、婦功：《文粹》分別作"而息女某人維""婦容"。

〔7〕嘉幣：祭祀所用的繒帛。《大戴禮記·諸侯遷廟》："孝嗣侯某，敢以嘉幣告於皇考某侯。"以相先、之有覥：《文粹》分別作"之相先""而有覥"。覥：慚愧。

〔8〕玉臺、溫嶠：詳見 13.1.2 "溫太真"條，這裏特指聘禮。《群音類選·藍田記·約玉請期》："玉臺一鏡成佳偶，又何須、用珠三斛。"

〔9〕竹笥、叔鸞：詳見 14.1.4 "山簡"條。前注：謂 4.1.21 "又"條"疏裳竹笥，弗嫌叔鸞之貧"句下注文。文末《文粹》尚有"有少薄物具如別牋"諸字。

婚禮新編　卷六之七

6.1 姑舅

6.1.1 孫尚書仲益[1]

賣婚久矣，唐《高士廉》贊："賣婚求財，汩喪廉恥。"[2]浸以成風；《北史·徐遵明傳》曰："浸以成俗。"[3]傾蓋歡然，《前漢·鄒陽〈書〉》："傾蓋如故。"[4]莫如求舊。《書·盤庚上》："人惟求舊，器非求舊，惟新。"[5]佇聽肥家之慶，《記·禮運》："夫婦和，家之肥也。"[6]敢忘修贄之恭。《左·莊二十四年》："男贄，大者玉帛。"[7]某男早習箕裘，《記·學記》："良冶之子，必學爲裘；良弓之子，必學爲箕。"粗聞詩禮。[8]偶諸姑擇婿之日，亦外家求婦之時。《世説》："溫嶠從姑劉氏家有女，屬嶠覓婿。嶠有自婚意。"[9]眷言啐啄之同，茲益綢繆之固。《文選·盧諶〈贈劉琨詩〉》："綢繆之旨，有同骨肉。"[10]抵龜不用，唐太宗將討隱、巢亂，使卜人占之。張公謹自外至，投龜於地，曰："凡卜，以定猶預，決嫌疑。今事無疑，何卜之爲？"贊曰："投機之會，間不容穟，此公謹所以抵龜而決也。"[11]投斧而行。揚子《法言》："班輸投斧。"[12]魯衛親親，自同兄弟；《語·子路》："子曰：'魯衛之政，兄弟也。'"[13]朱陳世世，不替昏姻。白氏《朱陳村》詩："一村惟兩姓，世世爲昏姻。"[14]庶乎相依於脣齒之間，《僖·五年》："晉侯假道於虞以伐虢。宮之奇曰：'輔車相依，脣亡齒寒，其虞虢之謂乎？'"可以盡索於形骸之外。[15]

校注：

〔1〕本條乃孫覿所撰，《鴻慶居士集》卷二十八《四六雜文·超宗求婚》、《文粹》卷八十六《超宗求婚書》、《全宋文》卷三四三九《超宗求昏書》均錄之。

〔2〕賣婚：亦作"賣昏"，謂索取高額財禮的買賣婚姻。丁注所引見《新唐書·高儉傳》贊。汩（gǔ）喪：淪喪。

〔3〕浸：副詞，逐漸。丁注所引見《北史·徐遵明傳》。明：原脫，今補。

〔4〕丁注所引見《漢書·鄒陽傳》之《獄中上梁王書》。傾蓋：車上的傘蓋靠在一起，借指初次相逢。

〔5〕求舊：謂務求舊友。丁注所引見《尚書·商書·盤庚上》。

〔6〕佇聽：《鴻慶居士集》及《文粹》均作"式佇"。"式"為語助詞，無實義。佇，期待。當依《鴻慶居士集》正。肥家：猶治家。丁注所引見《禮記·禮運》，原作："父子篤，兄弟睦，夫婦和，家之肥也。"

〔7〕敢忘：《全宋文》作"敢問"，誤。修贄：攜帶禮物求見。

〔8〕某男：《鴻慶居士集》及《文粹》均作"以某長男"。早：《全宋文》作"蚤"。箕裘：詳見4.1.1"孫尚書仲益"條注〔7〕。

〔9〕偶：恰好。諸姑：父親的眾姊妹。擇婿：原作"擇對"，據《鴻慶居士集》及《文粹》正。外家：已婚婦女的娘家。丁注所引詳見13.1.2"溫太真"條。"劉氏家"後原衍一"姑"字，今據《世說新語》刪。

〔10〕睠言：亦作"睠言"，回顧貌。言：詞尾，無義。《詩·小雅·大東》："睠言顧之，潸焉出涕。"啐啄之同：詳見2.2.1"丁潮州陳求張昏"條注〔9〕。同：《全宋文》作"詞"，誤。丁注所引見《文選·盧子諒〈贈劉琨并書〉》。綢繆：親密貌。

〔11〕抵（zhǐ）龜：同"投龜"，棄擲龜甲。丁注所引見《新唐書·張公謹傳》。隱、巢：謂隱太子李建成和巢王李元吉。投機：

切中時機。穟(suì)：稻麥等穗上的芒鬚。

〔12〕投斧：典出揚雄《法言·學行篇》，原文作："孔子習周公者也，顏淵習孔子者也。羿、逢蒙分其弓，良舍其策，般投其斧而習諸，孰曰非也？"司馬光注曰："三子皆以其術名於世，則其才必有過人者。鄉使捨其術而習聖人之道，烏有不可也。"

〔13〕親親：親戚。魯、衛兩國開國國君分別是周文王之子周公旦、康叔封，因此説是"兄弟"。政：國君。

〔14〕朱陳：詳見3.1.13"又"條注〔5〕。替：廢棄，變更。

〔15〕正文二"於"字《鴻慶居士集》及《文粹》均無。形骸：人的形體。丁注所引見《左傳·僖公五年》。

6.1.2 又[1]

手足之情鍾，《文粹·李華〈弔古戰場文〉》："誰無兄弟，如手如足。"《世説》："繆襲曰：情鍾舅氏。"[2]本相求於原隰；《詩·棠棣》："原隰裒矣，兄弟求矣。"[3]婚姻之好合，茲有望於桑榆。光武勞馮異曰："可謂失之東隅，收之桑榆。"注："谷子雲曰：'太白出西方六十日，法當參天，今已過期，尚在桑榆間。'桑榆謂晚也。"[4]盍申執雁之恭，《婚義》："婿執雁入，揖讓升堂，再拜奠雁。"永締施松之託。[5]小姪某屬在諸姑子姪之行，《爾雅》："女子謂晜弟之子為姪。"《左·僖十五年》："姪其從姑。"[6]而令愛實似外家季孟之間。晉魏舒少孤，為外家寧氏所養。《語·微子》："齊景公待孔子，曰：若季氏，吾不能；以季孟之間待之。"[7]因緣兩喜之言，《莊子·人間世》："夫傳兩喜兩怒之言，天下之至難也。夫兩喜必多溢美之言。"[8]奚俟三占之吉？《金縢》："乃卜三龜，一習吉。"[9]視崔、盧之門戶，唐文宗曰："我家二百年天子，顧不及崔、盧耶？"亦何足道哉？[10]繫魯、衛之弟兄，固無間然矣。《語·泰伯》："子曰：'禹，吾無間然矣。'"[11]

校注：

〔1〕本條乃孫覿所撰,《鴻慶居士集》卷二十八《四六雜文·伯宗求婚》、《文粹》卷八十六《伯宗求婚書》、《全宋文》卷三四三九《伯宗求昏書》均錄之。

〔2〕情鍾：情之所聚。語本南朝宋劉義慶《世說新語·傷逝篇》："聖人忘情,最下不及情；情之所鍾,正在我輩。"丁注所引之《文粹》,乃宋姚鉉所撰之《唐文粹》。李華《弔古戰場文》,見該書卷三十三下《文丁》"傷悼"類。丁注所引見《世說新語·言語篇》。

〔3〕求：《鴻慶居士集》作"期"。隰(xí)：廣平而低濕之地。丁注所引見《詩·小雅·棠棣》。裒(póu)：聚集。

〔4〕好合：情投意合。桑榆：詳見4.1.26"藍知軍永年 先議不成與人後再合"條注〔10〕。丁注所引見《後漢書·馮異傳》及李賢注。

〔5〕盍：何不。執雁：同奠雁,詳見1.1.2"納采"條注〔12〕。施松：詳見2.5.2"又"條注〔13〕。

〔6〕小姪某屬：《鴻慶居士集》及《文粹》均作"某小姪伯宗者"。子姪：《鴻慶居士集》作"子姓",當正。丁注所引見《爾雅·釋親·母黨》。昆(kūn)弟：兄弟。

〔7〕令愛實似：《鴻慶居士集》及《文粹》均作"小四甥者實次"。外家：母親的娘家。季孟之間：本指季孫氏與孟孫氏之間,後用以借指上等和下等之間。丁注所引見《晉書·魏舒傳》和《論語·微子篇》。

〔8〕因緣：《鴻慶居士集》及《文粹》均作"應緣"。兩喜：雙方高興。溢美：過分讚美。

〔9〕丁注所引見《尚書·金縢》。

〔10〕丁注所引見《新唐書·杜中立傳》。

〔11〕繄：語助詞,無義。魯衛：詳見6.1.1"孫尚書仲益"條注〔13〕。無間：無可非議。丁注所引見《論語·泰伯篇》。朱熹集注："間,罅隙也。謂指其罅隙而非議之也。"

6.1.3 又[1]

訪故家之劍,《呂氏春秋》曰:"古人劍墜水,刻舟以求。"[2]悼既往之莫追;《語·八佾》:"既往不咎。"[3]賦束薪之詩,《詩》:"綢繆束薪,三星在天。今夕何夕,見此良人。"[4]庶後來之可繼。《國語》:"後世有繼。"[5]益重綢繆之好,盍申燕婉之求?[6]令小娘宛如衛女之賢,問諸姑於淇水;《詩·〈泉水〉序》:"衛女思歸也。""毖彼泉水,亦流於淇。有懷于衛,靡日不思。"云云。"問我諸姑,遂及伯姊。"[7]某男端若秦姬之子,見舅氏於渭陽。《渭陽》,康公念母也。康公之母,晉獻公之女。文公遭驪姬之難,未反,而秦姬卒。穆公納文公。康公時為太子,贈送文公於渭之陽,念母之不見也。我見舅氏,如母存焉。[8]固已託莩於葭中,更欲施蘿於松上。[9]故無失故,《檀弓下》:"親者不失其親,故者不失其故。"夫復何求?[10]新之又新,《大學》:"湯之《盤銘》曰:'日日新,又日新。'"當自今始。[11]

校注:

〔1〕本條乃孫覿所撰,《鴻慶居士集》卷二十八《四六雜文·介宗求婚》、《文粹》卷八十六《介宗求婚書》、《全宋文》卷三四三九《介宗求昏書》均錄之。

〔2〕丁注所引見《呂氏春秋·察今》。原文作:"楚人有涉江者,其劍自舟中墜於水,遽契其舟曰:'是吾劍之所從墜。'舟止,從其所契者入水求之。舟已行矣,而劍不行,求劍若此,不亦惑乎?"

〔3〕《論語·八佾篇》:"成事不說,遂事不諫,既往不咎。"又,《論語·微子篇》:"往者不可諫,來者猶可追。"

〔4〕束薪之詩:即《詩·唐風·綢繆》。馬瑞辰《通釋》:"詩人多以薪喻婚姻……此《詩》'束薪''束芻''束楚',《傳》謂'以喻男女待禮而成'是也。"故多以束薪比喻男女成婚。

〔5〕可繼：《鴻慶居士集》及《文粹》均作"有繼"。《孟子·梁惠王下》："君子創業垂統，爲可繼也。"丁注原謂"後世有繼"出自《文選》，誤，該句實本自《國語·魯語下》："君子能勞，後世有繼。"今正。

〔6〕益重：《鴻慶居士集》及《文粹》均作"更重"。燕婉之求：詳見2.5.3"又"條注〔5〕。

〔7〕令小娘：《鴻慶居士集》及《文粹》均作"伏承令姪女"。衛女：詳見13.2.3"晉武帝"條。丁注所引首句見《詩·邶風·泉水》序。序：原脫，今補。毖（bì）：通"泌"，泉水湧流貌。問：這裏指問候，而非諮詢。

〔8〕某男：《鴻慶居士集》及《文粹》均作"而某中子介宗者"。中子，排行居中的兒子。丁注所引見《詩·秦風·渭陽》序。詳見17.2.18"渭陽凡人有母在堂不應用此"條。

〔9〕託莩於葭中：謂其已有寄託。

〔10〕故無失故：謂老交情沒有失去。丁注所引見《禮記·檀弓下》，原文作："夫子曰：'丘聞之，親者毋失其爲親也，故者毋失其爲故也。'"又《魏書·李業興傳》："孔子即自解，言親者不失其爲親，故者不失其爲故。"丁注恐本自此文。

〔11〕丁注所引見《禮記·大學》。

6.1.4　吕郎中_{伯恭}[1]

合父兄師友之契，《公羊·隱二年》："婚禮不稱主人，然則何稱？稱諸父兄師友。"[2]疇若高門；《李丕與郭誼書》："托縶援於高門。"[3]聯婚姻甥舅之親，《左·文二年》："凡君即位，好舅甥，修婚姻，娶元妃，以奉粢盛，孝也。"[4]敢於他族？《左傳》："無滋他族。"[5]問名之始，在禮有初。[6]某男緒論與聞，《文選》："緒言餘論。"[7]曾侍漸磨之舊；揚子：

"朋友以磨之。"[8]令小娘素風不改,諒惟淡泊之安。《論語》:"回也不改其樂。"《劉子》:"安於淡泊。"[9]永愧諸生,自老西河之上;《檀弓上》:"子夏喪其子而喪其明。曾子吊之,曰:'吾聞之曰:朋友喪明則哭之。'曾子哭,子夏亦哭。曰:'天乎!予之無罪也。'曾子怒曰:'商,女何無罪也?吾與汝事夫子於洙、泗之間,退而老於西河之上,使西河之民疑汝於夫子,爾罪一也。'"[10]尚蘄季女,肯來南澗之濱。[11]

校注:

〔1〕本條乃呂祖謙所撰。《東萊呂太史文集》卷四《通芮氏定婚啓》、《文粹》卷八十六《定芮司業女書》及《全宋文》卷五八八〇《通芮氏定婚啓》均録此篇。呂祖謙共娶三妻,原配爲潁川郡公韓元吉之女韓復,復病亡,再娶復妹韓螺,亦病卒。淳熙四年(1177)繼娶國子祭酒芮燁之女芮氏,生子吕延年後病亡。此文即吕祖謙定芮氏婚書。司業:學官名。置於國子監,爲監内副長官,協助祭酒,掌儒學訓導之政。芮司業:即芮燁(1115—1172)。燁字仲蒙,一字國器,南宋烏程(今浙江湖州)人,高宗朝進士。歷官仁和尉、左從政郎、秘書省正字、監察御史、廣西東路轉運判官等。孝宗乾道五年(1169)除國子司業,升祭酒,進右文殿修撰。《嘉泰吴興志》卷十七、《宋史翼》卷十三有傳。

〔2〕師友:正文及注文原皆誤作"朋友"。據《東萊集》《文粹》及《公羊傳·隱公二年》正。

〔3〕疇:誰。《尚書·舜典》:"疇若予工?"孔安國傳:"問誰能順我百工事者。"丁注所引見唐李德裕《會昌一品集》卷九《代李丕與郭誼書》。丕:原作"不",今據李文正。繫援:謂依附求助。

〔4〕丁注所引見《左傳·文公二年》。二年、孝也:原訛作"二年"及"者也",今均據《左傳》正。好:通好。粢盛:古代盛在祭器内以供祭祀的穀物。

〔5〕丁注所引見《左傳·隱公十一年》。

〔6〕有初：有開始。《詩·大雅·蕩》："靡不有初，鮮克有終。"

〔7〕某男：《東萊集》作"某人"，《文粹》無"男"字。緒論：言論。與(yù)聞：謂參與其事並知道情況。丁注所引見《文選·劉孝標〈重答劉秣陵沼書一首〉》。緒言餘論，前人傳留下的言論。

〔8〕侍：《文粹》同，《東萊集》《全宋文》均作"是"。漸(jiān)磨：同漸摩，浸潤，教化。《漢書·董仲舒傳》："漸民以仁，摩民以誼。"顏師古注："漸謂浸潤之，摩謂砥礪之也。"磨：切磋琢磨。丁注所引見揚雄《法言·學行》。原文作："七十子之肖仲尼也。學以治之，思以精之，朋友以磨之，名譽以崇之，不倦以終之，可謂好學也已矣。"

〔9〕令小娘：《東萊集》作"伏承令姪女"，《文粹》作"令女"。素風：純樸的風尚，清高的風格。諒：確實。丁注所引見《論語·雍也篇》。《劉子》：中古時期雜家代表著作，北齊劉晝撰（一説爲南朝梁劉勰撰，詳見林其錟《〈劉子〉作者綜考釋疑》）。晝字孔昭，渤海阜城（今屬河北）人，南北朝時期思想家，生平事跡不詳。該書凡十卷五十五章，針對當時社會時弊，提出了自己治國安民的政治主張及爲國建功立業、施展個人才能的抱負。今本《劉子》無"安於淡泊"句。

〔10〕自老：原訛作"自在"，今據《東萊集》及《全宋文》正。西河：古地區名，戰國時魏地。《史記·仲尼弟子列傳》："子夏居西河教授，爲魏文侯師。"丁注所引見《禮記·檀弓上》。

〔11〕蘄(qí)：通"祈"，祈求。南澗之濱：典出《詩·召南·采蘋》。末句謂希望芮燁小女能出嫁。

6.1.5　王狀元[1]

勢殊小大，敢論齊鄭之婚姻；事有夤緣，復講朱陳之嫁娶。[2]蒙恩有自，撫已徒慚。[3]令女質邁無雙，唐王仙客，劉振之甥。振有女曰無雙，幼穉戲弄相狎。振妻呼仙客爲王郎子。後無雙長成，舅氏以位尊官顯，欲廢前約。一日，振趨朝，忽歸，云涇源兵士姚令言領兵入含元殿，天子出苑北門,百官奔走行在。召仙客管家事,當以無雙嫁汝。出《麗情傳》。[4] **才高道蘊。**王凝之妻謝道蘊。見《女德門》。[5] **豈期南杜,**唐杜正倫與城南諸杜昭穆素遠,求同譜,不許,銜之。諸杜所居號杜固,世傳其地有壯氣,故世衣冠。正倫既執政,建言鑿杜固通水以利人。既鑿,川流如血。自是南杜不振。**誤選東床?**[6] **儻非有意於睦親,安得再諧於合姓?**[7] **既辱明珠之賞,**晉衛玠,王武子之甥也。嘗與同遊,語人曰:"昨與外生同出,炯然若明珠之在側。"**勿有間之;**[8] **願堅白水之盟,**《左·僖二十四年》:"公子重耳謂舅犯曰:'所不與舅氏同心者,有如白水!'"**永爲好也。**[9]

校注:

〔1〕本條乃王十朋所撰。《全宋文》卷四六二七《答定一》條據《婚禮新編》錄之。

〔2〕齊鄭之婚姻:詳見2.3.1"張主簿從道"條注〔5〕。朱陳之嫁娶:詳見2.5.5"又代求楊氏"條注〔12〕。

〔3〕有自:有其原因。

〔4〕丁注所引見《太平廣記》卷四百八十六《編雜》傳記三所引唐薛調《無雙傳》,其文主要講述唐德宗建中年間劉震的女兒無雙與劉的外甥王仙客戀愛的故事。丁注謂出自《麗情傳》,即宋張君房《麗情集》,此書較《太平廣記》晚出。呼:原作"乎",今據《太平廣記》所引正。苑北門:原作"北苑門",今亦據乙正。行在:即行在所,天子巡行所到的地方。當以:前似當有"曰"字。

〔5〕道蘊:詳見3.1.2"又"條注〔15〕。丁注謂見《女德門》,《婚禮新編》無《女德門》。

〔6〕南杜:城南諸杜。丁注所引見《新唐書·杜正倫傳》。杜正倫(575?—659):字不詳,唐相州洹水(今河北魏縣)人。隋時以秀才擢第。唐太宗時,遷兵部員外郎,進中書侍郎。高宗時,擢黃門侍郎、同中書門下三品。遷中書令,出爲橫州刺史。《新唐書》卷一百六有傳。昭穆:古代宗法制度,宗廟或宗廟中神主的排列

次序,始祖居中,以下父子(祖、父)遞爲昭穆,左昭右穆。這裏泛指宗族關係。銜:懷恨。

〔7〕睦親:對宗族和睦,對外親友好。

〔8〕明珠:詳見14.1.4"山簡"條。外生:即外甥。炯:原訛作"烔",今據《晉書》正。

〔9〕丁注所引見《左傳·僖公二十四年》。楊伯峻注:"'有如白水'即'有如河',意謂河神鑒之,《晉世家》譯作'河伯視之'是也。"後用作誓詞,表示於盟約信守不移。

6.1.6　王狀元[1]

愚小子思欲嗣親,輒求佳偶;先大夫遺言在耳,肯變前盟?[2]敢因五兩之將,再奉千金之諾。不搖浮議,益見高風。[3]令女淑質非凡,段儀曰:"吾女志行不凡,故且踟蹰,以擇良配。"[4]遠邁當年之膚妹;鍾瑾娶李膚妹。[5]某男幼年不惠,《左·成十八年》:"周子有兄無惠。"[6]慚非昔日之王郎。前注。[7]妄求衛種之賢,晉武帝曰:"衛氏種賢而多子。"[8]果得姜姬之貴。《左傳》:"雖有姜姬,無棄蕉萃。"[9]雖問名之許久,念納幣之猶稽。[10]每懷簡慢之慚,想辱高明之亮。[11]交情不替,願勿生王滿之嫌;《選》沈休文《彈》文云:"王滿連姻,實駭物聽。潘揚之睦,有異於此。"[12]合姓有期,茲益重潘揚之睦。

校注:

〔1〕本條乃王十朋所撰。《全宋文》卷四六二七《答定二》據《婚禮新編》錄之。

〔2〕嗣親:嗣續其親,這裏代指結婚。《禮記·曾子問》:"嫁女之家,三夜不息燭,思相離也。取婦之家,三日不舉樂,思嗣親也。"

先大夫：猶先父。婚約祖輩早已言定，故有此說。

〔3〕五兩之將：詳見3.1.5"程子山"條注〔11〕。千金之諾：詳見2.5.10"彭公變再醮"條注〔9〕。浮議：沒有根據的議論。

〔4〕淑質：美好的資質。丁注所引詳見14.1.5"段儀"條。

〔5〕遠邁：遠遠超過。丁注所引詳見17.2.32"鍾瑾"條。瑾：原訛作"覲"，今據《後漢書》正。

〔6〕惠：通"慧"，聰慧。

〔7〕王郎：詳見4.1.24"彭應期"條下"王郎逸少子不惡"句注文。

〔8〕衛種之賢：詳見13.2.3"晉武帝"條。

〔9〕姜姬之貴：詳見4.1.5"又答曾氏"條注〔2〕。丁注所引見《左傳·成公九年》。蕉萃：同"憔悴"。

〔10〕稽：延誤，延遲。

〔11〕簡慢：輕忽怠慢。

〔12〕替：廢棄。王滿：南朝梁王源、滿璋之的合稱。古代士庶不婚。王源雖然出身名門望族，但已經破落。他將女兒嫁給滿璋之，獲得聘禮五萬錢。滿氏雖自托高平舊族、曹魏大官滿寵之後，但不為世族所承認。所以給事黃門侍郎兼御史中丞沈約彈劾王源，說滿家並非士族，"無聞東晉"，王源嫁女是"唯利是圖"，請求"免源所居官，禁錮終身"。詳見《文選·沈休文〈奏彈王源〉》。物聽：眾人的言論。潘揚：即"潘楊"。《文選·潘岳〈楊仲武誄〉》："既藉三葉世親之恩，而子之姑，余之伉儷焉……潘楊之穆，有自來矣，剡乃今日慎終如始。"呂延濟注："謂岳父與仲武祖舊相知好，況今日我與仲武順祖父之好如始也。"後因以代指世代姻親交好關係。

6.1.7　王狀元 龜齡[1]

桑梓相望，仰于門之素久；前漢于定國父于公曰："少高大閭門，令容駟馬高蓋車。我治獄多陰德,子孫必有興者。"至定國爲丞相。[2]葭莩再結,荷阮眼之常青。晉阮籍能爲青白眼,見禮俗之士,以白眼對之。母亡,嵇康持酒挾琴造焉。籍大悦,乃見青眼。[3]雖云臭味之同,亦自夤緣之幸。[4]令女婉容玉潔,懿德蘭馨。[5]若非三復之南容,莫稱五長之衛女。[6]某男年丁幾冠,才愧非天。唐蘇頲爲益州長史,見李白而異之,曰:"是子天才英特。"[7]方同孔鯉之趨庭,遽效伯鸞之求偶。[8]質無甚秀,濫爲范甯之甥;晉王忱謂舅范甯曰:"不有此舅,焉有此甥?"[9]表不素奇,愧作甘公之婿。後漢陶謙年十四,猶乘竹馬戲。同郡甘公出遇之,異其容貌,許妻以女。[10]非自通家之舊,曷諧擇對之驪。[11]諾既奉於千金,媒敢通於一介。鳳飛鸞合,嫣姜之雅好難忘;[12]雁往魚來,劉范之世姻不絕。《左·哀三年》:"劉氏范氏,世爲婚姻。"[13]

校注:

〔1〕本條乃王十朋所撰。《梅溪前集》卷十六《書·代送定李季》條錄之。《全宋文》未收。

〔2〕桑梓:詳見2.5.5"又代求楊氏"條注〔3〕。于門:西漢于定國(?—前40)之家門。定國字曼倩,西漢東海郯縣(今山東郯城)人。少時隨父學法。歷任獄吏、郡決曹、廷尉、侍御史、御史中丞。宣帝時任光禄大夫,平尚書事,後任御史大夫、丞相,封西平侯。爲人謙恭,能決疑平法。丁注所引見《漢書·于定國傳》。閭門:原訛作"閒問",今據《漢書》正。駟馬高蓋車:套着四匹馬的高蓋車,借指人顯達富貴。車:原訛作"單",今據《漢書》正。

〔3〕丁注所引見《晉書·阮籍傳》。白眼、青眼:白眼表示對人輕視或憎惡,青眼表示對人喜愛或尊重。嵇康與阮籍同爲"竹林七賢",故阮籍以青眼對之。荷阮眼之常青,謂承蒙對方看得起。

〔4〕臭味、夤緣:詳見3.1.13"又"條注〔6〕。

〔5〕令女：此二字前《梅溪前集》有"伏承"二字。婉容：和順的儀容。《禮記·祭義》："有愉色者，必有婉容。"懿德：女子的美德。

〔6〕南容：詳見1.2.6"送定"條注〔8〕。衛女：詳見13.2.3"晉武帝"條。

〔7〕年丁：年齡達到二十歲。非天：非天所賦。丁注所引見《新唐書·文藝中·李白傳》。見李白：原作"李白見"，今據《新唐書》乙正。

〔8〕孔鯉之趨庭：典出《論語·季氏》："陳亢問于伯魚曰：'子亦有異聞乎？'對曰：'未也。嘗獨立，鯉趨而過庭。'曰：'學詩乎？'對曰：'未也。''不學詩，無以言。'鯉退而學詩。他日又獨立，鯉趨而過庭。曰：'學禮乎？'對曰：'未也。''不學禮，無以立。'鯉退而學禮。聞斯二者。"後以趨庭指學生受教。伯鸞之求偶：詳見14.2.2"孟光"條。

〔9〕范甯之甥：即東晉王忱。詳見《晉書》本傳及《世說新語·賞譽》。范甯為東晉大儒，經學家，曰任豫章太守。王忱弱冠知名，歷官驃騎長史、荊州刺史，都督荊益寧三州軍事。曰：原殘泐，今據《晉書》補。

〔10〕甘公之婿：詳見14.3.4"甘公"條。

〔11〕通家：猶世交。《後漢書·孔融傳》："語門者曰：'我是李君通家子弟。'"曷：《梅溪前集》作"豈"。

〔12〕嫣姜：詳見2.6.2"危縣丞少劉 答劉德基"條注〔14〕。

〔13〕雁往魚來：書信往來。雁、魚均喻指書信。丁注所引見《左傳·哀公三年》文。三：原訛作"二"，今據《左傳》正。

6.1.8　江文卿代族人娶陳丞相宅[1]

鉛槧諸生，《西京雜記》："揚子雲好事，常懷鉛抱槧，從諸計吏，訪殊方絕域四方之語,以爲禕補。"[2] 忝江左名流之裔;《晉·〈江統〉贊》:"彪統昆弟,江左馳聲。"[3] 衣冠盛族,魏文帝雅重門族,以崔、盧、王、鄭四姓,衣冠所推,咸納其女以充後宮。[4] 仰裕陵宰相之家。陳秀公諱升之,神宗朝拜相。神宗永裕陵。[5] 雖潘楊之睦有自來,而齊鄭之人各有偶。[6] 吾甥之過鄧國,《左·莊六年》:"楚文王伐申,過鄧。鄧祁曰:'吾甥也。'止而享。"敢論葭莩;[7] 兄子之妻南容,顧慚豚犬。曹操曰:"生子當如孫仲謀。劉景升兒子,豚犬耳。"[8] 偶緣舊好,《左·文九年》:"無忘舊好。"[9] 成此新姻,劉琨《答盧諶詩》:"郁穆舊姻,燕婉新婚。"[10] 比者予兄之還,既傳丘嫂之旨。漢高帝微時,常避事,時時與賓客適其丘嫂食。注:"丘,大也。長嫂稱也。"[11] 固荷媒言而母命,《孟子》:"不待父母之命,媒妁之言。"[12] 頗云筮短而龜長。前注。[13] 知我《春秋》,罪我《春秋》,《滕文公下》:"知我者,其惟《春秋》乎?罪我者,其惟《春秋》乎?"[14] 輒陳不腆之幣;《郊特牲》:"幣必誠,辭無不腆。"[15] 一則仲父,二則仲父,劉向《新序》:"有司請吏於齊桓公。公曰:'以告仲父。'有司又請。公曰:'告仲父。'若是者三。在側者曰:'一則告仲父,二則告仲父,易哉爲君!'公曰:'吾未得仲父則難,已得仲父,曷爲其不易也?'"[16] 敢聞明信之言。《左·隱三年》:"苟有明信。"云云。[17]

校注:

〔1〕本條乃江文卿所撰,《全宋文》未錄。陳丞相,即陳升之(1011—1079)。升之字暘叔,初名旭,北宋建州建陽(今屬福建)人。仁宗朝進士,歷知封州、漢陽軍,入爲監察御史、起居舍人、天章閣待制、樞密副使。神宗時任知樞密院事,後拜同中書門下平章事、集賢殿大學士。因在變法機構名稱上與王安石意見不合,稱疾不朝,後任鎮江軍節度使、知揚州,封秀國公,世稱陳秀公。卒贈太保、中書令,諡成肅。《宋史》卷三百一十二有傳。

〔2〕鉛槧:古人書寫文字的工具。鉛指鉛粉筆,槧指木板片。

語出《西京雜記》卷三。後又可指寫作或文章典籍。計吏：漢代負責考核各地官員政績的官吏。揚雄從諸記吏，即可遍遊天下，以採四方之言。殊方：遠方。

〔3〕江左：東晉及南朝宋、齊、梁、陳各代的基業都在江左，故時人稱這五朝及其所統治的地區爲江左，南朝人則專稱東晉爲江左。"江左名流之裔"，因其姓江，故有此説。丁注所引見《晉書·江統傳》史臣贊。彪統昆弟：指江彪（江統子）、孫統（孫纂子）兩家兄弟（江彪與江惇、孫統與孫綽）。馳聲：謂聲譽遠播。今本《晉書》作"馳聲江左"。

〔4〕衣冠：古代士以上戴冠，後因以代稱士大夫。盛族：豪門大族。丁注所引見《資治通鑑·齊紀六》。崔、盧、王、鄭，即范陽盧敏、清河崔宗伯、滎陽鄭義、太原王瓊。

〔5〕裕陵宰相：即宋神宗之宰相。神宗葬在永裕陵（在今河南鞏義芝田鎮）。

〔6〕自來：由來，歷來。《左傳·昭公元年》："叔出季處，有自來矣。"

〔7〕丁注所引見《左傳·莊公六年》。鄧祁侯爲楚文王舅舅。葭莩：蘆葦裏的薄膜，喻指親戚關係疏遠淡薄。這裏用作新戚的代稱。

〔8〕妻南容：詳見 15.1.1 "南容"條。丁注所引詳見 3.1.10 "又代江守孫娶浦城王氏"條注〔13〕。

〔9〕舊好：舊交。丁注所引見《左傳·文公九年》。《昭公九年》亦有此語。

〔10〕丁注所引見《文選·劉越石〈答盧諶〉》。呂延濟注："郁穆、燕婉，和美貌。"

〔11〕比者：近來。丘嫂：大嫂。丁注所引見《漢書·楚元王傳》及顏師古引張晏注文。稱：原脱，今據顏注補。

〔12〕丁注所引見《孟子·滕文公下》。

〔13〕前注：謂 4.1.17"又代族人答翁宅"條"敢議龜長筮短"句下注文。

〔14〕知我《春秋》，罪我《春秋》：系孔子語，謂不管世人如何評說，自己都去做了，即任由天下人評說之意。語出《孟子·滕文公下》。

〔15〕腆：善，美好。《儀禮·士昏禮》："辭無不腆，無辱。"丁注所引見《禮記·郊特牲》。郊特牲：原作"曲禮"，今正。詳見 2.5.8 "又"條注〔14〕。

〔16〕一則仲父，二則仲父：謂用人不疑，將事情都交給自己相信的人去做。語出《新序·雜事》。桓：原訛作"栢"，今據《新序》乙正。

〔17〕明信：猶言誠心敬意。見《左傳·隱公三年》。

6.1.9　江教授娶王氏[1]

相江左之閥閱，久著聲猷；王儉曰："江左風流宰相，惟有謝安。"[2]宰建安之子孫，敢矜譜系。《南史》："江淹宋少帝時黜爲建安吳興令。"《江南野史》："江爲，宋世淹之後。先祖仕於建陽，因家焉。"[3]惟我祖不辭齊鄭之大小，故斯時輒繼朱陳之婚姻。[4]況草廬伊邇於仙居，而玉樹結姻於妻黨。謝玄爲叔父安所器重，安嘗誡子姪曰："子弟亦何預於人事，而正欲使其佳？"諸人莫有言者。玄答曰："譬如芝蘭玉樹，欲使其生庭階耳。"玄悅。[5]薦煩柯斧，《爾雅》："薦，再也。"俾託絲蘿。[6]吉既叶於鳳占，儀庸修於雁幣。更憑尺牘，式固盟言。[7]摽梅得以及時，適當今日；韓文《聖德詩》："太平之期，適當今日。"[8]夭桃歸其宜室，姑待來年。《滕文公下》："以待來年然後已。"[9]

校注：

〔1〕本條原書目錄漏列。江教授，其人未詳。教授，學官名。

宋代除宗學、律學、醫學、武學等置教授傳授學業外，各路的州、縣學均置教授，掌管學校課試等事，位居提督學事司之下。或爲對私塾先生的尊稱。南宋王洋《東牟集》卷十二有《答江教授啓》。王洋於紹興七年至十年(1141—1143)曾知邵武軍。未知此江教授是否其人。

〔2〕聲猷：聲譽和業績。丁注所引見《南齊書·王儉傳》。謝安：原訛作"王謝"，今據《南齊書》正。此句指明女方姓王。

〔3〕矜：自誇。《尚書·大禹謨》："汝惟不矜，天下莫與汝爭能；汝惟不伐，天下莫與汝爭功。"孔傳："自賢曰矜，自功曰伐。"譜系：家譜上的系統。丁注所引見《南史·江淹傳》及宋龍袞《江南野史》卷八。先：原訛作"旡"，今據《南史》正。此句指明男方姓江。

〔4〕齊鄭之大小：詳見2.3.1"張主簿從道"條注〔5〕。"朱陳之婚姻"：詳見2.5.5"又代求楊氏"條注〔12〕。

〔5〕仙居：清靜絕俗的住處。丁注所引見《晉書·謝玄傳》文。詳見2.5.4"孫尚書仲益"條注〔11〕。

〔6〕薦：通"洊"，屢次。《舊唐書·馬燧傳》："嗟予寡昧，嗣守丕圖，寇戎薦興，德化未孚。"丁注所引見《爾雅·釋言》。俾(bǐ)：使。

〔7〕庸：用。式：句首語氣詞，無實義。

〔8〕摽梅：詳見1.2.4"求親"條注〔2〕。丁注所引見韓愈《元和聖德詩(并序)》。

〔9〕夭桃：詳見3.1.1"王狀元集《毛詩》"條注〔33〕。丁注所引見《孟子·滕文公下》。

6.1.10 歐陽知縣慶嗣[1]

小子何知，夙借明珠之虛譽；[2]高明不替，敢寒白水之舊盟。[3] 茲緣宋鄭之親,《左・哀九年》:"宋鄭舅甥。"注:"宋鄭,婚姻舅甥之國。"復結潘楊之好。[4] 令女采蘋采藻,姆訓早聞;某男聞禮聞詩,義方粗習。[5] 念世姻之攸重,豈母黨之敢遺?[6] 禮不可虛,筐筥將其厚意;卜云其吉,男女得以及時。[7]

校注:

〔1〕本條乃歐陽光祖所撰。《全宋文》未錄。

〔2〕虛譽:不實的讚揚。唐劉知幾《史通・雜說上》:"豈時無英秀,易爲雄霸者乎?不然,何虛譽之甚也?"

〔3〕高明:謂身家顯貴者。《尚書・洪範》:"無虐煢獨,而畏高明。"孔穎達疏:"高明,謂貴寵之人。"白水之舊盟:詳見 6.1.5"王狀元"條注〔9〕。

〔4〕宋鄭之親:宋爲子姓國,鄭爲姬姓國,宋國曾嫁女於鄭國國君。潘楊之好:詳見 3.1.5"程子山"條注〔7〕。

〔5〕義方:行事應該遵守的規範和道理。《左傳・隱公三年》:"臣聞愛子教之以義方,弗納於邪。"後因多指教子的正道,或曰家教。

〔6〕世姻:世代聯姻。攸:助詞,所。

〔7〕筐筥:盛物竹器。方曰筐,圓曰筥。《詩・小雅・鹿鳴》毛亨序:"《鹿鳴》,燕群臣嘉賓也。既飲食之,又實幣帛筐筥,以將其厚意。然後忠臣嘉賓,得盡其心矣。"及時:詳見 1.2.4"求親"條注〔2〕。

6.1.11 高伯強[1]

魯侯逆女於齊,乃齊之出;《左・桓三年》:"公子翬如齊逆女,修先君之好。"[2] 鍾瑾納婚於李,亦李之甥。後漢李膺之姑爲鍾瑾之母,膺祖太尉脩以膺妹妻之。[3]流風尚想於當年,盛事式符於此日。[4]令女言容功德,教已有成;某男禮樂詩書,學猶未就。[5]幸假立冰之語,大明居室之倫。[6]以卜筮者尚其占,《易·繫辭上》。既叶鳳鳴之吉;[7]實幣帛以將其意,敢忘雁奠之儀。[8]

校注:

〔1〕本條乃高伯強所撰。《全宋文》未錄。高伯強,其人事跡未詳。南宋王庭珪《盧溪文集》卷五有《贈高伯強》詩:"高郎讀書有何好,如魚蠹書終日哨。爨烟不屬長苦饑,行吟安得追風驃。群公頓網加羅搜,未肯放子出一頭。先生上堂應勞苦,向來白璧何時酬。"

〔2〕公子翬:姬姓,世稱羽父,魯國卿。所逆齊女即魯桓公夫人文姜。

〔3〕鍾:正文及注文原皆作"鐘",今據《後漢書》正。詳見17.2.32"鍾瑾"條。

〔4〕式:語助詞,無實義。

〔5〕言容功德:封建禮教要求婦女具備的四種德行。語本《禮記·昏義》:"是以古者婦人先嫁三月……教以婦德、婦言、婦容、婦功。"禮樂詩書:古代儒家的六經,即《詩經》、《尚書》、《周禮》、《儀禮》、《禮記》、《樂經》。語本《禮記·王制》:"樂正崇四術,立四教,順先王,《詩》、《書》、《禮》、《樂》以造士。"

〔6〕假:借。立冰:詳見12.2.18"夢立冰上"條。居室之倫:語本《孟子·萬章上》."男女居室,人之大倫也。"謂夫婦結婚同居。

〔7〕丁注本自《周易·繫辭上》。原文作:"《易》有聖人之道四焉:以言者尚其辭,以動者尚其變,以制器者尚其象,以卜筮者尚其占。"

〔8〕將其意:本自《詩·小雅·鹿鳴》毛亨序。

6.1.12 范澤民[1]

願爲有室,《滕文公下》:"丈夫生而願爲之有室。"[2]盍申嬿婉之求;《新臺》。[3]豈無他人,《羔裘》。[4]莫若葭莩之契。前漢鮑宣曰:"董賢本無葭莩之親。"[5]將欲重舅甥之義,《頍弁》:"兄弟甥舅。"[6]必再隆姑母之親。《爾雅》:"父之姊妹爲姑。"[7]禮不可虛,《盡心上》:"君不可虛拘。"[8]敬憑一介之重;孔融《論盛孝章書》:"誠能馳一介之使,加恩尺之書。"[9]少以爲貴,《禮器》。深慚五兩之儀。[10]

校注:

〔1〕本條乃范澤民所撰。范澤民,建陽人,事跡不詳。《晦庵集》卷三十三《答呂伯恭》兩次提及此人。其一曰:"此書附建陽范澤民解元,渠去赴省,云欲便道請見。其人老成,孝友誠愨,朋輩間所難得。然苦貧,此行甚費力。或有可接手處,得與垂念,幸甚幸甚。"其二曰:"近以書附建陽范澤民秀才,計已次第聞達。"《全宋文》未錄。

〔2〕有室:指男子娶妻。《禮記·曲禮上》:"三十曰壯,有室。"鄭玄注:"有室,有妻也。"丁注所引見《孟子·滕文公下》。

〔3〕嬿婉:和美貌,借指美女。漢張衡《西京賦》:"捐衰色,從嬿婉。"本作"燕婉"。《詩·邶風·新臺》:"新臺有泚,河水瀰瀰。燕婉之求,籧篨不鮮。"

〔4〕《詩經》中《鄭風》《檜風》《唐風》均有以《羔裘》爲題詩篇。此處爲《唐風》。原詩曰:"羔裘豹袪,自我人居居。豈無他人?維子之故。羔裘豹褎,自我人究究。豈無他人?維子之好。"

〔5〕葭莩之契:詳見2.7.2"孫尚書"條注〔5〕。

〔6〕丁注所引見《詩·小雅·頍弁》。

〔7〕丁注所引見《爾雅·釋親》。

〔8〕虛拘：以虛假的禮儀籠絡人。《孟子·盡心上》："恭敬者，幣之未將者也。恭敬而無實，君子不可虛拘。"

〔9〕一介：一個使者。丁注所引見《文選·孔文舉〈論盛孝章書〉》文。"論盛孝章書"原誤作"與曹操書"，今據《文選》正。

〔10〕《禮記·禮器》："有以少爲貴者。"五兩：詳見 3.1.5"程子山"條注〔11〕。

6.1.13 張主簿從道[1]

齊魯以舅甥之國，脩好先君；前注。[2]朱陳乃鄰里之親，爲婚奕世。[3]眷舊姻之可尚，實古義之所敦。[4]豈惟盟好之不忘，抑使時風之歸厚。[5]某孫出自孤幼，藐爾單微。迨浸長於年齡，曾未諧於伉儷。[6]令女德稱宗黨，秀挺閨房。久茲設席之求，遽辱東床之選。[7]心實慚於宅相，志切慕於冰清。[8]幸執柯伐柯之得人，庶因親致親之如願。[9]戔戔束帛，敢忘筐篚之儀；灼灼夭桃，庸謹婚姻之候。[10]

校注：

〔1〕本條乃張革所撰。《全宋文》未錄。丁昇之基本未注。

〔2〕脩好：指國與國之間結成友好關係。《左傳·成公九年》："楚子使公子辰如晉，報鍾儀之使，請脩好、結成。"脩，通"修"。前注：謂 6.1.11"高伯強"條"魯侯逆女於齊，乃齊之出"句下注文。

〔3〕朱陳：詳見 2.5.5"又代求楊氏"條注〔12〕。奕世：累世，世代。

〔4〕古義：古人立身行事的道理。敦：崇尚，注重。

〔5〕時風：當時的社會風氣。

〔6〕藐爾：詳見 1.2.7"禮物狀"條注〔3〕。單微：寒微。浸：副詞。逐漸。《周易·遯》："浸而長也。"孔穎達疏："浸者，漸進

〔7〕秀挺：優異特出。南朝齊孔稚珪《祭外兄張長史文》："惟君之德，高明秀挺。"設席：鋪設席褥。《史記·孫子吳起列傳》："起之爲將，與士卒最下者同衣食。臥不設席，行不騎乘，親裹分嬴糧，與士卒分勞苦。"

〔8〕宅相：謂住宅風水之相。《晉書·魏舒傳》："（舒）少孤，爲外家甯氏所養。甯氏起宅，相宅者云：'當出貴甥。'外祖母以魏氏小而慧，意謂應之。舒曰：'當爲外氏成此宅相。'"詳見17.2.5"魏舒"條。冰清：比喻德行高潔。

〔9〕執柯伐柯：語出《詩·豳風·伐柯》，後借指作媒。因親致親：親上加親。

〔10〕戔戔：淺少。《周易·賁》："六五，賁於丘園，束帛戔戔。"朱熹本義："戔戔，淺小之意。"灼灼：鮮明貌。《詩·周南·桃夭》："桃之夭夭，灼灼其華。"

6.1.14　又[1]

親不失爲親，願嗣姻婭之舊；慕其所當慕，輒伸嬿婉之求。[2]重期無遐棄於姑家，《詩》："不我遐棄。"[3]乃感掌判權於舅氏。[4]盟可尋也，《左·定十二年》："吳子使太宰嚭尋盟。"[5]惠孰大焉？《左·昭十三年》。[6]繫男女得以及時，而夫婦於焉經始。《關雎》，后妃之德也，風之始也，所以風天下而正夫婦也。[7]受倩東武族，潘岳《懷舊賦》："余十二獲見於父友東武戴侯楊君，始見知名，遂申之以婚姻。"第虞駑鈍之莫勝；[8]采蘋南澗濱，切喜烝嘗之有助。[9]既諧占鳳，庸展委禽。愧不及多儀，幸毋以爲簡。《孟子·離婁下》："子教以我爲簡，不亦異乎？"[10]

校注：

〔1〕本條乃張革所撰。《全宋文》未録。

〔2〕嗣：繼承。姻婕：本作"姻連"，即姻親。嬾婉：和美貌，借指美女。

〔3〕遐棄：遠遠地拋棄。《詩·周南·汝墳》："既見君子，不我遐棄。"

〔4〕掌判：媒人。語本《周禮·地官·媒氏》："媒氏，掌萬民之判。"鄭玄注："判，半也。得耦爲合，主合其半成夫婦也。"

〔5〕尋盟：重溫舊盟。《左傳·哀公十二年》："今吾子曰：必尋盟。若可尋也，亦可寒也。"孔穎達疏引鄭玄《儀禮》注云："尋，溫也……則諸言尋盟者，皆以前盟已寒，更溫之使熱。"

〔6〕《左傳·昭公十三年》："吾父再奸王命，王弗誅，惠孰大焉？君不可忍，惠不可棄，吾其從王。"

〔7〕經始：開始經營。《詩·大雅·靈臺》："經始靈臺，經之營之。"丁注所引見《詩·周南·關雎》序。

〔8〕倩（qìng）：女婿。《史記·扁鵲倉公列傳》："黃氏諸倩見建（宋建）家京下方石，即弄之。"裴駰集解："徐廣曰：'倩者，女婿也。'駰案：《方言》曰'東齊之間，婿謂之倩。'"丁注所引見《文選·潘安仁〈懷舊賦〉》。十二：原作"十三"，今據《文選》正。潘岳父名芘，官琅邪内史。潘岳《楊肇碑》曰："肇字秀初，滎陽人，封東武伯，薨，諡曰戴。"楊肇以女適潘岳。《左傳·成公十三年》："昔逮我獻公及穆公相好，戮力同心，申之以盟誓，重之以昏姻。"第：只是，但是。虞：考慮。

〔9〕切喜：私下高興。切，通"竊"。烝嘗：本指秋冬二祭，後亦泛稱祭祀。《詩·小雅·楚茨》："絜爾牛羊，以往烝嘗。"鄭玄箋："冬祭曰烝，秋祭曰嘗。"

〔10〕委禽：下聘禮。簡：簡慢，輕忽怠慢。

6.1.15 晁侍郎 無咎[1]

通家奕世,如蘭未喻於夙心;[2]繼好諸孫,《左·文四年》:"今陪臣來繼舊好。"投李敢期於厚報?[3]再敦合姓,敢替問名。[4]令女善慶所鍾,《易·坤·文言》曰:"積善之家,必有餘慶。"德容兼茂。[5]某男屬方幼學,期以成人。[6]男既彼甥,女惟此出。[7]契援踰以他族,禮律可以通婚。[8]鳴鳳其昌,已篤嬀姜之舊;[9]同車信羨,不遑齊鄭之嫌。[10]跂望良勤,好音無閟。[11]

校注:

〔1〕本條乃晁補之所撰,《雞肋集》卷五十九《公似求親啓》《全宋文》卷二七二〇《公似求親啓》均錄之。公似,晁補之之姪子。

〔2〕通家奕世:詳見3.1.7"歐陽知縣代虞取吴"條注〔2〕。喻:知曉,明白。夙心:平素的心願。《後漢書·文苑傳下·趙壹》:"惟君明叡,平其夙心。"

〔3〕陪:原訛作"倍",今據《左傳》正。陪臣:古代天子以諸侯爲臣,諸侯以大夫爲臣,大夫又自有家臣。因之大夫對於天子,大夫之家臣對於諸侯,都是隔了一層的臣,即所謂"重臣",都稱爲"陪臣"。

〔4〕再:《雞肋集》及《全宋文》均作"載",二字可通。《吕氏春秋·異寶》:"五員載拜受賜曰:'知所之矣。'"陳奇猷校釋:"載、再通。"敦:督促。

〔5〕令女:《雞肋集》及《全宋文》均作"伏承某人"。善慶:謂善行多福。餘慶:指留給子孫後輩的德澤。

〔6〕某男:《雞肋集》及《全宋文》均作"某人男"。屬方:恰好將要。幼學:《禮記·曲禮上》:"人生十年曰幼,學。"鄭玄注:"名曰幼,時始可學也。"因稱十歲爲"幼學之年"。

〔7〕出：指外甥女。

〔8〕契援：猶契分，交情，情分。

〔9〕嬀姜：詳見2.6.2"危縣丞少劉 答劉德基"條注〔14〕。

〔10〕同車：同乘一車。用以形容男女結爲夫婦，相愛情深。語出《詩·鄭風·有女同車》："有女同車，顔如舜華。"毛傳："親迎同車也。"信：果真，確實。齊鄭：詳見2.3.1"張主簿從道"條注〔5〕。

〔11〕跂望：舉踵翹望。語本《詩·衛風·河廣》："誰謂宋遠，跂予望之。"良：很。好音：猶言好消息。《詩·檜風·匪風》："誰將西歸，懷之好音。"閟（bì）：本義指關門，這裏指閉藏、隔絕。

6.2 答

6.2.1 江文卿代宋卿答黃信中[1]

齊侯盟貫之歲，始同見於魯經；《左·僖二年》："秋，九月，齊侯、宋公、江人、黄人盟於貫。"[2]文子如宋之詩，今預歌於韓奕。《左·成九年》："伯姬歸於宋。季文子如宋致女，公享之，賦《韓奕》之五章。"[3]書已傳於烹鯉，贄尤重於委禽。[4]惟淵明寒泉之思，不忘母黨；陶淵明作《孟嘉傳》，云："淵明先親，君之第四女也。《凱風》'寒泉'之思，實鍾厥心。謹按採行事，撰爲此傳。"[5]故令狐立冰之夢，竟兆老媒。[6]第息女之既孤，豈賢夫之可得？《前漢》："必欲求賢夫，從張耳。"[7]偶其縈策之癡叔，晉王湛有隱德，人皆以爲癡。兄子濟輕之。嘗詣湛，見床頭有《周易》，問曰："叔父何用此爲？"湛因剖玄理，皆濟所未聞。自視缺然，乃歎曰："家有名士，三十年不知，濟之罪也。"既而辭去，湛送至門。濟有從馬難乘，濟問曰："叔頗好騎否？"湛曰："亦好此。"因騎此，姿容既妙，迴策如縈，善騎者無以過之。[8]識公扇枕之郎君。淵明曰："黃香事父，竭力致養。暑則扇床枕，寒則以身暖席。"[9] 自嘆貧家，《莊子》："孔子謂顏回曰：'家貧居卑，胡不仕乎？'"[10] 非復鮮碧漳州之日；宋卿，尊人，知漳州。家有樓，名曰"鮮碧"。[11] 此正佳婿，況出晦翁艮齋之門。

校注：

〔1〕本條乃江嗣所撰。《全宋文》未錄。宋卿，即江宋卿，江文卿長兄，曾知漳州。黃信中，未詳，其子從朱熹（晦翁）、薛季宣（艮齋）學。

〔2〕首句言江黃二姓結盟有自。魯經：即《春秋經》。丁注所引見《左傳·僖公二年》。江、黃，均春秋時代嬴姓小國，為楚所滅，子孫以國為氏。

〔3〕文子如宋：事見《左傳·成公九年》。伯姬：魯宣公之女、魯成公之妹。嫁宋共公為夫人。伯姬出嫁時，宋共公未親迎，伯姬怒而拒絕同寢，於是宋國請魯國大夫季孫行父（季文子）說服伯姬，方完婚。致女：古代國君嫁女之後，派遣大夫前往進行聘問的一種禮式。賦：原訛作"賊"，今據《左傳》正。

〔4〕烹鯉：詳見3.1.9"江文卿代王次仲娶建安葉尉女"條注〔6〕。委禽：詳見2.6.2"危縣丞少劉 答劉德基"條注〔13〕。

〔5〕寒泉：《詩·邶風·凱風》："爰有寒泉，在浚之下。有子七人，母氏勞苦。"毛亨序曰："美七子能盡其孝道，以慰其母心"。後世遂以"寒泉"為子女孝敬母親的典故。丁注所引見陶淵明《晉故西征大將軍長史孟府君傳》。這是陶淵明在其母孟氏去世之時，為外祖父孟嘉所寫的傳記。按採：原作"採按"，今據陶文正。"撰"字原脫，今據陶文補。

〔6〕令狐立冰之夢：詳見12.2.18"夢立冰上"條。

〔7〕丁注所引見《漢書·張耳傳》。

〔8〕縈策：謂揮動馬鞭，迴旋如繞。癡叔：即王濟叔父王湛。丁注所引見《晉書·王湛傳》。王湛：原訛作"江湛"，今據《晉書》

正。隱德：施德於人而不爲人所知。缺然：有所不足的樣子。又《世説新語・賞譽篇》："武帝每見濟，輒以湛調之，曰：'卿家癡叔死未？'濟常無以答。既而得叔，後武帝又問如前，濟曰：'臣叔不癡。'稱其實美。帝曰：'誰比？'濟曰：'山濤以下，魏舒以上。'"

〔9〕扇枕：《東觀漢記・黄香傳》："(香)父況……貧無奴僕。香躬執勤苦，盡心供養。冬無被袴而親極滋味，暑即扇牀枕，寒即以身温席。"後因以"扇枕温席"爲孝親的典故。丁注所引見陶淵明《士孝傳》文。黄香(68？—122)，字文强(一作文疆)，東漢江夏安陸(今湖北雲夢)人。少以至孝聞名。初授任郎中，後任郎中、尚書郎、尚書左丞、尚書令，官至魏郡太守。《後漢書》卷八十上有傳。

〔10〕丁注所引見《莊子・讓王篇》。居卑：處於卑微地位。

〔11〕鮮碧：依丁注，乃江宋卿樓名。

6.2.2 丁潮州 開甫[1]

探本索源，韓愈每言文章，深探本源。[2] 兄弟實同於一體；《爾雅》："男子先生爲兄，後生爲弟。"杜詩："浩蕩古今同一體。"[3] 別生分類，《舜典》："方設居方，別生分類。"[4] 舅姑始判於兩塗。《爾雅》："父之姊妹爲姑，母之晜弟爲舅。"白氏《議婚》詩："四座且勿飲，聽我歌兩塗。"[5] 荷微福於前人，來踐脩於舊好。《左・成十八年》："來脩舊好。"[6] 何幸廂東之選，得吾宅相之奇。河間邢晏稱李繪曰："宅相之奇，良在此甥。"[7] 伊顧我而我顧伊，《世説》："諸葛恢大女適庾會，會被蘇峻害，其女改適江彪。次女適羊楷，子衡取鄧攸女。于時謝尚書求婚小女，恢乃云：'羊、鄧是世婚，江家我顧伊，庾家伊顧我。'"[8] 敬拜戔戔之束帛；《賁》卦曰："賁于丘園，束帛戔戔。"[9] 子生孫而孫生子，《列子》："北山愚公曰：'子又生孫，孫又生子。子又有子，子又有孫。子子孫孫，無窮匱也。'"[10] 永爲世世之婚姻。白氏《朱陳村》詩："一村唯兩姓，世世爲婚姻。"[11]

校注：

〔1〕本條乃丁潮州所作。《全宋文》未錄。

〔2〕丁注所引本自《新唐書·韓愈傳》。原文作："每言文章，自漢司馬相如、太史公、劉向、揚雄後，作者不世出，故愈深探本元，卓然樹立，成一家言。"本源：根本。

〔3〕一體：謂關係密切或協調一致，猶如一個整體。《儀禮·喪服》："父子，一體也；夫婦，一體也；昆弟，一體也。"丁注所引分別見《爾雅·釋親》及杜甫《狄明府》。

〔4〕生：通"姓"。《尚書·舜典》附亡《書》序："帝釐下土，方設居方，別生分類，作《汩作》。"孔安國傳："生，姓也，別其姓族，分其類使相從。"

〔5〕塗：通"途"。丁注所引見《爾雅·釋親》及白居易《議婚》。議婚：原作"婚議"，今乙正。

〔6〕徼：通"邀"，求取。徼福即祈福，求福。《左傳·成公十三年》："君亦悔禍之延，而欲徼福於先君獻穆。"踐：履行，實現。脩：通"修"。舊好：舊交，老相好。《左傳·桓公二年》："公及戎盟于唐，脩舊好也。"

〔7〕廁東之選：詳見 14.1.1"郗鑒"條。丁注所引見《北齊書·李繪傳》。奇：今本《北齊書》作"寄"。《太平御覽》卷三百八十《人事部》二十一《美丈夫下》所引作"奇"。

〔8〕丁注所引本自《世說新語·方正》。詳見 19.5.2"諸葛恢"條。大女名諸葛文彪，先嫁太尉庾亮子庾彬，後改嫁江彪。次女諸葛氏，嫁徐州刺史羊忱子羊楷。諸葛恢第三子諸葛衡，官至滎陽太守，娶尚書右僕射鄧攸女。吏部尚書謝裒替兒子謝石求娶諸葛恢第三女諸葛文熊，初未果，及諸葛恢死後，她才嫁到謝家。世婚：原訛作"平婚"，今據《世說新語》正。

〔9〕戔戔之束帛：詳見 6.1.13"張主簿從道"條注〔10〕。丁注所引原作"束帛戔戔，賁于丘園"，今據《周易》正。

〔10〕丁注所引見《列子·湯問篇》。

〔11〕朱陳村：詳見2.5.5"又代求楊氏"條注〔12〕。一村：原訛作"一材"，今據白詩正。

6.2.3 陳舍人[1]

魯姬歸齊，本由齊出；《左·宣五年》："公如齊，高固使齊侯止公，請叔姬焉。"[2]秦嬴妻晉，兹亦晉甥。《左·僖十七年》："晉太子圉爲質於秦，秦歸河東，而以懷嬴妻之。"[3]顧古來曾累世爲婚，《選·盧諶〈贈劉琨詩〉》："申以婚姻，著以累世。"[4]則我今日惟命是聽。《左·成十八年》："敢不惟命是聽？"[5]何愛一女，孫破虜吳夫人早失父母，與弟景居。孫堅聞其才貌，欲娶之。吳氏親戚將拒焉。夫人曰："何愛一女，以取禍乎？"[6]聊以慰母兮，竹竿之思；《竹竿》："衛女思歸也。"[7]再尋舊姻，前注。[8]亦得示僕也，木瓜之報。

校注：

〔1〕本條乃陳從易（966—1031）所撰。從易字簡夫，北宋泉州晉江（今屬福建）人。太宗朝進士，由彭州攝州事召爲秘書省著作佐郎，授大理寺詳斷官、太常博士，出知福建路邵武軍，歷任監察御史、殿中侍御史、任刑部員外郎、直史館學士。出知虔州、廣州，以清廉聞名。復任左諫議大夫、龍圖閣直學士，官終知杭州。《宋史》卷三百有傳。本篇《全宋文》未錄。

〔2〕魯姬歸齊：事見《左傳·宣公五年》。高固，春秋時期齊國權臣。叔姬本爲魯女，嫁齊昭公，生呂舍。叔姬無寵，舍亦無威，公元前612年，齊昭公卒，呂舍即位，公子商人弒呂舍即位，即齊懿公。魯國要求送還叔姬，却被齊國扣留，經周天子調解，叔姬才得回國。公元前604年，魯宣公到齊國訪問，高固讓齊惠公扣留魯宣

公,逼魯宣公把叔姬嫁給他。後高固到魯國迎叔姬,爲《春秋》所譏。

〔3〕秦嬴:即懷嬴,嬴姓,秦穆公之女。先嫁給晉懷公(太子圉),故名懷嬴。後又嫁給晉文公(公子重耳),又稱文嬴。圉:原訛作"圄",今據《左傳》正。

〔4〕丁注所引見《文選·盧子諒〈贈劉琨并書〉》。著:明也。

〔5〕惟命是聽:即惟聽命。

〔6〕愛:吝惜。丁注所引詳見19.4.3"孫堅"條。

〔7〕《竹竿》:《詩·衛風》中一篇。毛亨序:"《竹竿》,衛女思歸也。適異國而不見答,思而能以禮者也。"

〔8〕前注:即6.1.8"江文卿代族人娶陳丞相女"條"成此新姻"句下注文。

6.2.4 江清卿[1]

男先於女,《婚義》:"父親醮子而命之,迎男先於女也。"用勤嬿婉之求;[2]姪其從姑,《左·僖十五年》:"晉獻公筮嫁伯姬於秦,遇《歸妹》之《睽》。《歸妹》《睽》孤,寇張之孤,姪其從姑。"[3]尤喜婚姻之舊。陳由蔡出,《左·莊二十二年》:"陳厲公,蔡出也。"[4]晉豈秦卑?懷嬴曰:"秦晉匹也,何以卑我?"[5]因擒虎之佳媒,唐李靖乃韓擒虎之甥。得魏舒之宅相。[6]敬拜雙魚之遺,式諧于鳳之占。[7]展我甥兮,行樂依於訐訐;《韓奕》詩。[8]視猶子也,《先進》:"予不得視猶子也。"庸有賴於親親。[9]

校注:

〔1〕本條或爲江文叔所撰。《全宋文》卷五〇一三《答定啓》收錄。

〔2〕嬿婉之求：詳見2.5.3"又"條注〔5〕。

〔3〕丁注所引見《左傳·僖公十五年》。後半段大意爲：《歸妹》是嫁女,《睽》則孤寡,敵寇將拉開弓,姪子跟隨姑母。

〔4〕丁注所引見《左傳·莊公二十二》。詳見3.1.20"又陳送蔡"條注〔13〕。

〔5〕晉豈秦卑：詳見3.1.5"程子山"條注〔8〕。

〔6〕擒虎、魏舒：分別詳見17.2.3"李靖"條、17.2.5"魏舒"條。

〔7〕雙魚：詳見3.1.6"呂郎中伯恭"條注〔8〕。式：語助詞,無義。

〔8〕展我甥兮：《詩·齊風·猗嗟》文。展：誠然,確實。訏訏：廣大貌。語本《詩·大雅·韓奕》："孔樂韓土,川澤訏訏。"

〔9〕猶子：謂如同兒子。《論語·先進篇》："回也視予猶父也,予不得視猶子也。"親親：愛自己的親屬。《詩·小雅·伐木》毛亨序："親親以睦友,友賢不棄,不遺故舊,則民德歸厚矣。"

6.2.5　翁知丞元老[1]

子之述父,《中庸》："父作之,子述之。"[2]貴前後之相承；姪之從姑,喜夤緣不替。[3]惟一言有金石之固,《荀子·非相》："贈人以言,重於金石。"故二姓同膠漆之堅。《後漢·雷義傳》曰："膠漆自謂堅,不如雷與陳。"[4]某人虽就師模,揚子："師者,人之模範。"炯若明珠之在側；[5]某女粗聞姆訓,愧無詠雪之高才。[6]既姑樂於韓攸,況陳由於蔡出；[7]意已將於匡篚,好宜結於絲蘿。[8]展我甥兮,願繼後來之俊望；晉范甯謂甥王忱曰："卿風流俊望,真後來之秀。"[9]永爲好也,益敦累世之婚姻。

校注：

〔1〕本條爲翁元老所撰。目錄作"翁縣丞"。本篇《全宋文》未錄。

〔2〕述：遵循，繼承。丁注所引見《禮記·中庸》。

〔3〕替：廢棄。

〔4〕膠漆：即膠與漆，都是用來黏結事物的東西，後來比喻情誼極深，親密無間。漢鄒陽《獄中上梁王書》："感於心，合於意，堅如膠漆，昆弟不能離，豈惑於衆口哉！"丁注所引見《後漢書·雷義傳》。雷義：原作"陳雷"，今據《後漢書》正。雷與陳：謂陳重和雷義。雷義被舉薦爲茂才，他想讓給陳重，刺史不同意，雷義就佯狂被髮，不理官府的任命。陳重被太守舉薦爲孝廉時，也曾要將孝廉讓給雷義。兩人在切身利益面前，能夠互相謙讓，被視爲與人交往的典範。

〔5〕蚤：通"早"。師模：猶師表。《三國志·魏書·邴原傳》"太祖征吳，原從行，卒"裴松之注引《邴原別傳》："鄭君學覽古今，博文彊識，鉤深致遠，誠學者之師模也。"丁注所引見揚雄《法言·學行》。"炯若明珠之在側"：詳見17.2.7"衛玠"條。

〔6〕詠雪：詳見3.1.11"彭應期代林丞取江氏"條注〔16〕。

〔7〕姑樂於韓攸：詳見3.1.4"劉夷叔定韓氏"條注〔5〕。陳由於蔡出：詳見3.1.20"又陳送蔡"條注〔13〕。

〔8〕匡：古"筐"字。《說文·匚部》："匡，飯器，筥也……匡或从竹。"將於匡篚：詳見2.4.1"王狀元"條注〔9〕。

〔9〕丁注所引詳見17.2.8"王忱"條。忱：原訛作"悅"，今據《晉書》正。

6.2.6 又[1]

屏開金雀，老杜《李監宅》詩："屏開金孔雀。"[2] 敢圖舊好之修；

《左·桓十八年》："來修舊好。"[3] 鏡下玉臺，溫嶠取姑女，下玉鏡臺爲聘。[4] 猥辱新婚之請。古詩："與君結新婚。"[5] 自愧汾甥之無可，乃知犯舅之不遺。[6] 允諧月下之緣，行試澗濱之職。[7] 報也好也，雖世結於婚姻；[8] 嫁之娶之，幸迭爲於賓主。《萬章下》："舜尚見帝，帝館甥於貳室，亦饗舜，迭爲賓主。"[9] 仰被五雲之貺，唐韋陟書名，自謂如五朵雲。[10] 倍增四壁之光。司馬相如："家徒四壁立。"[11]

校注：

〔1〕本條亦爲翁元老所撰。《全宋文》未録。

〔2〕金雀：詳見14.1.6"寶毅"條。丁注所引見杜甫《李監宅》。

〔3〕桓十八：原作"成八"，今據《左傳》正。

〔4〕鏡下玉臺：詳見13.1.2"溫太真"條。

〔5〕猥辱：謙詞，猶言承蒙。丁注所引見魏徐幹《爲挽船士與新娶妻別》。

〔6〕汾甥：典出《詩·大雅·韓奕》："韓侯取妻，汾王之甥，蹶父之子。"汾王：大王。無可：不能。犯舅：晉文公重耳的舅舅狐偃（約前715—前629？）亦稱子犯。官至上軍佐。

〔7〕允：確實。月下之緣：詳見12.1.1"月下老"條。行：將要。澗濱之職：即婦職。詳見2.5.1"黃山谷"條注〔10〕。

〔8〕報也好也：語本《詩·衛風·木瓜》："匪報也，永以爲好也。"

〔9〕迭：更迭，輪流。丁注所引見《孟子·萬章下》。尚見：謁見。《爾雅·釋親》："妻之父爲外舅。"堯把女兒娥皇和女英嫁給舜，所以稱舜爲甥。貳：原作"二"，今據《孟子》正。貳室：即副宮，另一處官邸。

〔10〕五雲：即五雲體、五朵雲，指唐韋陟用草書署名的字體。

《酉陽雜俎續集·支諾皋下》:"(韋陟)每令侍婢主尺牘,往來復章,未嘗自札,受意而已。詞旨輕重,正合陟意。而書體遒利,皆有楷法,陟唯署名。嘗自謂所書'陟'字,如五朵雲,當時人多倣效,謂之郇公五雲體。"這裏代指用精美字體書寫的求親啓。

〔11〕四壁:本指四面墻壁,這裏代指家。丁注所引見《史記·司馬相如列傳》。

6.2.7 葉子實代高宅答[1]

人言五馬貴,敢負家聲;杜詩:"家聲蓋六合。"[2]地隔一牛鳴,喜有宅相。[3]寧論崔盧之閥閱,姑聯劉范之婚姻。[4]某人天上麒麟,前注。[5]人間鸑鷟。唐張鷟字文成,爲兒時,夢紫文大鳥,五色成文,止其庭。其父曰:"五色紫文,鸑鷟也。若壯,殆以文章瑞朝廷乎?"遂命以名。[6]某女戲習,粗知於棗栗薦羞,未識於蘋蘩。[7]然蘄鍾瑾之佳名,肯遜陸稠之高義。並見《姑舅門》。[8]猥勤冰語,委貺雲牋。[9]展我甥兮,雅稱東床之選;[10]視猶子也,幸隆外姪之親。《爾雅》:"女子謂晜弟之子爲姪。"[11]心曲所期,筆端莫究。[12]

校注:

〔1〕本條爲葉棻所撰。葉棻,字子實,生卒年不詳,南宋建安(今福建建甌)人。高宗建炎二年(1128)進士,曾任晉江知縣。與魏齊賢採集宋五百二十家文章,編爲《五百家播芳大全文粹》一百一十卷,有較高的文獻輯佚價值。本條《全宋文》未錄。

〔2〕五馬:《玉臺新詠·日出東南隅行》:"使君從南來,五馬立踟躕。"漢時太守乘坐的車用五匹馬駕轅,後用爲太守(隋以後僅用爲刺史或知府的別稱)的代稱。丁注所引見杜甫《奉送魏六丈佑少府之交廣》。蓋六合:遮蔽天下。

〔3〕一牛鳴：詳見4.1.20"又代李答連"條注〔3〕。宅相：詳見17.2.5"魏舒"條。

〔4〕崔盧：詳見2.7.3"晁侍郎"條注〔5〕。劉范：詳見6.1.7"王狀元龜齡"條注〔13〕。

〔5〕天上麒麟：語出《南史·徐陵傳》："（徐陵）年數歲，家人攜以候沙門釋寶誌，寶誌摩其頂曰：'天上石麒麟也。'"後因以"天上麒麟"稱讚他人之子有文才。丁注所言"前注"未詳。

〔6〕鸑鷟(yuè zhuó)：傳説中的鳥名。《國語·周語上》："周之興也，鸑鷟鳴於岐山。"韋昭注："三君云：鸑鷟，鳳之別名也。"《新編分門古今類事·夢兆門中》："鳳鳥有五色赤文章者，鳳也；青者，鸑也；黄者，鵷鶵也；紫者，鸑鷟也。"丁注所引見《新唐書·張薦傳》。壯、殆：二字原脱，今據《新唐書》補。鸑：原訛作"鶯"，今亦據正。

〔7〕棗栗薦羞：古時女子拜見長輩時常獻的果品和美味。蘋蘩：代指婦職。

〔8〕蘄：通"祈"，祈求。鍾瑾：詳見17.2.32"鍾瑾"條。鍾：原作"鐘"，今正。陸稠：詳見17.1.5"陸稠"條，在本書《姑舅門》。

〔9〕冰語：詳見12.2.18"夢立冰上"條。雲牋：亦作"雲箋"，有雲狀花紋的紙，後代指書信。

〔10〕展我甥兮：《詩·齊風·猗嗟》文。雅稱：素稱。東床：詳見14.1.1"郗鑒"條。

〔11〕外姪：即外甥。以父系論之，兄弟姐妹之子都稱姪。其中，兄弟之子稱内姪，姐妹之子稱外姪。丁注所引見《爾雅·釋親》。

〔12〕心曲：内心深處。《詩·秦風·小戎》："言念君子，温其如玉。在其板屋，亂我心曲。"朱熹集傳："心曲，心中委曲之處也。"筆端：本指筆頭，後亦泛指書畫詩文作品，這裏指答書。

6.2.8 陳簽判季陸[1]

十世同鄉,曩固聯於甥舅;二姓合好,今復締於姻婭。仰懷眷私,彌切欣慶。[2]某人年當踰冠,學問素充;[3]某女齒邁及笄,組紃僅習。[4]顧好逑之曲逮,承嘉命之敢辭。[5]卜以決疑,爰協鳳占之吉;將其厚意,重勤雁幣之儀。

校注：

〔1〕本條乃陳應行所撰。《全宋文》未錄。丁昇之未注。

〔2〕眷私：垂愛,眷顧。韓愈《答魏博田僕射書》："愈雖未獲拜識,嘗承僕射眷私,猥辱薦聞,待之上介。"欣慶：歡悅慶倖。曹植《慶文帝受禪上禮章》："溥天率土,莫不承風欣慶。"

〔3〕當：將要。晉張華《博物志》卷八："時西王母遣使乘白鹿,告帝當來,乃供帳九華殿以待之。"踰冠：超過二十歲。充：足,多。

〔4〕及笄：年滿十五歲。組紃：詳見4.1.22"游子蒙"條注〔5〕。

〔5〕好逑：好配偶。語出《詩·周南·關雎》："窈窕淑女,君子好逑。"曲：表敬之詞,表示對方降低身份,或自己高攀。逮：及,趕上。

6.2.9 歐陽知縣慶嗣[1]

孤女伶俜,未知所適;華宗赫奕,乃幸于歸。[2]況以諸甥之家,嬪於王母之黨。《爾雅》："父之母爲王母。"又《左·昭二十八年》："其母欲娶其黨。"[3]姻婭自昔,契好逮今。[4]某人命筆而成詞章,《魏文帝紀》評曰："文帝天資文藻,下筆成章。"過庭而學詩禮。[5]軒昂壯志,韓愈詩："開緘忽覩送歸作,字向紙上皆軒昂。"[6]當擇配於高門;惠顧前人,《左·昭二十年》："惠顧先君之好。"肯不遺於下體。[7]

某女方從姆訓,未習婦儀。采南澗之濱,或可奉承祭祀;坦東床之腹,知不減於風流。

校注:

〔1〕本條乃歐陽光祖所撰,《全宋文》未錄。嗣:原訛作"似",今據《八閩通志》正。

〔2〕伶俜:孤獨流離貌。華宗:猶貴族。赫奕:顯赫貌。于歸:出嫁。于:詞頭,無實義。《詩·周南·桃夭》:"之子于歸,宜其室家。"朱熹集傳:"婦人謂嫁曰歸。"

〔3〕嬪:出嫁。《尚書·堯典》:"釐降二女于媯汭,嬪于虞。"《詩·大雅·大明》:"摯仲氏任,自彼殷商,來嫁于周,曰嬪于京。"鄭玄箋:"嫁爲婦于周之京。"王母:祖母。《禮記·曲禮下》:"祭王父曰皇祖考,王母曰皇祖妣。"丁注所引見《爾雅·釋親》及《左傳·昭公二十八年》。

〔4〕契好:交好。宋蘇軾《下財啓》:"夙緣契好,獲講婚姻。"

〔5〕命筆:用筆。謂執筆作詩文或書畫。丁注所引見《三國志·魏書·文帝紀》評文。下筆成章,形容文思敏捷。過庭而學詩禮:詳見6.1.7"王狀元龜齡"條注〔8〕。

〔6〕軒昂:形容人精神飽滿,氣度不凡。丁注所引見韓愈《盧郎中雲夫寄示送盤谷子詩兩章歌以和之》。詩中"軒昂"用來形容文字雄健。忽:原訛作"忽",今據韓詩正。

〔7〕惠顧:關心照顧。下體:本指植物的根莖,這裏喻指人不才。

6.2.10 又[1]

鄉閭接軫,松蘿久幸以相依;[2]姑舅連姻,箕箒復欣於有托。[3]人心允協,親義益敦。[4]某人過庭而得詩禮之傳,潤屋而無綺羅之習。[5]念方虛於中饋,肯有顧於外家。[6]況賤息未閑於姆儀,豈薄德可承於宗祀?[7]奉甘旨柔滑以爲養,當求之於《內則》之書;[8]如夙夜警戒以相成,則授之以聲詩之義。[9]

校注:

〔1〕本條乃歐陽光祖所撰。本篇《全宋文》未錄。丁昇之未注。

〔2〕鄉閒:猶鄉里。古以二十五家爲閒,一萬二千五百家爲鄉,因以"鄉閒"泛指民衆聚居之處。接軫:本指車輛相銜接而行,喻指接近,靠近。《史記·司馬相如列傳》:"是胡越起於轂下,而羌夷接軫也。"

〔3〕姑舅:即姑表,一家之父與另一家之母爲兄妹或姐弟的親戚關係。箕箒:本指畚箕和掃帚,引指操持家內雜務。陳衍《元詩紀事·管道昇》引元管道昇《題仲姬墨竹》詩跋:"夫婦人之事,箕箒、中饋、刺繡之外,無餘事矣,而吾妹則無所不能,得非所謂女丈夫乎?"

〔4〕允協:確實和洽。

〔5〕過庭:承受父訓,詳見6.1.7"王狀元龜齡"條注〔8〕。潤屋:使居室華麗生輝。《禮記·大學》:"富潤屋,德潤身。"綺羅:華貴的絲綢服飾,這裏代指富家子弟。

〔6〕中饋:詳見1.2.7"禮物狀"條注〔12〕。

〔7〕閑:通"嫻"。熟習。《詩·大雅·卷阿》:"君子之馬,既閑且馳。"

〔8〕甘旨柔滑:語出《禮記·內則》:"父沒母存,冢子御食,群子婦佐餕如初。旨甘柔滑,孺子餕。"指甜美鮮嫩的食物。

〔9〕夙夜警戒以相成:語本《詩·齊風·雞鳴》序:"《雞鳴》,思賢妃也。哀公荒淫怠慢,故陳賢妃貞女夙夜警戒相成之道焉。"相

成，互相成全。聲詩，樂歌。《禮記·樂記》："樂師辨乎聲詩，故北面而弦。"

6.2.11 孫太沖[1]

劉范婚姻，嘗聞奕世；鄭王嫁娶，莫及他門。《前漢》："鄭崇世與王家相嫁娶。"[2]豈期族緒之至微，亦獲親盟之薦講；[3]仰惟階庭之蘭玉，皆吾外舅之子孫。《爾雅》："妻之父爲外舅，妻之母爲外姑。"[4]矧於伯仲之間，《文選·文帝〈典論〉》："傅毅之於班固，伯仲之間耳。"[5]復有親疏之異。《文選》："先親而後疏。"[6]然念言之不酬者，既已逾於三禩；[7]而謂好之可結者，曾不假於先容。鄒陽《書》曰："以左右先爲之容也。"[8]嘗佩衷言，敢忘高義。[9]顧弱女乏無雙之質，而令郎有元達之風。晉王忱字元達，范甯之甥也。詳見《舅甥門》。[10]幸無母黨之懲，《左·昭二十八年》："叔向欲娶申公巫臣氏，其母欲娶其黨。叔向曰：'吾母多而庶鮮，吾懲舅氏矣。'"[11]過有物儀之寵；《書·洛誥》："享多儀，儀不及物，惟曰不享。"[12]遂繼修於前好，用自託於慶閔。[13]微物將誠，具如別幅。[14]

校注：

〔1〕本條乃孫道夫（1095—1160）所撰。孫道夫，字太沖，宋眉州丹棱（今屬四川眉山）人。以張浚薦召對，賜進士出身，任左承奉郎。除秘書省正字、權禮部郎官，遷校書郎。出知懷安軍、資州、蜀州，以吏部郎中入對，除太常少卿，假禮部侍郎充賀金正旦使。擢權禮部侍郎兼侍讀。爲宰相沈該所忌，出知綿州，致仕。與朱熹的啓蒙老師張崏交好。《宋史》卷三百八十二有傳。本條《全宋文》未錄。

〔2〕劉范：詳見 6.1.7 "王狀元龜齡"條注〔13〕。鄭王嫁娶：見《漢書·鄭崇傳》。嫁娶：丁注所引原作"姻娶"，今據《漢書》正。

〔3〕族緒：宗族世系。薦：通"洊"，屢次。構：通"構"，交構，連結。

〔4〕階庭之蘭玉：喻指優秀子弟，詳見 2.5.4"孫尚書仲益"條注〔11〕。外舅：即岳父。丁注所引見《爾雅·釋親》。

〔5〕矧(shěn)：況且。伯仲之間，比喻人或事物不相上下，難分優劣高低。丁注所引見《文選·魏文帝〈典論論文〉》文。

〔6〕丁注所引見《文選·曹子建〈求通親親表〉》。今本無"而"字。

〔7〕酬：應答。禩(sì)：同"祀"，年。

〔8〕先容：語出《文選·鄒陽〈於獄中上書自明〉》："蟠木根柢，輪囷離奇，而爲萬乘器者，何則？以左右先爲之容也。"李善注："容謂雕飾。"本謂先加修飾，後引申爲事先爲人介紹、推薦。

〔9〕佩：感佩。衷，原訛作"裏"，今據文意正。

〔10〕元達之風：詳見 17.2.8"王忱"條。丁注原謂"見《姑舅門》"，誤，今據《婚禮新編》目錄正作"《舅甥門》"。

〔11〕懲：鑒戒。《詩·周頌·小毖》："予其懲而毖後患。"丁注所引見《左傳·昭公二十八年》。叔向的意思是：我的母親多而庶兄弟少，(舅家女兒因屬近親而不易生子)，我把舅家當作鑒戒了。

〔12〕物儀：貢物和禮儀。享：貢享。

〔13〕用：因此。慶閎(hóng)：猶慶門，謂福慶祥瑞之家。

〔14〕將：傳達，表達。幅：原訛作"愊"，今據文意正。別幅：謂所附禮物貼。

婚禮新編　卷之八

8.1　世婚

8.1.1　歐陽知縣慶嗣 代祝濟之娶劉宅[1]

慕仰風猷，韓文："慕仰風味。"[2] 久託姻親之好；《禮記外傳》："嘉禮者，姻親好合之事。"[3] 夤緣中表，晉山濤與宣穆皇后有中表親，是以見景帝。[4] 復諧嬿婉之求。爲幸居多，謝靈運《擬古》詩："餘生固多幸。"非言可喻。[5] 小娘克恒其德，《易·恒》："九三，不恒其德，或承之羞。"[6] 未適有家；《孟子》："女子生而願爲之有家。"[7] 某弟思亢厥宗，尚虛中饋。[8] 頃屬行媒之告，遽承惠許之辱。[9] 幣帛既將，深愧館甥之意；《萬章下》："舜尚見帝，帝館甥於貳室。"[10] 子孫相繼，永交二姓之歡。

校注：

[1] 本條乃歐陽光祖所撰，《全宋文》未錄。嗣：原訛作"似"，今據《八閩通志》正。祝濟之，未詳。朱熹《晦庵集》卷六有《與劉德明祝濟之胡子寬晚步偶成》詩。原書目錄作"歐陽知縣二首"，則本條與 8.1.4 條不當分置。

[2] 慕仰：即仰慕。風猷：指人的風采品格。南朝齊謝朓《奉和隨王殿下》之七："風猷冠淄鄴，衽烏愧唐牧。"丁注所引見韓愈

《答渝州李方古使君書》。風味:這裏指風度,風采。《宋書·自序傳》:"(伯玉)溫雅有風味,和而能辨,與人共事,皆爲深交。"

〔3〕丁注所引本自唐成伯璵撰、張幼倫注之《禮記外傳》。該書原凡四卷,今存一卷,收錄於清馬國翰《玉函山房輯佚書》。今本原文作"嘉禮者,好會之事。起自伏羲,以儷皮爲幣,始制嫁娶。"

〔4〕中表:清梁章鉅《稱謂錄·母之兄弟之子》:"中表猶言内外也。姑之子爲外兄弟,舅之子爲内兄弟,故有中表之稱。"丁注所引見《晉書·山濤傳》。

〔5〕丁注所引見《文選·謝靈運〈擬魏太子鄴中集詩八首〉》,原文作"餘生幸已多,矧乃值明德"。非言可喻:無法用言辭表達。

〔6〕恒:長久保持。原避真宗趙恒諱作"常",今均回改。承:蒙受。

〔7〕有家:謂女子出嫁。丁注所引見《孟子·滕文公下》。

〔8〕亢(kàng)宗:光耀門庭。《左傳·昭公元年》:"吉不能亢身,焉能亢宗?"

〔9〕頃:近來,剛才。曹丕《與吳質書》:"頃何以自娛,頗復有所述造不?"屬:託付。廑(qín):通"勤",殷勤。《漢書·揚雄傳下》:"其廑至矣,而功不圖。"

〔10〕館甥:詳見6.2.6"又"條注〔9〕。

8.1.2 黃山谷_{庭堅}[1]

申以婚姻,潘岳《懷舊賦》序:"始見知名,遂申之以婚姻。"[2] 莫如兄弟。《棠棣》:"凡今之人,莫如兄弟。"[3] 蓋潘楊有自來矣,譬草木則臭味焉。《左·襄二十二年》:"譬諸草木,吾臭味也。"[4] 小子某,問以詩禮,則頗云周旋;《左·成十六年》:"上下和睦,周旋不逆。"[5] 顧茲烝嘗,而曾莫佽助。《文選·寡婦賦》:"奉烝嘗以效順。"[6] 小娘能佩紛帨,《內則》:"左佩紛帨。"早從姆師。[7]管窺一斑,[8]竊服閨門之美;河潤千里,《公羊·僖三十一年》:"河海潤千里。"[9]尚增宗祀之光。《國語》:"使右姓之後,必率舊章者謂之宗。先聖之後,敬恭明神者謂之祀。"[10]敢傾齊明,《中庸》:"齊明盛服。"[11]敬納嘉禮。《周禮·春官·太宗伯》:"以嘉禮,親萬民。"[12]

校注:

〔1〕本條乃黃庭堅所撰,"庭"原訛作"廷",今正。《山谷集》外集卷十《李方進問親書》、《全宋文》卷二三〇六《李方進問親書》均錄之。《文粹》未收。

〔2〕申以婚姻:此句前《山谷集》有"某啓"二字。婚姻:《山谷集》作"昏媾",姻親。丁注所引見《文選·潘安仁〈懷舊賦〉序》。《左傳·隱公十一年》:"唯我鄭國之有請謁焉,如舊昏媾。"楊伯峻注:"謂相親若舊通婚之國。"

〔3〕丁注所引見《詩·小雅·常棣》。"常棣"也作"棠棣",多用以指兄弟。

〔4〕蓋潘楊有自來矣,譬草木則臭味焉:本句《山谷集》作"潘楊蓋有自來,草木則吾味也"。潘楊:詳見 3.1.5 "程子山"條注〔7〕。臭(xiù)味:本指氣味,喻指同類。丁注所引見《左傳·襄公二十二年》。

〔5〕某:《山谷集》作"逡"。則:《山谷集》無。周旋:古代行禮時進退揖讓的動作。《孟子·盡心下》:"動容周旋中禮者,盛德之至也。"丁注所引見《左傳·成公十六年》。周旋不逆:謂相處沒有矛盾。

〔6〕而:《山谷集》無。烝嘗:亦作"蒸嘗",本指秋冬二祭。後亦泛稱祭祀。《詩·小雅·楚茨》:"絜爾牛羊,以往烝嘗。"鄭玄箋:"冬祭曰烝,秋祭曰嘗。"《國語·楚語下》:"國於是乎蒸嘗。"伙(cì)助:幫助。效順:表達忠順。漢賈誼《新書·五美》:"細民鄉善,大

臣效順。"丁注所引見《文選・潘安仁〈寡婦賦〉》。

〔7〕小娘：《山谷集》作"伏承賢第幾小娘子"。紛帨（shuì）：拭物的佩巾，抹布。紛，通"帉"（fēn）。丁注所引見《禮記・內則》。左：原作"右"，今據《禮記》正。早：《山谷集》作"蚤"。姆師：古時以婦道教女子的女師。韓愈《順宗實錄五》："良娣王氏，家承茂族，德冠中宮，雅修彤管之規，克佩姆師之訓。"

〔8〕管窺一斑：謂只見局部未見整體。比喻以小見大或以偏概全。語本《晉書・王獻之傳》："此郎亦管中窺豹，時見一斑！"

〔9〕河潤：謂恩澤及人，如河水之滋潤土地。《莊子・列御寇》："河潤九里，澤及三族。"正文"千"字，《山谷集》作"九"。丁注所引見《公羊傳・僖公三十一年》。

〔10〕宗祀：謂對祖宗的祭祀。丁注所引謂出自《國語》，今本無。

〔11〕傾：竭盡。齊明：謂在祭祀前齋戒沐浴，靜心潔身。《禮記・中庸》："齊明盛服，以承祭祀。"孔穎達疏："言鬼神能生養萬物，故天下之人齊戒明絜，盛飾衣服以承祭祀。"

〔12〕嘉禮：本為古代五禮（吉、凶、軍、賓、嘉）之一，指飲食、婚冠、賓射、饗燕、脤膰、賀慶等禮。《周禮・春官・大宗伯》："以嘉禮親萬民：以飲食之禮，親宗族兄弟；以昏冠之禮，親成男女；以賓射之禮，親故舊朋友；以饗燕之禮，親四方之賓客；以脤膰之禮，親兄弟之國；以賀慶之禮，親異姓之國。"後世亦專指婚禮。唐薛用弱《集異記・裴越客》："其年越客則速裝南邁，以畢嘉禮。"

8.1.3 孫尚書仲益[1]

雞豚同社，韓文公《南溪始泛》詩："願為同社人，雞豚燕春秋。"桑梓交陰。[2] 早締嘉姻，更申舊好。《左・成十八年》："來脩舊好。"[3] 令女簪纓仕族，晉許邁家世仕族。[4] 縫掖儒家，《儒行》："孔子曰：'少居魯,衣縫掖之衣。'"[5] 俎豆嘗聞,孔子:"俎豆之事,則嘗聞之矣。"[6] 蓬麻自直。《荀子·勸學》:"蓬生麻中,不扶自直。"[7] 某姪爲農爲圃,樊遲請學稼,子曰:"吾不如老農。"請學爲圃,子曰:"吾不如老圃。"[8] 方續父菑,《書》:"厥父菑,厥子乃弗肯播,矧肯穫?"[9] 學禮學詩,尚親師範。揚子:"師者,人之模範。"[10] 一言作合,兩喜成和。[11] 河鯉之求,固慙率爾;[12] 鍾霜之應,《文粹·喬潭〈霜鐘賦〉序》:"南陽豐山有九鐘,霜降則自鳴。"厥有由然。[13]

校注:

[1] 本條乃孫覿所撰。《鴻慶居士集》卷二十八《四六雜文·宏宗求婚》、《文粹》卷八十六《婚書·宏宗求婚書》、《全宋文》卷三四三九《宏宗求昏書》均錄之。

[2] 丁注所引見韓愈《南溪始泛》其二。南宋韓醇注曰:"《禮記·王制》:'庶人春薦韭,秋薦黍。韭以卵,黍以豚。'"桑梓交陰:詳見2.5.5"又代求楊氏"條注[3]。

[3] 早:《全宋文》作"蚤"。

[4] 令女:《鴻慶居士集》《文粹》《全宋文》均作"伏承司理宣教第四令女"。簪纓:古代官吏的冠飾,簪爲文飾,纓爲武飾,後喻指高官顯宦。仕族:又作"士族",指東漢以後魏晉時代在地主階級內部形成的封建貴族,是古代儒仕和富庶宗族相結合的產物,在社會政治經濟格局中具有舉足輕重的地位。南北朝時最盛,唐末漸趨消亡。丁注所引見《晉書·許邁傳》。

[5] 縫掖:亦作"逢掖""縫腋",指寬人的衣袖,古代儒者多穿之,因此可代指儒者。《禮記·儒行》:"孔子曰:'丘少居魯,衣逢掖之衣;長居宋,冠章甫之冠。'"鄭玄注曰:"逢猶大也。大掖之衣,大袂單衣也。"《後漢書·王符傳》:"徒見二千石,不如一縫掖。"

[6] 俎豆:本指俎和豆,是古代祭祀、宴饗時盛食物用的兩種

禮器。後代指祭祀。《論語·衛靈公篇》："俎豆之事,則嘗聞之矣。軍旅之事,未之學也。"

〔7〕蓬麻自直：強調生活環境對人的正面影響。

〔8〕某姪：《鴻慶居士集》《文粹》《全宋文》均作"以某尚書舍弟第四男宏宗"。丁注所引見《論語·子路篇》。

〔9〕畬：耕耘。丁注所引見《尚書·大誥》。矧：況且,何況。

〔10〕學禮學詩：《論語·季氏篇》文。丁注所引見揚雄《法言·學行篇》。

〔11〕作合：語本《詩·大雅·大明》："文王初載,天作之合。"後因以"作合"指男女結成夫婦,引申指做媒。兩喜：雙方歡喜。

〔12〕河鯉：詳見 2.5.5"又代求楊氏"條注〔10〕。率爾：隨便貌。

〔13〕鍾霜之應：《山海經·中山經》："又東南三百里曰豐山……有九鍾焉,是知霜鳴。"郭璞注："霜降則鍾鳴,故言知也。物有自然感應而不可爲也。"丁注所引見《唐文粹》所引喬潭《霜鍾賦》。由然：原委,來由。《漢書·匡衡傳》："此非其天性,有由然也。"

8.1.4　歐陽知縣代陳娶熊[1]

鶺鴒在原,《詩》："鶺鴒在原,兄弟急難。"雖有姻婭之舊；[2]鳳凰叶吉,復諧伉儷之求。[3]幸會彌深,寵榮交集。[4]某官小娘圭璋毓質,《詩·板》："如璋如圭。"蘭菊凝芳。[5]稟德有姜姬之全,《左·成九年》："雖有姜姬,無棄蕉萃。"[6]傳姓自高辛而上。黃帝有熊氏。[7]某男材非拔萃,《孟子》："出乎其類,拔乎其萃。"[8]學未知方。《語》："且知方也。"[9]永懷中匱之賢,敢意名家之辱。《史記·甘羅傳》："甘羅年少耳,然名家之子孫。"[10]雖車多長者,自憐孺子之長貧；[11]而詩誦白圭,或謂南容之可妻[12]。謹諏辰而奠雁,行指日以登龍。李白《上韓荊州書》："一登龍門，則聲譽十倍。"[13]

校注：

〔1〕本條乃歐陽知縣歐陽光祖所撰。"代"前當脱"慶嗣"二字。《全宋文》未録。

〔2〕鶺鴒：本作"脊令"，小鳥名，俗謂"張飛鳥"。《詩・小雅・常棣》："脊令在原，兄弟急難。"後因以"鶺鴒"比喻兄弟，以"鶺鴒在原"比喻兄弟友愛之情。雖：通"唯"。句首語氣詞，無實義。

〔3〕叶吉：和協吉祥。

〔4〕幸會：幸運遇合。寵榮：猶尊榮。《史記・禮書》："德厚者位尊，禄重者寵榮。"

〔5〕圭璋、蘭菊：本分别指貴重的玉器和芳香的花朵，這裏都用來比喻高尚的德行。毓：同"育"，孕育，培育。凝：積聚，形成。丁注所引見《詩・大雅・板》。

〔6〕禀德：天生的美德。姜姬：詳見 4.1.5"又答曾氏"條注〔2〕。焦萃：同"憔悴"。

〔7〕自高辛而上：謂女方姓熊。高辛：即帝嚳（kù），黄帝曾孫。出生于高辛（今河南商丘），受封爲辛侯，即位後號高辛氏。黄帝：姬姓，居軒轅之丘，號軒轅氏，建都於有熊，亦稱有熊氏，是中華民族的人文始祖。

〔8〕拔萃：猶出衆。拔：超出。萃：原指草叢生貌，引指同類叢聚。語本《孟子・公孫丑上》："聖人之於民，亦類也。出於其類，拔乎其萃，自生民以來，未有盛於孔子也。"後用以形容卓越出衆，不同一般。

〔9〕知方：知禮法。丁注所引見《論語・先進篇》。

〔10〕中匱：同"中饋"，指家中供膳諸事。晉無名氏《徐夫人菅洛碑》："整脩中匱，僕御肅然。"名家：猶名門。丁注所引見《史記・甘羅列傳》。耳：原作"郎"，今據《史記》正。

〔11〕車多長者：語本《史記·陳丞相世家》："（陳平）家乃負郭窮巷，以弊席爲門，然門外多有長者車轍。"借指人雖貧寒而有才華。

〔12〕詩誦白圭：詳見15.1.1"南容"條。

〔13〕諏（zōu）辰：猶諏吉，選擇吉日。宋宋祁《上夏太尉啓》："諏辰前定，樹政允和。"行：將要。登龍：詳見3.1.15"又"條注〔7〕。丁注所引見李白《與韓荆州書》。

8.1.5　翁知丞元老　代翁氏娶劉氏兩女[1]

慈親疇昔，老杜《賀加鄧國太夫人》："錫號戴慈親。"《選》："大分邁疇昔。"[2]已歸自於于門；《前漢》："于公高門。"言其親乃劉氏也。[3]猶子蠡緣，復聯攀於齊偶。[4]雖孫丑惟知於有仲，公孫丑問曰："夫子當路於齊，管仲、晏子之功，可復許乎？"孟子曰："子誠齊人也，知管仲、晏子而已。"劉氏女愛與翁家。[5]亦王粲獨喜於依劉。《魏志》："王粲以西京擾亂，乃之荆州，依劉表。"杜詩："徑欲依劉表，還疑厭禰衡。"[6]矧閨壼呈芳，遠邁小橋之美；周瑜從孫策攻皖，得橋公二女，皆國色。策納大橋，瑜納小橋。[7]而詩書示訓，愧無逸少之才。[8]執柯因藉於邢姨，樂土遂同於韓姞。[9]鳳占叶吉，鯉素傳音。[10]從此親親，合秦晉百年之契；更期世世，結朱陳二姓之歡。[11]敬伸納采之儀，行看宜家之詠。[12]

校注：

〔1〕本條乃翁元老所撰。《全宋文》未錄。

〔2〕慈親：母親。唐聶夷中《遊子行》："慈親倚門望，不見萱草花。"疇昔：往日，從前。丁注所引見杜甫《奉賀陽城郡王太夫人恩命賀鄧國太夫人》及《文選·盧子諒〈答魏子悌〉》。大分：情分。

〔3〕于門：詳見4.1.4"又答李氏"條注〔2〕。

〔4〕猶子：這裏指姪女。

〔5〕丁注所引見《孟子·公孫丑上》。當路：執政，掌權。許：興盛，復興。

〔6〕丁注所引分別見《三國志·魏書·王粲傳》、杜甫《奉送郭中丞兼太僕卿充隴右節度使三十韻》。

〔7〕閨壺：本指内宫，泛指女子所處的内室，亦借指女子。《舊唐書·列女傳序》："末代風靡，貞行寂寥，聊播椒蘭，以貽閨壺。"小橋：詳見18.5.4"大橋小橋"條。

〔8〕逸少：王羲之字，詳見14.1.1"郗鑒"條。

〔9〕執柯：語出《詩·豳風·伐柯》，指作媒。邢姨：《詩·衛風·碩人》："邢侯之姨，譚公維私。"毛傳："妻之姊妹曰姨。"樂土：安樂的地方。《詩·魏風·碩鼠》："逝將去女，適彼樂土。"韓姑：詳見3.1.4"劉夷叔定韓氏"條注〔5〕。

〔10〕傳音：傳達消息。

〔11〕秦晉：春秋時秦晉兩國世爲婚姻。

〔12〕伸：竭盡。宜家：《詩·周南·桃夭》："之子于歸，宜其室家。"朱熹集傳："宜者，和順之意。室者，夫婦所居；家，謂一門之内。"後因以稱家庭和睦。

8.1.6　王知録星仲 爲子娶江元肅女[1]

問孺子於窮巷，嘗親屈長者之車；陳平，事見《容儀門》。言江元肅曾來探婚。[2] 取佳婿於東床，辱過聽門生之語。郗鑒，事見《擇婿門》。駱賓王《上裴侍郎書》："不圖君侯忽垂過聽。"[3] 天與厚幸，《莊子》："今者丘得遇，若天幸然。"[4] 日徯好音。潘岳《贈陸機》詩："發言爲詩，佇望好音。"[5] 自得劉公一紙之書，晉劉弘領荆州，每有興廢，手書守相,丁寧款密,人皆感悦,赴之。曰:"得劉公一紙書,賢於十部從事。"欣領季布百金之諾。[6]以姓配姓,或假人爲;堯夫詩:"男女天所生,夫妻人所成。"[7]因親締親,殆由天合。《檀弓下》:"親者毋失其爲親。"《大明》詩:"天作之合。"[8]不待挾二十世之契,夙叨元禮之通家;後漢孔融,孔子二十世孫也。十歲,隨父到洛陽。時李元禮有盛名,詣門者,皆中表親戚乃通。融至門,謂吏曰:"我是李府君親。"既通,前坐,元禮曰:"君與僕有何親?"對曰:"昔先君仲尼與君先人李老君同德比義,是僕與君奕世通家。"[9]更期八千歲爲春,前注。[10]永托齊邦之大援。《左·桓十一年》:"鄭昭公敗北戎,齊人將妻之,昭公辭。祭仲曰:'君多内寵,子無大援。'"[11]

校注:

〔1〕本條乃王星仲所撰,原書目錄作"王教授"。知録,屬官名,"知録事參軍"的省稱,掌管文書,糾查府事,舉彈善惡等。王星仲,其人未詳。宋史浩《鄮峰真隱漫録》卷五有《姑夫王知録挽辭》。江元肅:亦未詳。

〔2〕問孺子:詳見15.6.1"陳平"條。長者:這裏指江元肅。

〔3〕取佳婿:詳見14.1.1"郗鑒"條。過聽:錯誤地聽取,這裏用作謙詞。《史記·三王世家》:"陛下過聽,使臣去病待罪行間。"丁注所引見駱賓王《上吏部裴侍郎書》。江元肅門生爲媒。

〔4〕天與厚幸:天賜之幸。與,賜給。丁注所引見《莊子·漁父篇》。

〔5〕徯(xī):等待,期望。好音:本指悦耳的聲音,這裏指好消息。《詩·檜風·匪風》:"誰將西歸?懷之好音。"丁注所引見《文選·潘安仁〈爲賈謐作贈陸機〉》,原作"言發爲詩,俟好音",今據《文選》補正。

〔6〕劉公:即西晉劉弘。紙:原作"帋",二字異體。丁注所引見《晉書·劉弘傳》。後以"一紙書"代指書信。唐許渾《寄獻三川守劉公》詩:"長聞季氏千金諾,更望劉公一紙書。"守相:郡守和封

王之相。丁寧：同"叮嚀"。款密：親切細緻。十部從事：謂衆多輔助官吏。季布：詳見3.1.6"呂郎中伯恭"條注〔8〕。

〔7〕丁注所引見宋邵雍(字堯夫)《擊壤集》卷十二《接花吟》。

〔8〕丁注所引見《禮記·檀弓下》。爲：原脱，今據《禮記》補。天作之合：語本《詩·大雅·大明》："文王初載，天作之合。"用來稱頌婚姻美。

〔9〕叨(tāo)：猶忝，謙詞，表示承受之意。通家：猶世交。丁注所引見《後漢書·孔融傳》，另見《世説新語·言語篇》。李元禮：即李膺。中表：姑表兄弟。同德比義：《世説新語》作"有師資之尊"。人，奕：原分別訛作"久""弈"，今均據《後漢書》正。

〔10〕前注：未詳。八千歲爲春：語本《莊子·逍游遊》："上古有大椿者，以八千歲爲春，以八千歲爲秋，而彭祖乃今以久特聞。"意謂永久好合。

〔11〕大援：有力的援助。丁注所引見《左傳·桓公十一年》文。桓，原作"成"，今正。内寵：指姬妾。

8.1.7 張主簿從道 代張娶陳[1]

慶承嬀汭之餘，光而有耀；《左·莊二十二年》："有嬀之後，將育于姜。"又曰："光遠而自他有耀者也。"注："嬀，陳姓。"[2]世襲弦弧之裔，名殆無聞。張氏出自軒轅，第五子揮爲弓正，始制弓矢。子孫賜姓張氏。[3]眷上世，嘗厠響於腹心；《漢》贊："腹心良平。"迨今時，復聯陰於桑梓。[4]況不無於瓜葛，宜結好於絲蘿。《左·莊二十五年》："陳女叔來聘，始結陳好也。"[5]某孫齒將及於成人，時切思於堪室；《西京雜記》："竇太后曰：'兒堪室矣。'"[6]令愛克全女德，確佩姆儀。[7]諒繫籍於月下老之書，遂得通於冰上人之語。[8]頓俾金張之後，獲交秦晉之歡。[9]幸矣既蒙，《文選·鷦鷯賦》："雖

蒙幸於今日。"儀敢忘於奠雁？〔10〕欿然自視，《盡心上》："自視欿然，則過人遠矣。"譽切愧於乘龍。〔11〕

校注：

〔1〕本條乃張革所撰。《全宋文》無。娶：原脱，今據文意補。

〔2〕嬀汭（guī ruì）：嬀水彎曲的地方。傳説舜居於此，故以嬀爲氏。堯將兩個女兒娥皇與女英嫁給他。《尚書・堯典》："釐降二女於嬀汭，嬪于虞。"借稱娥皇與女英。春秋時期，帝舜後裔嬀滿受封於陳（今河南淮陽），後人又以陳爲姓。丁注所引見《左傳・莊公二十二年》。而自：原作"有自"，今據《左傳》正。者也：原脱；"嬀，陳姓"：原殘泐，今並從《左傳》補。

〔3〕弦弧：在曲木上張弦成弓。語本《周易・繫辭下》："弦木爲弧。"又代指弓箭。丁注所引見《新唐書・宰相世系表》。

〔4〕厕：放置。丁注所引見《漢書・叙傳》贊文。聯陰於桑梓：詳見 2.5.5 "又代求楊氏"條注〔3〕。

〔5〕不無瓜葛：猶言有些關係。女叔：夫之妹或父之妹。《禮記・昏義》："和於室人。"漢鄭玄注："室人，謂女妐、女叔、諸婦也。"孔穎達疏："女叔，謂婿之妹。"

〔6〕齒：年齡。堪室：3.1.8 "又代詹提舉宅娶章提舉"條注〔9〕。室：娶妻，成家。

〔7〕克：能够。佩：遵循。《逸周書・王佩》："王者所佩在德。"朱右曾校釋："佩德以利民。"

〔8〕諒：確實。繫籍：編入名籍。月下老、冰上人：分别詳見 12.1.1 "月下老"條、12.2.18 "夢立冰上"條。

〔9〕頓俾（bǐ）：馬上使。金張：漢時金日磾、張安世二人的並稱。二氏子孫相繼，七世榮顯。後因用爲顯宦的代稱。《漢書・蓋寬饒傳》："上無許史之屬，下無金張之託。"

〔10〕丁注所引見《文選・張茂先〈鷦鷯賦〉》。蒙幸：謙詞，幸

運地受到。

〔11〕欿(kǎn)然：不自滿貌。丁注所引見《孟子·盡心上》文。

8.1.8　楊唐叟 出浙婺[1]

　　顧我萍蓬，古詩："飛蓬在木末，浮萍在流水。一身何苦不自由，隨風逐浪何時已。"[2]**濫繼星郎之末裔**；後漢楊秉疏："大微積星，名爲郎位，入奉宿衛，出牧百姓。"[3]**與君瓜葛，幸尋月老之舊盟。揣分奚堪，省躬知自。**[4] **令愛閨門四德，夙全冰雪之姿**；《莊子·逍遙遊》："藐姑射之山，有神人居焉，肌膚若冰雪。"[5] **某男天地一身**，古詩："天地一身孤。"[6] **謾有琴書之志**。《魏志》："崔琰以琴書自娛。"[7] **王孫釣楚，固不在魚**；韓信至城下釣，有一漂母哀之，飯信，信曰："吾必重報母。"母怒曰："大丈夫不能自食，吾哀王孫而進食，豈望報乎！"信後亡楚歸漢。[8] **公子奔齊，偶諧占鳳**。《左·莊二十二年》："陳公子完奔齊，齊侯使敬仲爲卿。初，懿氏卜妻敬仲，占之曰：'吉。是謂鳳凰于飛。'"完字敬仲。[9] **雖夤緣之素定，荷陳義之甚高**。[10] **獻雙璧之珍，豈人之所能至？賜千金之諾，非公其誰與歸？**[11]

校注：

　　〔1〕本條乃楊唐叟所撰。楊唐叟，其人未詳。《全宋文》未錄。

　　〔2〕萍蓬：浮萍和蓬草，萍隨水漂流，蓬遇風飛旋。喻指行蹤飄零不定。丁注所引未詳所出。木末：樹梢。

　　〔3〕星郎，《後漢書·明帝紀》．"郎官上應列宿，出宰百里，苟非其人，則民受殃，是以難之。"後因稱郎官爲"星郎"。末裔：後代子孫。丁注所引見《後漢書·楊秉傳》。楊秉(92—165)爲楊震(？—124)次子，字叔節。東漢弘農華陰(今屬陝西)人。官至太

尉。楊震通曉經籍、博覽群書,世稱"關西孔子",楊秉有其父遺風。牧:管理。此句指出男方姓楊。

〔4〕揣:忖度,估量。省躬:反躬自省。唐元稹《春六十韻》:"儽俛還移步,持疑又省躬。"知自:猶自知。

〔5〕閨門四德:封建社會婦女應有的四種德行(婦德、婦言、婦容、婦功)。冰(níng)雪:形容肌膚潔白滑潤,代指女子貌美。

〔6〕一身:獨自一人。《戰國策·趙策三》:"令眾人不知,則爲一身。"丁注所引未詳出處。宋虞儔《尊白堂集》卷三《食洞庭橘有感》:"此日滿懷三嘆息,悵然天地一身孤。"

〔7〕謾:徒然,空。丁注所引見《三國志·魏書·崔琰傳》。崔琰:原作"魏琰",今據《三國志》正。

〔8〕王孫:猶公子,舊時對人的尊稱。丁注所引本自《史記·淮陰侯列傳》。漂母:漂洗衣物的老婦。自食:靠己力養活自己。

〔9〕公子奔齊:指陳國公子完(陳厲公之子,字敬仲),是戰國時期田齊(取代了姜齊)的始祖。懿氏:陳國大夫。吉:原脱,今據《左傳》補。詳見《左傳·莊公二十二年》。後一"完"字原訛作"宗",今亦據正。

〔10〕素定:猶宿定,預先確定。陳義:陳説的道義。

〔11〕千金之諾:詳見2.5.10"彭公變再醮"條注〔9〕。誰與歸:與誰歸。

8.1.9　葉子實[1]

　　得佳婿於東床,曩慚攀援;[2]慕齊女於南澗,復喜姻親。[3]提孩各長於兩家,韓公《符讀書城南》:"兩家各生子,提孩巧相如。"婚姻祇求於二姓。[4]匹幸聯於秦晉,好永結於朱陳。[5]固我願兮,式相好也。[6]姻親交締,投木瓜報瓊瑤;禮意庸將,有幣帛實箱筐。[7]

校注：

〔1〕本條乃葉棻所撰。《全宋文》未錄。
〔2〕曩：先時，以前。
〔3〕齊女：詳見《左傳·桓公六年》。
〔4〕提孩：猶孩提，幼兒，兒童。《孟子·盡心上》："孩提之童，無不知愛其親者。"趙岐注："孩提，二三歲之間，在緥褓，知孩笑可提抱者也。"丁注所引見韓愈《符讀書城南》。子：原脱，今據韓詩補。祗(zhī)：恭敬。
〔5〕匹：伴侣，配偶。
〔6〕式：句首語氣詞，無實義。
〔7〕禮意：敬意。《漢書·雋不疑傳》："勝之知不疑非庸人，敬納其戒，深接以禮意。"箱籢：即筐籢。

8.1.10　鄭尚書少融[1]

　　迎則必親，先聖首推於至重，哀公問曰："冕而親迎，不亦重乎？"孔子愀然作色而對曰："合二姓之好，以繼先聖之後，以爲天地宗廟社稷之主，君何謂已重乎？"[2]敬而無實，前賢切笑於未將。《孟子·盡心上》："食而不愛，豕交之也；愛而不敬，獸畜之也。恭敬者，幣帛之未將者也。恭敬而無實，君子不可虛拘。"[3]矧予有子而中匱尚虛，逾於壯室而寸心易邁。《曲禮》曰："三十曰壯，有室。"[4]鐵硯久磨而未效，桑維翰，人有勸從他仕者，乃鑄鐵硯示人曰："硯弊則改他仕。"卒進士及第。[5]金籯徒守而罔功。韋玄成曰："黃金滿籯，不如一經。"《書·胤征》曰："爰克厥威，允罔功。"[6]樂淑女以配之，奈富人莫與者，陳平家貧，吴可聚婦，富人莫與者。[7]幸舊遊之不棄，顧令愛以尤賢。平章雖籍於斧柯，老杜《送封主簿親事不合詩》序："余與主簿平章鄭氏女子。"[8]世契實聯於瓜葛。晉王導與子悦弈棋，爭道，導笑曰："相與有瓜葛，那得爲爾！」[9]庸破杜囊之吝，杜詩："囊空恐羞澀，留得一錢看。"[10]勉勤召幣之供。《召誥》："惟恭奉幣，用供王。"[11]庶免虛拘，永諧嘉好。

校注：

〔1〕本條乃鄭丙（1121—1194）所撰。丙字少融，南宋福州長樂（今屬福建）人，高宗紹興十五年（1145）進士。歷官建州教授、國子監主簿、監察御史、禮部員外郎、福建路轉運副使、秘書少監、朝散大夫等，累遷吏部尚書。出知建寧、紹興、泉州府。官終端明殿學士。諡簡肅。《宋史》卷三百九十四有傳。融：原作"嘉"，今正。本條《全宋文》卷四八八三未錄。

〔2〕先聖：這裏指孔子。丁注所引見《孔子家語・大婚解》。亦：今本《孔子家語》作"已"，太，甚。《詩・唐風・蟋蟀》："無已大康，職思其居。"愀（qiǎo）然：容色改變貌。

〔3〕無實：沒有內容，徒具形式。前賢：這裏指孟子。丁注所引見《孟子・盡心上》。食（sì）：養活。交：交接。恭敬者，幣之未將者也：謂恭敬之心，在送出禮物之前就有了。拘：留下。

〔4〕中匱：同"中饋"，指妻室。壯室：男子三十稱壯年，又值當娶妻室之歲，故稱"壯室"。寸心易邁：謂心志容易衰老。丁注所引見《禮記・曲禮》。

〔5〕鐵硯：詳見《新五代史・晉臣傳・桑維翰傳》。效：成功。弊：破損。後以磨穿鐵硯形容立志不移，持久不懈。

〔6〕金籯：詳見 2.5.7"程子山"條注〔14〕。罔功：不成功。丁注所引見《漢書・韋賢傳》及《尚書・胤征》文。"愛克厥威"：姑息戰勝危罰。

〔7〕丁注所引見《漢書・陳丞相世家》。

〔8〕平章：品評。詳見 12.2.20"平章"條。

〔9〕世契：猶世交。丁注所引見《晉書・王悅傳》。爭道：爭搶棋路。

〔10〕丁注所引見杜甫《空囊》。得：原訛作"取"，今據杜詩正。

〔11〕丁注所引見《尚書·召誥》。恭奉：貢獻。

8.2 答

8.2.1 孫尚書[1]

通德四牡之路，《後漢·鄭玄傳》："孔融深敬於玄，屣履造門。告高密縣爲玄特立一鄉，曰'鄭公鄉'。又曰：'鄭公之德，而無駟牡之路，可廣開門衢，令容高車，號爲通德門。'"莫窺牆仞之高；[2]平輿二龍之淵，後漢許劭有高名，兄虔亦知名，汝南人稱"平輿淵有二龍焉"。注："今豫州有二龍鄉月旦里。"[3]幸接州閭之末。《莊子》："邑屋州閭。"[4]俯膺大貺，《左·襄十四年》："重拜大貺。"[5]重以好辭。《語林》："曹操至江南，讀《曹娥碑》，背有八字，曰：'黃絹幼婦，外孫齏臼。'操不解，問楊修。修曰：'知之。'操曰：'且勿言。'行三十里，乃得之，令修解。修曰：'黃絹，色絲，是絕字；幼婦，少女，是妙字；外孫，女子，是好字；齏臼，受辛，是辭字。'俗云：'有智無智，校三十里。'"[6]曲敦久要之情，《憲問》："久要不忘。"永締歡盟之固。[7]令孫名駒千里，《南史》："任昉從叔晷稱其小名曰：'阿堆，吾家千里駒也。'"[8]奇產萬金。退之《贈張籍》詩："有兒雖甚憐，教示不免簡……留君住廳食，使立侍盤盞。薄暮歸見君，迎我笑而莞。指渠相賀言，此是萬金產。"[9]乃眷女孫，僅閑姆訓。[10]謂婚姻之外，莫如魯衛之親；[11]而聲氣之同，奚俟姬姜之貴。[12]

校注：

〔1〕本條乃孫覿所撰。《鴻慶居士集》卷二十八《四六雜文·答董舍人問親》、《文粹》卷八十六《婚書·答董舍人問親書》、《全宋文》卷三四三九《答董舍人問親書》均錄之。

〔2〕通德四牡之路：《鴻慶居士集》《文粹》《全宋文》均作"通德門四牡之路"。丁注所引見《後漢書·鄭玄傳》。屣（xǐ）履：拖着鞋子走路，形容急忙的樣子。駟牡：駕一車的四匹牡馬。通德門：故址在今山東高密西北。窺牆：典出《論語·子張篇》，詳見3.1.19"又"條注〔2〕。

〔3〕平輿二龍之淵：《鴻慶居士集》《文粹》《全宋文》均作"平輿淵二龍之鄉"。平輿：今屬河南省。丁注所引見《後漢書·許劭傳》及李賢注。

〔4〕州閭：古代地方基層行政單位州和閭的連稱。《禮記·曲禮上》："夫爲人子者，三賜不及車馬，故州閭鄉黨稱其孝也。"鄭玄注："《周禮》二十五家爲閭，四閭爲族，五族爲黨，五黨爲州。"末：端，尾。丁注所引見《莊子·胠篋》。邑屋：古代行政區域單位。《胠篋》本句成玄英疏引《司馬法》曰："六尺爲步，步百爲畝，畝百爲夫，夫三爲屋，屋三爲井，井四爲邑。"

〔5〕俯膺：敬語，接受。丁注所引見《左傳·襄公十四年》。重（chóng）拜：猶再拜。

〔6〕好辭：極其美妙的文辭。丁注所引見裴啓《語林》。裴啓，字榮期，東晉河東聞喜（今山西運城東）人，處士。《世説新語·捷悟篇》亦録之。受辛是辭字："辭"俗書作"辤"。

〔7〕曲：敬詞，表示對方降低身份，或自己高攀。久要：舊約，從前的約定。丁注所引見《論語·憲問篇》。歡盟：《鴻慶居士集》《文粹》均作"歡門"，誤。歡盟即和好結盟。《續資治通鑑·宋太宗雍熙四年》："殿中侍御史趙孚奏議，大略謂宜內修戰備，外許歡盟。"

〔8〕令孫：《鴻慶居士集》《文粹》《全宋文》均作"伏承令孫承務"。丁注所引見《南史·任昉傳》。從叔：堂房叔父。阿堆：任昉小名。千里駒：猶千里馬，喻指能力極強的少年人才。

〔9〕萬金：比喻非常貴重。丁注所引見韓愈《贈張籍》。示：

原作"亦",今據韓詩正。

〔10〕閑：通"嫺",嫺習。

〔11〕外：《鴻慶居士集》《文粹》《全宋文》均作"好"。魯衛：詳見6.1.1"孫尚書仲益"條注〔13〕。

〔12〕姬姜：詳見2.3.1"張主簿從道"條注〔5〕。

8.2.2　又仲益 答王氏第二子[1]

紬書延閣，劉歆《七略》："武帝廣獻書之路，百年之間，書積如丘山。故外有太常、博士之藏，内則有延閣、廣内、秘室之府。"[2]蚤陪鴛鷺之聯；退之《與裴度》詩："鴛鷺欲歸仙仗裏。"[3]竄跡窮閻，又玷菡萏之末。[4]某人名駒千里，奇產萬金。[5]某姪女方從姆傅，閑機杼之工；杜《織女》詩："防身動如律，竭力機杼中。"[6]莫助尊章，薦蘋蘩之祭。[7]不謂好逑之意，俯循代匱之規。[8]二姓交驩，敢議參軍之配；晉王渾妻鍾氏生濟，渾曰："生子如此，足慰人心。"氏笑曰："若使新婦得配參軍，生子故不翅如此。"參軍，謂渾弟淪也。[9]一門推重，孰逾阿大之賢？晉謝氏曰："一門叔父，則有阿大、中郎。"[10]

校注：

〔1〕本條亦孫覿所撰。《鴻慶居士集》卷二十八《四六雜文·答王氏問親》、《文粹》卷八十六《婚書·答王氏問親》、《全宋文》卷三四三九《答王氏問親書》均録之。王氏第二子，未詳。

〔2〕紬(chōu)．綴緝。《史記·太史公自序》："卒三歲而遷爲太史令，紬史記石室金匱之書。"延閣：古代帝王藏書之所。丁注所引見《漢書·藝文志》"於是建藏書之策"句顏師古注引如淳徵引劉歆《七略》語。

〔3〕蚤：《鴻慶居士集》《文粹》作"早"，爲本字。鴛鷺：《鴻慶居

士集》《全宋文》作"鵷鷺"。唐孫甫注曰:"謂幕中諸僚。"仙仗:皇帝的儀仗。鵷(yuān)和鷺行立有序,喻指朝官。聯:謂職司通連的官府或同等的官職。丁注所引見韓愈《晉公自蔡州入覲塗中重拜台司以詩示幕中賓客愈因和之》。裴度封晉國公,世稱裴晉公。

〔4〕竄跡:《文粹》《全宋文》同,《鴻慶居士集》作"窩跡",誤,當正。竄跡即隱跡。窮閭:猶陋巷,窮人住的里巷。葭莩:蘆葦裏的薄膜,比喻親戚關係疏遠淡薄,又代稱新戚。《梁書·武帝紀上》:"蕭領軍葭莩之宗,志存柱石。"

〔5〕某人:此二字前《鴻慶居士集》《文粹》《全宋文》均有"伏承"二字。

〔6〕某姪女:《鴻慶居士集》《文粹》《全宋文》均作"以某舍弟縣丞次女",《文粹》作"以某舍弟縣丞第二女"。傅:教導。機杼:織布機。丁注所引見杜甫《牽牛織女》詩。

〔7〕尊章:詳見4.1.1"孫尚書仲益"條注〔8〕。

〔8〕好逑:好配偶,語本《詩·周南·關雎》:"窈窕淑女,君子好逑。"俯:敬詞,表示對方實施該行為有所屈尊。代匱:謂匱乏時取以代用,語本《左傳·成公九年》:"凡百君子,莫不代匱。"

〔9〕交驩:同"交歡",謂男女成婚。丁注所引見《晉書·列女傳·王渾妻鍾氏》,詳見14.3.3"鍾氏"條。鍾:原訛作"鐘",今據《晉書》正。翅:通"啻",但,僅。《孟子·告子下》:"取色之重者與禮之輕者而比之,奚翅色重?"

〔10〕一門:一個家族。推重:推許尊重。丁注所引見《晉書·列女傳·王凝之妻謝氏》。原文作:"(謝道韞)初適凝之,還,甚不樂。安曰:'王郎,逸少子,不惡,汝何恨也?'答曰:'一門叔父有阿大、中郎;群從兄弟復有封、胡、羯、末,不意天壤之中乃有王郎!'封謂謝韶,胡謂謝朗,羯謂謝玄,末謂謝川,皆小字也。"阿大、中郎,謝氏(道韞)對其叔父謝尚和謝據的稱呼。兄弟三人,其二為中郎。羯:《世說新語·賢媛篇》作"遏"。劉孝標注:"封胡為謝韶

小字,遏末爲謝淵小字。"與《晉書》說法小異。

8.2.3 黃山谷答許方進[1]

誤蒙裏言,《左·莊十四年》:"伯父無裏言。"[2]委貺嘉幣。《左·昭元年》:"若野賜之,是委君貺於草莽。"[3]惟兹息女,近若而人。[4]賢弟武庫五兵,晉裴頠博學稽古,周弼見之,曰:"頠若武庫五兵。"[5]名駒千里。方卜蘋蘩之助,豈期顒領之求。[6]屈元禮之高明,後漢李膺問孔融曰:"高明祖父與僕有恩舊乎?"[7]及阿承之小醜。《蜀志》曰:"莫作孔明擇婦,正得阿承小醜。"[8]著姓多有,顧衰宗之眇然;[9]懿親不忘,維伯氏之故也。[10]眷逮如此,終辭謂何。[11]

校注:

〔1〕本條乃黃庭堅所撰,《山谷外集》卷十《書雜文·許方進問親書》、《文粹》卷八十六《婚書·許方進問親書》、《全宋文》卷二三〇六《許方進問親書》均錄之。許:原誤作"李",今正。許方進,其人未詳。依文意,黃庭堅恐未允婚。

〔2〕誤蒙:此二字前《山谷外集》有"某啟"二字。丁注所引見《左傳·莊公十四年》。裏言:將國內情況告訴在外的國君。

〔3〕委:捨棄,丟棄。嘉幣:好禮。

〔4〕近若而人:像她父親。

〔5〕賢弟:《山谷外集》《全宋文》作"伏承賢第幾先輩"。第:《文粹》作"弟"。先輩:對長者的敬稱。武庫五兵:兵器庫裏的各種兵器,喻指人學識淵博,幹練多能。《晉書·杜預傳》:"預在内七年,損益萬機,不可勝數,朝野稱美,號曰'杜武庫',言其無所不有也。"丁注所引見《晉書·裴頠傳》。

〔6〕期:《婚禮新編》及《文粹》《全宋文》均誤作"伊",今據《山

谷外集》正。顦顇：亦作"憔悴"、"蕉萃"、"顲悴"，典出《左傳・成公九年》，詳見4.1.5"又答曾氏"條注〔2〕。

〔7〕元禮：即東漢李膺。高明：對人的敬詞，相當於您。丁注所引見《後漢書・孔融傳》。祖父：駱曉平《"子弟""祖父"與"子孫""父祖"——〈後漢書〉辨正一例》謂當作"父祖"，泛指包括祖父、父親在內的上輩、先輩，可從。恩舊：對老朋友的稱呼，原倒作"舊恩"，今據《後漢書》乙正。

〔8〕阿承之小醜：詳見13.1.1"黃承彥"條。丁注所引見《三國志・蜀書・諸葛亮傳》裴松之注引《襄陽記》。小醜：《三國志》作"醜女"。擇：原訛作"釋"，今據《三國志》裴注正。

〔9〕著姓：有聲望的族姓。《後漢書・張衡傳》："張衡字平子，南陽西鄂人也。世爲著姓。"衰宗：謙詞，衰敗的宗族。眇然：弱小貌。

〔10〕懿親：至親。《左傳・僖公二十四年》："如是則兄弟雖有小忿，不廢懿親。"伯氏：長兄。《詩・小雅・何人斯》："伯氏吹壎，仲氏吹篪。"高亨注："伯氏，大哥。"

〔11〕眷：垂愛，眷顧。

8.2.4　劉郎中智甫[1]

薄俗論財，《後漢》："彫薄之俗未革。"《文中子》："婚娶論財。"[2]誰念姻親之舊；《詩・我行其野》："不思舊姻，求爾新特。"[3]名門《北史》："宋弁性自矜伐，自許膏腴。孝文以郭祚晉魏名門，從容謂弁曰：'卿固當推郭祚之門。'弁笑曰：'臣家未肯推祚。'"[4]擇配，段儀曰："吾女志行不凡，故且踟躕，以擇良配。"[5]獨先聲氣之同。凜高誼以難量，《董仲舒傳》："講聞高誼之日久矣。"亢頹宗而有煒。[6]令似美質，素推於蘭玉；芝蘭玉樹。[7]某女弱齡，未稱於蘋蘩。淵明《曲阿》詩："弱齡寄事

外。"〔8〕不揆因親，遂諧合姓。〔9〕饋遠方之雙鯉，彌荷眷勤；〔10〕占在戶之三星，共期偕老。〔11〕

校注：

〔1〕本條乃劉崇之（1154—1210）所撰。崇之字智父（或作智夫、智甫、知甫），南宋建陽（今屬福建）人，師從朱熹。孝宗淳熙二年（1175）進士，歷仕福清主簿、太府寺丞、秘書省校書郎、荊湖南提舉常平使者、成都路提刑、戶部郎中領四川宣撫兩司節制。後奉祠，主管武夷山沖佑觀。卒諡文忠，號瑞樟先生。詳見《閩中理學淵源考》卷六《文忠劉瑞樟先生崇之》。此文《全宋文》未錄。

〔2〕薄俗：輕薄的習俗，壞風氣。《漢書·元帝紀》："民漸薄俗，去禮義，觸刑法，豈不哀哉！"丁注所引見《後漢書·李固傳》及《中說·事君篇》。

〔3〕丁注所引見《詩·小雅·我行其野》。新特：新的配偶。特，配偶。《詩·鄘風·柏舟》："髧彼兩髦，實維我特。"朱熹集傳："特，亦匹也。"

〔4〕名門：有名望的門第。丁注所引見《北史·宋弁傳》。矜伐：恃才誇功。膏腴：指富貴人家。推：推崇。

〔5〕丁注所引詳見14.1.5"段儀"條。

〔6〕凜：敬。高誼：高深的義理。丁注所引見《漢書·董仲舒傳》。講聞：講求聽聞。冘：庇護。燁：光耀明亮。

〔7〕令似：即令嗣，用為稱對方兒子的敬詞。似，通"嗣"。丁注所引見《晉書·謝安傳》。芝蘭玉樹：喻指優秀子弟。

〔8〕弱齡：少年。稱（chèn）：稱職。丁注所引見陶淵明《始作鎮軍參軍經曲阿》。詩：原訛作"作"，今據文意正。

〔9〕揆：揣度。因：通"姻"，婚配。因親，即"姻親"。班固《白虎通義·德論下·嫁娶篇》引《詩經》："不惟舊因。"陳立疏證："所

引《詩·小雅·我行其野》……今《詩》作'不思舊姻。'"

〔10〕雙鯉：詳見3.1.6"呂郎中伯恭"條注〔8〕。眷勤：眷念慰勞。

〔11〕在户之三星：語出《詩·唐風·綢繆》："綢繆束薪，三星在天……綢繆束楚，三星在户。"毛亨傳："男女待禮而成，若薪芻待人事而後束也。三星在天，可以嫁娶矣。"又鄭玄箋："心星在户，謂之五月之末，六月之中。"

8.2.5　張主簿從道 代張嵊縣答謝筠州[1]

赫奕相家，久聳蒼生之望；《晉·謝安傳》曰："安石不起，其如天下蒼生何？"[2]伶俜素胄，浪傳黃石之書。張良。[3]貪緣壤地之與鄰，顧惠姻婭之惟舊。[4]載講潘楊之睦，重尋秦晉之歡。[5]欽承猶子，早洽於藝文；靜念弱息，未閑於教訓。[6]惟食魚不必魴鯉，故代匱容許蒯菅。[7]屬執柯伐柯而得其人，故因親致親乃適所願。[8]永以爲好，重蒙奠雁之儀；敢不拜嘉，幸竊乘龍之喜。[9]

校注：

〔1〕本條乃張革所撰。《全宋文》未録。嵊（shèng）縣，古稱剡，北宋年間始名嵊縣，今屬浙江紹興。筠州，唐改米州置，治在高安（今屬江西）。北宋時屬江南西路。理宗時避諱改名瑞州。張嵊縣、謝筠州，均未詳。丁昇之基本未注。

〔2〕赫奕：顯赫貌。相家：謂謝安之家。聳：敬仰。丁注所引謂出自《晉書·謝安傳》，今本作"安石不肯出，將如蒼生何！"

〔3〕素胄：貧賤的后嗣。浪：空，白白。黃石之書：即漢黃石公所撰兵書《素書》（又稱《黃石公三略》）。據《史記·留侯世家》，

黃石公三試張良,而後將書授予張良,張良憑藉此書幫助劉邦定江山。此句謂女方姓張。

〔4〕壤地:地界。浙江與江西接壤。姻婭之惟舊:兩家此前已有姻親關係。

〔5〕潘楊:詳見3.1.5"程子山"條注〔7〕。

〔6〕欽承:恭敬地承受。洽:廣博。弱息:女兒。教訓:教導訓誡。《左傳·文公十八年》:"顓頊有不才子,不可教訓。"

〔7〕魴鯉、蕳菅:分別見2.7.3"晁侍郎"條注〔4〕、4.1.5"又答曾氏"條注〔2〕。

〔8〕執柯伐柯、因親致親:均見6.1.13"張主簿從道"條注〔9〕。

〔9〕重蒙:敬語,再次承蒙。

8.2.6　翁縣丞元老 代劉答余[1]

少日議婚,早獲下邳之偶;下邳余姓。[2]中年擇婿,兩歸妻黨之宗。[3]雖孟光宜對於梁鴻,亦孫丑惟知於管仲。[4]某人下筆如神之有,杜詩:"下筆如有神。"其婿能畫也。生長于門;[5]某女采蘋在澗之濱,孔樂韓土。[6]顧馬牛之風不及,論草木之味則同。[7]既欲效仲宣之依,固宜許南容之妻。[8]此日于飛叶吉,便可傳兩姓之圖;東坡有《朱陳嫁娶圖》詩,此譏其婿能畫也。[9]他日友情相從,嚴助家貧,爲友婿富人所辱。注:"同門之婿。"[10]不妨講三餘之學。魏董遇謂從學者云:"當以三餘;冬者歲之餘,夜者日之餘,陰雨者時之餘。"[11]

校注:

〔1〕本條乃翁元老所撰。《全宋文》未錄。前8.1.5有"代翁氏娶劉氏兩女"文,此爲答書。

〔2〕少日：小時候。下邳：在今江蘇睢寧古邳鎮。下邳余姓：謂劉家早先已與余家議親。

〔3〕中年：年長時。妻黨之宗：據8.1.5"慈親疇昔已歸自於于門"可知，翁家早已與劉家聯姻。

〔4〕孟光：詳見14.2.2"孟光"條。孫丑：詳見8.1.5"翁知丞元老 代翁氏娶劉氏兩女"條注〔5〕。

〔5〕如神之有：即"如有神"。丁注所引見杜甫《奉贈韋左丞丈二十二韻》。翁子擅著文，故稱。

〔6〕采蘋、韓土：分別見2.5.1"黃山谷"條注〔10〕、3.1.4"劉夷叔定韓氏"條注〔5〕。孔：非常。

〔7〕馬牛、草木：分別見2.7.2"孫尚書"條注〔4〕、3.1.2"又"條注〔4〕。

〔8〕仲宣：王粲(177—217)字。王粲是三國時著名文學家，建安七子之一。南容：詳見15.1.1"南容"條。

〔9〕于飛叶吉：詳見2.6.2"危縣丞少劉 答劉德基"條注〔14〕。兩姓：朱與陳。丁注所引見蘇軾《陳季常所畜朱陳村嫁娶圖》。"譏其婿能畫也"諸字原殘泐，今據文意補。

〔10〕倩(qìng)：女婿。《史記·扁鵲倉公列傳》："黃氏諸倩見建(宋建)家京下方石，即弄之。"裴駰集解："徐廣曰：'倩者，女婿也。'駰案：《方言》曰'東齊之閒，婿謂之倩。'"丁注所引見《漢書·嚴助傳》及顏師古注文。友婿：即連襟，姊妹丈夫之互稱或合稱。

〔11〕三餘：語出《三國志·魏書·王肅傳》"明帝時大司農弘農、董遇等"句裴松之注所引三國魏魚豢《魏略》。後以"三餘"泛指閒置時間。遇：後原衍"見"字，"見"屬該書上句"讀書百遍而義自見"，今據《三國志》裴注所引刪。因文義不暢，增"謂"字。

8.3 契書

8.3.1 吕郎中代韓尚書娶王氏[1]

講舊遊於群從，前注。[2]早接茵憑；《宵成傳》："同車未嘗敢均茵憑。"注："茵，車中之薦。憑，車中所憑者也。"[3]圖嘉耦於諸孫，王愉以其孫慧龍爲諸孫之龍，故名之。《左傳·隱公元年》注："嘉耦曰妃。"[4]肇修幣聘。《伊訓》："先王肇修人紀。"《曲禮》："男女非受幣不交不親。"《内則》："聘則爲妻。"[5]載蠲吉日，《詩》："吉蠲爲饎。"[6]用展多儀。某孫宜學載初，《曲禮下》："宜學事師，非禮不親。"及兹授室；[7]令愛德容參劭，協此宜家。[8]奕奕梁山，顧自慚於樂土；《韓奕》詩："奕奕梁山……孔樂韓土。"[9]湯湯淮水，幸將挹於慶源。《詩》："鼓鍾將將，淮水湯湯。"晉王導度淮，使郭璞筮之，卦成，璞曰："吉，無不利。淮水竭，王氏滅。"其後子孫繁盛，卒如璞言。此一聯中韓、王二事，妙！[10]二姓之合，於禮爲嘉。五兩之陳，其儀則舊。[11]

校注：

[1] 本條乃吕祖謙所撰，《東萊外集》卷五《拾遺·爲韓尚書作通王氏定婚啓》、《文粹》卷八十六《婚書·代韓尚書孫聘王氏婚書》、《全宋文》卷五八八〇《爲韓尚書作通王氏定婚啓》均録之。韓尚書，即韓元吉（1118—1187）。元吉字無咎，號南澗，南宋開封雍邱（今河南開封）人，程頤徒孫。以蔭入仕，歷南劍州主簿、建安令、江東轉運使等，累官吏部尚書、龍圖閣學士。屢知婺州、建寧，撰有《建寧府志》四十八卷。後晉封潁川郡公，歸老於信州南澗，因自號南澗翁。與陸游、朱熹、辛棄疾、陳亮等人相善。韓元吉的兩個女兒都先後嫁給了吕祖謙。

〔2〕群從(zòng)：指堂兄弟及侄子輩。陶淵明《悲從弟仲德》詩："禮服名群從，恩愛若同生。"前注：謂4.1.20"又代李答連"條注〔2〕。

〔3〕早：《東萊外集》《全宋文》均作"蚤"，爲通假字。茵憑：亦作"茵馮"。車蓐與車軾。丁注所引見《漢書·酷吏傳·甯成傳》及顏師古注。

〔4〕嘉耦：好配偶。丁注所引見《晉書·王慧龍傳》及《左傳·隱公元年》"惠公元妃孟子"句陸德明音義。

〔5〕肇修：開始備辦。丁注所引見《尚書·伊訓》及《禮記·曲禮上》《內則》。人紀：做人的綱紀。

〔6〕載：句首語助詞，無義。蠲(juān)吉：謂齋戒沐浴，選擇吉日。語出《詩·小雅·天保》："吉蠲爲饎，是用孝享。"朱熹集傳："吉，言諏日擇士之善；蠲，言齋戒滌濯之潔。"曰：《東萊外集》《文粹》《全宋文》均作"旦"。丁注所引《詩》四字殘泐，今據補。用：副詞，猶才。

〔7〕某孫：《東萊外集》《全宋文》作"某人"，《文粹》作"云云"。宦：正文及注文原均訛作"官"，今據《東萊外集》正。宦學：謂學習仕宦所需的各種知識。載初：開始。丁注所引見《禮記·曲禮下》。授室：本謂把家事交給新婦。語本《禮記·郊特牲》："舅姑降自西階，婦降自阼階，授之室也。"孔穎達疏："舅姑從賓階而下，婦從主階而降，是示授室與婦之義也。"後以"授室"指娶妻。

〔8〕令愛：《東萊外集》《全宋文》作"伏承某人"，《文粹》作"伏承云云"。參：並列。《論語·衛靈公篇》："立則見其參於前也。"劭：美好。揚雄《法言·孝至篇》："年彌高而德彌劭者，是孔子之徒歟！"參劭：謂並美。宜家：家庭和睦。

〔9〕奕奕：高大貌。丁注所引見《詩·大雅·韓奕》。梁山：在今陝西韓城境內。

〔10〕湯湯(shāng)：水流盛大貌。挹：舀取。丁注所引前部

見《詩·小雅·鼓鍾》。鼓鍾將將：原作"鐘鼓鏘鏘"，今據《毛詩》正。將將(qiāng)：陳奐傳疏："《說文》：'鎗，鐘聲也。'鐘聲爲鎗，重言曰鎗鎗。將將，古文假借。"後部見《晉書·王導傳》。竭，通行本《晉書》作"絶"。

〔11〕五兩：詳見3.1.5"程子條"注〔11〕。

8.3.2　汪内翰_{彥章}[1]

夫婦有經，《周禮》特嚴於判合；見《媒氏門》。[2]婚姻尚族，衛詩偏叙於宗親。《碩人》："齊侯之子，衛侯之妻。東宮之妹，邢侯之姨。"[3]輒忘憑藉之微，唐高祖贊："制度紀綱之法，後世有以憑藉扶持。"[4]仰恃從遊之舊。退之詩："今子從之遊，學問得所欲。"[5]某姪從師有日，授室及時。[6]小娘相胄高華，姆儀素習。[7]幸聞名於下執，柳子厚《與太學生書》："不能布露所蓄，論列大體，聞於下執事。"許徼福於先公。[8]門地非倖，雖培塿本無松柏；[9]宗祊有慶，庶澗溪共采蘋蘩。[10]

校注：

〔1〕本條乃汪藻(1079—1154)所撰。藻字彥章，號浮溪，又號龍溪，南宋饒州德興(今江西上饒)人，徽宗崇寧二年(1103)進士，歷任婺州觀察推官、宣州教授、著作佐郎、宣州通判等職。欽宗時召爲屯田員外郎，遷太常少卿、起居舍人。高宗時除龍圖閣直學士，歷知湖、撫、徽、泉、宣等州，官至顯謨閣大學士、左大中大夫，封新安郡侯，卒贈端明殿學士。《宋史》卷四百四十五有傳。本條《浮溪集》卷二十二《啓》之《徐太宰宅求婚啓》、《文粹》卷八十六《婚書》之《與徐太宰求婚書》、《全宋文》卷三三八一《徐太宰宅求婚啓》條均録之。

〔2〕夫婦：此二字前《浮溪集》《全宋文》均有"伏以"二字。經：

常行的義理準則。特：《浮溪集》《文粹》《全宋文》均作"莫"。丁注所謂"見《媒氏門》"，即12.2.2"夫妻判合"條。

〔3〕衛詩：即《詩·衛風·碩人》。偏：通"遍"，全。宗親：同宗的親屬。

〔4〕丁注所引見《新唐書·〈高祖本紀〉贊》。

〔5〕從遊：《浮溪集》《文粹》《全宋文》均作"遊從"，謂交遊，朋友。丁注所引見韓愈《送諸葛覺往隨州讀書》。

〔6〕某姪：《浮溪集》《文粹》《全宋文》均作"某第幾姪某"。從師：跟老師學習。《東觀漢記·郭丹傳》："丹從師長安。"授室：指娶妻。

〔7〕小娘：《浮溪集》《文粹》《全宋文》均作"伏承賢姪女第幾小娘子"。相胄：丞相的後代。高華：高貴顯要。素：《浮溪集》《全宋文》作"嫺"，《文粹》作"閑"。

〔8〕下執："下執事"的省略，對對方的敬稱。丁注所引見柳宗元《與太學諸生喜詣闕留陽城司業書》。徼福：求福。

〔9〕門地：即門第。侔（móu）：齊等，相當。培塿本無松柏：語出《左傳·襄公二十四年》："部婁無松柏。"部婁即培塿，小土丘。大山方能生長松柏，此喻兩家門第相差懸殊。

〔10〕宗祊：宗廟。《左傳·襄公二十四年》："若夫保姓受氏，以守宗祊，世不絕祀，無國無之。"蘋蘩：出自《詩·召南·采蘋》及《采蘩》，代指能遵祭祀之儀或婦職等。

8.3.3　陸提舉務觀　娶陳倅女[1]

門地浸微，李揆為隴西冠族，帝嘆曰："卿門地、人物、文學，皆當世等一，信朝廷之羽儀乎！"《蕭瑀》贊："浸微而亡。"[2]尚有詩書之夙好；淵明《夜行》詩："詩書敦夙好，園林無俗情。"[3]婚姻至重，豈無聲氣以相求？[4]敬拜誠言，不忘疇昔。[5]某男未諧有室之願，小娘將履從人之端。[6]肯顧孱庸，俯從誠請[7]。眷此通家之好，雖實自前人；[8]成茲合姓之歡，詎敢期於今日。[9]

校注：

〔1〕本條乃陸游所撰。陸游（1125—1210）字務觀，號放翁。南宋越州山陰（今浙江紹興）人。高宗時應禮部試，爲秦檜所黜。孝宗時賜進士出身。歷任福州寧德縣主簿、樞密院編修、禮部郎中兼實録院檢討官等職，以寶章閣待制致仕。《宋史》卷三百九十五有傳。陸游曾於孝宗淳熙五年（1178）任福州提舉常平茶鹽公事，因稱陸提舉。本文《陸游全集》及《全宋文》均未收。

〔2〕浸：逐漸。《周易·遯》："浸而長也。"丁注所引見《新唐書·李揆傳》及《蕭瑀傳》讚文。羽儀，語出《周易·漸》："鴻漸於陸；其羽可用爲儀。"儀：儀表。後喻指位高德重，棟梁之材。

〔3〕夙好：素所喜好。丁注所引見《文選·陶淵明〈辛丑歲七月赴假還江陵夜行塗口一首〉》。園林無俗情：《文選》作"林園無世情"。

〔4〕聲氣：共同的旨趣和愛好。

〔5〕誠言：同"成言"，約定的話。語出《楚辭·九章·抽思》："昔君與我誠言兮，曰黃昏以爲期。"

〔6〕諧願：實現心願。履端：年曆的推算始於正月朔日，謂之"履端"，後泛指事物的開始。南朝梁劉勰《文心雕龍·鎔裁》："履端於始，則設情以位體。"從人：指嫁人。唐吴兢《樂府古題要解·定情篇》："右漢繁欽所作也，言婦人不能以禮從人，而自相悦媚。"

〔7〕孱庸：孱弱無能。誠請：誠懇請求。柳宗元《禮部爲文武百寮請聽政第二表》："今固陳誠請，猶未允從，内外憂惶，莫知所出。"

〔8〕通家：姻親。《宋書·顔延之傳》："妹適東莞劉憲之，穆之子也。穆之既與延之通家，又聞其美，將仕之，先欲相見，延之不往

也。"依文例,"雖實自前人"當脫一字。

〔9〕詎(jù):豈。

8.3.4　陳簽判季陸 娶劉氏[1]

開孔雀之屏,輒以敬仲而卜妻;協鳳凰之兆,益堅劉氏之世姻。[2]況朋簪夙契於金蘭,《易》:"勿疑,朋盍簪。"[3]而子佩復聯於研席。《詩·子衿》:"青青子佩。"《前漢·佞倖傳》序:"張彭祖少與宣帝微時同研席。"[4]有自來矣,夫豈偶然? 素輕滿籝黃金,何用一雙白璧。[5]式洎穀旦,聊貢菲儀。[6]雖嫁娶而論財,固非爲我輩設;昔阮籍嫂嘗歸寧,籍相見與別。或譏之,籍曰:"禮豈爲我設邪?"[7]然敬恭而無實,豈不爲門下羞?[8]悚感居多,敷宣罔既。[9]

校注:

〔1〕本條爲陳應行所撰。《全宋文》未錄。《錦繡萬花谷》後集卷十七《婚姻》只錄前四句。

〔2〕孔雀之屏:代指擇婿許婚。詳見14.1.6"竇毅"條。"敬仲而卜妻"及下句"鳳凰之兆",均見2.6.2"危縣丞"條注〔14〕。

〔3〕朋簪:指朋輩。語本《周易·豫》:"由豫,大有得。勿疑,朋盍簪。"孔穎達疏:"盍,合也。簪,疾也。若能不疑於物,以信待之,則衆陰群朋合聚而疾來也。"金蘭:指契合的兄弟友情。語出《周易·繫辭上》:"二人同心,其利斷金;同心之言,其臭如蘭。"

〔4〕子佩:語出《詩·鄭風·子衿》:"青青子佩,悠悠我思。"衿:原訛作"衿",今據《毛詩》正。佩:佩玉,這裏指繫佩玉的帶子。研席:同"硯席",硯臺與坐席,借指學習。前漢:丁注原誤作"別漢",今正。張彭:前原衍"李"字,今據《漢書》删。同研席:通行本《漢書》作"同席研書"。

〔5〕滿籝黃金：詳見2.5.7"程子山"條注〔14〕。白璧：詳見18.2.1"陽雍伯"條。

〔6〕式：語助詞，無義。涓：選擇。《文選·左思〈魏都賦〉》："涓吉日，陟中壇。"穀旦：語出《詩·陳風·東門之枌》："穀旦於差，南方之原。"舊時用爲良辰吉日的代稱。

〔7〕丁注所引見《晉書·阮籍傳》。

〔8〕敬恭：猶恭敬。門下：猶閣下，對人的尊稱。明陳士元《俚言解》卷一："致書稱門下，猶言閣下、殿下、麾下、節下、座下、足下之類。古之貴人殿閣門下有謁者，麾節之下有執事者，座下足下有侍者。不敢斥言尊貴，故呼其門下足下諸人。"

〔9〕悚感：惶恐感佩。敷宣：傳揚。《後漢書·皇后紀上·和熹鄧皇后》："宜令史官著《長樂宮注》《聖德頌》，以敷宣景耀，勒勳金石，縣之日月，攄之罔極，以崇陛下烝烝之孝。"罔既：不盡。

8.3.5 陳桂卿 兩家交婚[1]

金蘭契合，爾無詐我無虞；《宣公》："我無爾詐，爾無我虞。"[2] 蘿蔦緣深，女有家男有室。[3] 締講朱陳之好，真成周鄭之交。《左·隱三年》："周鄭交質。"[4] 豈伊人爲，《孟子》："豈人力之所能爲哉？"[5] 寔惟天相。《左》："惟天所相。"[6] 屬一陽之將復，《易》："七日來復。"[7] 宜五兩以交馳。《文選》："羽檄交馳。"[8] 贈錦報瓊，張平子《四愁詩》："佳人贈我錦繡段，何以報之青玉案。""佳人贈我金錯刀，何以報之英瓊瑤。"[9] 深愧情文之不敵；[10] 得牛還馬，小書："得人一牛，還人一馬。" 詎勝禮意之采隆。[11]

校注：

〔1〕本條乃陳桂卿所撰。桂卿未詳何人。此文《全宋文》未

録。交婚：通婚，聯姻。

〔2〕金蘭：指契合的兄弟友情。丁注所引見《左傳·宣公十五年》。

〔3〕蘿蔦：亦作蔦蘿，女蘿和蔦，兩種蔓生植物。語本《詩·小雅·頍弁》："蔦與女蘿，施于松柏。"朱熹集傳："此燕兄弟親戚之詩……以比兄弟纏緜依附之意。"喻指關係親密。

〔4〕朱陳：詳見2.5.5"又代求楊氏"條注〔12〕。丁注所引見《左傳·隱公三年》。交質：謂古代列國互相派人爲質，作爲守信的保證。周王子狐與鄭公子忽曾作爲人質互相交換。

〔5〕伊：這個。丁注所引非《孟子》原文。《孟子·梁惠王上》："以萬乘之國伐萬乘之國，五旬而舉之，人力不至於于此。"

〔6〕亶(dǎn)：確實。天相：上天佑助。丁注所引見《左傳·昭公四年》。

〔7〕一陽之將復：語出《周易·復卦》："復(䷗)：亨。出入無疾，朋來無咎。反復其道，七日來復，利有攸往。初九：不遠復，無祗悔，元吉。"

〔8〕五兩：詳見3.1.5"程子山"條注〔11〕。交馳：交相奔走，往來不斷。丁注所引見《文選·吳季重〈答魏太子牋〉》。

〔9〕丁注所引見《文選·張平子〈四愁詩四首〉》之四及之一。佳人：《文選》作"美人"。英瓊瑤：即瓊英、瓊瑶，美玉。《詩·齊風·著》："尚之以瓊英乎而。"又《衛風·木瓜》："投我以木桃，報之以瓊瑤。"

〔10〕情文：質與文，猶言內容與形式。《荀子·禮論》："故至備，情文俱盡；其次，情文代勝。"

〔11〕得牛還馬：意即禮尚往來。丁注所引見宋守堅《雲門匡真禪師廣錄·勘辨》。小書：這裏指釋家文獻。禮意：恭謹接待，表示敬意。《漢書·雋不疑傳》："勝之知不疑非庸人，敬納其戒，深接以禮意。"罙隆：即深隆，深厚隆重。

8.4 答

8.4.1 王狀元代答劉觀文[1]

託事契於高門,丁晉公《啓》:"三十年門館從遊,不無事契。"賈詡嫁娶不結高門。[2]久銜恩施;《文選·陸士龍〈贈婦詩〉》:"遠蒙眷顧言,銜恩非望始。"谷永謝王鳳曰:"隕首公門,以報恩施。"[3]謀婚姻於息女,《周禮·媒氏》注:"媒之爲言謀也。"[4]遽辱誠言。《子路》:"誠哉!是言也。"[5]親素善於一家,驪宜申於二姓。令似天資特秀,早聞詩禮之傳;某女女則未閑,甫就姆師之訓。[6]恭聞嘉命,俾締華姻。[7]雖非偶以爲慚,豈他辭之敢有?夫夫婦婦,克諧偕老之宜;[8]子子孫孫,永繼通家之好。

校注:

〔1〕本條乃王十朋所撰。《全宋文》卷四六二七《代答劉觀文》據《婚禮新編》收錄。劉觀文,詳見9.4.1條介紹。原書目錄本條題作"歐陽知縣",誤。

〔2〕事契:猶情誼。宋秦觀《婚書》:"既事契之久敦,宜婚姻之申結。"丁注所引見宋丁謂《謝啓》。宋釋文瑩《湘山野錄》卷上:"丁晉公貶崖時,權臣實有力焉。後十二年,丁以秘監召還光州,致仕時,權臣出鎮許田,丁以啓謝之,其略曰:'三十年門館遊從,不無事契;萬里風波往復,盡出生成。'其婉約皆此。"賈詡事,詳見《三國志·魏書·賈詡傳》。

〔3〕銜恩施:受恩惠。丁注所引見《文選·陸士龍〈爲顧彥先贈婦二首〉》之一及《漢書·谷永傳》。隕首:猶言肝腦塗地。晉李密《陳情事表》:"猥以微賤,當侍東宮,非臣隕首所能上報。"

〔4〕丁注所引見《周禮・媒氏》"媒氏下士二人史二人徒十人"句鄭玄注。

〔5〕遯辱：懼怕辱没。丁注所引見《論語・子路篇》。

〔6〕女則：婦女行爲處事的準則。此句《全宋文》脱一"女"字。甫：將要。

〔7〕華姻：美好姻緣。

〔8〕夫夫婦婦：語出《周易・家人》象辭："家人有嚴君焉，父母之謂也。父父、子子、兄兄、弟弟、夫夫、婦婦而家道正，正家而天下定矣。"意即丈夫要象丈夫樣，妻子要像妻子樣。偕老：語出《詩・邶風・擊鼓》："執子之手，與子偕老。"指（夫妻）共同生活到老。

8.4.2 黄山谷[1]

名實缺然，《莊子》："名者，實之賓也。"又曰："自視缺然。"[2] 門地蕞爾；晉溫嶠與姑劉氏曰："門地婿身並不減嶠。"《左・昭七年》："子產曰：'蕞爾國，而三世執其政柄。'"[3] 維江湖橘柚之域，遠京洛衣冠之遊。[4] 顧嘗同僚，《左・文七年》："吾嘗同僚。"[5] 辱貺重禮。《左・文三年》："莊叔曰：'君貺之以大禮，何樂如之？'"[6] 藐是孫女，逮兹縱笄。[7] 齋郎簪笏自於懷絣，退之《城南聯句》："爵勳逮僮隸，簪笏自懷絣。"[8] 芝蘭秀於庭户。謝玄[9] 卜相宗事，《禮記》："父醮子，曰：'往迎爾相，承我宗事。'"[10] 當求大家。《記・少儀》："不願於大家。"[11] 猥得附葭莩之親，恐未勝掃灑之職。申以盟好，不遑遷延；《文選・宋玉〈好色賦〉》："因遷延而辭避。"[12] 勉輒拜嘉，對越將命。《詩・清廟》："對越在天。"[13]

校注：

〔1〕本條乃黄庭堅所撰。《山谷外集》卷十《書雜文・回楊氏

定書》《文粹》卷八十六《婚書·回楊氏定書》《全宋文》卷二三〇六《回楊氏定書》均録之。

〔2〕名實：此二字前《山谷外集》《文粹》《全宋文》均有"某啓"二字。缺然：有所不足。丁注所引均《莊子·逍遥游》文。

〔3〕蕞(zuì)爾：形容小。丁注所引均不全。前句見《世説新語·排調》，今作"已覓得婿處，門地粗可，婿身名宦，盡不減嶠"。後句見《左傳·昭公七年》，今作"鄭雖無腆，抑諺曰'蕞爾國'，而三世執其政柄"。

〔4〕橘柚：語出《尚書·禹貢》："淮、海惟揚州：厥包橘柚錫貢。"孔安國傳："小曰橘，大曰柚。"揚州爲古代九州之一，地域涵蓋今浙、贛、閩全境及蘇、皖、豫南、鄂東、粤北等。此句旨在指出女方所在。京洛：本爲洛陽的别稱。因東周、東漢均建都於此，故名。後泛指國都，這裏指北宋首都汴梁(今河南開封)。

〔5〕同僚：亦作"同寮"。舊時稱同朝或同官署做官的人。《詩·大雅·板》："我雖異事，及爾同寮。"丁注所引見《左傳·文公七年》。

〔6〕丁注所引見《左傳·文公三年》。

〔7〕縰(xǐ)：又作"纚"，古時束髮之帛。《禮記·内則》："雞初鳴，咸盥漱，櫛、縰、笄、總、衣紳。"縰笄，謂女子年滿十五而束髮加簪。

〔8〕齋郎：此二字前《山谷外集》《文粹》《全宋文》均有"第幾"二字。齋郎，掌宗廟社稷祭祀的小吏。簪笏：古代仕宦所用的冠簪和手版，代指官員或官職。南朝梁簡文帝《馬寶頌》序："簪笏成行，貂纓在席。"懷：懷抱。繃：包裹嬰兒的布。懷繃代指年幼時期。丁注所引見韓愈《城南聯句一百五十韻》。"僮隸"二字原作"童稚"，今據韓詩正。

〔9〕庭户：門庭。芝蘭及丁注之"謝玄"，詳見2.5.4"孫尚書仲益"條注〔11〕。

〔10〕相：輔佐。宗事：宗廟或宗族之事。丁注所引見《儀禮·士昏禮》。儀禮：原訛作"禮記"，今正。

〔11〕丁注所引見《禮記·少儀》。

〔12〕不遑：無暇。《詩·小雅·四牡》："王事靡盬，不遑啓處。"遷延：拖延，耽誤。丁注所引見《文選·宋玉〈登徒子好色賦〉》。辭避：推辭退避。

〔13〕勉輒：趕快。拜嘉：拜謝嘉惠。對越：猶對揚，答謝頌揚。《詩·周頌·清廟》："濟濟多士，秉文之德；對越在天，駿奔走在廟。"將命：奉命。《儀禮·聘禮》："將命於朝。"

8.4.3　孫尚書[1]

書千佛之名，唐張倬下第，捧登科記頂戴之，曰："此千佛名經也。"夙忝父兄之契；[2]合二姓之喜，又塵姻婭之聯。[3]重勤緹騎之臨，加賁囊書之寵。趙后持綠囊書予許美人。[4]某人早聞學詩禮，襲弓冶之傳；[5]女孫可使奉尊章，脩蘋蘩之薦。[6]乃眷異日從遊之好，寔爲一朝附托之因。[7]燦然雁幣之陳，過形於褒袞；穀梁序《春秋》："一字之褒，寵踰華袞。"[8]蕞爾棗脩之贄，殊異於報瓊。[9]

校注：

〔1〕本條乃孫覿所撰。《鴻慶居士集》卷二十八《四六雜文·答李氏問親》、《宋文粹》卷八十六《婚書·答李氏問婚書》、《全宋文》卷三四三九《答李氏問昏書》均錄之。

〔2〕書千佛之名：指誠心實意求婚。丁注所引見唐封演《封氏聞見記·貢舉》。"戴"後"之"字原脫，今據《聞見記》補。登科記：亦稱登科錄。科舉時代記錄及第士人的名册，主要詳載鄉、會試中

式人數、姓名、籍貫、年歲以及考官以下官職姓名,並三場試題目。《千佛名經》本爲佛經,主要內容是誦念千名佛祖稱號。如果智者聽到諸佛名字,勤行精進,就能脫離苦海,獲得智慧,遠離名利心的困擾。唐宋以後借指登科舉名榜,以登科比喻成佛。忝:羞辱,有愧於,自謙之詞。《鴻慶居士集》作"添",誤。

〔3〕塵:本指灰塵,這裏指污染,自謙之詞。《詩·小雅·無將大車》:"無將大車,祇自塵兮。"《後漢書·陳寔傳》:"寔乞從外署,不足以塵明德。"

〔4〕重勤:極其辛勤。緹騎之臨:詳見4.1.7"又"條注〔6〕。賁:大。囊書:囊中書劄。這裏指李氏求婚啓。丁注所引見《漢書·外戚列傳·孝成趙皇后》。持、予、美:原分別作"傳""矛""夫",今並據《漢書》正。

〔5〕某人:此二字《鴻慶居士集》《宋文粹》前均有"伏承"。早:《全宋文》作"蚤"。學詩禮:《鴻慶居士集》作"學詩學禮"。弓冶:謂父子世代相傳的事業,語本《禮記·學記》:"良冶之子,必學爲裘;良弓之子,必學爲箕。"

〔6〕女孫:此二字《鴻慶居士集》《宋文粹》均作"以某姪"。奉尊章:《鴻慶居士集》作"奉尊奉長"。尊章:舅姑,對丈夫父母或對人公婆的敬稱。脩:《鴻慶居士集》《宋文粹》作"羞"。"脩"可通"羞",表進獻義。《禮記·文王世子》:"退脩之,以孝養也。"鄭玄注:"退脩之,謂既迎而入,獻之以醴。"俞樾《群經平議·禮記二》:"脩,當讀爲羞。《說文·丑部》:'羞,進獻也。'鄭以獻之解脩之,可知脩之猶羞之矣。"蘋蘩:三書均作"蘋藻"。蘋、蘩、藻,都是可供食用的水草,古代常用於祭祀。《左傳·隱公三年》:"蘋蘩薀藻之菜……可薦於鬼神,可羞於王公。"《詩·召南》又有《采蘋》及《采蘩》篇,後因以"蘋蘩""蘋藻"借指婦女有遵祭祀之儀或婦職的美德。

〔7〕從遊、寔:《鴻慶居士集》《宋文粹》均作"遊從"、"實"。寔:本義爲止,這裏通"實"。附托:即托附,依附寄托。

〔8〕燦：三書均作"粲"。燦然：鮮明貌。過形：超過形製。襃衮：古時天子賜衮給諸侯以爲榮寵，因用以比喻優厚的獎勵。丁注所引見《春秋穀梁傳》序。

〔9〕棗脩：詳見 3.1.11 "彭應期代林丞取江氏"條注〔11〕。報瓊：典出《詩·衛風·木瓜》，詳見 2.4.1 "王狀元"條注〔8〕。

8.4.4　又[1]

冠冕同朝，袁子《正書》曰："古者，命士以上皆有冠冕。"《梁惠王下》："王就見孟子，曰：'前日願見而不可得，得侍同朝，甚喜。'"[2] 素欽才術之美；唐虞世南子昶無才術，歷將作少匠。[3] 軒裳望族，淵明《雜詩》："軒裳逝東崖。"遽辱婚姻之求。[4] 方屬文拘，《司馬相如傳》："拘文牽俗。"未容賓謁。[5] 行媒薦至，不遺葑菲之微；[6] 合姓見盟，猥辱縴緗之厚。[7] 維茲弱女，行且初笄。[8] 僅知保傅之嚴，《文選·枚乘〈七發〉》云："貴人之子，必宮居而閨處，內有保母，外有傅父。"未諭蘋蘩之重。[9] 某官箕裘志業，詩書世家。[10] 早以閥閱之賞延，《大禹謨》："賞延於世。"[11] 已列搢紳之仕籍。[12] 愧荷攀附，《文選》："皆可攀附。"[13] 竊幸夤緣。老杜《夔府詠懷》："萍泛苦夤緣。"[14] 雖葛藟施於條枚，疑若非對；[15] 而泉水入於淇澳，義將有行。[16] 無復異詞，允應嘉命。[17]

校注：

〔1〕本條作者原題爲孫覿，但《鴻慶居士集》卷二十八無此文。《文粹》卷八十六《婚書·回問親書》謂乃黃魯直黃庭堅所撰。《山谷外集》卷十《書雜文·代回問親書》亦錄之。而《全宋文》卷三四三九孫覿《答婚書四》與卷二三〇六黃庭堅《代回問親書》則均錄之。今查 2.5.1 "黃山谷"條文辭與此多有相同之處，故《婚禮新

編》將其繫於孫尚書,恐非,此當爲黃庭堅所撰。

〔2〕同:《山谷外集》作"問",誤。冠冕同朝,謂二人同朝爲官。丁注所引前者見《文選·沈休文〈奏彈王源一首〉》"衣冠之族日失其序"句及任彥升〈宣德皇后令〉"衣冠泯絕禮樂崩喪"句李善注引袁子《正書》。袁子,即西晉著名政治理論家袁準(220?—280?)。準字孝尼,陳郡陽樂(今河南太康)人。先後仕魏、晉,晉武帝泰始中任給事中。精熟詩、禮,著《正論》十九卷、《正書》二十五卷,闡明其經學及政治主張。二書宋代以後亡佚,清人周廣業、嚴可均、馬國翰等人均有輯佚。後者見《孟子·梁惠王下》。

〔3〕才術,《山谷外集》《文粹》《全宋文》作"材術",均指才學。丁注所引見《新唐書·來濟傳》。虞昶爲虞世南子,歷任祠部郎中、度支郎中、將作少匠、工部郎中、太中大夫、少府少監、攝兵部侍郎等,襲其父爵爲永興縣開國公。

〔4〕軒裳:猶車服。代指官位爵祿,亦用爲對人的敬稱。丁注所引見陶淵明《雜詩》之十。東崖:東海之濱。

〔5〕丁注所引見《史記·司馬相如傳》。拘文牽俗:拘泥于成法習俗。賓謁:以敬賓之禮謁見。

〔6〕菲菲:《山谷外集》作"菲薄",恐非。"不遺菲菲之微"是表示自謙的常用語。詳見1.2.5"答求親"條注〔6〕。

〔7〕厚:原作"重",據《山谷外集》《文粹》《全宋文》改。若用"重"字,則與下句"未諭蘋蘩之重"重複。縑緗:本指供書寫用的淺黃色細絹。這裏指書信。

〔8〕行且:將要。

〔9〕保傅:古代保育、教導太子等貴族子弟及未成年帝王、諸侯的男女官員,統稱爲保傅。《戰國策·秦策三》:"居深宮之中,不離保傅之手。"丁注所引見《文選·枚乘〈七發〉》。

〔10〕某官:此二字前《山谷外集》《文粹》《全宋文》有"伏承賢子"四字。箕裘:語本《禮記·學記》,喻指祖上的事業。

〔11〕閥閱:《山谷外集》《文粹》《全宋文》作"門閥"。賞延:賞賜延及於後代,意謂恩蔭官員的後嗣。丁注所引見《尚書·大禹謨》。

〔12〕搢紳:亦作"縉紳",插笏於紳帶(圍於腰際的大帶)間,舊時官宦的裝束。亦借指士大夫。仕籍:舊指記載官吏名籍的簿册。

〔13〕愧荷攀附:《山谷外集》作"愧兹攀附",《宋文粹》作"愧兹扳附"。攀附、扳附,均謂依附。丁注所引見《文選·陳孔璋〈爲曹洪與魏文帝書〉》。

〔14〕丁注所引見杜甫《秋日夔府詠懷奉寄鄭監審李賓客之芳一百韻》。

〔15〕條枚:即枝幹。詳見2.5.1"黃山谷"條注〔18〕。

〔16〕泉水入於淇澳:詳見2.5.1"黃山谷"條注〔16〕。義將有行:《文粹》作"於義有行"。有行:即出嫁。語本《詩·邶風·泉水》:"女子有行,遠父母兄弟。"

〔17〕應:《山谷外集》《宋文粹》均作"膺"。應命:從命,遵命。

8.4.5 又[1]

早以父兄,獲預俊遊之末;[2]晚因童稚,又塵姻婭之聯。[3]集盛禮於一門,締交驩於三世。[4]某人衆謂恂恂無子弟之過,孔子於鄉黨,恂恂如也。退之《薦士書》曰:"韋群玉……其在家無子弟之過。"[5]某女自恐兢兢詒父母之羞。《漢·外戚傳》:"禮之用,惟婚姻爲兢兢。"《詩》:"無父母詒罹。"[6]重勤慶幣之先,《莊子·讓王》:"使人以幣先焉。"適契有家之願。[7]莫不代匱,無廢窮閻營蕑之求;[8]可與晤言,庶乎東池紵麻之漚。《東門之池》:"東門之池,可以漚麻。彼美淑姬,可與晤歌……可以漚紵……可與晤語……可以漚菅……可與晤言。"[9]

校注：

〔1〕本條乃孫覿所撰。《鴻慶居士集》卷二十八《四六雜文·代答》、《文粹》卷八十六《婚書·答婚書》、《全宋文》卷三四三九《代答書》均録之。

〔2〕早：《全宋文》作"蚤"。俊遊：才德超卓的朋友。

〔3〕塵：詳見8.4.3"孫尚書"條注〔3〕。

〔4〕交驩：《鴻慶居士集》《文粹》《全宋文》均作"交期"。交驩，亦作"交歡"，指男女成婚或歡合。交期：謂朋友交契之期。杜甫《送鄭十八虔貶台州司戶傷其臨老陷賊之故闕爲面情見於詩》："便與先生應永訣，九重泉路盡交期。"

〔5〕某人：此二字前《鴻慶居士集》《文粹》《全宋文》均有"伏承"二字。恂恂：溫順恭謹貌。丁注所引見《論語·鄉黨篇》及韓愈《與祠部陸傪員外薦士書》。

〔6〕某女：此二字前《鴻慶居士集》《文粹》《全宋文》均作"而某女子"。兢兢：小心謹慎貌。《詩·小雅·小旻》："戰戰兢兢，如臨深淵，如履薄冰。"詒罹：謂帶來憂愁。語本《詩·小雅·斯干》："無非無儀，唯酒食是議，無父母詒罹。"丁注所引見《漢書·外戚列傳》。

〔7〕慶幣：賀禮。契願：符合心願。

〔8〕無：《鴻慶居士集》《文粹》《全宋文》均作"毋"。閻：《鴻慶居士集》作"簷"。窮閻：亦作"窮簷"，即陋巷，窮人住的里巷。韓愈《孟生詩》："顧我多慷慨，窮簷時見臨。"剬菅：4.1.5"又答曾氏"條注〔2〕。

〔9〕與：《鴻慶居士集》作"以"。可與晤言：語出《詩·陳風·東門之池》，原詩作："東門之池，可以漚麻。彼美淑姬，可與晤歌。東門之池，可以漚紵。彼美淑姬，可與晤語。東門之池，可以漚菅。彼美淑姬，可與晤言。"晤言：見面談話。丁注所引四"與"字原均作"以"，今據《毛詩》正。

8.4.6 呂郎中伯恭 代叔回李宅[1]

百年門戶,各保家聲;《南史》:"殷睿曰:'忠不背國,勇不逃死,百世門戶,宜思後計。'"[2]二姓婚姻,共惇先契。[3]某女順承之道,肄習未閑;曹大家《女誡》曰:"敬順之道,婦之大禮也。"[4]某人英妙之稱,發聞惟舊。[5]既奉道言之固,前注。敢稽報聘之修。[6]有若靖康以來,非無雅素。[7]其自萊公而下,莫不寵嘉。《左·昭三年》:"其自唐叔以下,實寵嘉之。"[8]

校注:

〔1〕本條乃呂祖謙所撰。《東萊集》卷四《啓·代右司叔父答李氏定婚啓》、《文粹》卷八十六《婚書·代叔秀倅回李氏定書》、《全宋文》卷五八八〇《代右司叔父答李氏定婚書》均錄之。此爲呂祖謙代叔父呂秀倅所撰答婚書。

〔2〕家聲:家族世傳的聲名美譽。丁注所引見《南史·王奐傳》。殷睿爲王奐女婿。"睿":原作"叡",今據《南史》正。

〔3〕惇:《婚禮新編》未避光宗諱。《文粹》作"敦"。篤守。

〔4〕某女:《東萊集》《文粹》均作"某位長女"。肄(yì):原訛作"隸",今據《東萊集》正。肄習,學習。閑:通"嫻",嫻熟。丁注所引見《後漢書·列女傳·曹世叔妻》。敬順:敬重順從。

〔5〕某人:此二字前《東萊集》《文粹》均有"伏承"二字。發聞:原訛作"發固",今據《東萊集》正。發聞,猶聞名,傳揚名聲。《國語·齊語》:"於子之鄉,有居處好學、慈孝於父母、聰慧質仁、發聞於鄉里者,有則以告。"惟舊:謂舊屬,老人。語本《尚書·盤庚上》:"人惟求舊,器非求舊,惟新。"

〔6〕道言:《東萊集》作"導言"。前注:謂2.5.8"又"條"而固道言,猶深理弱之懼"句下注文。報聘:遣派使者回訪。

〔7〕有若：好像。雅素：高雅質樸。《晉書·閔王承傳》："大王雅素佳士,恐非將帥才也。"

〔8〕萊公：原訛作"葉公",今據《東萊集》正。萊公,即"東萊公"之簡稱。吕祖謙曾祖名吕好問(1064—1131),南宋初年以恩封"東萊郡侯"。時人稱好問長子、祖謙伯祖吕本中(1084—1145)爲"東萊先生",而稱吕祖謙爲"小東萊先生"。寵嘉：榮耀華美。丁注所引見《左傳·昭公三年》。三：原作"二",今據《左傳》正。

8.5 女先男

8.5.1 江文卿_{代從父兄宣卿到丁景先姑夫}[1]

冰人薦至,_{《易·坎》："象曰:'水薦至。'"《爾雅》曰:"薦,再也。"}敢忘非耦之辭；[2]金諾親承,_{晉王承爲東海王越記室參軍。越教其子毗曰："諷味遺言,不若親承音旨。"}益荷相攸之愛。[3]固所願也,何以得哉？某小子某膝上猶癡,_{前注。}聞未該於詩禮。[4]恭承某人第一院小娘召南遵化,秀已擢於閨房。[5]何因伉儷之求,不棄單平之系。[6]顧女婿訪王氏之少,此正未佳；[7]然世親藉楊經之姑,其來有自。_{《文選·潘安仁〈楊仲武誄〉》："楊經,字仲武。藉三葉世親之恩,而子之姑,余之伉儷焉。""潘楊之睦,有自來矣。"}[8]

校注：

〔1〕本條乃江嗣所撰。此爲江文卿代堂兄江宣卿向姑夫丁景先求婚之書。

〔2〕冰人：即媒人。詳見12.2.18"夢立冰上"條。薦至：接連

而來。薦，通"洊"。丁注所引見《周易·坎卦》象辭及《爾雅·釋言》。非耦：詳見2.3.1"張主簿從道"條注〔5〕。

〔3〕金諾：珍貴如金的諾言。語本《史記·季布欒布列傳》："楚人諺曰：'得黃金百（斤），不如得季布一諾。'"丁注所引見《晉書·王承傳》。諷：原訛作"風"，今據《晉書》正。諷味：諷誦玩味。遺言：猶古訓。音旨：言辭旨意。相（xiàng）攸：語出《詩·大雅·韓奕》："爲韓姞相攸，莫如韓樂。"後因以稱擇婿。

〔4〕前注：謂3.1.10"又代江守孫娶浦城王氏"條"偶因膝上之癡"句下注文。該：廣博，賅備。

〔5〕召南：《詩經·國風》內容之一，包括《鵲巢》《采蘩》《采蘋》《摽有梅》《何彼襛矣》等十四首詩，多與愛情、婚姻有關。依毛亨序，《采蘩》《采蘋》都是在教導婦女如何恪守婦道，克盡婦職。遵化：遵循教化。

〔6〕單平：詳見2.5.1"黃山谷"條注〔6〕。系：世系，宗族。

〔7〕訪王氏之少：詳見14.1.1"郗鑒"條。

〔8〕楊經：一作"楊綏"。詳見《文選·潘安仁〈楊仲武誄并序〉》。三葉：猶三世。張衡《思玄賦》："尉龐眉而郎潛兮，逮三葉而遷武。"睦：今通行本《文選》作"穆"。

8.6 答

8.6.1 毗陵公[1]

事匪人謀，夙表刺眉之異；見《月下老門》。[2]禮嫌自獻，《坊記》："子云：'夫禮，坊民所淫，章民之別，使民無嫌，以爲民紀者也。故男女無媒不交，無幣不相見。恐男女之無別也。以此坊民，民猶有自獻其身。'"偶先坦腹之求。[3]念雖擇對之有緣，亦貴因親之曲照。[4]令姪知名有自，居然甯氏之甥；_{魏舒}[5]某女傳業無人，藐是中郎之女。_{前注}[6]來從萬里，孑爾一身。[7]得吾宅相之賢，託此宗盟之重。玉臺下聘，綽著於風流；[8]荊釵贈行，敢忘於訓戒。[9]

校注：

〔1〕本條乃張守(1084—1145)所撰。守字全真，一字子固，宋常州晉陵(今江蘇常州)人。徽宗崇寧元年(1102)進士。歷官監察御史、殿中侍御史、中書舍人、翰林學士、參知政事兼權樞密院事。曾知紹興、福州、婺州及建康府。諡文靖。《宋史》卷三百七十五有傳。所著《毘陵集》，陳振孫《直齋書錄解題》謂凡五十卷，現存十六卷，可參清盛宣懷所輯《常州先哲遺書》。毘陵爲古地名，西漢置縣，治所在今江蘇常州，故張守又稱毘陵公。《毘陵集》卷十一《書·代答書》、《全宋文》卷三七九二《代答書》均錄之。

〔2〕匪：《毘陵集》《全宋文》均作"非"。人謀：人爲的謀劃和努力。刺眉：乃韋固事，詳見12.1.1"月下老"條。

〔3〕禮：《毘陵集》作"理"，恐誤。自獻：不經媒妁之言就以身相許。丁注所引見《禮記·坊記》。坊：通"防"，防範，抵禦。章：明辨，彰顯。無嫌：無貪淫之嫌。偶：《毘陵集》作"或"。坦腹：詳見14.1.1"郗鑒"條。

〔4〕因親：同"姻親"。馬王堆漢墓帛書《戰國縱橫家書·虞卿謂春申君》："公孫央，功臣也；襄子，親因也，皆不免，封近故也。"之曲照：《毘陵集》作"而曲照"。曲照，光的曲折照射，喻指恩澤無所不至。晉陸機《謝平原內史表》："不悟日月之明，遂垂曲照，雲雨之澤，播及朽瘁。"

〔5〕令姪：此二字前《毘陵集》有"伏承"二字。甯氏：《毘陵集》作"裴氏"，由下文"得吾宅相之賢"可知，作"裴氏"實誤。魏舒：

詳見17.2.5"魏舒"條。

〔6〕某女：《毘陵集》作"而某姪女幾娘"。傳業：傳承學業。前注，謂4.1.22"游子蒙"條"無以傳家"句下注文。

〔7〕子爾：猶如子然，孤單貌。《三國志·吳書·陸瑁傳》："若實子然無所憑賴，其畏怖遠迸，或難卒滅。"

〔8〕玉臺下聘：詳見4.1.28"張參政全真"條注〔8〕。玉：原訛作"王"，今據《世說新語》正。綽著：同"卓著"，突出顯著。

〔9〕荆帚贈行：典出《晉書·庾袞傳》："孤兄女曰芳，將嫁，美服既具，袞乃刈荆苕爲箕帚，召諸子集之於堂，男女以班，命芳曰：'芳乎！汝少孤，汝逸汝豫，不汝疵瑕。今汝適人，將事舅姑，灑掃庭内，婦之道也，故賜汝此。匪器之爲美，欲温恭朝夕，雖休勿休也。'"

婚禮新編　卷之九

9.1　兩姨

9.1.1　陳桂卿[1]

　　曩聯姻婭，叨居秦虢之間；《楊妃外傳》曰："貴妃有三姊。大姊封韓國夫人，三姊封虢國夫人，八姊封秦國夫人。"[2]今幸情親，老杜《奉簡高三十五使君》："行色秋將晚，交情老更親。"[3]重繼朱陳之末。靜言契合，積有夤緣。[4]既桑梓之連陰，復葭莩之有舊。[5]雖鳴鳳之占允叶，然委禽之禮敢虛？[6]姊妹當年嘗訂一言於指腹，郎娘此日果諧百歲以同心。[7]為幸居多，勿問可想。《益卦》："九五：有孚惠心，勿問元吉。"[8]

校注：

〔1〕本條乃陳桂卿所撰。桂卿未詳何人。《全宋文》未錄。

〔2〕秦虢：唐玄宗時秦國夫人和虢國夫人的並稱，後因以比喻雅淡輕盈的女子。丁注所引《楊妃外傳》，即《楊太真外傳》，傳奇小說，分上下兩篇，北宋樂史（930—1007）撰。丁注中四"姊"字原均作"姨"，誤，今據《楊太真外傳》正。又，三姊、八姊封號原誤倒，今亦據乙正。

〔3〕情親：感情親切。丁注所引見杜甫《奉簡高三十五使君》。

老：原作"喜"，今據杜詩正。

〔4〕静言：安静仔細地。語本《詩·邶風·柏舟》："静言思之，不能奮飛。"這裏指冷静地考慮。宋陳亮《謝留丞相啓》："静言叨冒之多，知自吹噓之力。"

〔5〕連陰：謂樹蔭相連。喻指兩家臨近。有舊：有老交情。

〔6〕允叶：融洽和諧。

〔7〕指腹：即指腹爲婚。司馬光《書儀·婚儀》："世俗好於繈褓童幼之時輕許爲婚，亦有指腹爲婚者。"此處謂男女雙方的母親曾經訂下婚約。

〔8〕爲：賜與，給予。丁注所引見《周易·益》。惠心：利民之心。元吉：大吉。

9.1.2 又堂兄弟連婚[1]

猶子無知，曩獲攀於齊援；[2]癡兒不敏，《晉書》："生子癡，了官事，官事其可了乎？"[3]復何與於譚私？《碩人》："齊侯之子，衛侯之妻，東宫之妹，邢侯之姨，譚公維私。"《爾雅》："姊妹之夫曰私。"[4]過勤執斧之言，重荷斷金之諾。[5]事由望外，韓文《答殷侍御書》："惠出望外，承命反側。"喜溢顔間。[6]小娘德容其修，遠過橋公之姊妹；[7]某男才名弗稱，慚非陸氏之弟昆。[8]方虞楚子之小羅，《左傳》："楚莫敖狃於蒲騷之役，將自用也，必小羅。"[9]敢意陳侯之妻鄭。《左·隱七年》："鄭公子忽在王所，陳侯請妻之。"[10]禮少爲貴，《記·禮器》："有以少爲貴者，天子無介。"諒無嫌寸帛之微，[11]道不虛行，《易·繋》："苟非其人，道不虛行。"[12]將以藉尺書爲獻。《易·大過》："藉用白茅。"[13]

校注：

〔1〕本條亦陳桂卿所撰。《全宋文》未錄。

〔2〕攀於齊援：詳參2.3.1"張主簿從道"條注〔5〕。

〔3〕丁注所引見《晉書·傅咸傳》。了官事：免除官家的差役。

〔4〕私：古時稱姊妹之夫爲私。丁注所引見《詩·衛風·碩人》及《爾雅·釋親》。譚公維私：譚公是她的妹夫。

〔5〕過：非常。執斧：即執斧伐柯，指做媒。斷金：詳見3.1.3"孫尚書"條注〔12〕。

〔6〕望外：出乎意料之外。北周庾信《謝趙王賫絲布等啓》："望外之恩，實符大賫；非常之錫，乃溢生涯。"丁注所引見韓愈《答殷侍御書》。今本"望外"作"非望"。

〔7〕橋公之姊妹：詳見18.5.4"大橋小橋"條。

〔8〕陸氏之弟昆：謂陸機、陸雲二兄弟，二人均爲西晉著名文學家。《晉書·陸雲傳》："少與兄機齊名，雖文章不及機，而持論過之，號曰'二陸'。"

〔9〕楚子：即楚國莫敖（官職名）屈瑕。小羅：輕視羅國。楚武王四十年（前701），鄖國截擊與貳、軫兩國會盟的楚軍，屈瑕副帥鬭廉夜襲蒲騷，擊潰鄖師，屈瑕因此日漸驕矜。次年，屈瑕在討伐羅國時大敗，自縊謝罪。丁注所引見《左傳·桓公十三年》。狃（niǔ）：原訛作"紐"，今據《左傳》正。狃本指習慣，引指驕傲。《韓非子·十過》："與之彼狃，又將請地他國，他國且有不聽，不聽，則知伯必加之兵。"

〔10〕陳侯之妻鄭：詳見11.2.6"鄭忽"條。

〔11〕丁注所引見《禮記·禮器》。介：傳賓主之言的人。古時主有儐相迎賓，賓有隨從通傳叫介。諒：相信。

〔12〕道不虛行：道理不憑空推行。丁注所引見《周易·繫辭下》。

〔13〕丁注所引見《周易·大過·初六》。

9.2 答

9.2.1 江文卿代江耀卿女與游承孫[1]

　　兩婿相謂爲亞，《爾雅》。[2]早陪驥子之遊；《北史》："裴宣明子景鸞有逸才，江東呼爲驥子。"[3]二姓之合重婚，《昏義》。[4]今遇龍孫之長。後魏王惠龍幼惠，其祖愉以爲諸孫之龍，故以名。[5]辱公書貺，締此佳姻。且其渭陽之親，躬占冰上之夢。[6]貧家女難嫁，白居易詩："貧家女難嫁，嫁晚孝於姑。"[7]幸焉依於邢姨；《左·隱六年》："我周之東遷，晉、鄭焉依。"《詩·碩人》："東宮之妹，邢侯之姨。"[8]諸少此正佳，見《擇婿門》。[9]矧同自於蔡出。《左·莊二十二年》："陳厲公，蔡出也。"江、游二公皆娶蔡氏，男女皆蔡甥。[10]永以爲好，敢不拜嘉。

　　校注：

　　〔1〕本條乃江嗣所撰。《全宋文》未錄。江耀卿、游承均未詳。依丁注，江、游二人皆娶蔡氏，故爲連襟。

　　〔2〕亞：姐妹丈夫的互稱，俗稱連襟。《詩·小雅·節南山》："瑣瑣姻亞，則無膴仕。"又《爾雅·釋親》："兩婿相謂爲亞。"邢昺疏："劉熙《釋名》云：'兩婿相謂爲亞'者，言每一人取姊，一人取妹，相亞次也。"

　　〔3〕驥子：良馬，喻指英俊的人才。丁注所引見《北史·裴延俊傳》。

　　〔4〕《禮記·昏義》："昏禮者，將合二姓之好，上以事宗廟，而下以繼後世也，故君子重之。"

　　〔5〕丁注所引見《魏書·王慧龍傳》。

　　〔6〕渭陽之親：即甥舅之親。詳見 17.2.18"渭陽凡人有母在堂

不應用此"條。冰上之夢：詳見12.2.18"夢立冰上"條。

〔7〕丁注所引見白居易《秦中吟十首之一·議婚》。

〔8〕幸焉：猶幸然，有幸。丁注所引見《左傳·隱公六年》。六：原殘泐，今補。焉依：猶是依。"焉"爲助詞，用於前置賓語"依"之後。晉、鄭焉依，意即依賴晉、鄭。

〔9〕諸少：詳見14.1.1"郗鑒"條。

〔10〕蔡出：詳見3.1.20"又陳送蔡"條注〔13〕。丁注所引見《左傳·莊公二十二年》。二十二：原訛作"二十六"，今正。

9.3 弟妹[1]

校注：

〔1〕弟妹：原作"妹弟"，據9.3.1條《答弟妹》正。

9.3.1 王狀元龜齡[1]

夙忝葭莩，仰羨河魴之巨；[2]敢圖棣萼，繆當屏雀之開。[3]固知睦有自來，深愧大非吾偶。[4]念某弟某粗能餬口，《左·隱十一年》："寡人有弟，不能和協，而使餬其口於四方。"[5]素乏白眉。《蜀志》："馬良字季常，兄弟五人，並有才名。里爲諺曰：'馬氏五常，白眉最良。'"[6]伏承小娘才高林下之風，質瑩閨中之秀。[7]冰人之夢，諾已重於千金；[8]墨子陳儀，《通典》："鄭衆言婚禮有合驪駼，取音和諧；九子墨，取長生子孫。"禮有慚於雙璧。[9]

校注：

〔1〕本條乃王十朋所撰，《全宋文》卷四六二七《答弟妹》條據

《婚禮新編》收録。

〔2〕河魴：典出《詩‧陳風‧衡門》，詳見13.4.1"何必齊宋"條。

〔3〕圖：《全宋文》作"圓"，誤。棣萼（è）：即棣華。萼爲花萼、萼片的總稱。語本《詩‧小雅‧常棣》："常棣之華，鄂不韡韡。凡今之人，莫如兄弟。"後因喻指兄弟。《晉書‧孝友傳序》："夫天倫之重，共氣分形，心睽則葉領荆枝，性合則華承棣萼。"《晉書‧張載傳贊》："載協飛芳，棣華增映。"繆：錯，謙辭。屏雀：詳見2.6.2"危縣丞少劉 答劉德基"條注〔6〕。

〔4〕睦有自來：《文選‧潘安仁〈楊仲武誄并序〉》："潘楊之睦，有自來矣。"大非吾偶：詳見2.5.7"程子山"條注〔5〕。

〔5〕餬口：謂勉強維持生活。丁注所引見《左傳‧隱公十一年》。

〔6〕白眉：語出《三國志‧蜀書‧馬良傳》。因馬良眉中有白毛，故以白眉稱之。後因以喻兄弟或同輩中的傑出者。

〔7〕林下之風：詳見2.5.7"程子山"條注〔11〕。閨中之秀：詳見3.1.10"又代江守孫娶浦城王氏"條注〔6〕。

〔8〕冰人之夢：詳見12.2.18"夢立冰上"條。諾已重於千金：詳見2.5.10"彭公變再醮"條注〔9〕。

〔9〕墨子：詳見11.2.12"合歡鈴"條。長生：原倒作"生長"，今據《通典》乙正。雙璧：詳見18.2.1"陽雍伯"條。

9.3.2　屏山先生劉彥沖[1]

維桑與梓，《詩‧小弁》。曾無一舍之遙；[2]親仁善鄰，《左傳》："國之寶也。"況切平生之慕。[3]敢敷誠悃，願綴華姻。[4]令妹夙稱同體之賢，某姪方圖內助之懿。[5]比因傳道，已荷聽從。[6]迨兹良月之臨，《左‧莊十六年》："十月，良月也。"《爾雅》："十月爲陽。"注:"純陰用事,嫌於無陽,故云。"[7] 式謹元纁之聘。《白虎通》:"納徵玄纁。"[8] 一言而決,由同氣以相求;[9] 五世其昌,庶自他而有耀。前注。[10]

校注:

〔1〕本條乃劉子翬所撰,《屏山集》及《全宋文》均未收錄。

〔2〕維桑與梓:語本《詩·小雅·小弁》:"維桑與梓,必恭敬止。"後以"桑梓"借指鄉親父老。

〔3〕親仁善鄰:親近有仁德的人,跟鄉鄰友好相處。丁注所引見《左傳·隱公六年》。左傳:丁注原訛作"孟子",今正。切:契合。

〔4〕敷:鋪陳。誠悃(kǔn):真心誠意。華姻:美好的婚姻。

〔5〕同體:謂結爲一體,地位相當。《後漢書·皇后紀序》:"后正位宮闈,同體天王。"內助:妻子。懿:美。

〔6〕比:近來。傳道:謂傳授聖賢之道。聽從:接受依從。語出《禮記·內則》:"女子十年不出,姆教婉娩聽從。"這裏指學習婦道。

〔7〕良月:本指吉祥的月份。《左傳·莊公十六年》:"公父定叔出奔衛。三年而復之……使以十月入,曰:'良月也,就盈數焉。'"古人以盈數爲吉,數至十則小盈,故以十月爲良月。後亦以良月作爲十月的代稱。丁注所引見《爾雅·釋天·月陽》及郭璞注。

〔8〕元纁(xūn):指黑色和淺紅色的布帛。古代帝王常用爲延聘賢士的贄禮。丁注所引見《白虎通義·德論下·嫁娶》。

〔9〕同氣以相求:語出《周易·乾》:"同聲相應,同氣相求。"氣:志趣,氣質。

〔10〕五世其昌、自他有耀:語均本《左傳·莊公二十二年》。前注:謂2.6.2"危縣丞"條注"吾將其圖之"下注文。

9.3.3 王參政代呂周[1]

　　夾輔同心，爰有賜盟之舊；《左·僖二十六年》："昔周公、大公股肱周室，夾輔成王。成王勞之而賜之，盟曰：'世世子孫，無相害也。'"[2]通婚繼好，願諧合姓之驪。[3]儻蒙徵福於前人，宜奉初言於異日。[4]令妹夙漸聞見，已高風絮之才；[5]某男粗有性靈，可授嬴金之訓。[6]敢因媒妁，用締姻婭。[7]衰門殊李鄭崔盧，《國史補》："滎陽鄭、岡頭盧、澤底李、士門崔，皆爲鼎甲。"顧華胄非吾偶也；[8]群從有封胡羯末，伊小兒得我師焉。[9]輒效鄙誠，佇承嘉命。[10]

校注：

〔1〕本條乃王之望（1102—1170）所撰。之望字瞻叔，南宋襄陽谷城（今屬湖北）人，後寓居台州（今浙江臨海）。高宗紹興八年（1138）進士，授處州教授，累遷太府少卿。孝宗時除戶部侍郎、川陝宣諭使、直學士院，擢右諫議大夫，繼拜參知政事兼同知樞密院事。後罷爲端明殿學士。乾道元年（1165），起知福州兼福建路安撫使，加資政殿大學士，移知溫州。諡敏肅。有《漢濱集》六十卷，今存十六卷。《宋史》卷三百七十二有傳。本條《漢濱集》卷十三《啓·代范相家謝婚啓》、《全宋文》卷四三六七《代范相家謝婚啓》均錄之。范相，即南宋初宰相范宗尹（1100—1136）。宗尹字覺民，襄陽鄧城（今湖北襄陽）人。徽宗宣和三年（1121）上舍登進士第，累遷侍御史、右諫議大夫。高宗召爲中書舍人，遷御史中丞，拜參知政事。建炎四年（1130）授通議大夫、守尚書右僕射、同中書門下平章事兼御營使。紹興初出知溫州。後退居天臺，不久病卒。《宋史》卷三百六十二有傳。王之望與范宗尹都是襄陽有名的才子，幼時被襄陽名士魏泰看重。呂周，事跡未詳。

〔2〕夾輔：輔佐。有：《漢濱集》作"考"。丁注所引見《左

傳·僖公二十六年》。二:原訛作"三",今正。大公:即姜太公吕尚。股肱:本指大腿和胳膊,引指輔佐。

〔3〕驩:《漢濱集》作"歡",乃本字。

〔4〕儻蒙:《漢濱集》作"倘惠"。奉初言於異日:《漢濱集》作"重問名於初日"。

〔5〕令妹:此二字前《漢濱集》有"伏承"二字。聞見:知識。風絮之才:詳見3.1.11"彭應期代林丞取江氏"條注〔16〕。

〔6〕男:《漢濱集》作"姪"。性靈:靈性,智慧。贏:《漢濱集》作"籯",均可通。贏金之訓:詳見2.5.7"程子山"條注〔14〕。

〔7〕用:因此。姻婕:《漢濱集》作"姻聯"。

〔8〕衰門:衰落的門户,常作謙詞。殊:不同於。《漢濱集》作"豈",非。李鄭崔盧:唐代四大名門貴族之姓,見《新唐書·儒學傳中·柳沖傳》。丁注所引見唐李肇《唐國史補》卷上。鼎甲:指豪族大姓。

〔9〕封胡羯末:稱美兄弟子姪之辭。詳見8.2.2"又仲益答王氏第二子"條注〔10〕。伊:《漢濱集》作"俾"。

〔10〕輒效鄙誠,佇承嘉命:原闕,今據《漢濱集》補。佇:企盼。

9.3.4 彭應期[1]

擇對不嫁,昔聞其賢;[2]獨居無朋,今得其助。[3]令妹神清澄朗,德性柔莊。[4]冰雪自持,姊妹相依而爲命;[5]星霜浸閱,閨門不見其墮容。[6]凛乎季女之所爲,賢若伯鸞而後與。[7]皎此心而自信,質神明而不疑。《記·中庸》:"質諸神明而不疑。"[8]合會有時,夤緣遂定。[9]賁之箱笥,顧將意之甚微;[10]報以瓊瑶,覬爲好之益厚。[11]

校注：

〔1〕本條乃彭應期所撰。《全宋文》卷六二一二"求婚書一"條據《婚禮新編》收錄。

〔2〕擇對不嫁：詳見14.2.2"孟光"條。

〔3〕獨居：此處特指男女無偶自處。《史記·外戚世家》："女主獨居驕蹇，淫亂自恣，莫能禁也。"得其助：謂得其婦。《儀禮·士昏禮》："婦入三月，然後祭行。"鄭玄注："入夫之室三月之後，於祭乃行，謂助祭也。"助祭，即新婦佐助其夫祭祀。

〔4〕神清澄朗：心神清爽明朗。詳見2.5.7"程子山"條注〔11〕。柔莊：柔婉莊重。

〔5〕冰雪自持：操守清正貞潔，能夠自我克制。

〔6〕星霜：星辰一年一周轉，霜每年遇寒而降，因以星霜指年歲。浸閲：逐漸過去。墮容：謂精神不振，有怠惰之色。《後漢書·黄琬傳》："常以法度自整，家人莫見墮容焉。"

〔7〕凜：令人敬畏，嚴肅。季女：詳見3.1.7歐陽知縣代虞取吴條注〔10〕。季女之所爲：即《詩·召南·采蘋》毛亨序所謂"能循法度"。伯鸞：詳見14.2.2"孟光"條。與：對當，匹敵。《左傳·襄公二十五年》："鮮虞曰：'一與一，誰能懼我？'"

〔8〕皎：清楚明白。質神明而不疑：語本《禮記·中庸》："故君子之道，本諸身，徵諸庶民，考諸三王而不繆，建諸天地而不悖，質諸鬼神而無疑，百世以俟聖人而不惑。"丁注原謂出自"《易·係》"，即《周易·繫辭》，誤，今正作"《記·中庸》"。宋范純仁《范忠宣集補編·傳·宋忠武軍判官贈朝奉大夫子夷公傳》："質之神明而不疑，行之屋漏而無愧。"

〔9〕合會：指結婚。

〔10〕箱篋：詳見2.4.1"王狀元"條注〔9〕。將意：表達心意。瓊瑶：詳見2.4.1"王狀元"條注〔8〕。覬（jì）：希望，企圖。

9.4 答

9.4.1 劉觀文共甫 答范寔夫[1]

吾里俊遊,枚乘久爲大國上賓,與英俊並遊。[2]喜策名於天陛;《左·僖二十三年》:"子之能仕,父教之忠……策名委質。"[3]先君息女,方擇對於儒林。[4]猥辱好述,茲承嘉惠。令姪長材俊茂,杜《送韋評事》詩:"令姪才俊茂。"[5]誇映秀士之群;韓文公《送陸暢》詩:"迎婦丞相府,誇映秀士群。"[6]某妹弱質孤微,粗服姆師之訓。[7]幸同聲氣,獲結姻婭。顧南阮之貧家,《晉·阮咸傳》:"北阮富而南阮貧。"有愧論財之約;[8]得東床之勝士,庶全偕老之期。[9]

校注:

〔1〕本條乃劉珙(1122—1178)所撰。珙字共父(或作共甫、恭父),南宋建州崇安五夫里(今福建武夷山市五夫里鎮)人。幼從季父劉子翬學。高宗紹興十二年(1142)進士。初監潭州南嶽廟,後歷任權秘書省校勘、中書舍人、秘書丞、翰林學士、知制誥兼侍讀、同知樞密院事、知建康府兼江南東路安撫使兼行宫留守,官至觀文殿學士。諡忠肅。《宋史》卷三百八十六有傳。此文《全宋文》未錄。范寔夫,未詳,其姪娶劉珙妹。

〔2〕丁注所引見《漢書·枚乘傳》。

〔3〕策名:即策名委質,指因仕宦而獻身於朝廷。天陛:帝王宮殿之臺階,借指朝廷。丁注所引見《左傳·僖公二十三年》,原文作"子之能仕,父教之忠,古之制也。策名、委質,貳乃辟也"。

〔4〕先君:即劉珙父親劉子羽(1096—1146),其時已歿。

〔5〕長材:本指高大的優質材木,喻指才能出眾。俊茂:才智

傑出。丁注所引見杜甫《送韋十六評事充同谷防禦判官》。

〔6〕秀士：德行才藝出衆的人。丁注所引見韓愈《送陸暢歸江南》。

〔7〕弱質：才能薄弱。

〔8〕南阮：魏晉時期，"竹林七賢"中的阮籍與其侄阮咸同負盛名，共居道南，合稱"南阮"，其他阮姓則居道北，稱作"北阮"。丁注所引見《晉書‧阮咸傳》，亦見《世說新語‧任誕篇》。咸：原訛作"成"，今據《晉書》正。論財：隋王通《中説‧事君篇》："子曰：'婚娶而論財，夷虜之道也。'"

〔9〕東床：詳見14.1.1"郗鑒"條。勝士：才識過人之人。《晉書‧羊祜傳》："由來賢達勝士，登此遠望，如我與卿者多矣！"偕老：語出《詩‧邶風‧擊鼓》："執子之手，與子偕老。"

9.4.2　韓徽猷子蒼[1]

有齊先君之女，擇對唯艱；山谷《送張叔和》詩："有齊先君之季女，十年擇對無可人。箕帚掃公堂上塵，家風孝友故相親。"[2]熙寧内相之孫，承休未艾。[3]驟蒙委貺，弗獲深辭。[4]某妹婦德婦功，粗嘗聞於訓序；[5]令郎儒言儒行，方藹著於賢聲。[6]既承中饋之虛，當備執巾之役。[7]雖微韓姑之譽，以燕高門；《韓奕》："慶既令居，韓姑燕譽。"[8]遂成鄭忽之婚，豈非素願！[9]聊陳不腆之禮，永結無窮之歡。

校注：

〔1〕本條乃韓駒（1082—1135）所撰。駒字子蒼，號牟陽，宋陵陽仙井監（今四川仁壽）人，世稱陵陽先生。少即以詩爲蘇轍賞識。徽宗政和初召賜進士出身，歷官秘書省正字、著作郎、秘書少監、中

書舍人兼修國史。曾官徽猷閣待制,因稱"韓徽猷"。高宗時知江州,卒於撫州。《宋史》卷四百四十五有傳。《全宋文》卷三五一〇《答婚書》條據《婚禮新編》錄之。

〔2〕丁注所引見黃庭堅《贈送張叔和》。齊、友:原分別訛作"齋""悌",今並據黃庭堅詩正。《詩·召南·采蘋》:"誰其尸之?有齊季女。"毛亨傳:"齊,敬。"此處謂其妹。

〔3〕内相:唐開元二十六年(738),改翰林供奉爲學士,專掌内命,參裁朝廷大議,人稱"内相"。後用爲翰林學士的別稱。宋代内相地位很高,王安石、司馬光都曾官拜内相,對朝政起着重要作用。熙寧内相:未詳所指何人。承休:承受美善。《史記·封禪書》:"今鼎至甘泉,光潤龍變,承休無疆。"未艾:未盡。

〔4〕深辭:執意辭謝。《三國志·吳書·步騭傳》:"自以才非將帥,深辭固讓,終於不就。"

〔5〕訓序:教導。

〔6〕藹:盛多貌。藹著:猶盛贊。

〔7〕執巾:服侍丈夫。《後漢書·列女傳·鮑宣妻》:"大人以先生脩德約守,故使賤妾侍執巾櫛。"

〔8〕燕譽:安樂。譽,通"豫",語出《詩·大雅·韓奕》。朱熹集傳:"燕,安;譽,樂也。"

〔9〕鄭忽之婚:詳見11.2.6"鄭忽"條。素願:平素的願望。

9.4.3 江文卿代江景毅答劉宅[1]

標梅之得及時,自今以始;並前注。[2]歸妹之遲有待,歸妹愆期,遲歸有時。象曰:"愆期之志,有待而行也。"[3]匪我愆期。《詩》:"匪我愆期,子無良媒。"[4]薦煩行李之來,《左·僖三十年》:"燭之武見秦伯曰:'行李之往來,共其困乏。'"竟議孫枝之好。[5]崔盧王謝,方妄意於舊門;唐太宗曰:"齊、梁雖有人物,偏方下國,故以崔、盧、王、謝爲重。今謀士勞臣以忠孝學藝從我定天下者,何容納貨舊門,買婚爲榮耶?"[6]羯末封胡,敢自矜於群從。晉謝道韞曰:"群從兄弟,則有封胡羯末。"[7]不改鳳飛之卜,則唯冰上之言。[8]顧承命之若驚,欲終辭而莫可。[9]得劉公之一紙,固多從事之賢;前注。[10]賦《韓奕》之五章,抑亦見先君之望。《左・成九年》:"伯姬歸於宋,季子如宋致女,復命,公享之。賦《韓奕》之五章,穆姜出於房,再拜,曰:'大夫勤辱,不忘先君,以及嗣君,施及未亡人。先君猶有望也!'"注:"穆姜,伯姬母。言先君亦望文子如此。"[11]

校注:

〔1〕本條乃江嗣所撰,《全宋文》未錄。江景毅,未詳。

〔2〕標梅:即摽梅,謂梅子成熟而落下。丁注"並前注",謂1.2.4"求親"條注〔2〕及2.7.4"馬子仁代吳回陳"條"復自今以始"句下注文。

〔3〕歸妹:《周易》六十四卦之一。兌上震下,兌爲少女,故謂妹,以嫁震男,故稱"歸妹"。愆期:誤期,失期。時:原訛作"持"。之志:原作"云遠",今均據《周易》正。

〔4〕匪:同"非"。不是。丁注所引見《詩・衛風・氓》。子:原作"尔",今據《毛詩》正。

〔5〕行李:使者。清郝懿行《證俗文》卷六:"古者行人謂之'行李',本當作'行理',理,治也。作'李'者,古字假借通用。"孫枝:本謂從樹幹上長出的新枝。唐元稹《酬樂天東南行詩一百韻》:"祖竹叢新筍,孫枝壓舊梧。"後喻指孫兒。

〔6〕崔盧王謝:借指豪門大姓。妄意:妄想。丁注所引見《新唐書・高儉傳》。者:原脫,今據《新唐書》補。納:原訛作"助",今亦據正。

〔7〕羯末封胡：稱美兄弟子侄之辭。詳見8.2.2"又仲益 答王氏第二子"條注〔10〕。丁注引文中之"胡"，原訛作"期"，今據《晉書》正。

〔8〕鳳飛之卜：見2.6.2"危縣丞"條注〔14〕。冰上之言：見12.2.18"夢立冰上"條。

〔9〕承命：受命。終辭：拒絶。

〔10〕劉公之一紙：詳見8.1.6"王知録星仲 爲子娶江元肅女"條"自得劉公一紙之書"句下注。依句式，"固"字後當脱一字。

〔11〕《韓奕》：《詩·大雅》篇名，詩中叙述韓侯入覲周宣王，受到册命賞賜。離開鎬京，在蹶里與厲王外甥女韓姞結婚。詩中還描寫了韓地物産豐富，韓姞樂得其所。最後宣王任命韓侯爲方伯。丁注所引見《左傳·成公九年》傳及注文。九：原訛作"八"，今正。勤辱：辛勤。未亡人：舊時寡婦的自稱。

9.5　師友

9.5.1　王狀元龜齡[1]

通家有素，偶同太學之虀鹽；韓退之《送窮文》："太學四年，朝虀暮鹽。"[2]臭味爲媒，濫折仙源之桃李。[3]念貪緣之不淺，荷翦拂之非凡。劉孝標《絶交論》："顧盼增其倍價，翦拂使其長鳴。"[4]既逢阮眼之青，晉阮籍能爲青白眼，見禮俗之士，以白眼對之。居母喪，嵇康聞之，乃齎酒挾琴造焉。籍大悅，乃見青眼。寧愧齊邦之大。[5]令女儒門孕秀，女教傳芳。[6]想七戒之素修，諒五長之並有。見《擇婦門》。[7]作配宜求於禁臠，屬心寧顧於華門。[8]某身尚白丁，周宣帝樂平公主嫁李敏，帝問主曰："敏何官？"對曰："一白丁耳。"[9]業乃黄卷。前注。[10]自愧雕蟲之技,未收變豹之功;[11]妄求詠絮之才,偶預牽絲之選。[12]幸逢張負之賞鑒,寧患久貧;[13]庶幾畢萬之家風,從茲必大。[14]

校注:

〔1〕本條乃王十朋所撰。《全宋文》卷四六二七未收。

〔2〕通家:猶世交。有素:有故交。謂久已熟悉。虀鹽:醃菜和鹽。本句謂二人曾爲太學同學。丁注所引見唐韓愈《送窮文》。朝齏暮鹽:極言生活貧苦。

〔3〕仙源:道教稱神仙所居之處。《雲笈七籤》卷二十七:"福地第四曰東仙源,福地第五曰西仙源,均在台州黃巖縣屬地。"桃李:語出《韓詩外傳》卷七:"夫春樹桃李,夏得陰其下,秋得食其實。"喻指栽培的後輩或所教的門生。

〔4〕翦拂:本指爲馬修剪毛鬣,洗拭塵垢。後用以比喻對人才的讚揚提攜。丁注所引見《文選·劉孝標〈廣絕交論〉》。

〔5〕阮眼之青:詳見6.1.7"王狀元龜齡"條注〔3〕。聞:原訛作"同",今據《晉書》正。齎(jī):攜帶。

〔6〕傳芳:流傳美名。

〔7〕七戒:詳見3.1.22"黃知縣"條注〔8〕。五長:即五種優點、長處。詳見13.2.3"晉武帝"條。

〔8〕禁臠:詳見14.1.2"謝混"條。屬心:猶言歸心。蓽門:貧寒之家。

〔9〕身:自己。丁注所引見《隋書·李敏傳》。

〔10〕黃卷:詳見4.1.20"又代李答連"條注〔9〕。

〔11〕雕蟲:比喻從事不足道的小技藝。語出劉勰《文心雕龍·詮賦》:"此揚子所以追悔於雕蟲,貽誚於霧縠者也。"變豹:即豹變,語本《周易·革》:"君子豹變,其文蔚也。"原喻在社會變革中,君子像華美的豹紋起潤色鴻業的作用。後來比喻地位發生顯

著轉變，由貧賤而顯貴。

〔12〕詠絮：詳見3.1.11"彭應期代林丞取江氏"條注〔16〕。牽絲：詳見3.1.19"又"條注〔6〕。

〔13〕張負：詳見2.2.1"丁潮州陳求張昏"條注〔6〕。

〔14〕畢萬：春秋時晉國人。姬姓，畢氏，名萬。周文王庶子畢公高的後裔，事晉獻公，爲司徒。從公滅耿、霍、魏。得封魏地，爲大夫，子孫以魏爲氏。其後裔魏斯與韓、趙三家分晉，是爲魏文侯。《左傳·閔公元年》："卜偃曰：'畢萬之後必大。萬，盈數也；魏，大名也……今名之大，以從盈數，其必有衆。'"

9.5.2 王秘讀克勤娶熊舍人女[1]

册府師承，《穆天子傳》："群玉之山，先王所謂策府。"注："西王母所居者。言往古帝王藏書策之府。"[2]久伏膺於北面；《中庸》："得一善，則拳拳服膺而弗失之矣。"《南史》："沈峻開講，群儒並執經北面受業，莫不歎服。"[3]德門婿選，獲坦腹於東床。[4]於杖席而益親，《曲禮》："席間函丈。"[5]將淵源而盡得。董仲舒："師友淵源。"[6]切知多幸，欽仰佳盟。伏承小娘素質容儀，屬當笄字。[7]而次男某早鶯科目，濫閱寶書。山谷《送子瞻詩》："天上玉堂森寶書。"注："李善注江淹《擬休上人》詩：'集天官之寶書。'"[8]敢云嫌婉之求，實自品題之厚。一經品題，便作佳士。[9]族屬得宜家之慶，交遊期進德之階。[10]不違緒言，端有夙契。[11]鳳占協吉，遠圖五世之昌，[12]麟筆修辭，近扣一經之體。熊舍人撰《本朝誦略》，故云。[13]

校注：

〔1〕本條乃王克勤所撰。克勤字叔弼，一字敏叔，南宋撫州臨川（今屬江西）人。孝宗淳熙二年（1175）中童子科，授從事郎，入秘

书省讀書,復登淳熙十四年(1187)進士。主管禮兵部架閣文字,遷太學博士,後罷。寧宗時起爲太常寺主簿、秘書省正字。《全宋文》卷六七〇七《婚書》條據《婚禮新編》收錄。《宋史·文苑列傳·熊克》:"嘗愛臨川童子王克勤之才,將妻以女而乏資遣,會草制獲賜金,遂以歸之,人稱其清介。"

〔2〕册府:古時帝王藏書的地方。丁注所引見《穆天子傳》卷二。原文作:"辛卯,天子北征東還,乃循黑水。癸巳,至于群玉之山。容氏之所守曰群玉田山,知阿平無險,四徹中繩。先王之所謂策府。"郭璞注:"即《山海》云群玉山,西王母所居者。""言往古帝王以爲藏書册之府,所謂藏之名山者也。"

〔3〕伏膺:銘記在心。北面:面向北。古禮,臣拜君,卑幼拜尊長,皆面向北行禮,故後拜人爲師,行弟子敬師之禮亦稱"北面"。丁注所引前句見《禮記·中庸》。朱熹集注:"服,猶著也;膺,胸也。奉持而著之心胸之間,言能守也。"後句見《南史·盧廣傳》。

〔4〕德門:有德之家。東床:詳見14.1.1"郗鑒"條。

〔5〕杖席:即丈席,語本《禮記·曲禮上》:"若非飲食之客,則布席,席間函丈。"鄭玄注:"謂講問之客也。函猶容也。講問宜相對。容丈,足以指畫也。"後因以"丈席"指講席。

〔6〕丁注所引見《漢書·董仲舒傳贊》。

〔7〕笄字:指女子十五歲成年。《儀禮·士昏禮》:"女子許嫁,笄而醴之稱字。"

〔8〕繇:通"由",經過。科目:指分科選拔官吏的名目。清顧炎武《日知錄·科目》:"唐制取士之科,有秀才,有明經,有進士,有俊士,有明法,有明字,有明算,有一史,有三史,有開元禮,有道舉,有童子;而明經之别,有五經,有三經,有學究一經,有三禮,有三傳;有史科,此歲舉之常選也。其天子自詔曰制舉……見於史者凡五十餘科,故謂之科目。"亦指通過科舉取得的功名。寶書:泛指珍貴的書籍。丁注所引見黃庭堅《雙井茶送子瞻》。其注即宋任淵

(1090—1164)所作《山谷内集詩注》，初稿成于政和元年(1111)，紹興二十五年(1155)刊行。原注文作："《文選·江淹〈擬休上人〉》詩曰：'寶書爲君掩。'李善注引《道學傳》曰：'夏禹撰真靈之玄要，集天官之寶書。'"

〔9〕品題：評論人物，定其高下。丁注所引見李白《與韓荆州書》。

〔10〕族屬：同族的親屬。《禮記·大傳》："同姓從宗，合族屬。"宜家：語出《詩·周南·桃夭》："之子于歸，宜其室家。"朱熹集傳："宜者，和順之意。室者，夫婦所居；家，謂一門之内。"後因以稱家庭和睦。進德：猶言增進道德。語出《周易·乾》："忠信，所以進德也。"

〔11〕緒言：前言。語出《莊子·漁父篇》："曩者先生有緒言而去。"陸德明釋文："緒言，猶先言也。"

〔12〕鳳占：見2.6.2"危縣丞"條注〔14〕。

〔13〕麟筆：孔子作《春秋》，絕筆於獲麟，故稱史官之筆爲"麟筆"。《左傳·哀公十四年》："春，西狩獲麟。"杜預注："麟者，仁獸，聖王之嘉瑞也。時無明王，出而遇獲。仲尼傷周道之不興，感嘉瑞之無應，故因《魯春秋》而脩中興之教。絕筆於'獲麟'之一句，所感而作，固所以爲終也。"修辭：寫文章。熊克曾纂有史書《九朝通略》一百六十八卷，淳熙十一年(1184)上書。

9.5.3　熊主簿仲勉 代吕娶李[1]

族緒衰微，竊愧當年之魚玉；《尚書中候》曰："太公即磻溪之水，釣其涯，得玉璜，刻曰：'姬受命，吕佐之，報在齊。'後果封於齊。"或曰：魚腹得玉璜。[2] 婚姻有請，輒攀此日之龍門。李應龍門。前注。[3] 顧冶長曾事於宣尼，諒文公不捐於南紀。唐李漢字南紀，少事韓愈，辱知最厚且親。愈愛重，以女妻之。[4] 令女姆儀外淑，婦德中純。某男幼雖失於過庭，早克知於請業。《曲禮》："請業則起。"[5] 頃緣柯斧,將結絲蘿。繇既叶於鳳占,禮敢通於雁奠。[6]

校注:

〔1〕本條乃熊仲勉所撰。熊仲勉,其人未詳。呂、李,亦未詳。"娶"字原脱,今據文意補。《全宋文》未録。

〔2〕磻:原訛作"幡",今據《尚書中候》正。族緒:宗族世系。魚玉:即魚腹中的玉璜,相傳姜太公吕尚於魚腹中得讖緯之言,後因以輔佐文王。《尚書中候》:漢代讖緯書之一,凡十八篇,主要模仿《尚書》文體,記述古代帝王的符命瑞應,以證明其興起合乎天命。此書與"七緯"並稱"緯候",是讖緯學的代名詞。唐時已佚,今有輯本傳世。清皮錫瑞有《尚書中候疏證》一卷。此句表明男方姓吕。

〔3〕應龍門:即登龍門,指科舉會試中式。詳見1.2.7禮物狀條注〔11〕。本句表明女方父親爲進士。有宋一代閩籍進士將近三百人,未詳孰是。

〔4〕冶長、文公:分别詳見17.4.2"公冶長"條、16.1.9"李漢"條。捐:放棄,捨棄。

〔5〕過庭:詳見6.1.7"王狀元龜齡"條注〔8〕。克:能够。請業:向人請教學業。丁注所引見《禮記·曲禮上》。

〔6〕繇(zhòu):通"籀"。古時占卜的文辭。《左傳·閔公二年》:"成風聞成季之繇,乃事之,而屬僖公焉。"杜預注:"繇,卦兆之占辭。"

9.6 答

9.6.1 呂郎中伯恭[1]

遊從再世,韓文公詩:"今子從之遊,學問得所欲。"既彼此以具知;[2]講肄十年,《兑》:"君子以朋友講習。"亦往來之無閒。[3]迨聞嘉命，其敢固辭？令弟種學之初，韓文："種學績文，以畜其有。"方求內助；[4]某女及笄之始，未習婦儀。志尚有加，可使效饁田之役；晉冀缺耨，其妻饁之。敬，相待如賓。[5]進修或怠，猶能獻斷織之規。河南樂羊子遠學，一年來歸，妻跪問其故。羊子曰："久行懷思，無他異也。"妻乃引刀趨機而言曰："此織生自蠶繭，成於機杼，一絲而累，至於寸，累寸不已，遂成丈匹。今若斷斯織也，則失成功，稽廢時日。夫子積學，以就懿德。若中道而歸，何異斷斯織乎？"[6]

校注：

〔1〕本條乃呂祖謙所撰，《東萊集》卷四《啓·答潘氏定婚啓》、《文粹》卷八十六《婚書·回潘氏定婚書》、《全宋文》卷五八八○《答潘氏定婚啓》均錄之。

〔2〕遊從：交遊，朋友。再世：兩代。丁注所引見韓愈《送諸葛覺往隨州讀書》。得：原訛作"待"，今據韓詩正。以：《東萊集》《文粹》均作"之"。

〔3〕肆：原訛作"隸"，今據文意正。講肆：講論學習。丁注所引見《周易·兌》象辭文。

〔4〕令弟：此二字後《東萊集》《文粹》均有"茂才"二字。種學：培養學識。丁注所引見韓愈《藍田縣丞廳壁記》。績：通"積"。績文，積累文才。

〔5〕饁：原訛作"饐"。"饐"爲"饐"（hài，食物變味發臭）的俗字，今正。饁（yè）田：送飯到田間地頭。丁注所引見《左傳·僖公三十三年》。冀缺：郤缺的別名。姬姓，郤氏，名缺，春秋時期晉國上卿。因其父郤芮封於冀，故又稱冀缺。因爲罪臣之子，躬耕於冀野。臼季見其夫妻相敬如賓，薦之於晉文公。後代趙盾爲政。歷事數君，未有失誤。諡成子。其妻：原作"之妻"，今據《左傳》正。

〔6〕進修：《東萊集》《文粹》作"進脩"，猶言進德修業。猶能，

《東萊集》及《全宋文》作"當令"。斷織：其事有二。一爲孟子母親督促孟子勤學，事見劉向《列女傳·鄒孟軻母》。一爲樂羊子妻勸丈夫勤學，事見《後漢書·列女傳·樂羊子妻》。時日：原訛作"時月"，今據《後漢書》正。

9.6.2 熊知縣山甫[1]

早以遊從，曾並管寧之席；《商芸小説》："管寧與華歆、邴原俱遊學，同席讀書。有乘軒過門者，歆廢書而看，寧割席分坐，曰：'子非吾友也。'"[2]晚因婚對，又窺逸少之床。[3]況一門阿大之賢，謝氏曰："一門叔父，有阿大、中郎。"[4]有八世莫京之好。見《占卜門》。[5]兹復攀於高援，《文選·李丕〈書〉》云："托繫援於高門，實光華於舊族。"[6]實徼福於前人。前注。[7]令郎夙捧鄉書，《周禮·地官》："鄉老及鄉大夫獻賢能之書于王。"[8]方懋三冬之業；東方朔年十二，學書三冬，文史足用。[9]某女幼閑姆訓，僅知七戒之遵。[10]猥辱好逑，願承委贄。絲麻之無棄菅蒯，喜方續於舊姻；[11]瓊瑶之匪報瓜桃，愧莫孚於謝悃。[12]

校注：

〔1〕本條乃熊山甫所撰。熊山甫，未詳何人。《全宋文》未録。

〔2〕並管寧之席：與賢者同學。商、原：原分別訛作"商""厚"，今並正。丁注所引謂出自《商芸小説》。《商芸小説》，凡一卷，唐佚名撰，國學扶輪社輯《古今説部叢書》(第二版)第一輯收録（中國圖書公司和記，1915），但無管寧割席事。又有《殷芸小説》，凡十卷，梁殷芸(471—529)撰，該書卷五《魏世人》記管寧避難江東事、華歆與子姪宴飲事及華欣遇子弟事，但亦無管寧割席事。未詳孰是。

〔3〕婚對：婚配。逸少之床：詳見14.1.1"郗鑒"條。

〔4〕阿大之賢：詳見8.2.2"又仲益 答王氏第二子"條注〔10〕。

〔5〕莫京："莫之與京"之省略，語出《左傳·莊公二十二年》，詳見2.6.2"危縣丞少劉 答劉德基"條注〔14〕。丁注謂"見《占卜門》"，《婚禮新編》無《占卜門》。

〔6〕丁注所引見李德裕《會昌一品集》卷九《代李丕與郭誼書》。丁注作"《文選》"，未詳。繫援：謂依附求助。實光華於舊族：今本作"實光榮於鄙族"。

〔7〕前注：謂3.1.8"又代詹提舉宅娶章提舉"條"豈徼福於前人"句下注文。

〔8〕鄉書：周制，鄉學三年大比，鄉老與鄉大夫薦鄉中賢能之書于王，謂之"鄉書"或"鄉老書"。見《周禮·地官·鄉大夫》。後世科舉因以"鄉書"代指鄉試中式。

〔9〕懋(mào)：勤勉，努力。三冬之業：即學業，典出《漢書·東方朔傳》。三冬即三年。

〔10〕七戒：詳見3.1.22"黃知縣"條注〔8〕。

〔11〕絲麻、菅蒯：詳見4.1.5"又答曾氏"條注〔2〕。菅：原訛作"管"，今據《左傳》正。

〔12〕瓊瑤、瓜桃：詳見2.4.1"王狀元"條注〔8〕。孚：相應，符合。謝悃：感謝的誠意。

9.6.3　陳桂卿[1]

男願室，女願家，是人所欲；[2]雲從龍，風從虎，以類而求。[3]伏承不棄久要，而以令郎請婚；[4]自惟無似，而非小女可妻。[5]既冰人重有所扣，非月老所得而辭。[6]方欣昔同門，而今對門；[7]敢云各有偶，而大非偶。[8]

校注：

〔1〕本條乃陳桂卿所撰。桂卿，未詳何人。丁昇之未注。《全宋文》未録。

〔2〕男願室，女願家：語出《孟子·滕文公下》，詳見2.5.1"黄山谷"條注〔9〕。

〔3〕雲從龍，風從虎：語出《周易·乾》："同聲相應，同氣相求。水流濕，火就燥，雲從龍，風從虎，聖人作而萬物睹。"

〔4〕久要：舊日的約定。《論語·憲問篇》："久要不忘平生之言。"

〔5〕惟：思慮。自惟，自己考慮。無似：猶言不肖。謙詞。《禮記·哀公問》："寡人雖無似也，願聞所以行三言之道。"

〔6〕冰人：詳見12.2.18"夢立冰上"條。扣：通"叩"，探問。月老：詳見12.1.1"月下老"條。

〔7〕欣：喜悦，欣幸。對門：匹配，門當户對，結爲姻親。

〔8〕大非偶：詳見2.3.1"張主簿從道"條注〔5〕。

9.7　幼婚

9.7.1　江元吉[1]

宋城三齡之女，已兆婚姻；見前注。《前定門》。[2]泥陽六歲之男，早諧伉儷。傅咸六歲隨繼母杜氏省繼外祖母嚴氏。嚴氏曰："此千里駒也，必當遠至。"以其妹之女妻之。咸，泥陽人也。[3]矧在素聯於瓜葛，是宜效偶於鶺鴒。[4]令女學采蘋蘩，未遂召南之季女；[5]某男行視詩禮，尚慚徐卿之小兒。老杜《徐卿二子歌》："小兒五歲氣食牛。"[6]念生子既巧相如，韓文《符讀書城南》："兩家各生子，提孩巧相如。"[7]而大倫不爲太早。王吉曰："世俗嫁娶太早，未知爲父母之道。"[8]二十嫁,三十娶,雖未及時;《周禮·媒氏》:"男子三十而娶,女二十而嫁。"[9]五世昌,八世京,預符吉卜。[10]繫臂愧非於玉帛,同心永契於金蘭。[11]

校注:

[1] 本條乃江元吉所撰。江元吉,未詳何人。《全宋文》未錄。

[2] 宋城:即今河南商丘市。宋城三齡之女:即韋固妻王氏,詳見 12.1.1"月下老"條。前定門:原作"月下老門",誤,《婚禮新編》有《前定門》,而無《月下老門》,今正。

[3] 泥陽六歲之男:即傅咸,詳見 16.3.14"傅咸"條。

[4] 瓜葛:瓜與葛都是蔓生植物。比喻輾轉相連的關係,亦可喻指夫妻。三國魏曹叡《種瓜篇》:"與君新爲婚,瓜葛相結連。"鵷(yuān)鸞:鴛鴦和鸞鳳,喻指夫妻。

[5] 《詩·召南》有《采蘋》《采蘩》篇。

[6] 行視:本指巡行視察,這裏喻指研讀。丁注所引見杜甫《徐卿二子歌》。徐卿:蓋爲西川兵馬使徐知道。

[7] 相如:相同。丁注所引見韓愈《符讀書城南》。

[8] 丁注所引見《漢書·王吉傳》。見 11.3.3"王吉"條。母:原脱,今據《漢書》補。

[9] 未及時:《穀梁傳·文公十二年》"男子二十而冠,冠而列丈夫,三十而娶。女子十五而許嫁,二十而嫁"句范甯集解引譙周曰:"是故男自二十以及三十,女自十五以及二十,皆得以嫁娶。先是則速,後是則晚……則三十而娶,二十而嫁,説嫁娶之限,蓋不得復過此爾。"

[10] 五世昌,八世京:見 2.6.2"危縣丞少劉 答劉德基"條注[14]。

[11] 繫臂:即定親,詳見 2.6.2"危縣丞少劉 答劉德基"條注[12]。金蘭:詳見 8.3.4"陳簽判季陸 娶劉氏"條注[3]。

9.8 答

9.8.1 王狀元龜齡 代六歲男娶五歲女[1]

樂天示勸，深虞生育之遲；白樂天《勸早婚》詩曰："嫁娶既不早,生育常苦遲。"[2]延壽訪婚，欲見曾玄之早。《北史》："楊椿字延壽,常欲爲曾孫早娶,望見玄孫。"[3]蓋一生之計,惟在於少；《詩話》："一生之計在於少,一年之計在於春,一日之計在於寅。"[4]而萬世之嗣,莫重於婚。《哀公問》："大婚,萬世之嗣也,何謂已重乎？"[5]若兩小了無猜嫌,李白《長干行》："妾髮初覆額,折花門前劇。郎騎竹馬來,遶牀弄青梅。同居長干里,兩小無嫌猜。十四爲君婦,羞顏未嘗開。"[6]宜二姓合於羈角。《內則》："子生三月,擇日翦髮爲鬌,男角女羈。"[7]況令孫清徹,已聞駒齒之生；北齊楊愔六歲學史書,從兄昱謂人曰："此兒駒齒未落,更十歲,當求之千里外。"[8]而姪女無知,方在鳩車之歲。王元長曰："小兒五歲曰鳩車之歲。"[9]荷不遺於葑菲,喜獲附於葭莩。柳子厚《寄張使君》詩："言姻喜附葭。"[10]雖云鵬鷃之不齊,自是馬牛之相應。《韓詩外傳》："馬鳴而馬應之,牛鳴而牛應之,非知也,其勢然也。"[11]財資不論,韓愈《崔立之詩》："老婦欲嫁女,約不論財資。"何未忘夷虜之懷；[12]他日有行,女子有行,遠父母兄弟。[13]正有賴舅姑之教。《魯語》："公父文伯之母曰：'吾聞之先姑曰：君子能勞,後世有繼。'子夏聞之曰：'古之嫁者,不及舅姑,謂之不幸。夫婦,學於舅姑者也。'"[14]

校注：

〔1〕本條明言乃王十朋所撰,宋謝枋得《疊山集》卷四《回定啓·又》亦錄此文。《全宋文》卷四六二七《幼婚答》條據《婚禮新編》錄之,卷八二一六《回定啓三》條據《疊山集》錄之。依文例來

看,《婚禮新編》恐誤。

〔2〕虞：憂慮。丁注所引見白居易《贈友五首》之五。勸：原殘泐,今據白詩補。嫁娶：原作"婚姻",今亦據正。

〔3〕丁注所引見《北史·楊椿傳》,詳見16.3.3"楊椿"條。

〔4〕依丁注體例,其所謂《詩話》,即宋阮閱《詩話總龜》,但今本無此句。查宋鄧肅《栟櫚集》卷十三《誡子》："一日之計在寅,一年之計在春,一身之計在少,此陳了齋之言也。"陳了齋即陳瓘(1057—1124),北宋南劍州沙縣(今屬福建)人。鄧肅(1091—1132)字志宏,亦沙縣人。又,唐韓鄂《四時纂要》春令卷之一："俗云：'一年計樹之以穀,十年計樹之以木。'又云：'一日之計在一晨,一年之計在一春。'故知時不可失也。"宋邵雍《擊壤集》卷十六《觀事吟》："一歲之事慎在春,一日之事慎在晨,一生之事慎在少,一端之事慎在新。"宋黃仲元《四如集》卷三《林起東字訓名寅生》："一歲之計在春,一日之計在寅,一生之計在少。"黃仲元(1231—1312)字善甫,南宋興化軍莆田(今屬福建)人。

〔5〕丁注所引見《禮記·哀公問》。已：太。已重,即太隆重。

〔6〕兩小了無猜嫌：即兩小無猜,語出李白《長干行》之一。長干：丁注兩處分別訛作"長于"和"長千",今均正。長干,古建康里巷名。故址在今江蘇省南京市南。《文選·左思〈吳都賦〉》："長干延屬,飛甍舛互。"劉逵注："江東謂山岡間爲'干'。建鄴之南有山,其間平地,吏民居之,故號爲'干'。中有大長干、小長干,皆相屬。"

〔7〕羈角：《全宋文》兩處均同,《疊山集》作"笄角"。羈角是古代兒童的髮式。語出《禮記·內則》。黃牛《義府·男角女羈》。"男則橫分兩髻如角,故曰角；女則兩髻一前一復,如馬首,故曰羈。"泛指童牛。

〔8〕清徹：清靜明朗。駒齒：兒童的乳齒,代指幼齡。丁注所引見《北齊書·楊愔傳》。

〔9〕鳩車：兒童玩樂之車。《錦繡萬花谷》卷十六引晉張華《博物志》："小兒五歲曰鳩車之戲,七歲曰竹馬之戲。"又《文選·王元

長《三月三日曲水詩序》》"稚齒豐車馬之好"句李善注引晉杜夷《幽求子》曰:"年五歲聞有鳩車之樂,七歲有竹馬之歡。"

〔10〕獲附:《全宋文》(謝枋得)及《疊山集》均作"獲締"。葑菲:詳見1.2.5"答求親"條注〔6〕。附葭:語本《漢書・中山靖王劉勝傳》:"今群臣非有葭莩之親,鴻毛之重。"後因以"附葭"喻攀附親戚。丁注所引見柳宗元《同劉二十八院長述舊寄張使君》詩。

〔11〕鵬鷃:大鵬和斥鷃。《莊子・逍遥遊》謂大鵬搏扶摇而上九萬里,將適南冥。斥鷃只能翱翔於蓬蒿之間,却嘲笑大鵬。後因以"鵬鷃"比喻物有大小,志趣懸殊。不齊:不一樣。《孟子・滕文公上》:"夫物之不齊,物之情也。"丁注所引見《韓詩外傳》卷一。

〔12〕財資:《疊山集》作"資才",《全宋文》作"資財"。丁注所引見韓愈《寄崔二十六立之》,通行本作"老婦願嫁女,約不論財貲"。夷虜:《疊山集》作"父母",誤。夷虜之懷:《文中子》曰:"婚娶論財,夷虜之道也。"詳見11.1.9"又"條。

〔13〕有行:出嫁。丁注所引見《詩・邶風・泉水》。

〔14〕舅姑:稱夫之父母。丁注所引見《國語・魯語下》。公父文伯之母,即春秋時魯國貴族季悼子之子公父穆伯的妻子敬姜。《列女傳》稱"魯季敬姜"條末頌曰:"文伯之母,號曰敬姜。通達知禮,德行光明。匡子過失,教以法理。仲尼賢焉,列爲慈母。"先姑:稱丈夫的亡母。

9.9 宗姻

9.9.1 彭應期代趙安禮[1]

半生飄轉,晉魏詠之有兔缺,聞殷仲堪帳下有名醫能療之,投仲堪。召醫視之。醫曰:"可割補之,須百日進粥,不得語笑。"詠之曰:"半生不語,而有半生，亦當療之，況百日邪！"老杜《入宅》詩："飄轉任浮生。"[2] 飽江湖不繫之蹤；杜甫《龍門閣》詩："飽聞經瞿塘。"又："養拙江湖外。"賈誼《鵬鳥賦》："泛然若不繫之舟。"[3] 一日夤緣，杜甫詩："瓜時猶旅寓，萍泛若夤緣。"[4] 有晉鄭焉依之幸。《左·隱六年》："我周之東遷，晉鄭焉依。"[5] 才名云慊，李白《上韓荊州書》："或以才名見知。"[6] 風度無堪。《北史》："李秀之兄弟容貌魁偉，風度審正。"[7] 猥勤襟次之相期，俯以姻親而見錄。[8] 屬投悃愊，載辱嘉音。[9] 方當具不珍之屨，劉向《說苑》曰："大夫士庶人曰：'某之父，某之師友，使其執不珍之屨，不珍之束脩，敢不敬禮某氏貞女。'"詳見《雜儀門》。敬禮於門闌；[10] 茲敢以半通之銅，薦修於書幣。揚子："半通之銅，五兩之綸。"[11] 所陳簡陋，姑效涓勤。[12] 新進士綴行，王禹偁出知黃州，蘇易簡榜下放，孫何等進士三百餘人奏乞送於郊，奏可之。禹偁作詩謝曰："綴行相送我何榮，老鶴乘軒愧谷鶯。"[13] 名屬叨於登虎；歐陽詹舉進士，與韓愈聯第，皆天下選，時稱"龍虎榜"。張唐卿詩曰："一舉首登龍虎榜。"[14] 故仲子歸我，《左·隱元年》傳："故仲子歸於我。"私切愧於乘龍。[15]

校注：

〔1〕本條乃彭止所撰。《全宋文》卷六二一二《求婚書二代趙安禮》條據《婚禮新編》錄之。趙安禮：其人未詳。

〔2〕飄轉：飄泊轉徙。丁注所引見《晉書·魏詠之傳》及杜甫《入宅三首》之三。兔缺：兔上唇居中皆有縱向缺裂，人之上唇縱裂者因稱"兔缺"。

〔3〕飽：多。丁注所引分別見杜甫《龍門閣》《酬韋韶州見寄》及《文選·賈誼〈鵬鳥賦〉》。鳥：原脫，今據《文選》補。泛然：通行本《文選》作"泛乎"。

〔4〕丁注所引見杜甫《秋日夔府詠懷奉寄鄭監審李賓客之芳一百韻》。瓜時：瓜熟之時。語本《左傳·莊公八年》："齊侯使連

稱、管至父戍葵丘。瓜時而往,曰:'及瓜而代。'"這裏借指任職期滿。萍泛:萍隨水漂浮。比喻人的行止無定。

〔5〕焉依:詳見2.7.2"孫尚書"條注〔6〕。

〔6〕慊(qiǎn):不滿足,遺憾。丁注所引見李白《與韓荆州書》。

〔7〕無堪:猶言無可人意處,無可取處。常用爲謙詞。丁注所引見《北史·李璨傳》。審正:明審正直。

〔8〕襟次:猶言胸懷。清李壽蓉《李少白先生六旬壽序》:"夫其性情之敦篤與襟次之沖曠,皆壽徵也。"清黃生《杜詩説·次空靈岸》:"入蜀及湖南諸詩,一邊述征行,一邊志賞眺,襟次已越俗流。"清曾國藩《咸豐九年十一月日記》:"日内襟次不甚開拓,夜不成寐。"

〔9〕屬:恰好。投:呈。悃愊(kǔn bì):至誠。《漢書·劉向傳》:"論議正直,秉心有常,發憤悃愊,信有憂國之心。"載:句首發語詞,無義。

〔10〕丁注所引見劉向《説苑·修文篇》。雜儀門:謂11.2.4"親迎"條。門闌:門框,借指家門。杜甫《李監宅》詩之一:"門闌多喜色,女婿近乘龍。"

〔11〕半通之銅:語出揚雄《法言·孝至》。半通,即"半印",古代下級官吏所用印章名。漢制,丞相、列侯至令丞,都用正方形的大印。小官則只能用大官印的一半,印成長方形。後世沿其制,叫半印。修:通"脩"。

〔12〕涓:選擇。

〔13〕綴行:連接成行。丁注所引見宋釋文瑩《玉壺野史》卷四文。王禹偁(954—1001),字元之,北宋濟州鉅野(今山東巨野)人。北宋詩文革新運動先驅。太宗太平興國八年(983)進士,歷任右拾遺、左司諫、知制誥、翰林學士。因敢於直諫而屢遭貶謫。真宗咸平二年(999)貶知黃州,世稱王黃州。又遷蘄州。病卒。《宋史》卷

二百九十三有傳。蘇易簡（958—996），字太簡，北宋梓州銅山（今屬四川）人。太宗太平興國五年（980）狀元。初任監丞通判、左贊善大夫、右拾遺知制誥、秩祠部員外郎、翰林學士。升中書舍人。因嗜酒罷爲禮部侍郎，出知鄧州、陳州。終因酗酒而卒。《宋史》卷二百六十六有傳。孫何（961—1004）於太宗淳化三年（992）舉進士甲科（見《宋史》卷三百六本傳），其時王禹偁還未貶知黄州，故周必大《二老堂詩話》"王禹偁不知貢舉"條認爲"小説多妄，其來久矣"。

〔14〕登虎：登龍虎榜之簡稱。唐貞元八年（792），歐陽詹與韓愈、李絳等二十三人于陸贄榜聯第，詹等皆俊傑，時稱"龍虎榜"。見《新唐書·文藝傳下·歐陽詹》。後因謂會試中選爲登龍虎榜。丁注所引見宋沈括《夢溪筆談》卷二十三《譏謔》文。張唐卿（1010—1037），字希元，北宋山東青州（今山東淄川）人。仁宗景祐元年（1034）甲戌科狀元。又，明徐燉《徐氏筆精》卷五《詩談》"劉昌言"條謂"一舉首登龍虎榜"乃宋太宗朝泉州劉昌言上吕蒙正相公詩。劉昌言（942—999），字禹謨，北宋泉州南安（今屬福建）人。太宗太平興國八年（983）舉進士及第。

〔15〕歸：女子出嫁。乘龍：詳見18.5.14"兩女乘龍"條。

9.9.2 藍魯望聘趙宅[1]

靈槎浪穩，昔聞牛渚之津涯；張華《博物志》："舊說云天河與海通。近世有人居海渚，年年八月有浮槎去來，不失期，人有奇志，立飛閣於槎上，多齎糧，乘槎而去。十餘日中，奄至一處，有城郭屋舍。遙望宮中多織婦，見一丈夫牽牛渚次飲之。牽牛人乃驚問曰：'何由至此？'此人具説來意，並問此是何處，答曰：'君還至蜀都，訪嚴君平，則知之。'因還至蜀，問君平，曰：'某年月日，有客星犯牽牛宿。'正是此人到天河時也。"[2]仙桂風生，今報蟾宫之消息。[3]人謂登科之小，自慚攀援之高。雖納幣之後時，《禮記·雜記》："納幣一束，束五兩，兩五尋。"[4]冀結縭之有日。《詩·東山》："親結其縞,九十其儀。"[5]室如垂磬,《左傳》:"齊侯曰:'室如縣磬,野無青草。何恃而不恐?'"[6]豈無望宜室之歸?《詩》:"之子于歸,宜其室家。"[7]門可張羅,《鄭當時傳》:"下邽翟公爲廷尉,賓客塡門。及廢,門可設爵羅。"又白居易詩:"昨日屋頭堪炙手,今朝門外好張羅。"[8]已預慶盈門之爛。《韓奕》詩:"韓侯顧之,爛其盈門。"蓋人譖藍宅貧,故有垂磬、張羅之説。[9]

校注:

〔1〕本條乃藍魯望所撰。原書目録作"藍魯堅",未詳孰是,今暫依正文。魯望,未詳何人。《全宋文》未録。

〔2〕靈槎(chá):能乘往天河的船筏。津涯:水邊。丁注所引見晉張華《博物志》卷十。嚴君平(前86—10),本名莊遵,《漢書》避漢明帝劉莊諱改其姓。西漢蜀郡(今四川成都)人,著名道家學者,思想家。

〔3〕仙桂:神話傳説月中有桂樹,稱之爲"仙桂"。語出唐段成式《酉陽雜俎·天咫》:"舊言月中有桂、有蟾蜍,故異書言月桂高五百丈,下有一人常斫之,樹創隨合。"蟾宮:即月亮。《晉書·郤詵傳》:"臣舉賢良對策,爲天下第一,猶桂林之一枝,崑山之片玉。"因傳月亮中有桂樹,唐以來牽合兩事,稱科舉及第爲蟾宮折桂,而科舉考試則被稱作蟾宮。

〔4〕丁注所引見《禮記·雜記下》。五兩:猶言五匹。

〔5〕結縭:指男女結婚。詳見3.1.1"王狀元集《毛詩》"條注〔27〕。丁注所引見《詩·豳風·東山》。

〔6〕室如垂磬:猶言室無長物、家徒四壁。語本《國語·魯語六》:"公曰:'室如懸磬,野無青草,何恃而不恐?'"丁注引《左傳·僖公二十六年》之異文,"縣磬"訛作"垂磬",今正之。

〔7〕丁注所引見《詩·周南·桃夭》。

〔8〕張羅:張設羅網以捕鳥獸。丁注所引見《漢書·鄭當時

傳》及白居易《放言五首》之四。傳：原脱，今補。爵羅：捕雀的網。爵，通"雀"。好：原訛作"可"，今據白詩正。

〔9〕盈門：滿門。爛：粲然，鮮明且衆多之貌。丁注所引見《詩·大雅·韓奕》。

9.10 答

9.10.1 歐陽知縣[1]

頃因遊好，向子期《思舊賦》："追想曩昔遊讌之好。"[2]知子弟之多賢；韓文《房少尹墓誌》："幼壯爲良子弟，老爲賢父兄。"[3]比辱行媒，《曲禮》："男女不有行媒，不相知名。"[4]遽姻親之見及。《南史》："王元規曰：'姻不失親，古人所重。'"[5]欽承嘉命，《文選·楊祖德〈牋〉》："損辱嘉命，蔚矣其文。"[6]不獲固辭。劉禹錫《謝平章表》："再奉嚴旨，不令固辭。"[7]令姪家訓有傳，《文選》："隆家之訓。"[8]已夙敦於惠學；某女姆儀雖闕，亦粗謹於婦功。前注[9]遠遺金玉之音，《詩·白駒》："毋金玉爾音，而有遐心。"[10]俾結絲蘿之好。古詩："與君爲新婚，菟絲附女蘿。"[11]同聲相應，《易·乾卦》："文言曰：'同聲相應。'"既諧鳴鳳之占；[12]陳義甚高，《莊子》："屠羊説居處卑賤，而陳義甚高。"預有乘龍之喜。[13]

校注：

〔1〕本條乃歐陽光祖所撰。《全宋文》未録。

〔2〕頃：往昔。丁注所引見《文選·向子期〈思舊賦〉》。追：原訛作"近"，今據《文選》正。遊讌：同"遊宴"，遊樂宴飲。

〔3〕丁注所引見韓愈《唐故興元少尹房君墓誌銘》。壯：原脱，

今據韓文補。

〔4〕比：近來。丁注所引見《禮記·曲禮上》。

〔5〕丁注所引見《南史·王元規傳》。重：原脱，今據《南史》補。

〔6〕丁注所引見《文選·楊祖德〈答臨淄侯牋〉》。損辱：對別人來信或所惠詩文的敬辭。意謂對方不惜貶抑身份。蔚：華美，有文采。

〔7〕丁注所引見劉禹錫《謝平章事表》。嚴旨：指聖旨。

〔8〕丁注所引見《文選·陸士衡〈弔魏武帝文〉》。

〔9〕前注：謂2.5.2"又"條"敦四德之教"句下注文。

〔10〕玉：原訛作"王"，今據《毛詩》正。金玉：黃金與珠玉。喻指珍貴和美好，這裏指珍視。丁注所引見《詩·小雅·白駒》。遐心：與人疏遠之心。

〔11〕丁注所引見《文選·古詩一十九首·冉冉孤生竹》。爲、女：原分別訛作"附""安"，今據《文選》正。

〔12〕同聲相應：本指樂聲相和。語本《周易·乾》："同聲相應，同氣相求。"喻指志趣相同者互相呼應。

〔13〕陳義：陳説的道理。丁注所引見《莊子·讓王篇》。乘龍：詳見18.5.14"兩女乘龍"條。

9.10.2 毛澤民[1]

久衰之裔，《論語》："甚矣！吾衰也久矣！"[2]正當擁幣箒於蓽門；《選》："家有幣箒。"《莊子·達生》："操拔篲以侍門庭，亦何聞於夫子！"[3]夙契之緣，乃得接餘波於雲漢。《左·僖二十三年》："其波及晉國者，君之餘也。"《詩》："倬彼雲漢，爲章於天。"[4]賢郎知諸生學問之事，《易·乾卦》："學以聚之，問以辨之。"[5]得公子信厚之風。《詩·麟之趾》："雖衰世之公子，皆信厚。"[6]獲爲官僚，《左·文七年》："荀林父曰：'同官爲僚。'"[7]燕及女弟。《前漢·李夫人傳》："李延年有女弟。"[8]厚以問名之禮,鏘其許嫁之緌。《曲禮》:"女子許嫁,緌。"[9]重違難辭,敬承多愧。[10]

校注:

〔1〕本條乃毛澤民所撰。毛澤民即毛滂(1060—1125),號東堂,北宋衢州江山(今屬浙江)人。其父維瞻、伯維藩、叔維甫皆爲進士。曾任郢州縣尉、饒州法曹、武康知縣,曾布薦爲刪定官,爲言者所論而罷。後任詞部員外郎、秀州知州。一生仕途失意。《全宋文》卷二八五四至二八六〇録毛滂文凡一百二十篇,此文未録。

〔2〕丁注所引見《論語·述而篇》。

〔3〕幣:通"敝",幣箒,即敝帚,破舊的掃帚。喻無用之物。蓽門:用竹荆編織的門。常指房屋簡陋破舊。丁注所引見《文選·魏文帝〈典論論文〉》及《莊子·達生篇》。幣箒:今本《文選》作"敝帚"。拔箒:掃帚。

〔4〕餘波:猶餘澤,比喻前人遺留的德澤。雲漢:本指天上的銀河,這裏指美德。丁注所引見《左傳·僖公二十三年》及《詩·大雅·棫樸》。

〔5〕學問:學習和詢問。

〔6〕信厚:誠實敦厚。語出《詩·周南·麟之趾》毛亨序:"《關雎》之化行,則天下無犯非禮,雖衰世之公子,皆信厚如麟趾之時也。"

〔7〕曰:原訛作"田",今據《左傳》正。僚:今本《左傳》作"寮"。

〔8〕燕:接近。《韓非子·難三》:"士之用不在近遠,而俳優侏儒,固人主之所與燕也。"陳奇猷集釋:"燕,謂燕處,言相近也。"女弟,妹妹。丁注所引見《漢書·外戚列傳·孝武李夫人》。

〔9〕鏘:美好貌。丁注所引見《禮記·曲禮上》。本句鄭玄注:"女子許嫁,系緌,有從人之端也。"

〔10〕重違:猶難違。《漢書·孔光傳》:"上重違大臣正議,又

內迫傅太后,猗違者連歲。"顏師古注:"重,難也。"

9.10.3　趙將領蔡宅[1]

卿莫近禁臠,夙高跨竈之風;[2]女可作門楣,《天寶遺事》云:"男不封侯女作妃,君看女却作門楣。"方切爲家之願。[3]有來玉斧,過擬金屏。[4]頓捐唧袖之嫌,敢憚刈苕之訓。庾袞孤兄女曰芳,將嫁,袞乃刈荆苕爲箕箒訓其女。[5]呼童烹鯉,既聞書素之好音;[6]得婿如龍,預溢門闌之喜色。[7]

校注:

〔1〕本條乃趙將領所撰。趙將領,其人未詳。《全宋文》未録。

〔2〕禁臠:詳見14.1.2"謝混"條。跨竈:本指良馬奔跑時後蹄印躍過前蹄印。因以喻指好馬。清高士奇《天祿識餘·跨竈》引《海客日談》:"馬前蹄之上有兩空處,名竈門。馬之良者後蹄印地之痕反在前蹄印地之前,故名跨竈。言後步趲過前步也。"

〔3〕門楣:本指門框上端的橫木,引指門庭、門第。後以"門楣"指能光大門第的女兒。《資治通鑑·唐玄宗天寶五年》:"生男勿喜女勿悲,君今看女作門楣。"胡三省注:"凡人作室,自外至者,見其門楣宏敞,則爲壯觀。言楊家因生女而宗門崇顯也。或曰:門以楣而撑拄,言生女能撑拄門户也。"丁注所引見五代王仁裕所撰《開元天寶遺事》。爲家:養家。

〔4〕玉斧:喻媒人。《群音類選·溉園記·中秋燒香》:"怎能得玉斧伐爲柯,怎能得簫鳳共鳴和。"過:前來拜訪。擬:效仿。金屏:詳見14.1.6"竇毅"條。

〔5〕捐:拋棄。唧袖:亦作"銜袖",詳見19.5.1"王適"條。丁注所引見《晉書·孝友傳·庾袞》,詳見8.6.1"毗陵公"條注〔9〕。

袞：原訛作"兖"，今據《晉書》正。

〔6〕烹鯉：詳見3.1.9"江文卿代王次仲娶建安葉尉女"條注〔6〕。書素：書信。

〔7〕如龍、門闌：詳見3.1.2"又"條注〔3〕。溢：滿，充盈。

9.10.4 陳倅答趙敏公[1]

負丞無狀，韓文《藍田縣丞廳壁記》："丞哉！丞哉！余不負丞而丞負余。"三年參預於從遊；[2]惟德有鄰，《論語》："德不孤，必有鄰。"二姓更通於姻好。[3]遽承委幣，益佩斷金。[4]某官玉牒奇才，已奮天潢之頭角；王孫公子，不鏤自彫。非鷟則鳳。分枝若木，疏派天潢。王固。[5]某女相門單緒，本朝丞相秀國陳公之孫。未閑婦職之蘋蘩。[6]竊慕參軍之賢，唐裴寬為潤州參軍，太守韋詵見而奇之，以女妻焉。趙敏公子時為户參。將遂阿承之托。[7]兔絲女蘿，欣得其附；雲棧霧縠，謹已拜嘉。[8]報聘甚微，《左·宣十年》："季文子初聘於齊，國武子來報聘。"別幅以列。[9]

校注：

〔1〕本條乃陳倅所撰。陳倅，陳升之之子，曾任通判，其他事跡未詳。趙敏公亦未詳。《全宋文》未錄。

〔2〕無狀：謂所行失禮無善狀，此為自謙之辭。參預：參加。

〔3〕丁注所引見《論語·里仁篇》。該句何晏集解："方以類聚，同志相求，故必有鄰，是以不孤。"

〔4〕斷金：詳見3.1.3"孫尚書"條注〔12〕。

〔5〕玉牒：古代帝王封禪、郊祀的玉簡文書。這裏泛指典册、史籍。天潢：皇族，帝王後裔。頭角：比喻青少年的氣概或才華。丁注所引前三句見《魏書·神元平文諸帝子孫傳》。鏤：原訛作

"僂",今據《魏書》正。後兩句見《北史·魏諸宗室傳》"論"文。《古今事文類聚》前集卷二十二《帝系部·皇子》條引此四句,謂出自魏王固表,未詳。

〔6〕單緒:謂只有一個子女。陳升之(1011—1079),原名旭,字暘叔。北宋建州建陽(今屬福建)人。仁宗景祐元年(1034)進士。歷知封州、漢陽軍,入京任監察御史等職。累官觀文殿學士、尚書左丞、樞密副使。熙寧二年(1069)拜同中書門下平章事、集賢殿大學士。因與王安石不合,稱病歸卧,人稱"筌相"。再拜鎮江軍節度使、同平章事,判揚州,封秀國公。卒贈太保、中書令,諡成肅。《宋史》卷三百十二有傳。

〔7〕參軍之賢:詳見15.1.3"裴寬"條。太守:"裴寬"條作"刺史"。户:原殘泐,今據《明皇雜録》補。阿承:孔明妻,詳見13.1.1"黄承彦"條。

〔8〕雲牋:詳見6.2.7"葉子實代高宅答"條注〔9〕。霧縠(hú):本指薄霧般的輕紗。《文選·宋玉〈神女賦〉》:"動霧縠以徐步兮,拂墀聲之珊珊。"李善注:"縠,今之輕紗,薄如霧也。"代指用絹帛寫的書信。

〔9〕報聘:原指派使臣回訪他國,這裏指陳家回贈趙家的禮物。丁注所引見《左傳·宣公十年》。"十"字後原衍"一"字,今據《左傳》删。

9.11 農工

9.11.1 吴子厚代梢子娶牙郎[1]

資身道路,馳聲兼善舞之能;《史記》:"長袖善舞,多財善賈。"[2]托跡江湖,較伎匪如神之妙。《莊子》:"操舟若神。"[3]乃翁既識貴識賤,吾兒更知淺知深。[4]久聞待價而沽,今亦相風而使。[5]令女得意楚臺,作暮雨朝雲之夢;[6]某男快跡柳岸,卧曉風殘月之天。楊柳岸,曉風殘月。柳詞。[7]女必嫁如射利者,必貴乘時;[8]男用婚若濟川者,必圖到岸。[9]願合百年歡約,總歸一葉生涯。退之詩:"清湘一葉舟。"[10]

校注:

〔1〕本條乃吳子厚所撰。吳子厚,未詳。梢子:梢公,船家。宋陳善《捫虱新話‧文人相譏》:"柳屯田云'楊柳岸曉風殘月',最是得意句,而議者鄙之曰:'此梢子野溷時節也',尤為可笑。"牙郎:即牙人,舊時居於買賣雙方之間,從中撮合,以獲取傭金的人。明陶宗儀《輟耕錄‧牙郎》:"今人謂駔儈者為牙郎。本謂之互郎,謂主互市事也。"本文用語多與締姻雙方職業相關。《全宋文》未錄。

〔2〕資身:立身。《漢書‧韓信傳》:"寄食於漂母,無資身之策。"丁注所引見《史記‧范雎蔡澤列傳》太史公"論"文。

〔3〕托跡:猶寄身。較:比較。伎:駕船的技藝。丁注所引見《莊子‧達生篇》。

〔4〕識貴識賤:謂牙郎知貨貴賤。知淺知深:謂梢子知水深淺。

〔5〕待價而沽:亦作"待賈而沽",等待好價錢出售。語本《論語‧子罕》:"子貢曰:'有美玉於斯,韞匵而藏諸?求善賈而沽諸?'子曰:'沽之哉!沽之哉!我待賈者也。'"相風而使:即見風使舵。

〔6〕楚臺、朝雲暮雨:比喻男女歡會。典出戰國楚宋玉《〈高唐賦〉序》:楚襄王與宋玉遊雲夢之台,望高唐之觀。玉謂此氣為朝雲,並對王說,過去先王曾遊高唐,怠而畫寢,夢見一婦人,自稱是巫山之女,願侍王枕席,王因幸之。巫山之女臨去時說:"妾在巫山之陽,高丘之阻,旦為朝雲,暮為行雨,朝朝暮暮,陽臺之下。"

〔7〕跡:原訛作"靖",今據柳詞正。柳岸、曉風殘月:宋柳永《雨

霖鈴·秋別》中的名句,晨風輕拂,殘月在天。後用以指代詞曲。

〔8〕射利:謀取財利。晉左思《吳都賦》:"富中之甿,貨殖之選,乘時射利,財豐巨萬。"

〔9〕濟川:猶渡河。《尚書·說命上》:"若濟巨川,用汝作舟楫。"

〔10〕總:都。一葉:本指一片葉子,這裏喻指小船。丁注所引見韓愈《湘中酬張十一功曹》)。湘:原訛作"相",今據韓詩正。

9.11.2 馬子仁[1]

共處一廛,況同生業;[2]合婚二姓,俶議姻婕。[3]信幸會之居多,宜好盟之愈篤。[4]幣帛將意,正不在於多儀;《書》:"享多儀,儀不及物。"[5]鳳凰于飛,當敬涓於吉日。[6]

校注:

〔1〕本條乃馬子仁所撰。馬子仁,未詳。《全宋文》未錄。

〔2〕生業:猶職業。

〔3〕俶(chù):開始。《詩·大雅·大田》:"俶載南畝,播厥百穀。"

〔4〕幸會:好時運。

〔5〕多儀:詳見 6.2.11"孫太沖"條注〔12〕。丁注所引見《尚書·洛誥》。享:原訛作"禮",今據《尚書》正。

〔6〕涓:選擇。

9.11.3 又[1]

居則同鄉,念農工各尚其業;[2]誓而交好,非婚姻莫見其情。曩既通名,今宜納贄。[3]況令女素閑於規矩,《孟子》:"大匠誨人,必以規矩。"[4]而小男幼服於敷菑。[5]跡若異而用相資，何幸夤緣之舍？[6]禮雖微而意彌厚，謾憑幣帛之將。[7]

校注：

〔1〕本條亦馬子仁所撰。《全宋文》未録。
〔2〕尚：重視。
〔3〕通名：通報姓名。納贄：納幣。
〔4〕規矩：禮法，法度。丁注所引見《孟子·告子上》。
〔5〕敷菑：耕種。語出《尚書·梓材》："若稽田，既勤敷菑，惟其陳修，爲厥疆畎。"曾運乾正讀："敷，布，播種也。菑，發土也。"
〔6〕相資：相互借助。
〔7〕謾：通"漫"，聊且。將：奉獻。

9.12 答

9.12.1 彭君禮[1]

斧柯執伐，援冀托於絲蘿；[2]脉絡貫通，輝幸連於桑梓。[3]似因緣之有舊，故臭味之相投。[4]聞賢孫素就師模，切磋有道；[5]而稚女粗親婦職，繩墨敢踰。[6]將諧居室之倫，預卜宜家之慶。[7]重勤委貺，敢不拜嘉。

校注：

〔1〕本條乃彭君禮所撰。彭君禮，未詳。《全宋文》未録。丁昇之未注。
〔2〕斧柯執伐：媒人爲人作媒。冀：希望。
〔3〕桑梓：鄉親父老。詳見2.5.5"又代求楊氏"條注〔3〕。
〔4〕因緣：緣分。臭（xiù）味相投：即氣味相投，指思想情趣

相同的人彼此合得來。語本漢蔡邕《玄文先生李休碑》:"凡其親昭朋徒、臭味相與,大會而葬之。"

〔5〕師模:猶師表。《三國志·魏書·邴原傳》"太祖征吴,原從行,卒"裴松之注引《邴原別傳》:"鄭君學覽古今,博文彊識,鈎深致遠,誠學者之師模也。"切磋:比喻道德學問方面互相研討勉勵。語本《詩·衛風·淇奧》:"有匪君子,如切如磋,如琢如磨。"

〔6〕親:接觸。《孟子·離婁上》:"男女授受不親,禮也。嫂溺援之以手者,權也。"繩墨:本指木工畫直綫用的工具,喻指規矩、準則。漢張衡《思玄賦》:"勑余身而順止兮,遵繩墨而不跌。"

〔7〕宜家之慶:詳見 9.5.2"王秘讀克勤 娶熊舍人女"條注〔10〕。

婚禮新編　卷之十

10.1 再娶

10.1.1　陳籤判季陸　娶劉氏[1]

雖孺子未達，車馬盈門；陳平宰社，分肉甚均，里父老善陳孺子之爲宰。平曰："使平得宰天下，亦如此肉。"家負郭窮巷，以席爲門，然門外多長者車轍。[2]荷周卿不忘，婚姻以世。《左·哀三年》："劉氏范氏，世爲婚姻。"注："劉氏，周卿士。范氏，晉大夫。"[3]顧兹幸會，莫匪夤緣。[4]小娘綽著婉儀，適有鸞鳳之怨。《毛詩草木經》曰："雄曰鳳，雌曰凰。"[5]某方求中饋，吉符鳴鳳之占。[6]昔鄭辭齊，爲慚非偶；今梁聘孟，蓋喜知賢。後漢孟光四欲得賢如梁伯鸞者，梁聞而聘之。[7]惟其莫續於斷弦，《博物志》："漢武帝時，西海國有獻膠五兩者。武帝射於甘泉宮，帝弓弦斷，西使乞以所進膠續之。西使乃以口濡膠，往斷弦兩頭，弦遂相著。曰：'可以射。'終日不斷。帝大怪，因名曰'續弦膠'。"[8]故此願諧於鼓瑟。《詩》："妻子好合，如鼓瑟琴。"[9]因親不失，《語》："因不失其親。"[10]既于我以有歸；《左·隱元年》："仲子歸于我。"[11]必敬無違，《孟子》："女子之嫁也，母命之，往送之門，戒之曰：'往之女家，必敬必戒，無違夫子。'"當與子以偕老。[12]姑修奠雁，行卜驂鸞。《文選·江文通〈別賦〉》："駕鶴上漢，驂鸞騰天。"又文簫事。[13]

校注：

〔1〕本條乃陳應行所撰。《全宋文》未録。

〔2〕達：顯貴。丁注所引見《漢書・陳平傳》。詳見15.6.1"陳平"條。

〔3〕周卿：劉氏。暗指女方。丁注所引見《左傳・哀公三年》。三：原訛作"二"，今正。

〔4〕莫匪：同"莫非"，表示反問，難道。

〔5〕婉儀：美好的儀態。羈凰：被拘禁的鳳凰，喻指失去配偶或沒有配偶的人。本自李商隱《聖女祠》："寡鵠迷蒼壑，羈凰怨翠梧。"丁注所引《毛詩草木經》，蓋即三國吳陸璣《毛詩草木鳥獸蟲魚疏》。該書卷下"鳳皇于飛"條曰："鳳，雄曰鳳，雌曰皇。其雛爲鷟鷟。"《詩・大雅・卷阿》："鳳凰於飛，翽翽其羽。"毛亨傳："鳳凰，靈鳥，仁瑞也。雄曰鳳，雌曰凰。"草木：原訛作"草蟲"，今正。

〔6〕中饋：指妻室。詳見1.2.7"禮物狀"條注〔12〕。

〔7〕非偶：詳見2.3.1"張主簿從道"條注〔5〕。梁聘孟：見14.2.2"孟光"條。

〔8〕斷弦：斷絕的弓弦。丁注所引見晉張華《博物志》卷二。往：原訛作"住"，今據《博物志》正。又，琴弦斷絕也可稱作斷弦。南朝陳徐陵《諫仁山深法師罷道書》："乃知斷弦可續，情去難留。"古以琴瑟調和喻夫婦和諧，故又謂喪妻爲斷弦。唐徐彥伯《閨怨》詩："煖手縫輕素，嚬蛾續斷弦。"

〔9〕丁注所引見《詩・小雅・常棣》。鄭玄箋："好合，志意合也。合者，如鼓瑟琴之聲相應和也。"

〔10〕因親不失：詳見2.4.1"王狀元"條注〔6〕。丁注所引見《論語・學而篇》。

〔11〕歸：女子出嫁。丁注所引見《左傳・隱公元年》。元：原訛作"文"，今正。

〔12〕偕老：見4.1.19"又代劉曾仲答翁朝賓"條注〔9〕。丁注所

引見《孟子·滕文公下》,詳見 4.1.20"又代李答連"注〔11〕。

〔13〕驂:駕馭。驂鸞,謂仙人駕馭鸞鳥雲遊。賦:原訛作"婦",今據《文選》正。丁注所謂"文簫事",詳見 20.1.16"文簫"。

10.1.2　歐陽知縣慶嗣[1]

逼桑榆之景,方歎伶俜;《寡婦賦》:"少伶俜而偏孤兮,痛切怛以切心。"[2]奉蘋藻之羞,正資賢淑。[3]偶幸一言之合,遂聯二姓之歡。[4]令女蘭菊芬芳,唐陳崇業:"蘭菊異芳,各有清芬。"[5]冰霜高潔。老杜:"氣纏霜匣滿,冰置玉壺多。"[6]早卜名儒之配,久閑中饋之儀。[7]雖《柏舟》懷自誓之心,然《桃夭》著及時之詠。[8]顧如衰朽,乃敢攀援。婦織夫耕,《東都賦》:"女脩織紝,男務耕耘。"[9]儻相安於寂寞;男婚女嫁,正有賴於扶持。

校注:

〔1〕本條乃歐陽光祖所撰,《全宋文》未錄。嗣,原訛作"似",今正。

〔2〕桑榆:日落時光照桑榆樹端,因以指日暮。《太平御覽》卷三引《淮南子》:"日西垂,景在樹端,謂之桑榆。"後又喻指晚年。《文選·曹子建〈贈白馬王彪〉》詩:"年在桑榆間,影響不能追。"此句言男方已近暮年。丁注所引見《文選·潘安仁〈寡婦賦〉》。標題原訛作"東都賦",今正。偏孤:原倒作"孤偏",今據《文選》乙正。指早年喪父或喪母。怛:傷悲。切:李善注本《文選》作"摧",五臣注本作"切"。

〔3〕蘋藻:二水草名。古人常采作祭祀之用,代指祭祀。羞:進獻美食。資:憑藉。

〔4〕一言之合:媒人的說合。

〔5〕丁注本自《舊唐書·裴敬彝傳》。原文作："譬如春蘭秋菊,俱不可廢也。"

〔6〕丁注所引見杜甫《湖中送敬十使君適廣陵》詩。匣、冰：原分別訛作"合""水",今據杜詩正。

〔7〕久闕中饋之儀：謂沒有妻室很長時間。

〔8〕柏舟：《詩·鄘風》篇名。毛亨序："柏舟,共姜自誓也。衛世子共伯蚤死,其妻守義,父母欲奪而嫁之,誓而弗許,故作是詩以絕之。"後因以謂喪夫而矢志不嫁。桃夭：《詩·周南》篇名。毛亨序："桃夭,後妃之所致也,不妒忌,則男女以正,婚姻以時,國無鰥民也。"後因以指男女即時婚嫁。

〔9〕丁注所引見《文選·班孟堅〈東都賦〉》。脩：通"修"。耕耘：原訛作"耕耕",今據《文選》正。

10.1.3　彭公變[1]

木石與居,《孟子》："木石與居,鹿豕與遊。"竊幸桑枌之密邇;[2]絲蘿附援,遽忘松柏之難攀。[3]因親蓋荷於仁言,退省自知於天幸。[4]小孫粗聞詩禮,固無白璧珍藏;[5]令女素擅功容,敢冀朱弦復續。[6]輒憑媒介,請締姻盟。龜筮協從,已奉千金之諾;[7]幣帛將意,庸修五兩之儀。[8]

校注：

〔1〕本條乃彭公變所撰。公變,未詳何人。《全宋文》亦未錄此文。

〔2〕木石：樹木和山石。丁注所引見《孟子·盡心上》,通行本作"舜之居深山之中,與木石居,與鹿豕游"。桑枌：桑梓、枌榆之省略,指鄉里。宋蘇軾《黃州再祭文與可文》："俯仰三州,眷戀桑

扮。"密邇：靠近。語本《尚書·太甲上》："予弗狎于弗順，營于桐宮，密邇先王其訓，無俾世迷。"

〔3〕附援：依附結援。

〔4〕仁言：仁人的言論，這裏指媒人之言。退省：反省。語本《論語·爲政》："子曰：'吾與回言終日，不違，如愚。退而省其私，亦足以發。'"

〔5〕白璧：詳見 18.2.1"陽雍伯"條。

〔6〕功容：婦功婦容。朱弦復續：詳見 10.1.1"陳簽判季陸娶劉氏"條注〔8〕。

〔7〕龜筮協從：語本《尚書·大禹謨》："鬼神其依，龜筮協從。"孔穎達疏："鬼神其依我矣，龜筮復合從矣。"協從即和合，順從。千金之諾：詳見 2.5.10"彭公變再醮"條注〔9〕。

〔8〕將意：表達心意。五兩之儀：詳見 3.1.5"程子山"條注〔11〕。

10.1.4　連文舉[1]

　　有時爲養，《萬章下》："取妻非爲養也，有時乎爲養。"[2] 自難堅曾子之言；《家語》："曾子出妻，終身不取。其子元請焉。曾子曰：'高宗以後妻殺孝已，尹吉甫以後妻放伯奇，吾上不及高宗，中不及吉甫，庸知其免於非乎？'"[3] 無子可從，《記·郊特牲》："婦人，從人者也。幼從父兄，嫁從夫，夫死從子。"何必守共姜之誓。[4] 某人樂昌鏡缺，將卜重圓；陳太子舍人徐德言尚叔寶妹樂昌公主。陳政衰，謂其妻曰："國破，必入權家。儻情緣未斷，尚冀相見。"乃破鏡，人分其半，約他日正月望日賣於都市。及陳亡，其妻果爲楊越公得之。德言復見人鬻破鏡，乃爲詩曰："鏡與人俱去，鏡歸人不歸。無復姮娥影，空留明月輝。"樂昌得詩，悲泣不已。越公知之，愴然，召德言至，還其妻，因與德言樂昌餞別，令樂昌爲詩，曰："今日甚遷次，新官對舊官。笑啼俱不敢，方信作人難。"[5] 某姪莊叟盆歌，寧忘再醮。莊子妻死，惠子弔之，莊子箕踞鼓盆而歌。[6] 既往不咎，《語·八佾》。[7] 付南柯一夢之長；淳于棼家廣陵，宅南有古槐，棼豪飲其下，因醉。二友扶歸，臥東廡。夢二紫衣使者曰："槐安國王奉邀。"隨二使上車，入一穴中，大城朱門題曰"大槐安國"。有一騎傳呼曰："駙郎遠降。"引棼升殿上見。王曰："前奉賢尊命，令女瑤芳奉事君子。"有仙姬數十奏樂，執燭引導至一門，號"修儀宮"。一女子號"金枝公主"，儼若神仙。交驩成親，情好日洽。王曰："吾南柯郡政事不理，屈卿爲守。"勑有司餞公主行。王戒公主曰："淳于郎性剛好酒。爲婦之道，貴在柔順。爾善事之。"棼到郡，省風俗，察疾苦，郡中大理，凡二十載。生五男二女。公主遇疾，薨。棼請護喪歸。國王與大夫素服哭於郊，葬主於盤龍岡。王曰："卿可暫歸，一見親族。諸孫留此，勿以爲念。"復令二使送出。生遂寤，見家僮擁篲於庭，二客濯足於榻，斜日未隱西垣，餘樽尚湛東牖。出《異聞集》。[8] 其新孔嘉，《詩·東山》。[9] 符大椿八千之壽。《莊子·逍遙遊》："上古有大椿，以八千歲爲春，以八千歲爲秋。"[10]

校注：

〔1〕本條乃連文舉所撰。文舉，未詳何人。《全宋文》亦未錄此文。

〔2〕丁注所引見《孟子·萬章下》。爲養：爲了孝養父母。

〔3〕丁注所引見《孔子家語·七十二弟子解》。曾子後母遇之無恩，而曾子供養至孝，甚至因其妻藜烝不熟而休妻。孝已、伯奇，均爲前妻之子。

〔4〕丁注所引見《禮記·郊特牲》。特：原訛作"持"，今正。共姜之誓：詳見 10.1.2"歐陽知縣慶嗣"條注〔8〕。

〔5〕鏡缺、重圓：即破鏡重圓，典出唐孟棨《本事詩·情感篇》，《古今詩話》《詩話總龜》《古今事文類聚續集》等均錄之。姮娥：即嫦娥。遷次：窘迫，尷尬。俱，原作"都"，今據《本事詩》正。

〔6〕莊叟：莊子。盆：瓦罐。丁注所引見《莊子·至樂篇》。再醮：男子再娶或女子再嫁。

〔7〕咎：責難追究。丁注所引見《論語·八佾》。

〔8〕南柯一夢：唐李公佐作《南柯太守傳》，叙述淳於棼夢至槐

安國，娶公主，封南柯太守，榮華富貴，顯赫一時。後率師出征戰敗，公主亦死，遭國王疑忌，被遣歸。醒後，在庭前槐樹下掘得蟻穴，即夢中之槐安國。南柯郡爲槐樹南枝下另一蟻穴。丁注謂出自《異聞集》，乃唐末陳翰所編傳奇小説集。

〔9〕孔嘉：非常美好。丁注所引見《詩·豳風·東山》。

〔10〕丁注所引見《莊子·逍遥遊》。

10.1.5 王狀元龜齡[1]

失群自樂，既同孤舞之鸞；《異苑》："罽賓王獲一鸞，不鳴。夫人曰：'鸞見類則鳴。'乃柬鏡以照之。鸞睹影乃悲鳴而舞。"[2]擇木而棲，更類南飛之鵲。《文選·古樂府》："月明星稀，烏鵲南飛。繞樹三匝，何枝可依？"[3]矧兹再醮，尤賴得人。伯鸞所以三十年而未婚，梁鴻。[4]鍾離亦以七六嫁而不售。《列女傳》："鍾離春，齊無鹽邑之女，自詣宣王，曰：'齊之不售女也。'"[5]小娘不諱恤緯，《左·昭二十四年》："抑人有言曰：'嫠不恤緯，而憂宗周之隕。'"[6]聞偃蹇之頗多；孟光曰："妾亦偃蹇數夫矣。"[7]某姪噓嗒仰天，《莊子·齊物篇》："南郭子綦隱几，仰天而噓，嗒焉如喪其耦。"[8]幸相逢之未晚。主父偃等上書言世務，天子召見，曰："公等皆安在？何相見之晚也！"[9]贈之以芍藥，《詩·溱洧》。[10]聊伸結髮之誠；蘇子卿《詩》："結髮爲夫婦，恩愛兩不疑。"[11]投我以木瓜，永結同心之好。

校注：

〔1〕本條乃王十朋所撰。《全宋文》卷四六二七《再娶》條據《婚禮新編》錄之。

〔2〕失群：離群，這裏指鰥居。丁注所引見南朝宋劉敬叔所撰《異苑》文。詳見10.1.1"陳簽判季陸 娶劉氏"條注〔5〕。罽賓：漢魏

時西域國名。

〔3〕擇木：語出《左傳·哀公十一年》："（孔子）命駕而行，曰：'鳥則擇木，木豈能擇鳥？'"丁注所引見《文選·魏武帝〈短歌行〉》。何：原作"無"，今據《文選》正。《全宋文》"擇木"涉下句訛作"擇類"。

〔4〕伯鸞：詳見14.2.2"孟光"條。

〔5〕鍾離：詳見13.1.5"無鹽"條。鍾離春行年四十而未嫁，故曰"七六"。"六"字《全宋文》空缺。

〔6〕不遑：沒有閑暇。丁注所引見《左傳·昭公二十四年》。四：原脫，今補。該句意謂寡婦不憂其織事，而憂國家之危亡，後因以"恤緯"指憂慮國事。隕：原訛作"隱"，今據《左傳》正。

〔7〕偃蹇：本指驕傲，傲慢，這裏指謝絕。詳見14.2.2"孟光"條。

〔8〕丁注所引見《莊子·齊物論》。隱（yìn）几：靠着几案。而：原脫，今據《莊子》補。噓：吐氣。嗒（tà）焉：身心俱遣、物我兩忘貌。耦：軀體，原作"偶"，亦據《莊子》補。嗒焉如喪其耦，陳鼓應《莊子今注今譯》謂"進入了超越對待關係的忘我境界"。本文中以"耦"爲配偶，噓嗒仰天，代指喪偶。

〔9〕丁注所引見《史記·平津侯主父列傳》。後有成語"相見恨晚"，形容一見如故，意氣極其相投。

〔10〕本句乃《詩·鄭風·溱洧》。原文作"維士與女，伊其相謔，贈之以勺藥"。勺藥即"芍藥"。後借表男女愛慕之情。

〔11〕結髮：成婚。依古禮，成婚之夕，男左女右共髻束髮，故稱。丁注所引見《文選·蘇子卿〈詩四首〉》之三。"誠"字《全宋文》空缺。伸誠：表達誠意。

10.1.6　陳縣尉_{朝瑞　代章守爲外甥陳仲卿再娶丁氏}[1]

蘭佩如銷，折瓊枝而可繼；《離騷》："折瓊枝以繼佩。"[2]月宮已缺,藉玉斧以重脩。王荊公《扇》詩:"玉斧脩成寶月團。"詳見前注。[3]道或窮而必睽,《易·序卦》:"家道窮而必乖,故受之以睽。睽者,乖也。"[4]物相遇而亦萃。《易·序卦》:"物相遇而後聚,故受之以萃。萃者,聚也。"[5]令女夙遵徼戒,恪守幽閒。[6]雖已承雲覆之光,《文選·寡婦賦》:"承慶雲之光覆兮,荷君子之惠渥。"[7]奈忽起芝焚之歎。《文選·歎逝賦》:"嗟芝焚而蕙歎。"注:"同類相感也。"[8]而某甥某實吾家之宅相,乃秀國之孫枝。陳秀公之孫。[9]亦伉儷之偶乖,致蘋蘩之失助。[10]既情同而事類,宜好結以盟脩。[11]儻見謂外孫之可依,則願以諸孤而為托。[12]當撫存而為念,體慈愛以惟均。[13]雖賢德有不待言,然私憂豈無太過。[14]儻從此請,誠二家莫大之休;[15]以延其光,續百世不窮之好。[16]

校注:

[1]本條乃陳總龜所撰。總龜字朝瑞,南宋建州建陽考亭(今屬福建)人。朱熹門人。光宗紹熙四年(1193)進士,授永豐尉,未赴而卒。著有《論語解》《大學儒行編》。《全宋文》未錄陳總龜文。章守,未詳。陳仲卿,陳秀公陳升之之孫,亦朱熹考亭滄洲精舍(1192—1200)門人。

[2]蘭佩:以蘭草做的佩飾,表示志趣高潔。語出《楚辭·離騷》:"扈江離與辟芷兮,紉秋蘭以為佩。"銷:凋殘。瓊枝:傳說中的玉樹。丁注所引見《楚辭·離騷》。以:原訛作"兮",今據《離騷》正。

[3]前注:謂3.1.14"葉仲洽"條"雖生長之殊"句下注文。

[4]睽(kuí):《周易》卦名,兌下離上,乖離,違背。丁注所引見《周易·序卦》。家道窮:謂家庭倫常之道衰敗。

[5]萃:《周易》卦名,坤下兌上。聚集。丁注所引見《周易·

序卦》。

〔6〕儆戒：即警戒，戒備。《尚書·大禹謨》："儆戒無虞，罔失法度，罔遊於逸，罔淫於樂。"

〔7〕丁注所引見《文選·魏武帝〈寡婦賦〉》。慶雲：本指五色雲，古人以爲喜慶、吉祥之氣。《列子·湯問篇》："慶雲浮，甘露降。"後用來喻指君長。《文選》本句李善注："慶雲，喻父母也。"渥：恩澤。

〔8〕芝焚：謂賢德者亡逝。丁注所引見《文選·陸士衡〈歎逝賦〉》及李周翰注。

〔9〕宅相：詳見 17.2.5 "魏舒"條。孫枝：詳見 4.1.17 "又代族人答翁宅"條注〔8〕。陳秀公：即陳升之。詳見 6.1.8 "江文卿代族人娶陳丞相女"條注〔1〕。章守的外甥是陳升之的孫子。

〔10〕乖：離別。蘋蘩：祭祀。

〔11〕情同而事類：二人均喪偶。

〔12〕見謂：被説成。漢賈誼《新書·修政語上》："故言之者見謂智，學之者見謂賢。"諸孤：詳見 1.2.7 "禮物狀"條注〔3〕。

〔13〕撫存：撫慰死者的親屬。南朝宋顏延之《宋文皇帝元皇后哀策文》："撫存悼亡，感今懷昔，嗚呼哀哉！"均：原訛作"均"，今據文意正。

〔14〕有不待言：或當作"自不待言"，不必用言語解釋。私憂：私自擔憂。《戰國策·東周策》："今大王縱有其人，何塗之從而出？臣竊爲大王私憂之。"

〔15〕休：喜慶。《詩·小雅·菁菁者莪》："既見君子，我心則休。"

〔16〕延光：謂承襲前人的榮譽。南朝梁江淹《始安王拜征虜將軍丹陽尹章》："藉以毓采上霄，搏華中漢，飲惠延光，佩爵假息。"

10.2 答

10.2.1 孫尚書仲益[1]

婚姻之合有初,方軫楚弓之念;《家語·好生篇》:"楚恭王出遊,亡烏嗥之弓,左右請求之。王曰:'止。楚王失弓,楚人得之,又何求之!'孔子聞之,惜乎其不大也。不曰'人遺弓,人得之'而已,何必楚也?"[2] 宿昔之姻未改,舉欣趙璧之歸。《史記·藺相如傳》:"趙惠文王得楚和氏璧,秦昭王聞之,使人遺趙書,願以十五城易之。宦者令繆賢薦藺相如奉璧入秦。相如視秦王無意償趙城,乃詐曰:'璧有瑕,請指視王。'王授璧,相如持璧却立,倚柱,怒髮衝冠,謂秦王曰:'大王欲得璧,發書至趙,趙王欲不予。臣以爲不可以一璧之故逆强秦之歡,於是趙王使臣奉璧於庭。今大王見臣,禮節甚倨。臣觀大王無意償趙城邑,故臣復取璧。大王必欲急臣,臣頭與璧俱碎於柱!'秦王恐其破璧,乃辭謝固請。相如度秦王決負約不償城,乃使其從者衣褐懷璧,從逕道歸璧於趙。"[3] 族黨交驩,里閭贊喜。[4] 某官勳列名臣之世,文章後學之宗。[5] 眷此春秋鼎盛之時,《賈誼傳》:"春秋鼎盛。"注:"鼎,方也。"獨見松柏後凋之操。《語》:"歲寒,知松柏之後凋也。"[6] 某女復嗣奉匜之薦,《左·僖二十三年》:"重耳歸晉,至秦,秦伯納女五人,懷嬴與焉。奉匜沃盥。"《昭五年》:"求婚薦女。"[7] 庶幾舉按之恭。[8] 薪楚之束綢繆,《詩》:"綢繆束薪,三星在天。今夕何夕,見此良人。綢繆束楚,三星在户。"[9] 不替青氈之舊;晉王獻之夜卧齋中,有偷人入室盜物,都盡。王徐曰:"青氈我家舊物,可特置之。"群盜驚走。[10] 琴瑟之鳴和應,宜同白首之歸。潘安仁《金谷集作》:"投分寄石友,白首同所歸。"[11]

校注:

〔1〕本條乃孫覿所撰。《鴻慶居士集》卷二十八《四六雜文·

代余氏答婚》、《文粹》卷八十六《婚書·余氏答婚書》、《全宋文》卷三四三九《代余氏答昏書》均錄之。女方爲縣丞弟弟的次女余氏。

〔2〕軫：悲痛。軫念，悲痛地思念。語出《梁書·沈約傳》："思幽人而軫念，望東皋而長想。"楚弓：典出《孔子家語·好生篇》，後比喻失而復得之物，表示對得失的達觀態度。烏嘷：良弓名。聞之：原作"聞曰"，今據《孔子家語》正。

〔3〕宿昔：往日。姻：《鴻慶居士集》《文粹》均作"因"，《全宋文》據《婚禮新編》改爲"姻"，其實不必。"昏""因"古可通"婚""姻"。舉：通"俱"，全都。趙璧：即和氏璧。春秋時，楚人卞和自山中所得寶玉。戰國時，爲趙惠文王所得，故稱。丁注所引見《史記·廉頗藺相如列傳》。

〔4〕交驩：亦作交歡，一齊歡樂。《孔子家語·好生篇》："君子之狎，足以交歡；其莊，足以成禮。"贊喜：增加喜悅氣氛，助興。語本《周禮·秋官·大行人》："歸脤以交諸侯之福，賀慶以贊諸侯之喜。"

〔5〕某官：此二字前《鴻慶居士集》《文粹》均有"伏承"二字。勳：勳官。

〔6〕春秋鼎盛：正當壯年。丁注所引見《漢書·賈誼傳》及應劭注文。松柏：三書均作"歲寒"。丁注所引見《論語·子罕篇》。後凋：此處喻指守正不苟而有晚節。

〔7〕某：《鴻慶居士集》《文粹》均有"縣丞弟次"四字。嗣：繼續。奉匜：即捧匜。匜（yí）：古代盥洗時用以盛水之器，形似瓢而無蓋。薦：進獻。丁注所引見《左傳·僖公二十三年》及《昭公五年》。嬴、五：原分別訛作"盈""六"，今並據《左傳》正。

〔8〕舉按：《鴻慶居士集》作"案舉"，《文粹》《全宋文》作"舉案"，義同，均指舉起托盤以進奉食品。詳見 14.2.2"孟光"條。

〔9〕綢繆：緊密纏縛貌。丁注所引見《詩·唐風·綢繆》。

〔10〕青氈：青色毛毯。典出《晉書·王獻之傳》，《太平御覽》

卷七百八引晉裴啓《語林》亦録之。後遂以"青氈"泛指仕宦人家的傳世之物。

〔11〕琴瑟之鳴：《詩·周南·關雎》："窈窕淑女，琴瑟友之。"同白首之歸：謂夫婦白頭偕老。丁注所引見《晉書·潘岳傳》。投分：意氣相投。石友：情誼堅如金石的朋友。

10.2.2 又族妹再適張丞[1]

鄭通德之門在望，前注。竊懷附驥之榮；[2]傅孝廉之室久虚，晉傅玄郡上計吏舉孝廉，不就。杜有道女有淑德，玄求爲繼室。[3]輒備續貂之乏。晉趙王倫篡位，奴卒厮役加以爵位。每朝會，貂蟬盈坐。時人曰："貂不足，狗尾續。"[4]某官漢金張之華胄，《漢書》曰："功臣之世，唯張氏、金氏，親近貴寵，比於外戚。"《説文》："胄，胤也。"[5]唐燕許之故家。唐蘇瓌爲僕射，封許國公。子頲弱冠敏悟，一覽輒誦，襲封許國公；張説以賢良對第一爲中書令，封燕國公，並以文章顯時，號"許燕大手筆"。[6]某宦冷枕流，晉孫楚謂王濟曰："當欲枕石漱流。"誤云"漱石枕流"。濟曰："流非可枕，石非可漱。"楚曰："所以枕流，欲洗其耳；所以漱石，欲厲其齒。"[7]門寒映雪。《孫氏世録》曰："康家貧無油，常映雪讀書。"[8]烏夜啼而三繞，前注。[9]眷梁木之何依。《檀弓上》："孔子歌曰：'泰山其頹乎！梁木其壞乎！哲人其萎乎！'子貢聞之，曰：'泰山其頹，則吾將安仰？梁木其壞，哲人其萎，則吾將安放？'"[10]雉朝雊以雙飛，《詩·小弁》："雉之朝雊，尚求其雌。"韓文："齊宣王時，牧犢子七十無妻，見野雉雌雄相隨，感之，作《雉朝飛操》，云：'嗟我醜人，曾不如彼雉雞。生身七十年，無一妾與妃。'"[11]屬商弦之屢叩。《文選·燕歌行》："賤妾煢煢守空房，憂來思君不敢忘。不覺淚下霑衣裳，援琴鳴弦發清商。"[12]聘婦有如孟德曜，其亦可哉；[13]擇對而得溫太真，豈吾望者！[14]雖重奪泛舟之守，《柏舟》。詎敢忘舉案之恭。[15]

校注：

〔1〕本條乃孫覿所撰。《鴻慶居士集》卷二十八《四六雜文·族妹再適爲張丞繼室答婚》、《文粹》卷八十六《婚書·族妹再適爲張承繼繼室答婚書》、《全宋文》卷三四三九《族妹再適爲張丞繼室答昏書》均録之。《文粹》男方作"張承繼"，誤。

〔2〕鄭通德之門：詳見 8.2.1"孫尚書"條注〔2〕。附驥：詳見 2.5.2"又"條注〔12〕。

〔3〕傅孝廉：即傅玄。丁注所引見《晉書·傅玄傳》及《晉書·列女傳·杜有道妻嚴氏》。

〔4〕續貂：晉趙王司馬倫專朝政，封爵極濫，冠飾所用貂尾不足，至以狗尾代充。詳見《晉書·趙王倫傳》。這裏是自謙之詞，比喻前後不相稱。貂蟬：貂尾和附蟬，古代爲侍中、常侍等貴近之臣的冠飾。《後漢書·輿服志下》："侍中、中常侍加黄金璫，附蟬爲文，貂尾爲飾，謂之'趙惠文冠'。"劉昭注："應劭《漢官》曰：'説者以金取堅剛，百鍊不耗。蟬居高飲絜，口在掖下，貂内勁捍而外溫潤。'此因物生義也。"

〔5〕某官：《鴻慶居士集》《文粹》均作"伏承縣丞宣教"。宣教，宋代迪功郎的別稱，是縣丞和長史一類官員的副職。張：原譌作"章"，今據《漢書》正。華胄：指顯貴者的後代。丁注所引見《漢書·張湯傳》及《説文·肉部》。世、胤：原分別作"家""裔"，今據《漢書》及《説文》正。訓"裔也"者乃《玉篇·肉部》文。

〔6〕燕許：唐玄宗時名臣燕國公張説、許國公蘇頲的並稱。丁注所引見《新唐書·蘇頲傳》。筆：原脱，今據《新唐書》補。此兩句謂男方姓張。

〔7〕某：《鴻慶居士集》《文粹》均作"以某云云"。宦：原作"官"，今據文意正。宦冷：未能做官。枕流：頭枕流水，喻指隱居生活。丁注所引見《晉書·孫楚傳》文。

〔8〕映雪：晉孫康因家貧而利用雪的反光讀書。事見《初學

記》卷二引《宋齊語》。後用爲勤學苦讀之典。丁注謂出自《孫氏世録》,該書已佚,清馬國翰《玉函山房輯佚書》輯有一卷。

〔9〕前注:謂10.1.5"王狀元龜齡"條"擇木而棲,更類南飛之鵲"句下注文。

〔10〕何依:《全宋文》作"可依",誤。梁木:棟梁,喻指能負重任、能依靠的人。丁注所引見《禮記·檀弓上》。萎:病重。放(fǎng):仿效。

〔11〕雊(gòu):雉鳴叫。雙飛:成對飛翔,喻指夫妻情篤。丁注所引見《詩·小雅·小弁》及韓愈《雉朝飛操牧犢子七十無妻見雉雙飛感之而作》。牧犢子:戰國時期著名齊國琴家。原作"犢牧子",今據韓詩乙正。

〔12〕商:原訛作"啇",今據文意正。商弦:彈奏商調的絲弦,即七弦琴的第二弦,其音調淒清悲涼,故稱商弦。《初學記》卷十六引《三禮圖》曰:"琴第一弦爲宫,次弦爲商,次爲角,次爲羽,次爲徵,次爲少宫,次爲少商。"叩:《鴻慶居士集》誤作"斷"。

〔13〕聘:《鴻慶居士集》作"娶"。孟德曜:即孟光,詳見14.2.2"孟光"條。

〔14〕吾:《鴻慶居士集》《文粹》均作"所"。溫太真:即溫嶠,詳見13.1.2"溫太真"條。

〔15〕泛舟之守:謂喪夫或夫死矢志不嫁的操守,詳見10.1.2"歐陽知縣慶嗣"條注〔8〕。詎(jù)敢:豈敢,怎敢。舉按之恭:詳見14.2.2"孟光"條。按,三本均作"案"。

10.2.3　陳簽判李陞[1]

貧女無堪,素甘藜藿;曹子建《七啓》:"予甘藜藿,未暇此食。"[2]賢德彌劭,揚子曰:"年彌高,德彌劭。"豈謂桑榆。[3]願繼夫人起家,《鵲巢》,夫人之德也。國君積行累功以致爵位,夫人起家而居有之。期與君子偕老。[4]文欽作者,禮倍燦然。[5]天下達尊者三,非齒德莫與其列;《孟子·公孫丑下》:"天下有達尊三:爵一,齒一,德一。"[6]皇極用福有五,唯富壽實爲之先。《洪範》:"嚮用五福:一曰壽,二曰富。"[7]衆美既兼,一身有賴。

校注:

〔1〕本條乃陳應行所撰。《全宋文》未録。

〔2〕無堪:猶言無可人意處,無可取處。常用爲謙詞。藜藿:藜(灰藋菜)和藿(豆葉),亦泛指粗劣的飯菜。《韓非子·五蠹》:"糲粢之食,藜藿之羹。"丁注所引見曹子建《七啓》之二。予、藜、暇:原分別訛作"子""黎""下",今並據曹文正。

〔3〕劭:美好,原作"邵",今據《法言》正。丁注所引見揚雄《法言·孝至》。桑榆:詳見4.1.26"藍知軍永年先議不成與人後再合"條注〔10〕。本句謂男方年事已高。

〔4〕起家:嫁於諸侯。丁注所引見《詩·召南·鵲巢》傳。偕老:《詩·邶風·擊鼓》:"執子之手,與子偕老。"

〔5〕欽:欽羨,仰慕。

〔6〕達尊:謂衆所共尊。達尊者三,包括高官、高齡、高德。非齒德莫與其列:謂男方位居高官。丁注所引"德"後原脱"一"字,今據《孟子》補。

〔7〕皇極:大中至正之道。丁注所引見《尚書·洪範》。原作"五福:一曰壽,二曰富,三曰康寧,四曰攸好德,五曰考終命。"又,漢桓譚《新論》:"五福:壽、富、貴、安樂、子孫衆多。"

10.2.4 彭應期[1]

契分相投,《唐摭言》:"李贄《與李敏詩》:'因緣三紀異,契分四般同。"〔2〕豈愧身生之晚;崔氏詩:"自恨妾身生較晚,不見盧郞年少時。"〔3〕夤緣默定,用諧好合之歡。〔4〕願方慶於有家,大敢懷於非偶。〔5〕某人聲猷允著,槐夢方靈;〔6〕某女儀訓久閑,膠弦宜續。〔7〕種玉既知其有日,積薪孰謂其無從?前漢汲黯曰:"陛下用群臣如積薪耳,後來者居上。"〔8〕桃李更春,又是一番之新慶;政和中,一中貴使回,得詞於古碑,無名無譜,錄以進。御命大晟府填腔,用詞中語,賜名《魚游春水》。其略曰:"鶯囀上林,魚游春水。幾曲欄干倚遍,又是一番新桃李。"《文選·江文通〈別賦〉》:"攀桃李兮不忍別。"注:"桃李,喻夫妻也。"〔9〕鳳凰叶卜,可觀百世之于飛。〔10〕

校注:

〔1〕本條乃彭止所撰。《全宋文》卷六二一二《答再娶求婚書一》條據《婚禮新編》收錄。

〔2〕契分:猶緣分。丁注所引見王定保《唐摭言·師友》。贄:原訛作"摯",今據《唐摭言》正。四般:李贄與李敏同姓,同年登第,又同甲子(及第時俱二十五歲),又同門,因謂"四般"。

〔3〕丁注所引見宋阮閱《詩話總龜》卷三十九《詼諧門下》所引錢易《南部新書》。今本《南部新書》卷四首句作"自恨爲妻生較晚"。

〔4〕用:因此。

〔5〕有家:謂女子出嫁。語本《孟子·滕文公下》:"丈夫生而願爲之有室,女子生而願爲之有家,父母之心,人皆有之。"非偶:不相稱的配偶。語本《左傳·桓公六年》:"人各有耦,齊大,非吾耦也。"

〔6〕聲猷允著:聲譽和業績昭著。槐夢方靈:謂男方已官太守(刺史)。槐夢:詳見10.1.4"連文舉"條注〔8〕。

〔7〕儀訓:儀禮、訓誡。《後漢書·列女傳·周郁妻》:"少習儀訓,閑於婦道。"膠弦:詳見10.1.1"陳簽判季陵娶劉氏"條注〔8〕。

〔8〕種玉:喻指締結良姻。詳見18.2.1"陽雍伯"條。積薪:

喻指後來者居上。丁注所引見《漢書・汲黯傳》。無從：找不到門徑或頭緒。

〔9〕桃李：喻指夫妻。丁注所引前見宋吳曾《能改齋漫錄》卷十六《樂府上》"賜名魚遊春水"條文及《文選・江文通〈別賦〉》。《魚遊春水》是一首描寫少婦春日懷念遠人的閨怨詞。中貴：朝中高官。大晟府：北宋時掌管音樂的官署，徽宗崇寧中創立。後見《文選・江文通〈別賦〉》及呂延濟注。

〔10〕鳳凰叶卜：詳見2.6.2"危縣丞"條注〔14〕。

10.2.5 又[1]

聲跡相聞，喜桑陰之伊邇；《唐》贊："桑陰不徙而大功立。"[2]夤緣默契，偶蘭臭之欣同；[3]溝流紅葉，本自無心；[4]琴斷朱弦，固宜有托。[5]某人過有陽城之俊，唐陽城年長不娶。受室未諧；[6]某女固無卓氏之才，宜家有待。[7]曩荷冰人之語，獲攀玉婿之賢。女婿玉潤。[8]以其妻之，永爲好也。雙魚尺素，既承將意之勤；五兩十端，敢後拜嘉之至。[9]

校注：

〔1〕本條乃彭止所撰。《全宋文》卷六二一二《答再娶求婚書二》條據《婚禮新編》收錄。

〔2〕伊邇：近，不遠。《詩・邶風・谷風》："不遠伊邇，薄送我畿。"本句謂兩家相隔不遠。丁注所引見《新唐書・屈突尉遲張秦唐段傳》贊。

〔3〕蘭臭之欣同：即情投意合，語本《周易・繫辭上》："同心之言，其臭如蘭。"

〔4〕溝流紅葉：詳見12.1.9"流紅記"條。

〔5〕琴斷朱弦：詳見10.1.1"陳簽判季陸 娶劉氏"條注〔8〕。

〔6〕丁注所引見《新唐書·陽城傳》。陽城好學，無所不通。及進士第後隱中條山中。年長而不肯娶，謂弟曰："吾與若孤煢相育，既娶則間外姓，雖共處而益疏，我不忍。"其弟亦不娶。受室：娶妻。《左傳·桓公六年》："今以君命奔齊之急，而受室以歸，是以師昏也。"

〔7〕卓氏：即西漢才女卓文君。文君好音律，新寡家居，司馬相如以琴心挑之，遂私奔，與夫置酒舍賣酒。詳見《史記·司馬相如列傳》。宜家：家庭和睦。語本《詩·周南·桃夭》："之子於歸，宜其室家。"

〔8〕冰人：媒人，詳見12.2.18"夢立冰上"條。丁注所引見《晉書·衛玠傳》。女：字原訛作"玉"，今據《晉書》正。

〔9〕五兩十端：這裏代指純帛。《周禮·地官·媒氏》："凡嫁子娶妻，入幣純帛，無過五兩。"鄭玄注："五兩，十端也。"

10.2.6 黃元壽代楊道和答劉文伯[1]

塊處水東，《文選》："塊然獨處。"楊道和居建陽縣，地名水東。[2]陋矣一區之宅；《揚雄傳》："有田一廛，有宅一區。"[3]仙居沙市，劉文伯居建陽縣麻沙鎮。[4]富哉鴻寶之書。《前漢·劉向傳》："淮南有《枕中鴻寶苑秘書》，劉更生父德治淮南獄得其書，更生幼而讀誦，以爲奇，獻之。"此言劉文伯宅開書坊也。[5]幸聯瓜葛之親，喜遂絲蘿之托。某人士林杞梓，《後漢》："儒士成林。"《晉·二陸》贊："陸機陸雲，寔荊衡之杞梓。"[6]儒席璠璵。《禮記·儒行》："儒者有席上之珍。"揚子《寡見》："或問：'良玉不雕。'曰：'玉不雕，璠璵不成器。'"[7]三箭曾定於天山，唐薛仁貴三箭定天山。言劉文伯發三箭。快捷音之屢奏；[8]百兩有光於韓土，《詩》："韓侯取妻……百兩彭彭……不顯其光……孔樂韓土。"以中匱之久虛。[9]某妹少失姆儀，粗閑婦職。[10]謂不能安其室，《詩·凱風》："雖有七子之母，猶不能安其室。"夫豈然哉；[11]而思歸唁其兄，《載馳》：許穆夫人作也，云云。思歸唁其兄，又義不得。或不因爾。[12]遠勞將聘，姑效主盟。[13]義雖愧於三從，禮當成於再醮。[14]

校注：

〔1〕本條乃黃元壽所撰。元壽乃溫州（今屬浙江）人，布衣。曾上書論官市柑子擾民，詔爲之禁。本條《全宋文》卷四三四九《答婚書（代楊道和答劉文伯）》條據《婚禮新編》錄之。楊道和，未詳。劉文伯，南宋建陽（今屬福建）人。從朱松（朱熹父）遊學，見《閩中理學淵源考》卷十五。劉文伯娶楊道和之妹。

〔2〕水東：今屬福建南平。丁注所引見《文選·曹子建〈求通親親表〉》。塊然：孤獨貌。《荀子·君道》："塊然獨坐而天下從之如一體。"

〔3〕區：座，多用來指小屋。《漢書·胡建傳》："穿北軍壘垣以爲賈區。"顏師古注："區者，小室之名，若今小庵屋之類耳。"丁注所引見《漢書·揚雄傳》。

〔4〕仙：對別人住處多美稱。沙市：即麻沙鎮，今屬福建建陽。

〔5〕鴻寶：本爲道教修仙煉丹之書，後泛指珍貴的書籍。丁注所引見《漢書·劉向傳》。劉更生即劉向。

〔6〕杞梓：杞和梓都是良材，這裏喻指優秀人材。丁注所引見《後漢書·張衡傳》及《晉書·陸機陸雲傳》論文。

〔7〕儒席：儒者席上。猶今言知識界。璠璵：美玉名，這裏喻指美德賢才。丁注所引見《禮記·儒行》及揚雄《法言·寡見篇》。

〔8〕三箭定天山：《舊唐書·薛仁貴傳》："尋又領兵擊九姓突厥于天山……時九姓有衆十餘萬，令驍健數十人逆來挑戰，仁貴發

三矢,射殺三人,自餘一時下馬請降……軍中歌曰:'將軍三箭定天山,戰士長歌入漢關。'"發三舉,參加了三次科舉考試。

〔9〕百兩:即百輛。光:榮光。丁注所引見《詩・大雅・韓奕》。彭彭:盛多貌。不(pī)顯:非常顯耀。中匱:同"中饋",指妻室。晉無名氏《徐君夫人菅氏碑》:"整脩中匱,僕御肅然。"

〔10〕姆儀:同"母儀",指作母親的儀範道德。

〔11〕丁注所引見《詩・邶風・凱風》序。

〔12〕唁:對遭遇非常變故者進行慰問。弔死曰弔,弔生曰唁。丁注所引見《詩・鄘風・載馳》序。

〔13〕遠勞:對人遠途來訪的客氣話。姑:《全宋文》闕,當補。主盟:指主持婚事。

〔14〕雖:《全宋文》涉下文訛作"當",當正。三從:舊禮教對婦女的三種規定。《儀禮・喪服》:"婦人有三從之義,無專用之道,故未嫁從父,既嫁從夫,夫死從子。"夫死當守寡,不當改嫁。《孔子家語・本命篇》:"(女子)夫死從子,言無再醮之端。"王肅注:"始嫁言醮禮,無再醮之端,言不改事人也。"

10.2.7 吳叔才代胡氏答[1]

弱息伶俜,《文選・潘岳〈寡婦賦〉》:"少伶俜而偏孤兮。"[2]方歎玉簪之折;白氏《井底引銀瓶》歌:"石上磨玉簪,玉簪欲成中央折。"[3]斧斤薦至,脩成寶月之團。王荆公《扇》詩:"玉斧脩成寶月圓。"[4]巫來鴻雁之書,卜協鳳凰之吉。[5]敬聞嘉命,其可固辭?某女但刺繡文,《史記・貨殖傳》:"刺繡文不如倚市門。"此似有譏諷。[6]目慚非其將種;晉胡貴嬪名芳,奮之女。武帝與之摴蒲,爭矢,傷上指。帝怒曰:"此固將種也!"[7]某官將趨仕路,人皆羨其老郎。劉原父再娶,歐公詩戲曰:"洞裏新花莫相笑,劉郎今是老劉郎。"[8]既勞傅說之和羹,《說命》:

"若作和羹,爾惟鹽梅。"伐者姓傅。[9]敢對蓋公而失色。柳仲郢有妾失意,鬻之成都,蓋巨源取置其家。一日,有鬻綾羅者從窗下過,蓋公於中選擇。柳婢見之失色,僵仆。翌日瘳,曰:"某雖賤人,曾爲柳家細婢,死則死矣,安能事賣絹牙郎?"[10]唯釋之之貲厚,前漢張釋之以貲爲騎郎。[11]宜趙女之遠依。《史記·貨殖傳》:"今夫趙女、鄭姬,設形容,揳鳴琴,揄長袂,躡利屣,目挑心招,出不遠千里、不擇老少者,奔富厚也。"[12]楊之稊,楊之華,兩無所愧;《易·大過》:"九二:枯楊生稊,老夫得其女妻,無不利。"象曰:"'老夫女妻',過以相與也。""九五:枯楊生華,老婦得其士夫,無咎、無譽。"象曰:"'枯楊生華',何可久也?老婦士夫,亦可醜也。"[13]桃之夭,桃之實,益顯宜家。[14]恭承幣帛之將,愧乏瓊瑶之報。[15]

校注:

〔1〕本條乃吴戭所撰。吴戭,字叔才,北宋處州龍泉(今浙江麗水龍泉)人。以行義見推,甘於隱遁。仁宗朝任將作監主簿,累官太子中舍、知陝縣。《全宋文》未錄其文。

〔2〕弱息:女兒。伶俜:孤單貌。偏孤:指早年喪父或喪母。

〔3〕丁注所引見白居易《井底引銀瓶》,原文作"井底引銀瓶,銀瓶欲上絲繩絕。石上磨玉簪,玉簪欲成中央折。瓶沉簪折知奈何,似妾今朝與君別"。這是一首遭封建禮教欺壓迫害的女子的怨歌,前三句的兩個比喻總概了全詩意旨,瓶沉簪折正是女子遭遣棄命運的寫照。書儀此句謂女方曾遭夫家遣棄。

〔4〕寶月之團:詳見3.1.14"葉仲洽"條注〔3〕。

〔5〕鴻雁之書:《漢書·蘇武傳》載有大雁傳書之事,後因以指書信。詳見4.1.17"又代族人答翁宅"條注〔5〕。

〔6〕倚市門:倚門賣笑,倡優所爲。似有譏諷,未詳所指。

〔7〕將種:詳見16.6.8"胡貴嬪"條。

〔8〕老郎:詳見19.2.2"劉原父"條。

〔9〕傅:正文及注文原均訛作"傳",今據《尚書》正。傅說:古

虞國(今山西平陸)人,殷商武丁時期賢臣。本無姓,名說,身爲胥靡(囚犯),在傅岩築城,因稱傅說。他輔佐武丁,出現了"武丁中興"的盛世。和羹:本指配以不同調味品而製成的羹湯,這裏指作媒。丁注所引見《尚書‧說命下》。伐者姓傅:謂媒人姓傅。

〔10〕丁注所引見唐孫光憲《北夢瑣言》卷四《柳婢譏蓋巨源》。仆:原訛作"化",今據《北夢瑣言》正。"死則死矣"句爲柳婢所言。柳婢胸有志氣,故謂此。

〔11〕貲:通"資",貨物,錢財。

〔12〕設形容:修飾容貌。揳(jiá):彈奏。揄:揮動。躡利屣:拖着尖鞋。目挑心招:用眼色挑逗,用情意勾引。挑:原訛作"跳",今據《史記》正。

〔13〕稊:植物的嫩芽,特指楊柳的新生枝葉。枯楊生稊、枯楊生華,詳見16.4.1"大過"條。

〔14〕桃之夭,桃之實:係化用《詩‧周南‧桃夭》句。

〔15〕幣帛之將:詳見《詩‧小雅‧鹿鳴》序。瓊瑤之報:語本《詩‧衛風‧木瓜》。

10.2.8 翁丞元老 代答虞宜言[1]

長安少年,曾墮鞭而立馬;天寶中,滎陽公子應舉之長安,遊東市,見一姬憑青衣而立,姿色絶代,停驂徘徊不能去。詐墜策於地,敕從者取之。歸訊其友,知爲李娃宅。徐徐扣門,侍兒馳入大呼曰:"前時遺策郎來也。"虞宜言議婚之初,蓋嘗立馬聽於翁氏之璧,故云。[2] 臨邛佳客,亦廣坐以調琴。[3] 雖人事之由來,本夤緣之有自。某人文儀秀整,素多杜牧之詩情;杜牧太和末往遊湖州,刺史崔君張水戲,兩岸觀者如堵。忽有里姥引髻鬌女子,年十餘歲,真國色也。將致身中,姥女皆懼。牧曰:"且不即納,當爲後期,吾十年必爲此郡;若不來,乃從所適。"因以重幣結之。洎周墀入相,牧上牋乞守湖州。比至郡,則十四年,所約之妹,已從人三載而生二子。牧使召之,父母懼其見奪,攜幼以詣母,曰:"向約十年,不來而後嫁,嫁已三年矣。"牧曰:"其辭直,强之不祥。"乃禮遣之。爲《恨別詩》曰:"自是尋春去路遲,不須惆悵怨芳時。狂風落盡紅花色,茂綠成陰子滿枝。"虞宜言風流有素,故云麗情。[4]某女婦德温柔,但乏若蘭之才思。晉竇滔妻蘇氏名蕙,字若蘭。滔符堅時爲秦州刺史,被徙流沙。蘇氏思之,織錦爲迴文旋圖詩以寄滔,宛轉循環以讀之,詞甚悽惋,凡八百四十字。[5]弦斷要資於膠續,鏡離將共於人歸。[6]和鳴叶飛鳳之占,永爲好也;喜氣多乘龍之近,迨其吉兮。[7]

校注:

〔1〕本條乃翁元老所撰。翁丞即翁縣丞。《全宋文》未錄。虞宜言,未詳何人。

〔2〕墮鞭立馬:典出唐白行簡《汧國夫人傳》,《太平廣記》所錄《異聞集》作《李娃傳》,同。丁注"而立"原作"娃立",今據《太平廣記》正。

〔3〕臨邛佳客:謂司馬相如。司馬相如與臨邛令王吉相善。相如之臨邛,飲於卓氏,弄琴,卓文君竊從户窺之,心悦而好之。後相如使人重賜文君侍者以通殷勤,文君夜奔,與相如馳歸成都。見《史記·司馬相如列傳》。

〔4〕秀整:俊秀嚴整。丁注所引見唐高彦休《唐闕史》卷上,《太平廣記》卷二百七十三、《類説》卷二十八等均錄之。髫髻:謂垂髫與辮髻,借指幼年。杜牧所作詩諸書異文頗多。麗情:綺麗的情思。父:原訛作"夫",今據《唐闕史》正。

〔5〕若蘭:即蘇蕙,以所織《璿璣圖》詩聞名。丁注所引見《晉書·列女傳·竇滔妻蘇氏》。蕙:原訛作"愚",今據《晉書》正。

〔6〕資:依靠。膠續:詳見10.1.1"陳簽判季陸 娶劉氏"條注〔8〕。鏡離:詳見10.1.4"連文舉"條注〔5〕。

〔7〕飛鳳之占:詳見2.6.2"危縣丞"條注〔14〕。永爲好也:詳

見2.4.1"王狀元"條注〔8〕。乘龍之近：詳見18.5.4"兩女乘龍"條。迨其吉兮：詳見3.1.14"葉仲洽"條注〔13〕。

10.3 贅

10.3.1 張全真[1]

二姓之合，蓋重婚姻；四海之人，孰非兄弟？子夏曰："四海之内皆兄弟也，君子何患乎無兄弟也？"[2]惟是贅居之俗，出乎霸世之餘。[3]然義士罔或非之，袁淑與始興王書曰："七年之中，一與一奪，義士猶或非之。"[4]故流風猶有存者。《公孫丑上》："流風善政，猶有存者。"[5]某姪嶔崎可笑，《世說》："周伯仁道桓茂倫嶔崎歷落，固可笑人也。"[6]魯鈍無能。老杜《憶昔》詩："小臣魯鈍無所能。"[7]幾同蜀客之倦遊，《司馬相如傳》："長卿故倦遊。"[8]屢歎馮生之無室。馮驩彈劍鋏，歌"長鋏歸來乎，無以爲家"。[9]令女幽閑素節，《選·顏延年〈詩〉》："婉彼幽閑女，作嬪君子室。峻節貫秋霜，明艷侔朝日。"[10]孝養騰芳。《南史》："諸暨屠氏女，父失明，母痼疾。晝採樵，夜紡績，以供養。鄉里多欲娶之，女以無兄弟，誓守不嫁。"[11]待冀缺以如賓，諒諧素志；冀郤缺耨，其妻饁之，相待如賓。[12]嗣中郎而傳業，豈廢初心。前注。[13]敢托良媒，願聞嘉命。

校注：

〔1〕本條乃張守所撰。《毘陵集》及《全宋文》卷三七九二均未錄。《文粹》卷八十六《婚書》謂乃熊子復熊克所撰，而《全宋文》卷五〇〇七亦未收。

〔2〕二姓之合：《文粹》作"言念二姓之好"。言念，想念。言，

助詞。《詩・秦風・小戎》："言念君子，溫其如玉。"重、非：此二字後《文粹》均有"於"字。丁注所引見《論語・顏淵篇》。

〔3〕贅居：謂做贅婿長住婦家。霸世之餘：未詳。

〔4〕丁注所引見《宋書・袁淑傳》。始興王：南朝宋文帝劉義隆次子劉浚。

〔5〕流風：前代流傳下來好風氣。丁注所引見《孟子・公孫丑上》。

〔6〕某姪：《文粹》作"某侄某"。嶔崎可笑：《文粹》作"幼孤自奮"。嶔（qīn）崎：本指山勢險峻不平，喻指品格卓異。丁注所引見《世説新語・容止篇》。周伯仁即周顗，桓茂倫即桓彝。歷落：磊落，灑脱不拘。

〔7〕魯鈍無能：《文粹》作"結約忘奇"。結約，即約結，謂結盟，訂約。《荀子・王霸》："約結已定，雖睹利敗，不欺其與。"《漢書・匈奴傳贊》："約結和親，賂遺單于，冀以救安邊境。"《辛棄疾集編年箋注・年譜》録舒邦佐《及第謝辛帥啓》："如某者，嶔崎可笑，結約忘奇。鶚早橫秋，鱗重點額。"丁注所引見杜甫《憶昔二首》之二。

〔8〕蜀客：即司馬相如。倦遊：厭倦遊宦生涯。丁注所引見《史記・司馬相如傳》。

〔9〕馮生：即孟嘗君門客馮諼（一作馮驩）。馮諼三次彈鋏而歌，向孟嘗君請求提高待遇。詳見《戰國策・齊策四》。"長鋏歸來乎"，原作"長歎歸去兮"，今據《戰國策》正。爲家：養家。

〔10〕令女：此二字前《文粹》有"伏承"二字。幽閑：女子柔順閒靜貌。素節：《文粹》作"秉節"，誤。素節，清白的操守。丁注所引見《文選・顏延年〈秋胡詩一首〉》。峻節：高尚的節操。朝日：原訛作"白日"，今《文選》正。

〔11〕騰芳：美名遠播。丁注所引見《南史・孝義傳・屠氏女》。女以：原作"女亦"，今據《南史》正。

〔12〕冀缺：詳見9.6.1"吕郎中伯恭"條注〔5〕。諒諧素志：的

確符合平素的志願。

〔13〕中郎傳業：詳見4.1.22"游子蒙"條注〔2〕。

10.3.2 陳桂卿[1]

度情度類，《荀子·非相》："以情度情，以類度類。"不慚齊偶之非；[2]相應相求，輒效秦人之出。[3]雖物不可苟合也，《序卦》："物不可以苟合而已，故受之以賁。"[4]然仁亦在乎熟之。《孟子·告子上》："五穀，種之美者也。苟為不熟，不如荑稗。"云云。[5]令女鸞影暫孤，猶苦嫠居之節；《節》："上六：苦節。貞凶，悔亡。"[6]某姪盆歌罷鼓，莊子妻死，惠子弔之，莊子方箕踞鼓盆而歌。尚乖主饋之人。[7]昨憑青鳥之音，遽辱黃金之諾。[8]過相與也，休論乎楊生稊、楊生華；[9]迨其吉兮，寧拘乎梅實三、梅實七？摽有梅，其實七兮。求我庶士，迨其吉兮。其實三兮。[10]庸講問名之禮，庶成合體之姻。《婚義》："共牢而食，合卺而醑，所以合體、同尊卑，以親也。"[11]

校注：

〔1〕本條乃陳桂卿所撰。《全宋文》未錄。

〔2〕度：揣度。

〔3〕相應相求：語出《周易·乾》："同聲相應，同氣相求。"秦人之出：詳見17.2.18"渭陽"條。

〔4〕苟合：任意結合。丁注所引見《周易·序卦》。

〔5〕仁亦在乎熟：見《孟子·告子上》。荑(tí)稗：二草名，似禾，實比穀小，亦可食。荑，通"稊"。

〔6〕鸞影：典出南朝宋范泰《鸞鳥詩》序："昔罽賓王結罝峻祁之山，獲一鸞鳥。王甚愛之，欲其鳴而不能致也。乃飾以金樊，饗以珍羞，對之愈戚，三年不鳴。其夫人曰：'嘗聞鳥見其類而後鳴，

何不懸鏡以映之?'王從其言。鸞睹形感契,慨然悲鳴,哀響中霄,一奮而絕。"北周庾信《擬詠懷》之二二:"抱松傷別鶴,向鏡絕孤鸞。"苦節:《周易·節》:"節,亨。苦節,不可貞。"本謂儉約過甚。後以堅守節操而矢志不渝爲"苦節"。鰲居:寡居。

〔7〕盆歌:詳見10.1.4"連文舉"條注〔6〕。乖:猶缺少。主饋:舊時指婦女主持烹飪等家事,後亦代指妻室。此四句謂女方守寡、男方喪妻。

〔8〕青鳥之音:即媒人之言。詳見12.2.19"青鳥"條。黃金之諾:詳見3.1.6"呂郎中伯恭"條注〔8〕。

〔9〕稊:詳見10.2.7"吳叔才代胡氏答"條注〔13〕。

〔10〕丁注所引見《詩·召南·摽有梅》,詳見1.2.4"求親"條注〔2〕。

〔11〕丁注所引詳見1.1.7"親迎"條注〔18〕。

10.4 答

10.4.1 黄元壽弟先娶其女,兄後娶其母[1]

誓而弗許,慮無補於桑榆;[2]惠然肯來,終風且霾,惠然肯來。[3]期共安於藜藿。曹子建《七啓》:"予甘藜藿,未暇此食。"[4]曾是潘楊之睦,復交秦晉之歡。[5]雖云人力相資,抑亦天時有待。[6]子母是爲妯娌,弟兄爰作婿翁。[7]從古以來,於今創見。[8]會言不遠,佇期車馬之臨;聘禮拜嘉,愧乏瓊瑶之報。

校注:

〔1〕本條乃黄元壽所撰。本條《全宋文》卷四三四九《答贅婚

書》之《弟先娶其女兄後娶其母》據《婚禮新編》録之。

〔2〕誓而弗許：語本《詩・鄘風・柏舟》序："柏舟，共姜自誓也。衛世子共伯蚤死，其妻守義。父母欲奪而嫁之，誓而弗許。故作是詩以絶之。"

〔3〕惠然：柔順貌。丁注所引見《詩・邶風・終風》。

〔4〕藜藿：詳見10.2.3"陳簽判季陸"條注〔2〕。

〔5〕潘楊之睦：詳見3.1.5"程子山"條注〔7〕。秦晉之歡：詳見3.1.15"又"條注〔3〕。

〔6〕資：憑藉。天時：猶天命。

〔7〕子母：女兒和母親。爰：語氣助詞，無義。

〔8〕創見：首次出現。《文選・司馬相如〈封禪文〉》："休烈浹洽，符瑞衆變，期應紹至，不特創見。"

10.4.2 彭君禮[1]

癡年向晚，方爲佚老之謀；《莊子・大宗師》："大塊載我以形，勞我以生，佚我以老。"[2]息女未筓，遂有致夫之願。劉向曰："雖人君之女，不可居而致夫，必出嫁而從夫。"[3]偶承媒妁，求締姻婭。恣壯而出贅，從古而然；而老有所依，於吾何幸。此時奠雁，既堅金石之盟；《晉》贊："陶回規過，言同金石。"[4]異日乘龍，當溢門闌之喜。[5]

校注：

〔1〕本條乃彭君禮所撰。君禮，其人未詳。《全宋文》未録。

〔2〕癡：謙詞。向晚：傍晚，這裏指暮年。佚老：老而清閒。丁注所引見《莊子・大宗師》。大：原作"太"，今正。大塊：大自然。《莊子・齊物論》："夫大塊噫氣，其名爲風。"成玄英疏："大塊者，造物之名，亦自然之稱也。"

〔3〕致夫：招丈夫入贅。丁注所引未詳所出。
〔4〕丁注所引見《晉書》卷七十八贊文。規過：規正過失。
〔5〕乘龍、門闌之喜：詳見3.1.2"又"條注〔3〕。

10.5 娶妾

10.5.1 陳桂卿[1]

使君自有婦，秦《羅敷行》："使君自有婦，羅敷自有夫。"[2]寧須昭華穠李之多；山谷號竹夫人曰青奴，作詩曰："穠李四弦風拂席，昭華三弄月侵床。我無紅袖堪娛夜，正要青奴一味涼。"穠李、昭華，貴人家二妾也。[3]牧犢子無妻，韓文："牧犢子七十無妻，見野雉雌雄相隨，感之，作《雉朝飛操》。"[4]思得樊素小蠻之寵。白居易《妾》詩："櫻桃樊素口，楊柳小蠻腰。"[5]損有餘而補不足，《老子》："天之道，損有餘補不足。"[6]非盛德者其孰能？《表記》："非至德，其孰能如此乎？"[7]與其妻之於閭閻負販之夫，《曲禮》："雖負販者，必有尊也。"孰若移之於風月平章之侶？[8]雖云側室，宋何長瑜詩："陸展染白髮，欲以媚側室。青青不解久，星星行復出。"[9]其實專房。晉胡貴嬪最蒙愛幸，殆有專房之寵。[10]抱不假於衾裯，《詩·小星》："夫人無妒忌之行，惠及賤妾，進御於君。""抱衾與裯，寔命不猶。"[11]爲豈專於箕箒。《前漢·高帝紀》："呂公曰：'臣有息女，願爲箕箒妾。'"[12]淺斟低唱，雖無帳下羔兒之歡；陶穀買黨太尉家妓，遇雪，陶取雪水烹團茶，謂妓曰："黨家應不識此。"妓曰："彼麤人，安有此，但能於紅綢帳中淺斟低唱，喫羊羔兒酒。"陶默然，慚其言。[13]痛惜深憐，且免河東獅子之吼。《西清詩話》："東坡謫居黃岡，與陳季常遊。季常自以飽參禪學。其妻柳頗悍忌，季常畏之。客至，或詬罵聲聞於外。客不安席，引去。東坡詩戲之曰：'誰似龍丘居士賢，談空說有夜不眠。忽聞河東獅

子吼,拄杖落手心茫然。"〔14〕

校注:

〔1〕本條乃陳桂卿所撰。《全宋文》未錄。

〔2〕丁注所引見《宋書·樂志·艷歌羅敷行》。宋郭茂倩《樂府詩集》卷二十八《相和歌辭》題作"陌上桑"。

〔3〕昭華:鮮亮的花朵。穠李:華美的李花。這裏代指美貌女子。丁注所引見黃庭堅《趙子充示竹夫人詩蓋涼寢竹器憩臂休膝似非夫人之職予爲名曰青一作竹奴並以小詩取之二首》之二。《山堂肆考》卷九十九《親屬》"四弦三弄"謂宋王晉卿詵有二女奴,名穠李、昭華。丁注所謂"貴人",當即王詵。王詵(1036—1093?),字晉卿,北宋太原(今屬山西)人,後徙開封(今屬河南)。娶英宗女魏國大長公主,拜左衛將軍、駙馬都尉。後受蘇軾"烏台詩案"牽連,貶爲昭化軍節度行軍司馬。又因寵倖諸妾而冷落公主,致公主鬱死,再貶官均州,移潁州安置。諡榮安。

〔4〕牧犢子:詳見10.2.2"又族妹再適張丞"條注〔11〕。

〔5〕樊素、小蠻:唐白居易家的歌妓和舞妓名。唐孟棨《本事詩·事感篇》:"白尚書姬人樊素善歌,妓人小蠻善舞。"

〔6〕丁注所引見《老子·德經·天道》。

〔7〕盛德:敬稱有高尚品德的人。丁注所引見《禮記·表記》。

〔8〕閭閻:本指里巷內外的門,借指平民。《史記·李斯列傳論》:"李斯以閭閻歷諸侯,入事秦。"負販:擔貨販賣。丁注所引見《禮記·曲禮上》。風月:本指清風明月,借指詩文。平章:品評。本句謂男方飽讀詩書。

〔9〕丁注所引見《南史·謝靈運傳》。陸展:臨川王劉義慶幕僚。青青不解久,星星行復出:謂頭髮染過不久,白髮又像星星一樣重新長出。《宋書·謝靈運傳》"白"作"鬚"。

〔10〕專房:猶專寵。丁注所引見《晉書·后妃傳上·

胡貴嬪》。

〔11〕裯：正文及注文原均訛作"稠"，今據《詩經》正。衾裯（qīn chóu），指被褥床帳等臥具。丁注所引見《詩·召南·小星》序及詩正文。後以"小星"爲妾的代稱。寔命不猶：這命運不如（別人好）。猶：如。

〔12〕丁注所引見《漢書·高帝紀》。

〔13〕淺斟低唱：悠然自得、遣興消閒貌。羔兒：即羊羔兒酒，起源於漢魏而興盛於唐宋的一種名酒，出山西汾州孝義縣。因如羊羔肉之味甘色美，故名之。丁注所引見宋胡仔《漁隱叢話》前集卷四所引《類苑》。《類苑》即宋江少虞《宋朝事實類苑》。陶穀（903—970），字秀實，北宋邠州新平（今陝西彬縣）人。本姓唐，避石敬瑭之名而改陶氏。仕後晉任知制誥、倉部郎中。後漢時爲給事中。後周時爲兵部侍郎翰林承旨。入宋後爲翰林學士。博通經史，善書法。《宋史》卷二百六十九有傳。党進（927—977），北宋朔州馬邑（今山西朔縣）人。爲人忠勇直樸。初爲後晉杜重威侍從，後周時爲鐵騎都虞侯。入宋，領彰信軍節度兼侍衛步軍都指揮使。後任忠武軍節度使。卒贈侍中。《宋史》卷二百六十有傳。團茶：宋代用圓模製成的茶餅。太平興國初，用龍鳳模特製，專供宮廷飲用。慶曆間蔡襄又製小團茶，以爲貢品。宋歐陽修《歸田錄》卷二："茶之品，莫貴於龍鳳，謂之團茶，凡八餅重一斤。"紅綃帳：紅色的輕紗帳。

〔14〕河東獅子吼：丁注謂出自《西清詩話》。《西清詩話》，又名《金玉詩話》，北宋蔡絛著。採用輯錄或筆記體來評論詩歌作品，記述詩人言行，闡述詩歌理論。成書于宣和年間，共三卷。今存殘本一卷。河東是柳姓的郡望，暗指陳妻柳氏。獅子吼，佛家以喻威嚴。陳季常：即陳慥，號龍丘居士，好談佛，故東坡借佛家語以戲之。後用以比喻妒悍的妻子發怒，並藉以嘲笑懼內的人。

10.6 答

10.6.1 江文卿姪婦嫁妾解氏[1]

昔年買笑,劉禹錫《泰娘歌》:"自言買笑擲黃金。"[2]曾捐一斛之珠;唐喬知之《綠珠怨》詩:"石家金谷重新聲,明珠十斛買娉婷。"[3]今日從良,《古今詞話》:"錢氏詞云:'幾曾見浪子從良。'"所得雙魚之素。前注。[4]以奉承先之祀,《詩》:"《采蘋》,大夫妻能循法度,則可承先祖,共祭祀矣。"當行合姓之儀。[5]某義女思人猶及甘棠,《左·定九年》:"《詩》云:'蔽芾甘棠,勿翦勿伐,召伯所茇。'思其人猶愛其樹,況用其道而不恤其人乎?"[6]豈怒水中之蟹?晉趙王倫以宿憾收解系兄弟,梁王肜救之。倫怒曰:"我於水中見蟹且惡之,況此人兄弟輕我耶!"[7]某人娶妻而賦韓奕,《左·成九年》:"伯姬歸於宋。季文子如宋致女,復命,公享之,賦《韓奕》之五章。"[8]方求鏡裏之鸞。《異苑》:"罽賓王獲一鸞,三年不鳴。夫人曰:'鸞見類則鳴,'乃垂鏡以照之。鸞睹影,乃悲鳴而舞。"言孤鸞見自影,謂其雌也。《詩話》。[9]已既有行媒知名,是將與君子偕老。《君子偕老》,刺衛夫人也。故陳人君之德,服飾之盛,宜與君子偕老也。[10]人亡琴廢,晉王獻之卒,徽之欷曰:"嗚呼!子敬人琴俱亡。"[11]重予燕燕之悲;《燕燕》,衛莊姜送歸妾也。[12]春盡絮飛,白樂天放妾楊枝,劉夢得詩云:"春盡絮飛留不得,隨風好去落誰家。"[13]付爾卿卿之愛。《世說》:"王安豐之婦常卿安豐。安豐曰:'婦人卿婿,禮為不敬,後勿復爾。'婦曰:'親卿愛卿,是以卿卿;我不卿卿,誰復卿卿?'"[14]

校注:

[1] 本條乃江嗣所撰,《全宋文》未錄。"婦"後"嫁"字原殘泐不識,今據文意補。

〔2〕買笑：謂狎妓遊冶。丁注所引見劉禹錫《泰娘歌》。擲黃：原作"直千"，今據劉文正。

〔3〕丁注所引見唐孟棨《本事詩·情感篇》。石家金谷：謂晉石崇所築的金谷園。晉潘岳《金谷集作》詩："朝發晉京陽，夕次金谷湄。"娉（pīng）婷：本指姿態美好貌，這裏代指美人。

〔4〕從良：舊謂妓女脫離樂籍而嫁人。丁注所引《古今詞話》，南宋楊湜撰，凡一卷。楊湜字曼倩，里籍仕履不詳。此書約成於紹興年間，《苕溪漁隱叢話》中已見稱引。明以後亡佚，今本爲近人趙萬里所輯，共六十七則。書中所採五代以下詞林逸事，大都出於傳聞，且側重於艷史故實。本條趙萬里輯本無。幾曾：何曾，何嘗。雙魚：詳見 3.1.6"呂郎中伯恭"條"輒貢雙魚尺素之請"句下注文。

〔5〕丁注所引見《詩·召南·采蘋》序。

〔6〕思人猶及甘棠：猶愛屋及烏。丁注所引見《左傳·定公九年》。

〔7〕水中蟹：典出《晉書·解系傳》，所娶妾姓解，解、蟹音同，比喻報仇心切，或喻憤怒。宋蘇軾《故周茂叔先生廉溪》："怒移水中蟹，愛及屋上烏。"宿憾：舊日結下的仇恨。肜：原訛作"彤"，今據《晉書》正。

〔8〕丁注所引見《左傳·成公九年》。成九：原訛作"威八"，今正。

〔9〕丁注所引見宋劉敬叔《異苑》卷三。曰：原脫，今據《異苑》補。

〔10〕行媒：媒人。丁注所引見《詩·鄘風·君子偕老》序。

〔11〕丁注所引見《晉書·王徽之傳》。子敬：王獻之字。

〔12〕燕燕：《詩·邶風》篇名。毛亨序："《燕燕》，衛莊姜送歸妾也。"鄭玄箋："莊姜無子，陳女戴媯生子名完，莊姜以爲己子。莊公薨，完立，而州吁殺之。戴媯於是大歸。莊姜遠送之于野，作詩見己志。"大歸：謂婦人被夫家遺棄，永歸母家。

〔13〕丁注所引見劉禹錫《楊柳枝詞九首》之九。楊枝：指白居易的侍妾樊素。樊素善唱《楊枝曲》，故以曲名人。

〔14〕卿卿：語本《世說新語·惑溺篇》。上"卿"字爲動詞，謂以

卿稱之；下"卿"字爲代詞，猶言你。後以卿卿作爲相互親昵之稱。

10.6.2 李知縣石才 黃察院妾嫁王元明[1]

主貴鼎來，《吳都賦》："高門鼎貴。"山谷《次韻子瞻武昌西山》詩："富貴崢嶸今鼎來。"《匡衡傳》："無說《詩》，匡鼎來。"[2] 曾侍柏臺之華櫛；朱博爲御史大夫，其府中列柏樹。鮑宣妻桓氏曰："大人使賤妾侍執巾櫛。"[3] 子榮聿至，復從花縣之安輿。潘岳爲河陽令，樹桃李，人號曰"河陽一縣花"。岳《閒居賦》："太夫人乃御板輿，升輕軒，遠覽王畿，近周家園。"[4] 二事俱違，一身何托？[5] 賴不遺於葑菲，庶少補於桑榆。後漢馮異失之東隅，收之桑榆。[6] 往事休論，等槐穴一巡之夢；前注。[7] 新歡是祝，伴緱山不老之春。王子喬告其家人曰："七月七日待我於緱山頭。"及期，果乘白鶴，謝時人，去。王元明自號緱山老人故也。[8]

校注：

〔1〕本條乃李石才所撰。李石才，其人未詳。明陳耀文《花草稡編》卷十三有中調《一籮金》，作者題爲李石才，不知是否爲同一人。黃察院，即黃公達，南宋建州人，見《朱子語類》卷一百三十一。王元明，未詳。

〔2〕鼎：方，正當。丁注所引前見《文選·左太沖〈吳都賦〉》。鼎貴：顯赫尊貴之人。中見黃庭堅《次韻子瞻武昌西山》。該句另見黃庭堅《次韻答曹子方雜言》。崢嶸：謂仕宦得意。後見《漢書·匡衡傳》。匡衡自幼學習刻苦勤奮，曾鑿壁偷光讀書。他對《詩經》見解獨特，故有此說。

〔3〕柏臺：據《漢書·朱博傳》，漢御史府中列植柏樹，後因以"柏臺"代稱御史臺。華：稱美之詞。丁注所引見《後漢書·列女傳·鮑宣妻》。氏：原脫，今據《後漢書》補。

〔4〕聿：迅疾貌。花縣：即河陽縣(今河南孟州市)。安輿：安車。丁注所引前見唐白居易《白氏六帖·縣令·河陽花》,後見《文選·潘安仁〈閑居賦〉》。板輿：古代一種用人抬的代步工具,多爲老人乘坐。輕軒：婦女乘坐的小車,因其輕便,故稱。

　　〔5〕二事：即上文所言之貴與榮。

　　〔6〕葑菲：詳見1.2.5"答求親"條注〔6〕。桑榆：詳見4.1.26"藍知軍永年 先議不成與人後再合"條注〔10〕。收：原訛作"失",今據《後漢書》正。

　　〔7〕槐穴：詳見10.1.4"連文舉"條注〔8〕。

　　〔8〕緱(gōu)山：即緱氏山,在河南省偃師市,爲修道成仙之處。丁注所引見劉向《列仙傳·王子喬》。子：原脱,今補。乘：原訛作"爲",今據《列仙傳》正。

10.7　娶娼

10.7.1　江宗院 代漁者娶娼賣酒[1]

　　朝雲暮雨,高唐夢千古虛傳；《文選·〈高唐賦〉序》："昔者楚先王嘗遊高唐,怠而晝寢,夢見一婦人曰：'妾,巫山之女,爲高唐之客。聞君遊高唐,願薦枕席。'王因幸之。去而辭曰：'妾在巫山之陽,高丘之岨,旦爲朝雲,暮爲行雨。朝朝暮暮,陽臺之下。'"[2] 落花流水,武陵溪於今再見。陶淵明《桃花源記》："晉太元中,武陵人捕魚爲業。緣溪而行,忽逢桃花夾岸,落英繽紛,漁人異之。復前,欲窮其源。便得一山,山有小口,捨船從口入,豁然開朗。土地平曠,屋舍儼然,良田美池,阡陌交通,男女衣著,悉如外人。見漁人,乃大驚,問所從來。具答之。便要還家,爲設酒殺雞作食。停數日,辭去。"[3] 自有柳條能繫,戎昱《與浙西妓》詩："好去春風湖上亭,柳條藤蔓繫人情。"《古今詩話》。[4] 何煩桐葉爲媒？見《媒氏門》"流紅記"。[5] 便應永效駕鴦，蜀郡臨邛富人卓王孫女文君年十七，新寡，好音。司馬相如飲，卓氏弄琴，而以琴心挑之。詩云："何由交頸爲駕鴦？"[6]休歎不如桃李。張子野與尼相約，有詞云："沉思細恨，不如桃李，猶解嫁春風。"[7]小娘昔高明玉，坡詞："窈窕高明玉，風流鄭季莊。一時分散水雲鄉。"注："高瑩、鄭容，皆南徐名妓。"[8]想無心玳瑁之筵；張又新郎中嘗致情廣陵一歌妓，而終未果。二十年後，道由廣陵，其妓猶在。時李紳鎮淮南，宴飲，作一絕，命妓歌曰："雲雨分飛二十年，當時求夢不成眠。今來頭白重相見，還上襄王玳瑁筵。"[9]某男今謝三郎，釣魚船上謝三郎，雙鬢已蒼蒼。[10]亦何意珊瑚之樹？杜詩："釣竿欲拂珊瑚樹。"[11]中情果然相好，《離騷》："苟中情其好修兮，又何必用夫行媒？"[12]短因豈復更歌。《太平廣記》："鮑生有二妾，過外弟章生。有良馬，鮑出妾勸酒，章請以馬換妾。鮑許以抱胡琴者，仍命歌以送酒，曰：'風颸荷珠難暫圓，多生信有短因緣。西樓今夜三更月，還照離人泣斷弦。'"[13]文君若肯當爐，長卿何妨滌器？卓文君夜亡奔相如，相如乃與馳歸成都。家徒四壁立，文君久之不樂，謂長卿曰："第歸如臨邛，從昆弟假貸，猶足以爲生，何至自苦如此！"相如與俱之臨邛，盡賣車騎，買一酒舍酤酒，而令文君當爐，相如自着犢鼻褌，滌器於市。[14]況是蟠桃正熟，已經兒子三嘗；西王母以蟠桃五枚啗漢武帝。帝食之，留核。母曰："用之何爲？"曰："欲種之。"母笑曰："此桃一千年開花，三千年着子，非下土所種。"俄東方朔窺窗。帝驚問何人。母曰："是汝侍郎東方朔，我鄰家小兒子也，曾三來偷桃。"[15]今兹楊柳尚青，不許他人再折。韓翃與鄰居李生友善，每將娼妓柳氏至其居，必邀韓同飲。謂韓曰："公當今名士，柳當今名色。名色配名士，不亦可乎？"卒以柳與之。明年翃擢第，淄青節度使辟爲從事。韓以世方擾，不敢以柳同行，置之都下。歲餘，盜覆二京，士女奔駭，柳乃剪髮爲尼。韓遣使間求柳，以囊盛鉄盂，題曰："章臺柳，章臺柳，昔日青青今在否？縱使長條依舊垂，如今攀折他人手。"[16]

校注：

〔1〕本條乃江宗院所撰。江宗院，其人未詳。宗院：指宗正

司，掌管王室親族的事務的部門。北宋時分設大宗正司（開封）、南京外宗正司（在今商丘，簡稱南外）、西京外宗正司（在今洛陽，簡稱西外）。西外南宋時遷於福州，南外遷於泉州。下置敦（睦）宗院，設知宗正司事一員，丞一員，以本州通判一人兼。簿一員，以本州僉判兼。本條句句用典，恰如其分，頗見江宗院文學底蘊。《全宋文》未錄。

〔2〕朝雲暮雨：典出《文選·宋玉〈高唐賦〉序》。後比喻男女歡會。楚先王：《文選》作"楚襄王"。薦枕席：進獻枕席，借指侍寢。岨：險阻。

〔3〕落花流水：比喻殘敗零落的樣子。武陵溪：借指避世隱居的世外桃源。

〔4〕柳條能繫：典出唐孟棨《本事詩·情感篇》，詩名或作《移家別湖上亭》。丁注謂出自《古今詩話》，該書實亦本自《本事詩》。湖：原作"胡"，今據《本事詩》正。人：今本《本事詩》作"離"，《太平廣記》卷二百七十四《情感》"戎昱"條、《詩話總龜》卷二十三《寓情門》均作"人"。

〔5〕桐葉爲媒：典出五代十國時前蜀國全利用所撰《玉溪編事》，詳見12.1.10"侯繼圖"條。丁注謂見"流紅記"，即12.1.9"流紅記"，二事不同，丁注誤。

〔6〕丁注所引見《史記·司馬相如傳》及司馬貞索隱。琴心：琴聲表達的情意。交頸：本指頸與頸相互依摩，比喻夫妻恩愛。頸：今本《史記》作"接"。

〔7〕丁注所引見宋范公偁《過庭錄》引宋張先《一叢花》。桃李：今本作"桃杏"。或謂該詞乃歐陽修所作，《文忠集》卷一百三十三《一叢花》條錄之，下注曰："此篇世傳張先子野詞。"

〔8〕高明玉：即高瑩，與鄭容（鄭季莊）均爲著名營妓，據宋胡仔《漁隱叢話》後集卷四十《麗人雜記》所引宋孫宗鑒《東皋雜錄》，二人想要從良，蘇軾作《減字木蘭花》，其詞曰："鄭莊好客，容我尊

前先墮幘。落筆生風,籍籍聲名不負公。高山白早,瑩骨球肌那解老。從此南徐,良夜清風月滿湖。"以"鄭容落籍、高瑩從良"藏頭。丁注所引見蘇軾《南歌子》。南徐:古州名。即今江蘇鎮江。

〔9〕玳瑁之筵:語出唐孟棨《本事詩・情感篇》,謂豪華珍貴的宴席。

〔10〕謝三郎:唐福州玄沙師備禪師的稱號。師備俗姓謝,行三,因稱謝三郎。持律嚴謹,人亦稱備頭陀。家以捕魚爲業,常隨其父垂釣自娛。後悟而出家,終成法眼宗的一代先師。後被用爲漁父家風及隱逸文化(心隱)的代表之一。男方爲漁者,故書儀用此典。丁注所引見宋俞紫芝《阮郎歸》,詳見宋阮閱《詩話總龜》後集卷四十三《釋氏門》所引黃庭堅語。

〔11〕丁注所引見杜甫《送孔巢父謝病歸遊江東兼呈李白》。王洙注曰:"珊瑚樹生海底石上,見《晉書》大秦國事。以其在海底,故以拂言之也。言巢父歸江東之後,遂乃入海,有此興也。"書儀此句謂男方不再入海打漁,轉而賣酒爲生。

〔12〕中情:内心的思想感情。丁注所引見屈原《離騷》。好修、必、行:原分別作"修好""它""良",今均正。又:五臣本《文選》有,李善本無。

〔13〕丁注所引見《太平廣記》卷三百四十九《鬼・韋鮑生妓》,原出自《纂異記》。颭(zhǎn):風吹物使顫動搖曳。多生:佛教以衆生造善惡之業,受輪回之苦,生死相續,謂之"多生"。

〔14〕當壚:亦作"當罏",指賣酒。丁注所引見《史記・司馬相如列傳》。第:姑且。犢鼻褌(kūn):短褲,一說圍裙,形如犢鼻,故名。前一"邛"字,原訛作"印",今據《史記》正。

〔15〕丁注所引見《類說》卷二十一《漢武帝故事》中《方朔偷桃》及《西王母降》。書儀此句謂女方曾經爲娼。

〔16〕丁注所引韓翃事出自唐孟棨《本事詩・情感篇》,亦見唐許堯佐《柳氏傳》。二"翃"字,原均訛作"翊",今據《本事詩》正。韓

翊字君平,生卒年不詳,南陽(今河南南陽)人。唐玄宗天寶十三年(754)進士,"大曆十才子"之一。先在侯希逸幕府中任從事,後回京閒居。建中年間,因作《寒食》詩被唐德宗賞識,擢升中書舍人,官至駕部郎中。如今:今本《本事詩》作"亦應"。書儀此句謂女方將要從良。

10.8 答

10.8.1 江清卿[1]

寓素懷於紅葉,謾付回瀾;流紅記,見《前定門》。[2]傳芳信於青鸞,遽遷喬木。青鳥,事見《諜氏門》。[3]往事即今如夢,潘閬詩:"須信百年都似夢,莫嗟萬事不如人。"《詩話》。[4]此身到處爲家。坡詞《臨江仙》云:"溪山好處便爲家。"[5]既矍鑠之有餘,後漢武威將軍劉尚擊武陵溪蠻,深入,軍没,馬援請行。時年六十二,帝愍其老,未許之。援曰:"臣尚能披甲上馬。"帝令試之,援據鞍顧眄,以示可用。帝笑曰:"矍鑠哉,是翁也!"注:"勇貌也。"[6]宜飄零之有賴。《古今詞話》:"成都妓尹温儀,温郭翰長乞除籍,賦《浣溪沙》,云:'父兄世業傳儒素,何事失身非類侣!若蒙化筆一吹噓,免使飄零飛繡户。'"[7]有緣千里合,《神仙傳》:"有緣千里合,無緣對面不相逢。"[8]幾多流水高山;《吕氏春秋》:"伯牙鼓琴,志在高山。鍾子期曰:'巍巍乎!'志在流水,曰:'湯湯乎!'子期死,伯牙絶弦破琴,終身不復鼓之。"[9]便作百年期,梵志詩:"人無百年期,强作千年調。"[10]何限朝雲暮雨。[11]

校注:

[1]本條乃江文叔所撰,《全宋文》卷五〇一三《答啓》據《婚禮

新編》録之。

〔2〕素懷：平素的心意。謾：通"漫"，隨便。回瀾：迴旋的波濤。南朝梁沈約《日出東南隅行》："延軀似纖約，遺視若回瀾。"丁注所言見12.1.9"流紅記"條。

〔3〕丁注所言見12.2.19"青鳥"條。

〔4〕即今：今天，現在。丁注所引見宋潘閬《逍遥集·樽前勉兄長》。《詩話》：即宋楊湜《古今詞話》，今輯本有"潘閬"條而無此文。

〔5〕丁注所引見蘇軾《臨江仙》。

〔6〕矍鑠：形容老人目光炯炯、精神健旺。丁注所引見《後漢書·馬援傳》。愍(mǐn)：憐惜。顧盻：回視。

〔7〕丁注所引即宋楊湜《古今詞話》，今輯本無此文。清葉申薌《本事詞》卷上"尹温儀詞"："成都官妓尹温儀，本良家子，失身樂籍。嘗於郭帥席上獻《玉樓春》云：'浣花溪上風光主。燕夕桃源開幕府。商巖本是作霖人，也使閒花沾雨露。父兄世業傳儒素。何事失身非類侣。若蒙化筆一吹嘘，免使飄零飛繡户。'郭即判與落籍。"又，明陳耀文《花草粹編》："成都尹温儀，本良家女，失身妓籍。蔡相帥成都，尹告蔡，請除樂籍。蔡曰：'若能于樽前成小闋，便可除免。'""温郭翰長"不辭，"温"當爲"遇"訛字。翰長，對翰林前輩的敬稱。《宋書·張洎傳》："洎博述經史，多知典故……上賜詩褒美，有'翰長老儒臣'之句。"化筆：造化之筆，猶妙筆。繡户：雕繪華美的門户，借富户。

〔8〕丁注謂"有緣"句出自《神仙傳》，今本實無。與此類似者如：唐釋栖復《法華經玄贊要集》卷二："有緣千里通，無緣隔壁聾。"又，南宋温州九山書會才人《張協狀元》第十四出："有緣千里能相會，無緣對面不相逢。"

〔9〕丁注所引見《吕氏春秋·孝行覽·本味》，最早出於《列子·湯問篇》。後以"高山流水"爲知音相賞或知音難遇之典。鍾：

原作"鐘",今據《呂氏春秋》正。湯(shāng)湯：水流盛大貌。

〔10〕便：《全宋文》作"使"。丁注所引見唐王梵志《迴波樂》,今本《王梵志詩》作"世無百年人,擬作千年調"。

〔11〕朝雲暮雨：詳見10.7.1"江宗院代漁者娶娼賣酒"條注〔2〕。

10.9　請期

10.9.1　陳桂卿[1]

種玉無材,向叨聯於五綫;[2]諾金何幸,兹竊請於三星。[3]輒憑雁幣之恭,薄侑魚軒之飾。《左·閔二年》："夫人魚軒。"注："以魚皮爲之。"[4]匪曰室家之願有,正惟男女之及時。[5]敢以是月季冬,其日丁丑,冰兮未泮,《匏有苦葉》："士如歸妻,迨冰未泮。"[6]葦也可杭。誰謂河廣,一葦杭之。[7]俟於著,俟於堂,《著》,刺時不親迎也。俟我於著乎而。俟我於堂乎而。[8]實起三薰之敬;前注。[9]從如雲,從如雨,《敝笱》："齊子歸止,其從如雲。其從如雨。"[10]佇期百兩之將。《鵲巢》："之子于歸,百兩將之。"[11]

校注：

〔1〕本條乃陳桂卿所撰。《全宋文》未録。

〔2〕種玉：詳見18.2.1"陽雍伯"條。五綫：未詳,可能代指琴。宋釋惟白《建中靖國續燈録》卷二十三："劍有七星君可度,琴無五綫客難尋。"

〔3〕諾金：詳見3.1.6"呂郎中伯恭"條注〔8〕。三星：代指嫁娶,詳見3.1.18"陳簽判季陸 代劉娶王"條注〔9〕。

〔4〕侑(yòu)：酬答。魚軒：古代貴族婦女所乘坐的用魚皮裝

飾的車。丁注所引見《左傳·閔公二年》。

〔5〕室家之願有：詳見2.5.1"黃山谷"條注〔9〕。男女之及時：詳見1.2.4"求親"條注〔2〕。

〔6〕是月季冬，其日丁丑：謂農曆十二月十四日。泮（pàn）：融化。丁注所引見《詩·邶風·匏有苦葉》。歸妻：娶妻。

〔7〕杭：渡河。丁注所引見《詩·衛風·河廣》。

〔8〕著：古代富貴者的宅院，大門內有屏風，大門和屏風之間叫做著。丁注所引見《詩·齊風·著》序及詩。乎而：句末語氣詞，表示讚歎。

〔9〕三薰：詳見4.1.16"江文卿代華醮丁"條注〔6〕。

〔10〕丁注所引見《詩·齊風·敝笱》。止：句末語氣詞。

〔11〕百兩：即百輛車，此處特指結婚時所用的車輛。丁注所引見《詩·召南·鵲巢》。

10.9.2　丁潮州[1]

標梅七實，樂有願於及時；前注。[2]御輪三周，禮將行於親迎。《昏義》："父醮子而命之迎，男先於女也。降出，御婦車，而婿授綏，御輪三周，先俟於門外。婦至，婿揖婦入。"[3]諒結縭之已備，冀衣錦以來歸。《丰》詩："衣錦褧衣，裳錦褧裳。叔兮伯兮，駕予與歸。"[4]幸無歸妹之愆期，歸妹愆期，遲歸有時。[5]以正家人之大義。《家人》："女正位乎內，男正位乎外。男女正，天地之大義也。"[6]謹因冰夢，拱俟玉音。《前漢》："終軍曰：'拱而俟之可。'"[7]

校注：

〔1〕本條乃丁潮州所撰。《全宋文》未錄。

〔2〕標梅、及時：詳見1.2.4"求親"條注〔2〕。

〔3〕御輪：駕車。丁注所引見《禮記·昏義》。

〔4〕結縭：女子出嫁時母親爲其擊佩巾。詳見3.1.1"王狀元集《毛詩》"條注〔27〕。丁注所引見《詩·鄭風·丰》。衣錦褧衣，裳錦褧裳：二句原倒，今據《毛詩》乙正。褧（jiǒng）衣，用枲麻類植物纖維織布製成的單罩衣。古代女子出嫁時在途中所穿，以蔽塵土。予：原訛作"言"，今據《毛詩》正。

〔5〕歸妹：詳見9.4.3"江文卿代江景毅答劉宅"條注〔3〕。愆期：誤期，失期。丁注所引見《周易·歸妹》。

〔6〕家人：《易》卦名。六十四卦之一，下離上巽，內容是論治家之道。大義：正道。

〔7〕冰夢：詳見12.2.18"夢立冰上"條。拱俟：拱手待之。玉音：佳音。丁注所引見《漢書·終軍傳》。

10.10 答

10.10.1 陳簽判季陸[1]

三龜協吉，將諧合姓之歡；[2]六禮展親，遽辱請期之命。[3]薦膺腆意，殊愧私心。[4]顧結縭之戒猶疏，故施衿之儀尚闕。[5]月應黄鍾之候，未卜芳辰；[6]律旋太呂之初，願伸嘉約。[7]已兆陳人之鳴鳳，共欣元氏之乘龍。[8]悚感居多，敷宣罔既。[9]

校注：

〔1〕本條乃陳季陸所撰。《全宋文》未録。丁昇之未注。

〔2〕三龜：古代卜筮之法。《尚書·金縢》："乃卜三龜，一習吉。"

〔3〕六禮：即納采、問名、納吉、納徵、請期、親迎。
〔4〕薦：通"洊"，屢次。腆意：厚意。
〔5〕結褵：指男女結婚。詳見3.1.1"王狀元集《毛詩》"條注〔27〕。施紝：紡織。
〔6〕黃鍾：本爲古代打擊樂器。又指樂律十二律中的第一律。《呂氏春秋·適音》："黃鍾之宮，音之本也，清濁之衷也。"再用爲夏曆十一月的代稱。《淮南子·天文訓》："斗指子則冬至，音比黃鍾。"高誘注："黃鍾，十一月也。"芳辰：結婚的具體日子。
〔7〕太呂：即大呂，古代樂律名。古樂分十二律，陰陽各六，六陰皆稱呂，其四爲大呂。又用爲夏曆十二月的別稱。《國語·周語下》："元間大呂，助宣物也。"韋昭注："十二月，大呂。"伸：陳述表達。
〔8〕鳴鳳：詳見2.6.2"危縣丞"條注〔14〕。乘龍：詳見3.1.2"又"條注〔3〕。
〔9〕悚感：詳見8.3.4"陳簽判季陸娶劉氏"條注〔9〕。

10.10.2　熊知縣[1]

同氣相求，嘗辱五雲之貺；[2]尋盟有請，復勤雙璧之遺。[3]勞介紹之翩飛，佩情文之優渥。[4]既出所賜，敢不拜嘉。迨其吉兮，書已諧於月老；[5]會言近止，禮行及於星期。[6]

校注：

〔1〕本條乃熊知縣所撰。原書目錄小字作"山甫"，蓋知縣名熊山甫，其生平事跡不詳。《全宋文》未錄。丁昇之未注。
〔2〕同氣相求：見《周易·乾卦》。五雲之貺：詳見6.2.6"又"條注〔10〕。
〔3〕雙璧：見18.2.1"陽雍伯"條。
〔4〕介紹：媒人。翩飛：輕快地飛舞，這裏指媒人多次來往於

兩家之間。優渥：本指雨水充足,語本《詩·小雅·信南山》："益之以霢霂,既優既渥。"這裏指優裕、豐厚。

〔5〕迨其吉兮：《詩·召南·摽有梅》文。月老：詳見12.1.1"月下老"條。

〔6〕會言近止：《詩·小雅·杕杜》文。綜合占卜的結果,已經接近了。止,語氣詞。星期：指七夕。民間傳說謂牛郎、織女相會之期。唐王勃《七夕賦》："佇靈匹於星期,眷神姿於月夕。"這裏特指婚期。

10.10.3 詹景丹[1]

頃以女弟,擇所宜從；[2]伏承賢郎,久茲卜偶。既辱絲緡之下釣,《何彼襛矣》："其釣維何,維絲伊緡。"竊喜松蘿之有依。[3]復柱嘉音,預期親迎。[4]燦然幣帛,已承厚意之將；宜其室家,敢後于飛之約。[5]

校注：

〔1〕本條乃詹景丹所撰。詹景丹,生平事跡不詳。《全宋文》未錄。

〔2〕頃：近來。

〔3〕絲緡：詳見3.1.1"王狀元集《毛詩》"條注〔23〕。松蘿：詳見1.2.5"答求親"條注〔7〕。襛：原訛作"穠",今據《毛詩》正。

〔4〕柱：通"佇",企盼,期待。宋孫覿《師夔求昏書》："季子黃金一諾之重,式佇嘉音。"可相比勘。

〔5〕厚意之將：語本《詩·小雅·鹿鳴》序："既飲食之,又實幣帛筐篚,以將其厚意。"于飛之約：詳見2.6.2"危縣丞"條注〔14〕。又,《詩·小雅·鴛鴦》："鴛鴦于飛,畢之羅之。君子萬年,福祿宜之。鴛鴦在梁,戢其左翼。君子萬年,宜其遐福。"詩以鴛鴦起興,象徵新婚夫婦像鴛鴦成雙成對,永不分離。